高等学校专业教材

食品工业技术经济学

邢亚阁 等 编著

中国轻工业出版社

图书在版编目（CIP）数据

食品工业技术经济学／邢亚阁等编著. —北京：中国轻工业出版社，2021. 12
高等学校专业教材
ISBN 978-7-5184-3701-6

Ⅰ. ①食…　Ⅱ. ①邢…　Ⅲ. ①食品工业—技术经济学—高等学校—教材　Ⅳ. ①F407. 823. 7

中国版本图书馆 CIP 数据核字（2021）第 211761 号

责任编辑：马　妍　潘博闻
策划编辑：马　妍　　责任终审：白　洁　　封面设计：锋尚设计
版式设计：砚祥志远　　责任校对：吴大朋　　责任监印：张　可

出版发行：中国轻工业出版社（北京东长安街 6 号，邮编：100740）
印　　刷：河北鑫兆源印刷有限公司
经　　销：各地新华书店
版　　次：2021 年 12 月第 1 版第 1 次印刷
开　　本：787×1092　1/16　印张：20. 5
字　　数：473 千字
书　　号：ISBN 978-7-5184-3701-6　定价：52. 00 元
邮购电话：010-65241695
发行电话：010-85119835　　传真：85113293
网　　址：http://www. chlip. com. cn
Email：club@ chlip. com. cn
如发现图书残缺请与我社邮购联系调换
200634J1X101ZBW

本书编审人员

编著人员　邢亚阁（西华大学）

毕秀芳（西华大学）

刘　洪（西华大学）

许青莲（西华大学）

吴广辉（茅台学院）

陈存坤［国家农产品保鲜工程技术研究中心（天津）］

刘　霞（天津科技大学）

袁永俊（西华大学）

袁先铃（四川轻化工大学）

郑俏然（长江师范学院）

朱　波（四川省食品发酵工业研究设计院）

杨续金（内蒙古农业大学）

主　　审　车振明（西华大学）

何　东（西华大学）

曾泽生（四川省食品发酵工业研究设计院）

序 | Preface

四十二年前，在我上大学一年级的时候，我问我的老师：理科和工科的区别是什么？我的老师沉思了一会儿，拿起笔在我的作业本上写下了这样一个化学方程式：$Cl_2+2Na=2NaCl$，然后告诉我：对这样一个方程式，理科生认为它是对的，工科生认为它是错的。当时，我百思不得其解，明明是对的，怎么工科生要说它是错的呢？两年后，还是这位老师给我讲发酵工艺学，在课堂上的一句“有应用价值的技术才是好技术”令我印象深刻，铭记终生。

从事教育工作以来，我始终把“教学生有应用价值的技术”作为基本教学理念，但是全国大多数高校现有食品科学与工程专业的课程体系中缺乏培养学生这方面意识和能力的课程设置，面对层出不穷的新原料、新技术、新工艺、新设备，缺乏科学评价“好技术”的知识和能力，基本上是靠学生毕业后从工程实践中积累相关方面的知识和能力。对毕业生的跟踪调查和用人单位反馈的意见也充分反映出这一点。在我主持西华大学食品科学与工程专业建设的时候，尝试开出《技术经济学（食品）》选修课程，开设近十年来，一直受到学生和用人单位的好评。

邢亚阁教授团队编著的《食品工业技术经济学》既有工业技术经济学的基本原理，又结合食品工业实际，并穿插有大量食品工业技术经济分析案例，可较好地补足学生评价“好技术”知识和能力的短板，填补了食品科学与工程专业课程体系和教材建设的空白。现我对全体编著者同仁表示感谢！

2021年1月

前言 | Preface

食品工业的健康快速发展关系着国计民生，并在国民经济和社会发展中具有特殊的地位和重要的作用与意义。但是，就目前我国食品工业生产现状而言，急需专业人才从技术与经济方面加强指导与管理。目前，鲜见较为系统和全面介绍食品工业技术经济学方面知识的图书。在社会主义新时代，随着食品学科的建设、发展和完善，根据食品行业需求和食品相关专业教学实际，鉴于传统技术经济学等相关教材内容过深、过细及食品专业性不强等不足，我们组织编著了这本《食品工业技术经济学》。

本书编著的初衷是针对新时代食品产业发展和人才需求，从技术经济学理论角度对实际食品生产进行指导，结合了技术经济学、农业技术经济学和工业技术经济学等相关的原理、知识、方法和食品专业相关知识需求，增加了一些新的理论、方法和案例，力求能够简明清晰地说明有关食品工业技术经济方面的基础知识、基本方法和应用案例，以期适应社会主义新时代市场经济发展和综合型专业人才需求，为指导食品工业生产发展提供参考。

本书由西华大学教材建设项目和西华大学食品科学与工程国家一流本科专业建设项目立项资助。本书编著人员为西华大学邢亚阁教授、毕秀芳副教授、刘洪高级工程师、许青莲实验师、茅台学院吴广辉副教授、国家农产品保鲜工程技术研究中心（天津）陈存坤研究员、天津科技大学刘霞研究员、西华大学袁永俊教授、四川轻化工大学袁先铃副教授、长江师范学院郑俏然副教授、四川省食品发酵工业研究设计院朱波高级工程师和内蒙古农业大学杨续金副教授。具体分工如下：绪论由邢亚阁和袁永俊完成，第一章由刘洪完成，第二、三章由毕秀芳完成，第四章由许青莲完成，第五章由邢亚阁、许青莲和郑俏然完成，第六章由邢亚阁和袁先铃完成，第七章由毕秀芳和朱波完成，第八章由邢亚阁、刘霞和陈存坤完成，第九章由吴广辉、刘霞和杨续金完成。全书由邢亚阁、毕秀芳和刘洪统稿，由西华大学车振明教授、何东教授和四川省食品发酵工业研究设计院曾泽生教授级高级工程师任主审。

我国技术经济学的研究起步较晚，至今尚在不断发展过程当中，本书参考和引用了大量的国内外相关教材、研究成果与案例等资料，结合食品专业和企业实际，整理编著而成。由于编者学识与水平有限，书中不足之处欢迎读者指正。

感谢中国轻工业出版社为本书出版所做的工作！感谢研究生税玉儒、李宣林、杨萍、王晓敏、岳天义、杨爽、徐琳、李靖、吴林、代雨杉、宁楠、宋永程、李靖、洪雪梅和应昊言等参与资料整理工作。感谢杭州屹石科技有限公司、河南芯通环保科技有限公司等单位提供案例资料。此外，向所有提供参考文献资料的作者致以敬意！

编　者

2021 年 3 月

目录 Contents

INTRODUCTION

绪论

学习目标

1. 了解技术与经济的相互作用及影响。
2. 熟悉食品工业技术经济学的建立背景、基本要素和特征。
3. 掌握食品工业技术经济学的研究对象与研究内容。
4. 了解食品工业技术经济学的发展趋势。
5. 熟悉食品工业技术经济学的学习必要性与重要性。

一、 技术与经济

1. 技术与经济

技术是发展工业生产力的决定因素，所谓技术是指人们在社会实践中所采取的方法、手段、技能和工具设备的总称。它是人类改造自然和利用自然的方法和手段。技术进步是提高劳动生产率，推动社会发展的重要物质手段和决定因素。

从科学与技术的关系的角度来定义技术，技术是指科学理论的物化形态，是人们根据社会实践的需要，把科学理论物化为生产工具、劳动对象和劳动者的报酬。从广义的角度讲，技术就是指社会生产和生产力。从技术存在的形态来看，技术通常表现为三种形态：①物化形态的技术，主要是指生产工具、设备、种子、农药、化肥等，是物化的智力，②经验形态的技术，主要是指劳动技能、专门知识和管理经验等；③知识形态的技术，主要是指技术方案、技术措施、技术政策、技术专利等。因此，技术也可以定义为，凝结在劳动工具和劳动对象中的智力，以及人们在生产实践和科学实验中所表现出来的经验和技能。技术又分为硬技术和软技术。硬技术主要是指劳动手段、生产设备、生产工具等，为物化形态；软技术主要是指生产方法、技术经济政策、经营管理技术等。

经济的含义十分广泛，其基本含义是：①社会生产关系的总和，是政治、思想等上层建筑赖以存在的基础；②国民经济及其各部门的经济，如农业经济、工业经济；③物质资料的生产、交换、分配、消费的经济活动；④个人、集体、地区、国家的收支状况，即经济实力；⑤节约或效益；⑥其他的含义。

在技术经济学中，技术是指人们在农业生产和改造自然的经济活动中，为了某种特定的目的所采取的方法、手段和工具设备的总称，涉及科学技术、生产技术和管理技术等。技术应用于生产实践就会形成社会生产力，促进经济增长和社会发展，这是技术的经济属性。经济有多种含义：经济活动、经济基础、经济结构、经济效益等，在不同场合有不同含义，且都与技术发展密切相关。技术经济学虽然涉及技术，但它不研究技术的自然属性，着重从技术的经济属性角度来研究技术的生产力职能。在社会发展中，技术与经济的关系十分密切，科技发展与经济发展相互促进、相互制约。

2. 技术对经济的作用

技术是决定经济活动的主导因素。在经济活动中，始终交织着人与自然的关系和人与人的关系。体现人与自然关系的技术发展在经济活动中起着主导和决定性作用。技术发展一方面直接影响交换、分配和消费的各个环节，同时还通过生产决定交换、分配和消费的性质、内容、原则、形式和规模。

技术是促进经济基础变化的动力。技术发展，特别是质变性的技术革命，使生产力性质发生变化，从而推动生产关系发展。

技术进步推动经济结构的变革。经济结构主要包括产业结构、所有制结构、经济组织结构、技术结构、产品结构、交换结构、分配结构、消费结构等。技术进步推动产业结构变化，从而促进其他经济结构的发展。

技术进步是提高经济效益的根本途径。在生产及再生产过程中，影响经济效益的因素很多，如产出的数量和质量，投入的工时、原材料、能源以及资金等，它们的提高或者节约，都必须依靠技术进步。

3. 经济对技术的影响

技术发展是一个动态过程，是在时间上和空间上不断变化的过程。国家的经济性质，状况及水平对技术发展有重大影响。

经济活动是技术发展的重要动力。人类进行生产的最终目的是为了满足消费。技术在经济需求的推动下不断地向前发展。

经济实力是技术发展的重要物质基础。国家的科技能力取决于人的因素和物的因素，而这些因素又都与经济实力密切相关。

经济关系制约着技术的发展。一是生产资料所有制决定技术发展的目的、方向和速度；二是人们在社会生产中的地位及其相互关系影响着技术的发展和技术作用的发挥；三是产品分配制度影响技术的发展和技术作用的发挥。

【案例 1】食品网络销售

食品行业早已搭上了互联网这辆快车。如今不仅是“民以食为天”，而且是“民以网为天”，这二者的结合也是发展的必然。最近几年，伴随着方便食品的快速发展以及电子商务如京东、阿里巴巴等的突起，同时随着食品消费的便利性、快捷性需求的日益提升，个性化食品消费以及特色食品消费越来越明显，而食品的网上销售也逐渐成为潮流。以目前的发展形势来看，专业的食品电商将会应运而生，为日益网络化的消费者服务。互联网和大数据云计算的发展催生了互联网经济，其迅猛的发展大大压缩了传统经济的市场份额。

【案例2】果蔬保鲜技术

果蔬保鲜是果蔬生产、贮藏和销售过程中一个非常重要的环节。采用科学、合理的贮藏保鲜技术，能有效延长新鲜果蔬的贮藏期，调节淡旺季，繁荣果蔬市场，具有显著的经济效益和社会效益。例如，嫁接技术应用于果树的种植，不管是提高果树的成活率、结果率，还是提高水果质量和口感，最终的结果都提高了果农的收入，促进了经济的发展。再如食品防腐保鲜技术应用于果蔬保鲜，延长了果蔬的保质期，也带来了一定的经济效益。用壳聚糖处理番茄，常温下可贮藏30d左右，几丁质用于苹果可保鲜数月，用它处理草莓，结合低温贮藏，也能达到较好的保鲜效果。从当前的发展情况来看，果蔬防腐保鲜剂的研究在向天然、安全、有效的方向发展。

【案例3】人工智能

人工智能是研究、开发用于模拟、延伸和扩展人的智能的理论、方法、技术及应用系统的一门新的技术科学。先进的技术有利于经济的发展，比如人工智能应用在工厂生产中提高了生产效率，还有如今的互联网在生活中的应用也是无处不在。现在人们饮食变得挑剔了，消费者也追求一种更快捷、实惠、健康，以及美味的食品，为了满足变幻无常的消费者口味，食品和饮料公司希望通过人工智能来帮助它们扩大新产品并保持盈利，无论是快递物流、人力资源，还是客户体验，这些智能品牌都意识到人工智能对快速生产、包装、存储、分销、销售和消费的影响，人工智能正在从根本上影响消费者以及食品和饮料行业。

【案例4】杂交水稻

杂交水稻是指选用两个在遗传上有一定差异，同时它们的优良性状又能互补的水稻品种进行杂交，以生产出具有杂种优势的第一代杂交种，即杂交水稻。20世纪70年代中国杂交水稻技术的研究成功，为大幅度提高水稻产量提供了有效的途径。1976年，中国杂交水稻在国内开始大面积推广，到1997年，累计推广种植2.14亿hm^2，共增产粮食3.12亿t。中国杂交水稻陆续推广到印度、越南、菲律宾等20多个水稻生产国家和地区，各个国家普遍获得增产。杂交水稻的成功推广带来了水稻产量的增长，这为解决世界性的粮食短缺问题作出了很大贡献。杂交水稻的研发解决了粮食问题，这是科学技术的发展带来的成果。

【案例5】转基因食品

转基因食品指的是利用转基因生物技术获得的转基因生物品系，并以该转基因生物为直接食品或为原料加工生产的食品。其中，转基因大豆是通过现代的转基因技术工程，改变大豆原有的遗传特性，培育出优质、高产、多抗性的新品种。2016年，全球种植转基因作物的面积达到1.851亿hm^2，其中，转基因大豆的种植面积占全球转基因作物种植面积的50%，种植转基因大豆的国家有11个，转基因大豆种植面积最大的是美国（3184万hm^2）和巴西（3270万hm^2）。2017年，我国进口大豆9554万t，绝大多数为转基因大豆。技术带来经济的收益，经济的发展也会促进技术的革新。

二、 食品工业技术经济学的建立背景、 基本要素与特征

1. 食品工业技术经济学的建立背景

食品工业生产和其他物质生产部门一样，包括技术和经济两个方面。不论生产水平如何，只要进行生产活动，便会有相应的技术方式，如农产品采后贮藏保鲜措施、生产技术体系、开发建设方案、项目评价等。技术方式的社会实践，不仅会消耗人力、物力和财力，同时又会直接影响或决定劳动生产效率的高低。由此可见，技术贯穿于经济活动之中，而经济又渗透于技术的实践之内。随着食品生产的发展，对食品工厂建设项目的技术评价、方案选优、效益比较等食品技术经济问题，很早就客观存在着。

随着商品经济与社会的发展，由于生产资料和产品的商品化，生产既要及时掌握技术经济信息，分析评价项目，又要进行精确的成本核算，以便从技术、产值、成本、价格、利润等的相互消长与营销关系中，研究投入和产出间的变动比率，分析经营目标实现的程度。同时，为了开拓新的生产领域，提高生产效率，改进产品质量，降低生产成本，科学技术日益受到重视，成为生产中的重要因素，促进食品生产向现代化、智能化方向发展。

我国农业技术经济学和工业技术经济学发展较早。党的八届十中全会后，在《1963—1972 年全国科学技术发展规划纲要》中，把技术经济研究正式列为规划的六个方面（即资源、工业、农业、医药卫生、基础科学、技术经济）之一。从此，农业技术经济和工业技术经济学的命名和研究课题任务便定了下来。在国家任务的推动下，农业与工业技术经济研究工作得到了比较快速的发展。

2. 食品工业技术经济学的基本要素

食品工业技术经济学是由经济科学、技术科学和应用数学等相互渗透形成的一门边缘性、交叉性学科。它通过定量分析的方法来研究技术与经济的最佳结合，以达到技术效果与经济效果的最佳统一，并取得最佳的经济效果。因此，同其他技术经济学一样，技术、经济、定量就构成了食品技术经济学的三个基本要素。

食品工业生产技术是发展食品工业生产力的决定因素，所谓食品工业技术是指人们在进行与食品工业生产等相关环节中所采取的方法、手段、技能和工具设备的总称。食品工业技术进步是提高劳动生产率，推动食品行业进步和社会发展的重要物质手段和决定因素。从技术存在的形态来看，食品工业技术通常表现为三种形态：①物化形态的技术，主要是指各类食品的生产技术、设备等；②经验形态的技术，主要是指食品生产所需的劳动技能、知识和管理经验等；③知识形态的技术，主要是指食品工业生产所需的技术方案、技术措施、技术政策等。食品工业技术同样也可分为硬技术和软技术。硬技术主要是指食品生产的手段与方法、生产设备、生产工具等；软技术主要是指食品工业的技术经济政策、经营管理技术等。

关于食品工业技术经济学中的经济的基本含义是指劳动节约、经济分析和经济评价，通常表现为在食品新产品开发、食品生产设备维修与更新评价、食品新生产线投资、食品工业新建工厂投资、食品工厂改扩建投资和食品工业现代化改造等方面的各种评价，比较方案的经济效益大小，以及食品科技成果应用的有效性问题。

食品工业技术经济学同其他技术经济学一样，经济一词不仅是一个“质”的概念，更是一个“量”的概念，并且要和技术要素紧密地联系在一起，具体表现为食品工业技术的应用和实施对经济增长的贡献。经济增长和劳动节约本身就是一个量的概念。因此，计量就成为

技术经济学中一个重要内容和基本要素。计量就是应用经济数学的方法，给食品技术经济命题和食品技术经济实践的结果赋予了量的特性。其目的在于准确地评价了食品工业技术方案、技术措施的优劣，为选择最佳方案提供依据。

食品工业技术应用于生产实践就会形成社会生产力，促进经济增长和社会发展，这是技术的经济属性。技术与经济相互渗透、相互结合，以计量为手段，从而形成了食品工业技术经济学独特的研究领域。

3. 食品工业技术经济学的特征

食品工业技术经济学是一门与技术科学、经济科学联系密切的交叉学科，研究内容涉及食品技术学、工程学、经济学和管理学等多种学科。除了体现综合性特点外，还具有技术经济学的综合性、计量性、比较性、预见性、实用性、时空性等特点。

（1）综合性　食品工业技术经济学涉及自然科学、技术科学和经济科学。要求食品工业技术经济工作者具备多学科知识，具有较强的综合研究与分析评价能力，能够组织多学科、多部门的协作研究。特别是较为复杂的食品工业技术经济研究项目，更需要多学科、多部门协作，共同进行综合研究分析，才能取得较好的经济效果、社会效果和生态效果。

（2）计量性　计量性是一般技术经济学的一大特征，从事食品工业技术经济研究必须掌握各种实用数学方法和工具，用数量关系反映食品技术经济的现象和规律。食品工业技术经济学在各种食品生产技术方案进行客观、合理、完善的评价并作出定性与定量两方面的分析，要以定性分析为基础，也要有定量的分析，并且是以定量分析为主。食品工业技术经济分析和研究过程就是一个选优过程，它所进行的一系列分析活动，最终都是为了选出最优方案。

（3）比较性　比较的观点贯穿于食品工业技术经济分析研究与评价工作的始终。比较的原理和方法是食品工业技术经济学研究分析的重要方法。通过对不同方案的比较，就能区分不同方案的优劣，进而从中选出最优方案。从经济学角度看，判断某一技术或建设方案值得采纳与否，取决于相对经济效果，即比较经济效果。

（4）预见性　技术或建设方案的建立要加强技术经济预测，通过预先的分析和评价，选择最优方案。食品工业技术经济预见性的特点还表现在两个方面，一方面尽可能地在充分掌握各种必要的信息资料基础上准确地预见某一经济事件的发展趋向和前景，尽量避免由于决策失误造成经济损失；另一方面，预见性包含一定的假设性和近似性，只能要求对某一方案的分析结果尽可能地接近实际而不能要求其绝对准确。

（5）实用性　食品工业技术经济学是一门实用性很强的学科，所研究的课题、分析的方案来源于食品工业生产及建设实际并紧密结合食品工业生产技术和经济活动而进行，其理论和方法是否正确，必须通过实践检验。食品工业技术经济学研究的核心是为了解决与食品工业生产过程有关的技术与经济的实际问题，达到食品技术要素的科学合理组合，提高经济社会生态等的综合效益。

（6）时空性　食品工业生产的特点决定了其技术经济具有很强的时空性。有些食品工业技术措施的应用当年不能反映其经济效果，必须经过长期的实践与评价，把近期、长期经济效果结合起来，才能得出正确的结论。食品工业生产具有一定的周期性和很强的季节性，因此，食品工业技术经济评价还必须抓紧时机，及时进行预测性的经济评价，为食品工业技术研究提供经济方面的依据。食品工业技术还要因地制宜，评价结论不能简单地搬用，必须对具体情况进行具体分析。

三、 食品工业技术经济学的研究内容

1. 食品工业技术经济学研究对象

食品工业技术经济学的研究对象是由食品工业技术经济研究领域中存在的特殊矛盾决定的。食品工业技术经济领域中的特殊矛盾包括技术先进适用性与经济合理性之间的矛盾，技术措施与生产要素之间相互制约、相互协调的矛盾，生产技术措施与资源利用之间的矛盾，以及技术措施与使用条件之间的矛盾。因此，可以把食品工业技术经济学的研究对象概括为：根据自然规律、技术与经济发展规律，以食品工业生产过程为核心，以分析、评价、论证和优选等方式研究生产实践中相关技术因素和经济因素合理结合的内在运动规律及运动条件，以取得最佳的技术经济效果。

（1）研究以食品工业技术实践的经济效果为目的的技术与经济相统一的科学。为了实现某个食品项目的经济目标，经常设计若干个可供选择的技术方案。如何选择最佳方法，需要首先比较各个技术方案的实施所能带来的经济效果。实现食品技术效果和经济效果的统一，是整个食品工业技术经济学研究的核心。食品工业技术经济学研究的目的是把与食品工业生产相关技术的适用性和经济的合理性结合起来，使技术效果和经济效果达到最佳统一，从而获得最优的经济效果。在技术方面，选择的方案要具有先进、可靠、安全、灵活和耐用的性质，其应用的结果能给人们带来产量较高、产品质量较好的技术效果；在经济方面，它能实现最大的节约，用最少的资源获取最大的经济效果。具体到食品工业生产上，最佳方案的选择往往都是为了在同等条件下实现食品生产效率和效益增加。在资源边际报酬率递减规律的作用下，并不是产量越高，收入（产出-消耗）就越大。达到一定的阶段后，为生产一个单位食品产品所消耗的成本反而要大于把食品产品出售后获得的收益。食品工业技术经济学的任务就是通过分析研究，把与食品工业生产相关的项目投入控制在一个合理的范围内（此时边际成本和边际收益相等），从而实现最好的经济效果。

（2）解决食品工业技术措施与相关资源之间矛盾的科学。食品工业生产所利用的资源包括自然资源、技术、设备、土地、劳动力资源、资金、管理等。要科学、合理、充分地利用相关资源获得最大的经济效果，就要对生产项目和生产规模进行合理的安排，并采用相应的技术措施、技术方案、技术制度来保证资源的合理使用。食品工业技术经济学的任务就是要解决食品生产过程中技术措施与相关资源之间存在的矛盾。它要求根据各地区和各单位的资源优势及资源数量、质量与安排食品生产项目、生产规模和相应的技术措施、技术制度，对短缺的资源争取引进补充，使资源之间得到协调均衡，尽可能地使全部资源得到充分有效的利用，最大限度地增产增收，取得最大的经济效果。

2. 食品工业生产项目

项目是指在一定的约束条件下（主要是限定的资源和时间），具有明确目标的一次性任务（或活动）。广义的项目含义非常广泛，泛指一切符合项目定义，具备项目特点的一次性任务（或活动）。针对食品工业而言，最常见的项目有：食品新产品的开发、食品设备维护与更新、食品工厂新建项目、食品工厂改建扩建项目等。

构成建设项目的主要条件和特点包括以下几方面。

（1）按照一个总体设计进行建设，行政上实行统一管理，经济上实行统一核算。尽管有

些项目由若干个单体建筑组成，但只要符合上述原则，就归结为一个建设项目。

（2）有明确的建设目标和任务，如有明确的生产能力目标和工程质量标准，有工期目标和投资限额目标等。

（3）一般具有建筑工程和设备安装工程等有形资产，有些项目还有购买商标、专利、专有技术等形成的无形资产。

（4）过程的一次性和成果的单件性。建设项目的活动过程既不同于一般工业生产的那种大批量重复性生产过程，也不同于企事业单位或政府机关的那种周而复始的行政管理过程。它一般都具有一个特定的开始、展开和结尾的过程，整个过程基本没有简单的重复。

（5）建设过程必须遵循客观规律，按照一定的程序进行。一个建设项目，通常都要依次经过可行性研究、评价、决策、设计、实施、竣工投产、总结评价等阶段。

食品投资项目可以分为两类。

第一类是设备更新和技术改造项目，简称更新改造项目，是指对原有企业进行设备更新或技术改造的项目，是食品投资项目的另一个重要组成部分。更新改造与基本建设的主要区别在于：基本建设属于固定资产的外延扩大再生产，而更新改造属于固定资产的内涵扩大再生产。

第二类称为基本建设项目，一般是指在施工现场，按照一个总体设计进行施工的各单项工程的总体，如一个食品工厂可以构成一个建设项目。食品工厂建设项目按性质可分为新建、扩建、改建等项目；按建设规模可分为大、中、小型项目。

3. 食品工业技术经济学的研究内容

食品工业技术经济学研究的内容是从工业角度对食品新产品开发、食品设备维护与更新、食品新生产线建设、食品工厂新建项目、食品工厂改扩建项目等具体技术经济问题进行研究，研究的对象是食品企业主体，以及这些主体在食品生产过程中的技术方案选择行为。具体研究食品工业上述相关项目的可行性分析，明确了主要食品项目的可行性报告内容；并以食品工业项目的各个方面出发，重点从技术经济的角度出发，分析评价了相关方案的优劣性，在分析方法上要注重对风险、综合评价模型等高层次技术经济评价方法的运用。

四、 食品工业技术经济学的发展趋势

目前，世界科技革命发展迅猛并且已经在许多方面取得了突破性的进展，生物技术、信息技术和人工智能等的革命性进展将使食品行业的基本特点发生变化，从而使食品工业技术经济学的发展呈现出新趋势。

（1）技术经济评价目标的变化　传统技术经济主要以评价技术的经济效果为主要目的。但随着经济、社会发展阶段的演进和发展理念的变化，要求技术经济学必须重新考虑其评价的目标，即要求技术经济学从传统的经济效益评价单一目标向可持续发展、多方面统筹等目标扩展，并关注和反思技术带来的负面影响。因此，要求在评价技术效益时，目标应更加全面，不仅要关注经济效益，也要关注社会效益、生态效益等。

（2）技术经济评价理论与方法的变化　部分传统评价方法已经难以适应新时代发展，一些新的计算方法和评价方法需要引入到技术经济研究领域。新兴技术的出现，尤其是高新技术的出现及其快速产业化，需要在技术经济评价理论上有所突破。随着生物技术、信息技术等的飞速发展及其产业化，出现了新经济的概念和浪潮。在这种情况下，如何对这些技术的

效益（包括经济效益、生态效益和社会效益）进行评价，需要在理论和方法上进行创新。

（3）不断与发达国家的数量经济学和工商管理学接轨，吸收国外的先进经验，结合我国发展实际和食品工业与专业教育现状与产业情况，在课程体系上进行创新，对传统技术经济学进行专业化融合，使其符合中国食品工业发展和专业教育的需要。

（4）更加注重对食品工业技术创新的经济分析，注重采用当前先进的机构及现代经济分析方法对新技术选用的经济、社会和生态等综合效益进行分析，对技术的先进性、适用性和可行性进行分析，避免技术的盲目引进。

（5）食品工业技术经济学科将尽可能地融入当前食品工业科技革命所带来的变化、知识经济发展以及对食品高新技术产业化、高新技术改造传统工业等内容，使其更能紧跟时代潮流，符合新时代食品工业发展的实际需要。

（6）重视对综合性、全面性食品工业技术经济学科人才的培养　现代科学的发展在新时代就已经呈现出综合化的趋势，未来食品工业技术经济学科的范围将会扩大，培养复合型的食品工业技术经济管理人才也成为本学科的重要目标。

五、 学习食品工业技术经济学的必要性

技术和经济紧密联系，作为一个社会主义新时代的食品工业技术人员，不仅需要精通本专业的技术，同时必须具有经济头脑。在我国的高等教育中，工业技术教育与经济管理教育长期以来是相互分离的，毕业生工作后不关心与自己所从事的工作有关的经济问题，在设计产品和制定工艺时不考虑如何降低成本，增加利润，或者不会进行必要的经济分析，不能满足工业技术教育和新时代社会发展的需要。因此，食品工业技术人员应该克服单纯技术观点，学习经济知识，掌握进行经济分析和经济决策的本领。

经济分析是为经济决策服务的。决策是一个过程，它包括提出问题，制定目标，拟定方案，分析评价，选出最佳方案。因为，要在经济与技术工作中做到决策科学化，满足工业技术教育和新时代提出的要求，需要掌握以下几个关于技术经济方面的技能知识。

（1）正确了解国家和地方的经济、技术发展战略和有关政策　国家的发展战略和有关政策牵动全局，更是在各项具体工作中确定决策目标的依据。有了明确的目标，拟定方案就不会盲目，分析评价就有了正确的标准，决策才能科学化。国家的各项经济、技术政策是为实现发展战略服务的，是在食品工业项目进行决策时所要考虑的重要外部条件。国家的各项税收政策、金融政策、物价政策、外资、外贸、外汇政策等也都会对具体的经济技术决策产生实际的影响。因此，正确了解国家的发展战略和有关政策是实现决策科学化的重要前提。

（2）应会从技术经济角度开展预测工作　在复杂的经济和技术工作中，单靠对本部门、本企业所处环境的某种感觉或直觉来进行决策，可能会导致一些决策失误或偏差。对任何决策来说，预测都是一个关键问题。所谓预测就是对与决策问题有关的各种内部外部情况所进行的预计，是对尚未发生的或目前还不明确的事物所进行的事先估计和推测，是对事物发展将要导致的结果进行的探讨和研究。因此，从技术经济学角度对食品工业和行业未来发展情况进行相对准确的预测，将会为作出正确的决策提供依据，减少或避免发生决策失误。

（3）要学会拟定多种替代方案并从中选择最优方案　针对食品工业相关项目，在决策过程中只有拟定一定数目的具有一定质量的备选方案，进行对比选择，才能保证决策的科学性。在新时代的技术经济条件下，要解决一个问题，总是可以根据不同的经验，从不同的角

度构思出多种途径和方法的。在设计多种方案之后，需要明确各个方案的细节，估计各个方案的执行结果。既考虑直接后果，又考虑间接后果；既考虑有形后果，又考虑无形后果；既考虑有利方面，又考虑不利方面，通过综合比较从中选出最好的方案。

（4）要善于把定性分析和定量分析结合起来　以定性分析为主的传统决策方法，是根据决策人员的经验、直觉、学识、洞察力和逻辑推理能力来进行决策的方法。这种决策方法具有主观性，属于经验型决策。如果采用以定量分析为主的决策方法，又会因为经济问题十分复杂，变化很多，有的指标根本无法用数量表示，因此，还必须进行定性分析。最好的方法是把定量分析和定性分析结合起来，同时加强调查研究，提高定性分析的客观性，减少主观成分。

综上所述，从食品项目选择新产品开发、食品生产设备维修与更新评价、新生产线建设、新建投资项目、食品工厂改扩建等，结合技术经济学知识，树立食品工业生产经济观点，建立经济意识，掌握食品工业技术经济分析和经济决策的方法与技能，提高解决实际技术经济问题的能力对于食品工业技术人员来说十分必要，这也是工业技术教育、社会主义现代化建设对新时代食品工程师提出的要求。

思考题

1. 什么是技术？什么是经济？
2. 简述技术与经济的关系。
3. 食品工业技术经济学的特征有哪些？
4. 简述食品工业技术经济学的研究对象与研究内容。
5. 技术经济学研究涉及到的食品工业生产相关的项目有哪些？
6. 结合实际，说明为什么要学习食品工业技术经济学？

第一章 资金的时间价值

CHAPTER 1

学习目标

1. 掌握现金流量的定义和现金流量图的画法。
2. 了解项目现金流量的构成。
3. 理解资金时间价值的概念。
4. 掌握单利和复利，了解名义利率和实际利率的计算。
5. 掌握资金等值计算的应用。

第一节 现金流量及其分类

一、 现金流量的概念

1. 现全流量的定义

所谓现金流量（Cash Flows），是特定经济系统（可以是一个工程项目、一个企业，也可以是一个地区或一个部门）在某一时点发生了使用权或所有权转移的现金或其等价物（如短期国库券、商业本票、可转让定期存单、银行承兑汇票等）的数量。

流入系统的现金称为现金流入（Cash Inflows），通常用 *CI* 表示。例如，企业销售商品或提供劳务、出售设备取得的现金，从金融机构获得的借款等都是现金流入。流出系统的现金称为现金流出（Cash Outflows），通常用 *CO* 表示。例如，企业购买货物、购置固定资产、偿还债务等而支付的现金，都是现金流出。同一时点上现金流入与现金流出之差被称为净现金流量，通常用 *CI*-*CO* 表示。净现金流量有正有负。正现金流量表示一定时期的净收入，负现金流量为一定时期的净支出。

2. 确定现金流量需要注意的问题

（1）每一笔现金流入和现金流出都应有明确的发生时点。

（2）现金流量必须是实际发生的，每笔现金流量都有可靠的凭证验证。例如，不应将应收账款、应付账款、暂时不能兑现的有价证券和不能立即出让的固定资产账面价值等作为现金流量。

（3）确定同一项活动的现金流量，因所站的立场和看问题的出发点不同而会产生不同的结果。例如，国家对企业经济活动征收的税金，从企业角度看是现金流出，而从整个国民经济的角度看，对国家来说税金的所有权并未改变，而是在国家范围内资金的一种再分配，所以它既不是现金流入也不是现金流出。

（4）使用权或所有权未发生转移的现金或其等价物不是现金流量，如企业固定资产折旧在未被使用前不被列入现金流量。

3. 现金流量图

现金流量图（Cash-flow Diagrams）指能反映经济系统现金流量随时间变化的图式，即把经济系统的现金流量绘入一个时间坐标图中，表示出各现金流入、流出与相应时点的对应关系，如图 1-1 所示。

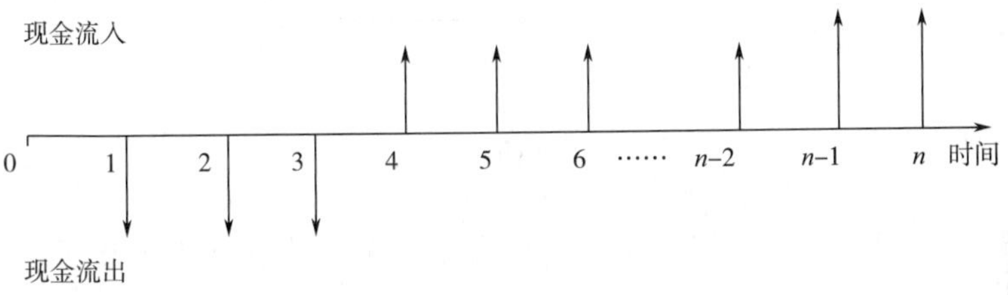

图 1-1　现金流量图

对于一个经济系统，其不同时点各种现金流量的流向、数额和发生时间都不尽相同。现金流量图有助于人们准确确定现金流量的时点和大小，方便技术经济分析。现以图 1-1 说明现金流量图的作图方法。

（1）以横轴为时间轴，向右延伸表示时间的延续，轴上每一刻度表示一个时间单位，可取年、半年、季或月等，在不做特别说明的情况下，一般以年表示。0 表示时间序列的起点，n 表示时间序列的终点。

（2）垂直于时间坐标的箭线表示不同时点的现金流量的大小和方向。一般规定在横轴上方的箭线表示现金流入；在横轴下方的箭线表示现金流出。有时为了解决问题，也可以做相反的约定。

（3）在现金流量图中，箭线长短与现金流量数值大小本应成比例。但经济系统中各时点现金流量的数额常常相差悬殊，很难成比例绘出，故在现金流量图绘制中，箭线长短只要能适当体现各时点现金流量数值的差异，并在各箭线上方（或下方）注明其现金流量的数值即可。

（4）箭线与时间轴的交点即为现金流量发生的时点。

（5）时间序列中某一期的期末正好是下一期的期初。

（6）现金流入和现金流出总是针对特定的系统而言。例如，企业从银行贷款，对企业来说是现金流入，对银行来说则是现金流出。

总之，要正确绘制现金流量图，应该把握好现金流量的三要素，即现金流量的大小、方向和时点。

在食品工业经济系统运行时，资金并不只是发生在期初或期末。例如，图 1-2 说明某新建食品生产线某一年的投资按月支付，每月支付100万元，如果以年为单位，就需要按照一定的规则对期间发生的现金流量进行简化处理。

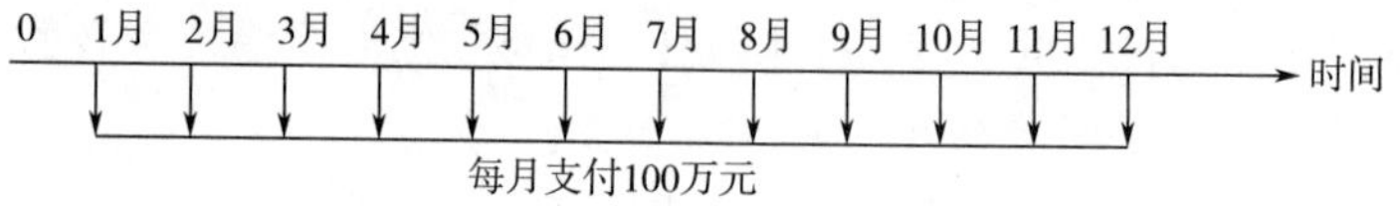

图1-2　某食品生产线一年的现金流量图

绘制现金流量图时可以选择以下几个规则。

（1）期初法　即绘制现金流量图时一般假定现金的收取或支付都集中在每期的期初。此时，图1-2可以简化成图1-3。

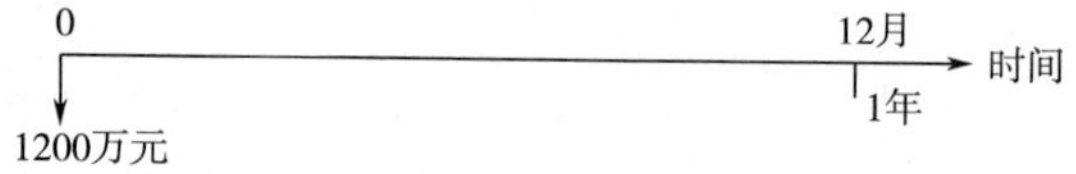

图1-3　期初法现金流量图

（2）期末法　即绘制现金流量图时一般假定现金的收支都集中在每期的期末，此时图1-2可以简化成图1-4。

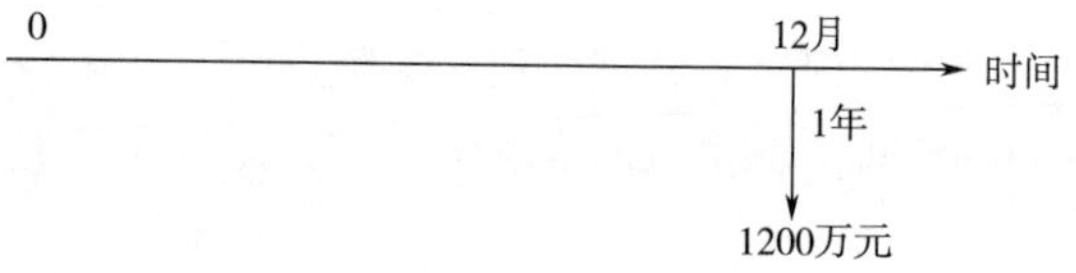

图1-4　期末法现金流量图

（3）期中法　即绘制现金流量图时一般假定现金的收支都集中在每期的期中，此时图1-2可以简化成图1-5。

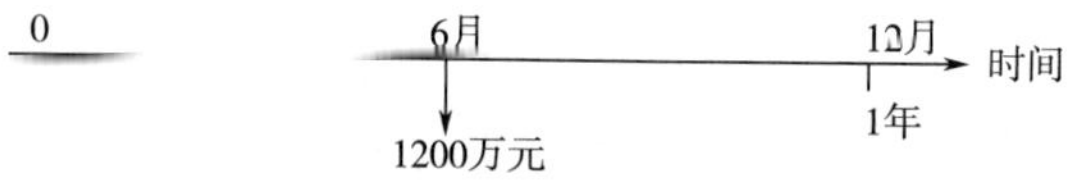

图1-5　期中法现金流量图

4. 现金流量的作用

在现代市场经济环境下，经济系统的股权人和债权人最关心的莫过于系统的现金流量情况。在技术经济分析中现金流量的作用主要体现在以下方面。

（1）现金流量可以将技术方案的物质形态转化为货币形态，为正确计算和评价活动方案的经济效果提供统一的信息基础。对技术方案可以从物质形态与货币形态两个方面进行考察。从物质形态来看，经济主体通过提供其他经济主体所需要的产品或劳务，获得自己需要的厂房、设备、原材料、能源、动力等。从货币形态来看，经济主体通过垫付资本，在生产经营中花费成本，获得销售收入。在现代市场经济条件下，活动方案的物质形态由于缺乏可比性和灵活性而受限制。而货币形态由于具有一般等价物的特点而被广泛使用。

(2) 现金流量能够反映人们预先设计的各种技术方案在寿命周期内经济效果的全貌。在技术经济活动的前期决策阶段，研究人员提出的各种备选方案及每个备选方案中的产品方案、工艺方案、筹资方案、建设方案和经营方案等，都可以通过预测或估计其现金流量来展示其经济效果。

(3) 现金流量能够真实揭示经济系统的盈利能力和偿债能力。技术经济分析的目的，就是要根据方案的现金流出与现金流入，通过计算经济效果评价指标，选择合适的技术方案。而技术经济活动的盈利能力指标和偿债能力指标主要是通过现金流量图或表计算出来的。

二、 各类经济活动的主要现金流量

为了清晰地揭示各类经济活动现金流量的情况，需要对影响现金流量的活动进行分类。影响现金流量的经济活动可分为三大类：投资活动、筹资活动和经营活动。

1. 投资活动及其现金流量

投资活动是指经济主体对固定资产、无形资产和其他资产等长期资产的购建及处置活动。经济主体从事投资活动特别是进行固定资产投资，一般会在期初伴随大量的现金流出，在期末伴随大量的现金流入。例如，用现金购置机器设备、认购有价证券等。经济主体的投资活动不仅包括现金流出活动，还包括与投资有关的各种现金流入活动，如回收的投资、变卖固定资产所取得的现金收入、转让有价证券获取的现金等。

投资活动现金流入的主要项目如下：①收回投资所得到的现金；②分得股利或利润所收到的现金；③取得债券利息收入所收到的现金；④处置固定资产、无形资产和其他长期投资而收到的现金净额。

投资活动现金流出的主要项目如下：①购买固定资产、无形资产和其他长期资产而支付的现金或偿还应付款项而支付的现金；②权益性投资支付的现金；③债券性投资支付的现金。

2. 筹资活动及其现金流量

筹资活动是指经济主体从股权人那里获得自有资金和向他们分配投资利润，以及从债权人那里借得货币、其他资源和偿还借款等活动。

筹资活动现金流入项目主要有：①吸收权益性投资所收到的现金；②发行债券所收到的现金；③借款所收到的现金。

筹资活动现金流出项目主要有：①偿还债务所支付的现金；②分配股利或利润所支付的现金；③融资租赁所支付的现金；④减少注册资本所支付的现金。

3. 经营活动及其现金流量

一般而言，经营活动是企业为获取收入和盈利而必须进行的经济活动，如销售商品、提供劳务、购买货物、支付工资、缴纳税金和制造产品等。

经营活动产生的现金流入项目包括：①销售商品或提供劳务所取得的现金收入；②收到的租金；③其他现金收入。

经营活动产生的现金流出项目包括：①购买商品或劳务支付的现金；②经营性租赁所支付的现金；③支付给职工及为职工支付的现金；④支付的各种税费。

第二节 项目的现金流量

一、项目计算期

1. 项目计算期的概念

项目计算期是指经济评价中为进行动态分析所设定的期限，包括建设期和运营期。

建设期一般是指从拟建项目永久性工程开工之日，到项目全面建成投产或交付使用所需的全部时间，可按合理工期或预计的建设进度确定建设期。建设期是经济主体为了获得未来的经济效益而筹措资金、垫付资金或其他资源的过程，在此期间，一般只有投资，没有收入，因此，要求项目建设期越短越好。运营期分为投产期和达产期两个阶段。投产期是指项目投入生产，但生产能力尚未达到设计能力时的过渡阶段。达产期是指生产运营达到设计预期水平后的时间。运营期是投资的回收期和回报期，因此，投资者一般希望其越长越好。

2. 项目运营期的确定方法

（1）按产品的寿命周期确定　随着科学技术的迅猛发展，产品更新换代的速度越来越快。对于特定性较强的工程项目，由于其厂房和设备的专用性，当产品已无销路时，必须终止生产，同时又很难转产，不得不重建或改建项目。因此，食品等轻工和家电产品这类新陈代谢较快的项目适合按产品的寿命周期确定项目的运营期。

（2）按主要工艺设备的经济寿命确定　这种方法适用于通用性较强的制造企业，或者产品有稳定的销路、生产产品的技术比较成熟的工程项目类型。

（3）综合分析确定　一般大型复杂的综合项目采用综合分析法确定其运营期。例如，钢铁联合企业规模大，涉及问题多，综合各种因素，我国规定其寿命周期为 20 年左右；而食品工业平均寿命不足 8 年。

3. 确定项目计算期时应注意的问题

（1）项目计算期不宜定得太长　一方面是因为按照现金流量折现的方法，把计算期很长的项目后期的净收益折为现值的数值相对较小，所以，很难对财务分析结论产生有决定性的影响；另一方面由于时间较长，预测数据的精度会下降。

（2）计算期较长的项目多以年为时间单位，而对于计算期较短的行业项目，如油田钻井开发项目、高科技产业项目等，由于在较短的时间间隔内现金流量水平会有较大变化，这类项目不宜用“年”做计算现金流量的时间单位。可根据项目的具体情况选择合适的计算现金流量的时间单位。

因为建设项目计算期内要历经资金的筹集、资金的投入、生产经营和资金的回收等若干阶段才能达到预期的目标，所以工程项目的现金流量也兼有了投资活动、筹资活动和经营活动的特点，具有一定的综合性。

二、项目现金流量的基本构成要素

1. 建设期现金流量的确定

建设期现金流量，如式（1-1）所示。

$$(CI-CO)_t = -\text{建设投资} - \text{流动资金投入} \quad (1-1)$$

2. 运营期现金流量的确定

运营期现金流量，如式（1-2）所示。

$$\begin{aligned}(CI-CO)_t &= \text{营业收入}-\text{经营成本}-\text{营业税金及附加}-\text{所得税}\\ &= \text{营业收入}-\text{经营成本}-\text{折旧}-\text{营业税金及附加}-\text{所得税}+\text{折旧}\\ &= \text{营业收入}-\text{总成本费用}-\text{营业税金及附加}-\text{所得税}+\text{折旧}\\ &= \text{利润总额}-\text{所得税}+\text{折旧}\\ &= \text{税后利润}+\text{折旧}\end{aligned} \quad (1-2)$$

3. 停产时现金流量的确定

停产时现金流量，如式（1-3）所示。

$$\begin{aligned}(CI-CO)_n = {}& \text{营业收入} + \text{回收固定资产余值} + \text{回收流动资金} - \text{经营成本} -\\ & \text{营业税金及附加} - \text{所得税}\end{aligned} \quad (1-3)$$

第三节　资金的时间价值

一、资金时间价值的概念

1. 资金时间价值与利息

时间不能停止，也不能倒流。因此，对寿命有限的技术经济活动而言，时间是一种最宝贵也是最有限的“资源”。在技术经济活动中，时间就是金钱。因为经济效益是在一定时间内创造的，创造同样的收入，所花费的时间越少，效益就越好。因此，重视时间因素的研究，对技术经济分析有着重要的意义。

根据经济学的原理，资金的时间价值（Time Value of Money）可以被看成使用稀缺资源（即资金）的一种机会成本，是使用货币的利息，是占用资金所付的代价；或者是让渡资金使用权所得的报偿，是放弃近期消费所得的补偿。

资金时间价值的实质是资金作为生产要素，在生产、交换、流通和分配的过程中，随时间的变化而产生的增值。资金的增值过程如图 1-6 所示。

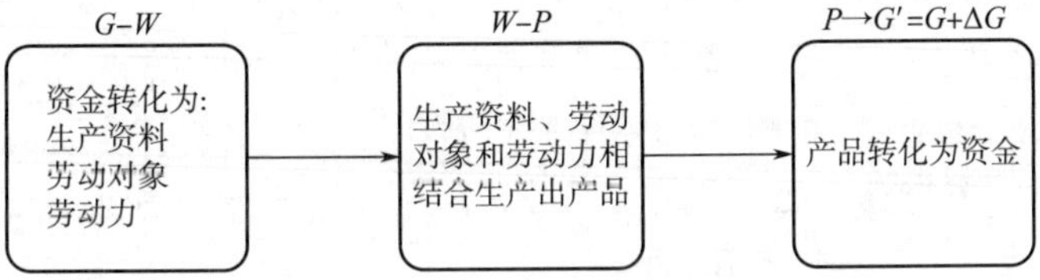

图 1-6　（$G—W—G'$）资金增值过程示意图

在产品生产前，首先，需用一笔资金（G）购买厂房、设备、专有技术作为该企业生产资料，同时还需垫支流动资金采购生产所需要的原材料、辅助材料、燃料、动力等劳动对象和招聘工人所需支出的工资；其次，在生产过程中，资金以物化形式出现（W），劳动者运用生产资料对劳动对象进行加工，生产制作的新产品（P）比原先投入的资金（G）具有更高的价值（G'）；最后这些新产品（P）必须在生产后的流通领域（商品市场）里作为商品出售给用户，才能转化为具有新增价值的资金（G'），使物化的资金（P）转化为货币形式的资金（G'），这时的 $G'=G+\Delta G$，使生产过程中劳动者创造的资金增值部分 ΔG 得以实现。这样就完成了“$G-W-G'$”形式的、完整的资金增值过程。资金增值部分 ΔG 按生产要素的贡献进行分配，生产资本得到利润，借贷资本得到利息，土地资本得到地租等。资金在生产过程和流通领域之间如此不断地周转循环，这种循环过程不仅在时间上是连续的，而且在价值上也是不断增值的。因此，整个社会生产不仅是价值创造过程，也是资金增值过程。

由此可见，利息是借贷资本时间价值的绝对衡量，是借贷过程中，债务人支付给债权人的超过原借款本金的部分，如式（1-4）所示。

$$I = F - P \tag{1-4}$$

式中 I——利息；

F——还本付息总额；

P——本金。

资金时间价值的存在，使不同时点上发生的现金流量无法直接被比较。近期的资金比远期同样数额的资金更有价值。因此，要通过一系列的换算，将资金在同一时点上进行对比，才能符合客观的实际情况。这种考虑了资金时间价值的经济分析方法，使方案的评价和选择变得更现实且更可靠。

2. 利率

利率也叫利息率，是一定时期利息与本金的比率。这个一定时期被称为计息周期，可以指一年、半年、季、月。常用的计息周期是一年，一年的利息与本金的比值为年利率；半年或一个月的利息与本金的比值则为半年利率或月利率。其计算公式如式（1-5）所示。

$$i = \frac{I_t}{P} \times 100\% \tag{1-5}$$

式中 i——利率；

I_t——单位时间内的利息；

P——本金。

【例 1-1】某食品加工企业应用盈余资金投资购买一年期国债 1000 元，一年后国债到期时的本利和为 1144.9 元，试求这笔债券的年利率。

解：根据式（1-5）计算年利率为（144.9/1000）×100%＝14.49%

利率是各国发展国民经济的杠杆之一，由如下因素决定。

（1）社会平均利润率 在通常情况下，平均利润率是利率的最高界限。因为如果利率高于利润率，借款人投资后无利可图，也就不会去借款了。

（2）金融市场上借贷资本的供求情况 在平均利润率不变的情况下，借贷资本供过于求，利率便下降；反之，利率便上升。

（3）银行所承担的贷款风险 借出资本要承担一定的风险，而风险的大小也影响利率的波动。风险越大，利率也就越高。

（4）通货膨胀率 通货膨胀对利率的波动有直接影响，在实际利率一定时，通货膨胀率越高，名义利率越高。

（5）借出资本的期限 借款期限长，不可预见因素多，风险大，利率也就高；反之，利率就低。

3. 单利

利息计算有单利和复利之分。当计息周期在一个以上时，就需要考虑单利与复利的区别。所谓单利（Simple Interest）是指在计算利息时，只有本金生息，利息不再生息，即通常所说的“利不生利”的计息方法。其计算式如式（1-6）所示。

$$I_t = P \times i_d \tag{1-6}$$

式中 I_t——第 t 计息期的利息额；

P——本金；

i_d——计息期单利利率。

设 I_n 代表 n 个计息期所付或所收的单利总额，则如式（1-7）所示。

$$I_n = \sum_{t=1}^{n} I_t = \sum_{t=1}^{n} P \times i_d = P \times i_d \times n \tag{1-7}$$

由式（1-7）可知，在单利计息的情况下，总利息与本金、利率及计息周期数成正比，而 n 期末单利本利和 F 等于本金加上利息，如式（1-8）所示。

$$F = P + I_n = P(1 + n \times i_d) \tag{1-8}$$

在利用式（1-8）计算本利和 F 时，要注意式中 n 和计息的周期匹配。若为年利率，则 n 应为计息的年数；若为月利率，则 n 应为计息的月数。

【例 1-2】假如某肉制品企业以单利方式筹措到 1000 万元，年利率 6%，第三年年末偿还，试计算各年利息和本利和。

解：计算过程和计算结果，如表 1-1 所示。

表 1-1 单利方式利息计算表 单位：万元

年末	借款本金	利息	本利和	偿还额
0	1000	—	—	—
1	—	1000×6% = 60	1060	0
2		1000×6% = 60	1120	0
3	—	1000×6% = 60	1180	1180

单利计息不符合资金运动的规律，在技术经济分析中较少使用，通常只适用于短期投资及不超过一年的短期贷款。

4. 复利

复利（Compound Interest）是在计算利息时，不仅本金生息，而且利息也生息，即“利生利”“利滚利”的计息方式。其表达式如式（1-9）所示。

$$I_t = i \times F_{t-1} \tag{1-9}$$

式中 I_t——第 t 计息期的利息额；

i——计息期利率；

F_{t-1}——第（t-1）年年末复利本利和。

第 t 年年末复利本利和的表达式如式（1-10）所示。

$$F_t = F_{t-1} \times (1 + i) \tag{1-10}$$

【例 1-3】假如某豆瓣厂以复利方式筹措到 1000 万元，年利率 6%，第三年年末偿还，试计算各年利息和本利和。

计算过程和计算结果，如表 1-2 所示。

表 1-2　复利方式利息计算表　单位：万元

年末	借款本金	利息	本利和	偿还额
0	1000	—	—	—
1	—	1000×6%＝60	1060	0
2	—	1060×6%＝63. 6	1123. 6	0
3	—	1123. 6×6%＝67. 4	1191	1191

从表 1-1 和表 1-2 可以看出，由于复利效应，3 年年末的复利比单利多 11 万元（1191-1180）。

复利计息有间断复利和连续复利之分。按期（年、半年、季、月、周、日）计算复利的方法称为间断复利（即普通复利），按瞬时计算复利的方法称为连续复利。

式（1-10）计算复利很不方便，因为它要逐期地计算，如果周期数很多，计算便十分烦琐。在式（1-10）中，没有直接反映出本金 P、本利和 F、利率 i、计息周期数 n 等要素的关系，所以有必要对式（1-10）进一步简化。

二、资金时间价值的计算公式分类

1. 一次支付的情形

一次支付又称整付，指所分析系统的现金流量，无论是流入还是流出，均在一个时点上一次发生，如图 1-7 所示。

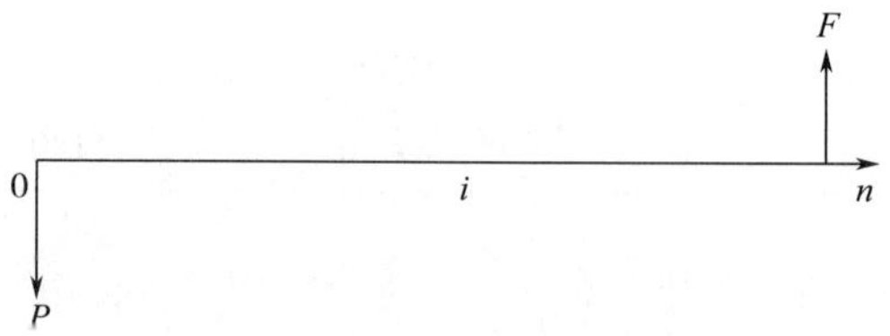

图 1-7　一次支付现金流量图

注：i——计息期利率；

n——计息期数；

P——现值，即现在的资金价值或现金流量序列在现在时点的等值；

F——终值，即本金在 n 期末的本利和或现金流量序列在未来时点的等值。

2. 多次支付的情形

在技术经济分析中，多次支付是最常见的支付情形。多次支付是指现金流量在多个时点发生，而不是集中在某一个时点上。如果用 A_t 表示第 t 期末发生的现金流量大小，可正可负，用逐个折现的方法，可将多次现金流量换算成现值，如式（1-11）、式（1-12）所示。

$$P = A_1(1+i)^{-1} + A_2(1+i)^{-2} + \cdots + A_n(1+i)^{-n} = \sum_{t=1}^{n} A_t(1+i)^{-t} \tag{1-11}$$

或

$$P = \sum_{t=1}^{n} A_t(P/F,\ i,\ t) \tag{1-12}$$

同理，也可将多次现金流量换算成终值，如式（1-13）所示。

$$F = \sum_{t=1}^{n} A_t(1+i)^{n-t} \text{或} F = \sum_{t=1}^{n} A_t(F/P,\ i,\ n-t) \tag{1-13}$$

虽然上面式子中的那些复利系数都可以通过计算得到，但如果 n 较大，A 较多时，计算也是比较麻烦的。如果多次现金流量 A_t 有如下特征，则可大大简化上述计算公式。

（1）等额系列现金流量　现金流量序列是连续的，且数额相等，如式（1-14）所示。

$$A_t = A = \text{常数} \quad (t = 1,\ 2,\ 3,\ \cdots,\ n) \tag{1-14}$$

（2）等差系列现金流量　现金流量序列是连续的，相邻现金流量相差同一个常数 G，且现金流量序列是连续递增或连续递减，如式（1-15）所示。

$$A_t = A_1 \pm (t-1)G \quad (t = 1,\ 2,\ 3\cdots,\ n) \tag{1-15}$$

（3）等比系列现金流量　现金流量序列是连续的，紧后现金流量较紧前现金流量按同一比率连续递增，如式（1-16）所示。

$$A_t = A_1(1+j)^{t-1} \quad (t = 1,\ 2,\ 3\cdots,\ n) \tag{1-16}$$

三、资金时间价值的计算公式

1. 一次支付终值公式（已知 P，求 F）

现有一项资金 P，按年利率 i 计算，求 n 年以后的本利和。

根据复利的定义即可求得本利和 F 的计算公式。其计算过程如表 1-3 所示。

表 1-3　　终值计算过程表

计息期	期初金额（1）	本期利息额（2）	期末本利和 F_n =（1）+（2）
1	P	$P \cdot i$	$F_1=P+P \cdot i=P(1+i)$
2	$P(1+i)$	$P(1+i) \cdot i$	$F_2=p(1+i)+p(1+i) \cdot i=p(1+i)^2$
3	$P(1+i)^2$	$P(1+i)^2 \cdot i$	$F_3=p(1+i)^2+p(1+i)^2 \cdot i=p(1+i)^3$
…	…	…	…
n	$P(1+i)^{n-1}$	$P(1+i)^{n-1} \cdot i$	$F=F_n=p(1+i)^{n-1}+p(1+i)^{n-1} \cdot i=p(1+i)^n$

由表 1-3 可以看出，n 年年末的本利和 F 与本金 P 的关系，如式（1-17）所示。

$$F = P(1+i)^n \tag{1-17}$$

式中　$(1+i)^n$——复利终值系数。

在复利计算中，常用一种规格化代号来代表各种计算系数，其一般形式为（x/y，i，

n)。括号中的第一个字母 x 代表所求的未知数，第二个字母 y 为已知数，i 为年利率，n 为计算的期数。故复利终值系数 $(1+i)^n$ 的代号应为（F/P，i，n），因此，式（1-17）的另一表达式，如式（1-18）所示。

$$F = P(F/P,\ i,\ n) \tag{1-18}$$

【例 1-4】某果蔬加工企业借款 100 万元，年利率 $i=6\%$，复利计息，试问借款人 5 年年末连本带利一次偿还的金额是多少？

解：由式（1-17）得 $F=P(1+i)^n=100\times(F/P,\ 6\%,\ 5)=133$（万元）

2. 一次支付现值公式（已知 F，求 P）

由式（1-17）即可求出现值 P，如式（1-19）所示。

$$P = F(1+i)^{-n} \tag{1-19}$$

式中　$(1+i)^{-n}$——复利现值系数，其代号为（P/F，i，n）。

在技术经济分析中，一般是将未来值折现到零期，故计算现值 P 的过程叫“折现”或“贴现”。$(1+i)^{-n}$ 也可叫折现系数或贴现系数。式（1-19）也可写成式（1-20）。

$$P = F(P/F,\ i,\ n) \tag{1-20}$$

【例 1-5】某复合调味品企业希望 5 年年末得到 100000 万元资金，年利率 $i=6\%$，复利计息，试问现在企业必须一次性投入多少元？

解：由式（1-20）得

$$P = F(P/F,\ i,\ n) = 100000\times(P/F,\ 6\%,\ 5) = 74725.82(\text{万元})$$

从上面计算可知，现值系数与终值系数互为倒数。

在项目多方案比较中，由于现值评价常常是选择现在为时点，把方案预计的不同时期的现金流量折算成现值，并按现值的代数和大小作出决策。在技术经济分析时应当注意以下两点。

（1）正确选取折现率（Discount Rate）　折现率是决定现值大小的一个重要因素，必须根据实际情况灵活选用。

（2）注意现金流量的分布情况　从收益方面来看，获益的时间越早、数额越大，其现值也越大。因此，应使建设项目早日投产，早日达到设计生产能力，早获收益，多获收益，才能达到最佳经济效益。从投资方面看，投资支出的时间越晚、数额越小，其现值也越小。

3. 等额系列终值公式（已知 A，求 F）

其现金流量如图 1-8 所示。A 为发生在（或折算为）某一特定时间序列各计息期末（不包括零期）的等额资金序列的价值。

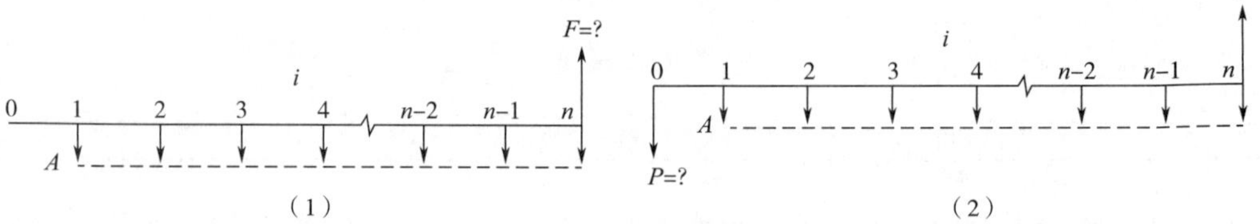

图 1-8　等额系列现金流量示意图

（1）年金与终值关系　（2）年金与现值关系

等额系列终值公式，如式（1-21）所示。

$$F=\sum_{t=1}^{n}A_t(1+i)^{n-t}=A+A(1+i)+A(1+i)^2+\cdots\cdots+A(1+i)^{n-2}+A(1+i)^{n-1}$$
$$=A[1+(1+i)+(1+i)^2+\cdots\cdots+(1+i)^{n-2}+(1+i)^{n-1}]$$

$$F=A\frac{(1+i)^n-1}{i} \tag{1-21}$$

式中 $\frac{(1+i)^n-1}{i}$——等额系列终值系数或年金终值系数，其代号为（F/A，i，n），式（1-21）也可写成式（1-22）。

$$F=A(F/A,\ i,\ n) \tag{1-22}$$

【例1-6】若某食用菌加工企业10年内，每年年末存入银行1000万元，年利率8%，复利计息，问10年年末它可从银行连本带利取出多少钱？

解：由式（1-22）得

$$F=A(F/A,\ i,\ n)=A(F/A,\ 8\%,\ 10)=1000\times14.48656=14486.56\text{（万元）}$$

4. 偿债基金计算（已知F，求A）

偿债基金计算是等额系列终值计算的逆运算，故用式（1-21）即可得式（1-23）

$$A=F\frac{i}{(1+i)^n-1} \tag{1-23}$$

式中 $\frac{i}{(1+i)^n-1}$——等额系列偿债基金系数，其代号为（A/F，i，n）。

【例1-7】某牛乳厂欲在第五年年末获得10000万元，若每年存款金额相等，年利率为10%，复利计息，则每年年末需存款多少元？

解：由式（1-23）得

$$A=F(A/F,\ i,\ n)=F(A/F,\ 10\%,\ 5)=10000\times0.163787=1637.97\text{（万元）}$$

5. 等额系列现值公式（已知A，求P）

由式（1-19）和式（1-21）得

$$P=F(1+i)^{-n}=A\frac{(1+i)^n-1}{i(1+i)^n} \tag{1-24}$$

式中 $\frac{(1+i)^n-1}{i(1+i)^n}$——等额系列现值系数或年金现值系数，其代号为（$P/A$，$i$，$n$）。

【例1-8】如果某果冻厂期望今后5年内每年年末可从银行取回1000万元，年利率为10%，复利计息，问他必须现在存入银行多少钱？

解：由式（1-24）得

$$P=A(P/A,\ i,\ n)=A(P/A,\ 10\%,\ 5)=1000\times3.79079=3790.79\text{（万元）}$$

6. 资金回收公式（已知P，求A）

由式（1-21）可知，等额系列资金回收计算是等额系列现值计算的逆运算，故由式（1-24）即可得式（1-25）。

$$A=P\frac{i(1+i)^n}{(1+i)^n-1} \tag{1-25}$$

式中 $\frac{i(1+i)^n}{(1+i)^n-1}$——等额系列资金回收系数或资本回收系数，其代号为（A/P，i，n）。

【例 1-9】若企业拟新建一条果蔬加工生产线，现在投资 1000 万元，年回报率为 8%，每年年末等额获得收益，10 年内收回全部本利，则每年应收回多少万元？

解：由式（1-22）得

$$A = P(A/P, i, n) = P(A/P, 8\%, 10) = 1000 \times 0.149029 = 149.029 \text{（万元）}$$

四、 复利系数

1. 复利系数之间的关系

（1）倒数关系

① $(F/P, i, n) = (P/F, i, n)^{-1}$

② $(A/P, i, n) = (P/A, i, n)^{-1}$

③ $(A/F, i, n) = (F/A, i, n)^{-1}$

（2）乘积关系

① $(F/A, i, n) = (P/A, i, n)(F/P, i, n)$

② $(F/P, i, n) = (A/P, i, n)(F/A, i, n)$

2. 复利计算公式使用注意事项

（1）本期末即等于下期初　0 点就是第一期初，也叫零期；第一期末即等于第二期初；其余类推。

（2）P 是在第一计息期开始时（零期）发生。

（3）F 发生在考察期期末，即 n 期末。

（4）各期的等额支付 A，发生在各期期末。

（5）当问题包括 P 与 A 时，系列的第一个 A 与 P 隔一期，即 P 发生在系列 A 的前一期。

（6）当问题包括 A 与 F 时，系列的最后一个 A 是与 F 同时发生。

五、 名义利率与实际利率

在复利计算中，利率周期通常以年为单位，它可以与计息周期相同，也可以不同。

当利率周期与计息周期不一致时，就出现了名义利率和实际利率的差异。

前述已知，单利与复利的区别在于复利法包括了利息的利息。实质上名义利率和实际利率的关系与单利和复利的关系一样，所不同的是名义利率和实际利率是用在计息周期小于利率周期时的利率。

1. 名义利率

所谓名义利率 r（Nominal Interest Rate），是指当计息周期小于利率周期时计息周期利率 i 乘以一个利率周期内的计息周期数 m 所得的利率周期利率，如式（1-26）所示。

$$r = i \times m \tag{1-26}$$

若月利率为 1%，则年名义利率为 12%。很显然，计算名义利率时忽略了前面各期利息再生的因素，这与单利的计算相同。通常所说的利率周期利率都是名义利率。

2. 实际利率

若用计息周期利率来计算利率周期利率，并将利率周期内的利息再生因素考虑进去，这时所得的利率周期利率称为利率周期实际利率（Actual Interest Rate）i_{eff}（又称有效利率）。

根据利率的概念即可推导出实际利率的计算式。

已知名义利率 r，一个利率周期内计息 m 次，则计息周期利率为 $i=r/m$，在某个利率周期初有资金 P。根据一次支付终值公式可得该利率周期的 F，如式（1-27）所示。

$$F = P\left(1+\frac{r}{m}\right)^m \tag{1-27}$$

根据利息的定义可得该利率周期的利息 I，如式（1-28）所示。

$$I = F - P = P\left(1+\frac{r}{m}\right)^m - P = P\left[\left(1+\frac{r}{m}\right)^m - 1\right] \tag{1-28}$$

再根据利率的定义可得该利率周期的实际利率 i_{eff}，如式（1-29）所示。

$$i_{eff} = \frac{I}{P} = \left(1+\frac{r}{m}\right)^m - 1 \tag{1-29}$$

现设年名义利率 $r=10\%$，则年、半年、季、月、日的年实际利率如表 1-4 所示。

表 1-4 实际利率与名义利率的关系

年名义利率 r	计息期	年计息次数 m	计息期利率 $i=r/m$	年实际利率 i_{eff}
10%	年	1	10%	10%
	半年	2	5%	10.25%
	季	4	2.5%	10.38%
	月	12	0.833%	10.47%
	日	365	0.0274%	10.52%

从表 1-4 可以看出，每年计息期 m 越多，i_{eff} 与 r 相差越大。所以，在工程经济分析中，如果各方案的计息期不同，就不能简单地使用名义利率来评价，而必须换算成实际利率进行评价，否则会得出不正确的结论。

第四节 等值

一、 等值的概念

前述已知，资金有时间价值，即使金额相同，因其发生在不同时点，其价值也不相同；反之，不同时点绝对值不等的资金在时间价值的作用下却可能具有相等的价值。这些不同时期、不同数额，但“价值等效”的资金被称为等值（Equivalence）。在技术经济分析中，等值是一个十分重要的概念，它为我们提供了一个计算某一经济活动有效性或者进行方案比较、优选的可能性。资金等值计算公式和复利计算公式的形式是相同的。

【例 1-10】张磊欲入股与朋友创办一家食品净菜公司，急需 10 万元现金，他目前手里有 4 张一年期的定期存单，本金分别是 4 万元、3 万元、1 万元和 2 万元，其中 4 万元的存单是 1 个月后到期，3 万元的存单是 2 个月后到期，1 万元的存单是 3 个月后到期，2 万元的存单是 5 个月后到期。设月利率 $i=1.0\%$，复利计息。如果张磊将 10 万元的定期存款抵押给典当行，他期望得到多少现金？

解：现金流量图如图 1-9 所示，四笔未来值贴现后的现值 P 为

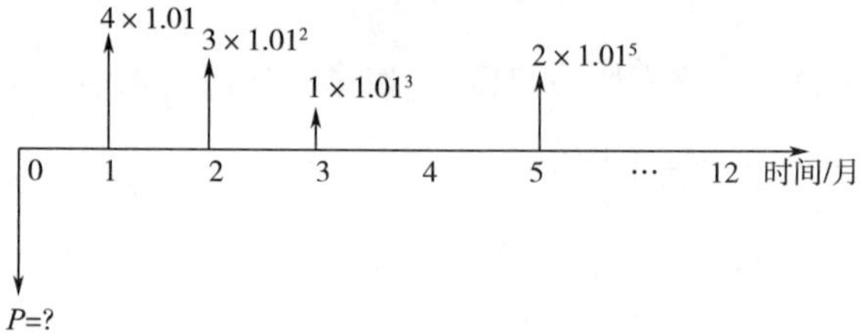

图 1-9 例 1-10 现金流量图

$$P = (1+1\%)^{12}[4\times(P/F, 1\%, 1) + 3\times(P/F, 1\%, 2) + 1\times(P/F, 1\%, 3) + 2\times(P/F, 1\%, 5)]$$
$$= 1.1268\times(4\times0.9901 + 3\times0.9803 + 1\times0.9706 + 2\times0.9515) = 11.01\text{(万元)}$$

等值计算表明，张磊应期望从典当行得到现金 11.01 万元，但实际能得到多少，还需考虑其他因素。

影响资金等值的因素有三个：金额的多少、资金发生的时间、利率（或折现率）的大小。其中，利率是一个关键因素，一般等值计算中以同一利率为依据。

在技术经济分析中，在考虑资金时间价值的情况下，其不同时点发生的收入或支出不能直接相加减。而利用等值的概念，则可以把在不同时点发生的资金换算成同一时点的等值资金，然后再进行比较。所以，在技术经济分析中，方案的比较都采用等值概念来进行分析、评价和选定。

【例 1-11】某食品肉制品企业 2010 年国内生产总值达到了 39.8 千万元。有研究机构根据市场趋势及企业发展目标预测，按 2010 年价格计算，到 2015 年该企业生产总值可能达到 55 千万元，到 2025 年其生产总值有可能在 2015 年的基础上翻一番。问该企业生产总值的年增长率为多少？2010 年到 2025 年年增长率又为多少？

解：根据题意绘出现金流量图，如图 1-10 所示。

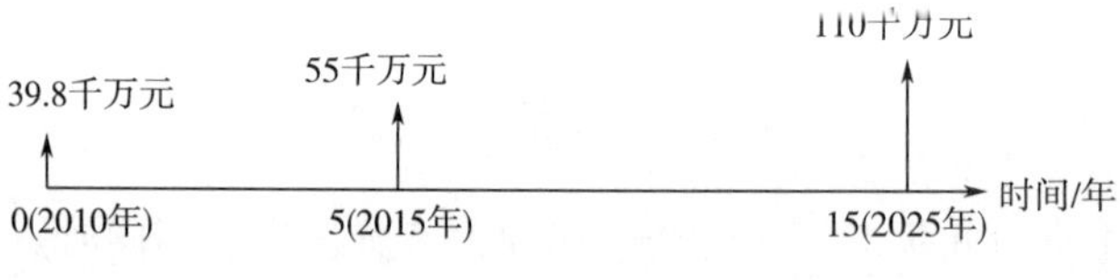

图 1-10 例 1-11 现金流量图

由 $F = P(1+i)^n$ 两边取对数即可得 i。本例采用复利表计算。

由公式 $F = P(F/P, i, n)$ 得 $(F/P, i, n) = F/P$，则：

（1）求“十二五”增长率 i_1 $(F/P, i_1, 5) = 55/39.8 = 1.3819$

查复利表得：$(F/P, 6\%, 5) = 1.3382$
$(F/P, 8\%, 5) = 1.4693$

显然，所求 i_1 在 6%~8%，利用线性内插法即可解得：

$$i_1 = 6\% + \frac{(1.3819 - 1.3382)}{(1.46693 - 1.3382)}(8\% - 6\%) = 6.67\%$$

（2）求2015年到2025年增长率 i_2　同理可得：$(F/P, i_2, 10) = 110/55 = 2$

查表得：$(F/P, 7\%, 10) = 1.9672$，$(F/P, 8\%, 10) = 2.1589$

$$i_2 = 7\% + \frac{(2 - 1.9672)}{(2.1589 - 1.9672)}(8\% - 7\%) = 7.17\%$$

该企业总值的年增长率为6.67%，2010年到2025年年增长率为7.17%。

当然，采用线性内插法是有误差的，因为因子的数值与时间成指数关系。但由于线性内插在极小的范围内进行（一般不超过2%），这种误差对方案评价来说影响甚微，不影响方案评价的结论。

【例1-12】某食品企业贷款200万元建一条果蔬加工生产线，第二年年底建成投产，投产后每年收益40万元，生产期现金流量采用年末习惯法。若年利率为10%，问在投产后多少年能收回200万元的投资？

解：（1）现金流量图如图1-11所示。

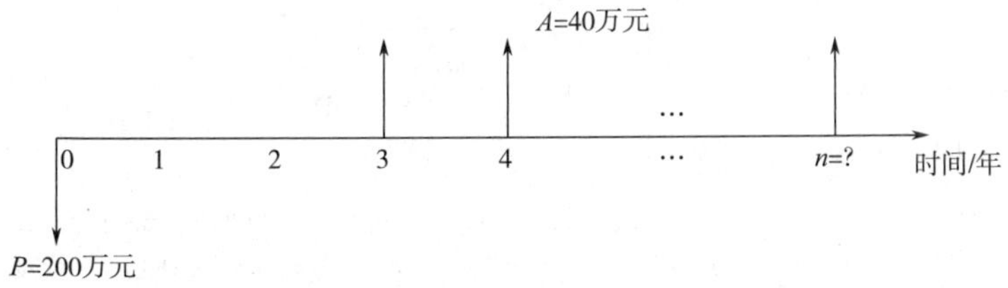

图1-11　例1-12现金流量图

（2）以投产之日第2年年底（即第三年年初）为基准期，计算 F。

$$F = 200(F/P, 10\%, 2) = 200 \times 0.2100 = 242(万元)$$

（3）计算返本期　由公式 $P = A(P/A, i, n)$ 得 $(P/A, i, n-2) = P/A = 242/40 = 6.05$

查复利表得：

$$(P/A, 10\%, 9) = 5.7590(P/A, 10\%, 10) = 6.1446$$

由线性内插法求得：

$$n - 2 = 9 + \frac{(6.05 - 5.7590)}{(6.1446 - 5.7590)} \times 1 = 9.75(年)$$

即投产后9.75年才能收回投资。

二、计息周期小于（或等于）资金收付周期的等值计算

计息周期小于（或等于）资金收付周期的等值计算方法有两种。

（1）按收付周期实际利率计算。

（2）按计息实际周期利率计算，如式（1-30）~式（1-35）所示。

$$F = P(F/P, r/m, mn) \tag{1-30}$$

$$P = F(P/F, r/m, mn) \tag{1-31}$$

$$F = A(F/A, r/m, mn) \tag{1-32}$$

$$P = A(P/A, r/m, mn) \tag{1-33}$$

$$A = F(A/F, r/m, mn) \tag{1-34}$$

$$A = P(A/P, r/m, mn) \tag{1-35}$$

【例 1-13】某植物油加工企业现在存款 1000 万元，年利率 10%，计息周期为半年，复利计息。问第五年年末存款金额为多少？

解：现金流量图如图 1-12 所示。

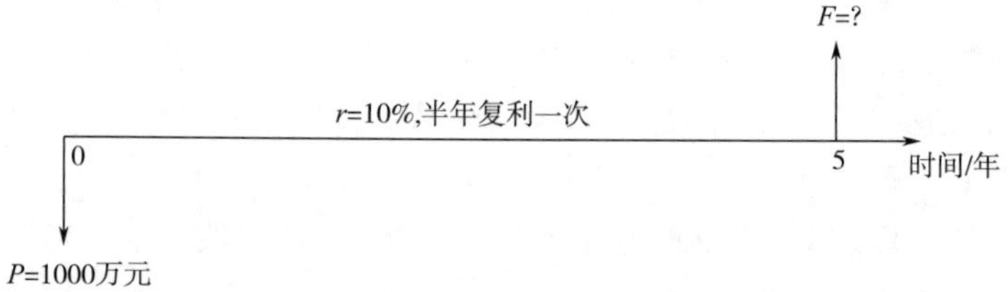

图 1-12　例 1-13 现金流量图

（1）按年实际利率计算。

$$i_{eff} = \left(1 + \frac{10\%}{2}\right)^2 - 1 = 10.25\%$$

$$F = 1000(F/P, 10.25\%, 5) = 1000 \times 1.6289 = 1628.9 \text{（万元）}$$

（2）按计息周期实际利率计算。

$$F = 1000(F/P, 10\%/2, 2 \times 5) = 1000(F/P, 5\%, 10) = 1000 \times 1.6289 = 1628.9 \text{（万元）}$$

【例 1-14】某果汁加工企业每半年盈利 1000 万元，连续存 10 次，年利率 8%，每季计息一次，复利计息。问第 5 年年末盈利金额为多少？

解：现金流量图，如图 1-13 所示。

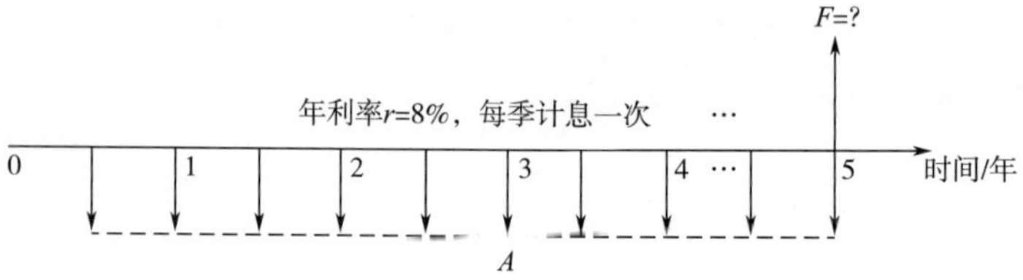

图 1-13　例 1-14 现金流量图

由于本例计息周期小于收付周期，不能直接采用计息期利率计算，因此只能用实际利率来计算。

计息期季利率：$i = r/m = 8\%/4 = 2\%$

半年期实际利率：$i_{eff} = (1 + 2\%)^2 - 1 = 4.04\%$

$$F = 1000(F/A, 4.04\%, 2 \times 5) = 1000 \times \frac{(1 + 4.04\%)^{10} - 1}{4.04\%}$$

$$= 1000 \times 12.0284 = 12028.4 \text{(万元)}$$

三、 计息周期大于收付周期的等值计算

由于计息周期大于收付周期，计息周期间的收付常采用下列三种方法之一进行处理。

（1）不计息　在技术经济分析中，当计息期内收付不计息时，现金收付按年初、年末、年中规则之一处理。

【例 1-15】某调味品企业与出租人马女士签订了 1 年期的房屋租赁合同，合同约定：年利率为 6.5%，半年计息一次，复利计息，房屋租金为每月 1500 元，调味品企业每半年支付一次，在半年内房租不计息，即调味品企业分别于每年年初和年中各支付 9000 元给马女士。在年初支付前半年的租金时，调味品企业提出一次支付一年租金 17500 元，如果在办理半年支付手续时双方各需要发生交通、误工等费用 100 元，试问马女士能否答应调味品企业的请求？

解：马女士的现金流量如图 1-14 所示。

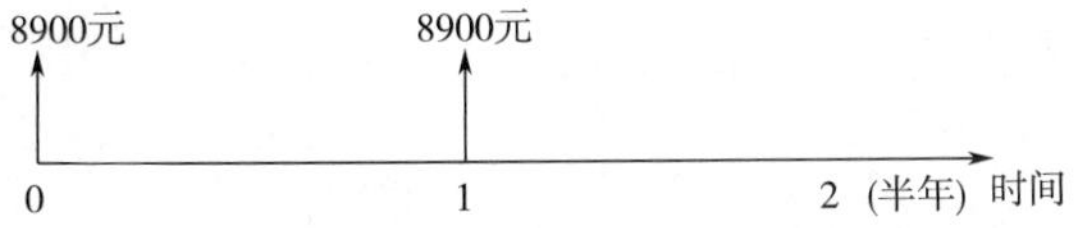

图 1-14　例 1-15 现金流量图

年利率 $r=6.5\%$，半年计息一次，计息期内的收付款不计利息。

计息期半年年利率 $i=6.5\%/2=3.25\%$，由式 $P=F(P/F,\ r/m,\ mn)$ 得

$$P=(9000-100)\times[1+(1+0.0325)^{-1}]=17519.85\text{（元）}$$

答：由于企业提出的租金数 17500 元小于马女士应获取的租金等值，因此马女士原则上不应答应企业的请求。

（2）单利计息　在计息期内的收付均按单利计息。计算公式如式（1-36）所示。

$$A_t=\sum_{i=1}^{n}A'_k[1+(m_k/N)\times i] \tag{1-36}$$

式中　A_t——第 t 计息期末净现金流量；

N——一个计息期内收付周期数；

A'_k——第 t 计息期内第 k 期收付金额；

m_k——第 t 计息期内第 k 期收付金额到达第 t 计息期末所包含的收付周期数；

i——计息期利率。

【例 1-16】付款情况如图 1-15 所示，年利率为 8%，半年计息一次，复利计息，计息期内的收付款利息按单利计算。问年末金额为多少？

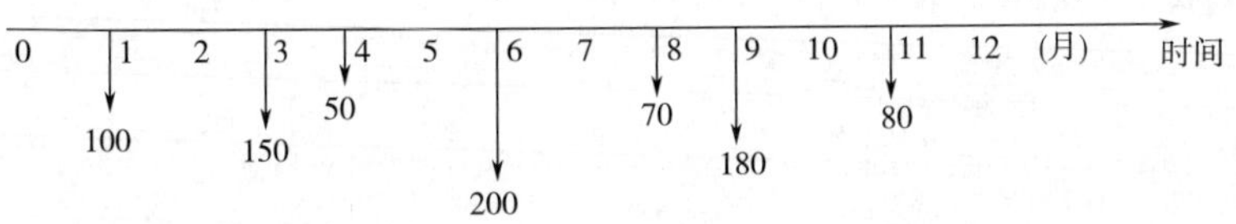

图 1-15　例 1-16 现金流量图

解：年利率 $r=8\%$，半年计息一次，计息期内收付款利息按单利计算。

计息期利率 $i=8\%/2=4\%$，由式 $A=F(A/F,\ r/m,\ mn)$ 得

$A_1 = 100[1 + (5/6) \times 4\%] + 150 \times [1 + (3/6) \times 4\%] + 50[1 + (2/6) \times 4\%] + 200 = 507$(元)

$A_2 = 70[1 + (4/6) \times 4\%] + 180[1 + (3/6) \times 4\%] + 80[1 + (1/6) \times 4\%] = 336$(元)

然后利用普通复利公式，即可求出年末金额 F 为：

$$F = 507(F/P, 4\%, 1) + 336 = 507 \times 1.04 + 336 = 863.28(\text{元})$$

（3）复利计息　在计息周期内的收付按复利计算。此时，计息期利率相当于“实际利率 i_{eff}”，收付周期利率相当于“计息期利率 i”。收付周期利率的计算正好与已知名义利率求解实际利率的情况相反。收付周期利率计算出来后即可按普通复利公式进行计算。

【例 1-17】某食品企业每月存款 100 万元，期限 1 年，年利率为 8%，每季计息一次，复利计息。计息期内收付利息按复利计算。问年末他的存款金额为多少?

解：根据题意绘制现金流量图如图 1-16 所示。

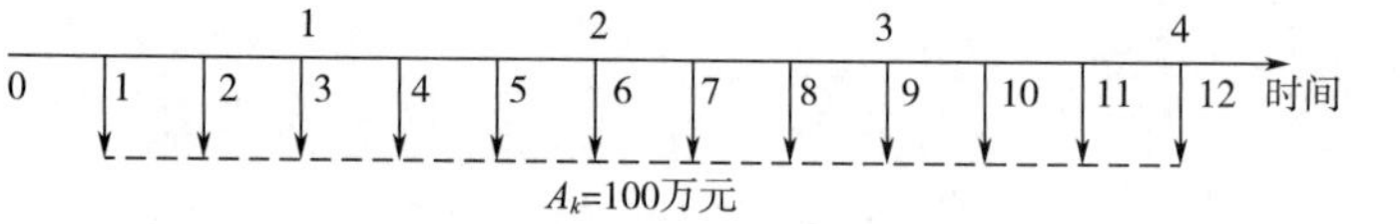

图 1-16　例 1-17 现金流量图

计息期利率（即季度实际利率）$i_{季} = 8\%/4 = 2\%$

运用实际利率公式计算收付周期利率为 $i_{eff} = (1 + r/m)^m - 1$

$$i_{季} = (1 + r_{季}/3)^3 - 1 = 2\%$$

解得 $r_{季} = 1.9868\%$，

则每月利率 $i_{月} = 0.6623\%$，利用普通复利公式即可求出年末金额 F 为

$$F = 100(F/A, 0.6623\%, 12) = 100 \times 12.4469 = 1244.69(\text{万元})$$

注意：计息周期内的收付按复利计算时，收付周期利率不能直接使用每月利率，即（8%/12）= 0.6667%。因为复利是季度一次而非每月一次。

思考题

1. 什么是现金流量?
2. 绘制现金流量图的目的及主要注意事项是什么?
3. 如何理解资金的时间价值?
4. 单利与复利的区别是什么? 试举例说明。
5. 什么是终值、现值、等值?
6. 判断题

（1）从投资者的角度看，资金的时间价值表现为资金具有增值特性；从消费者的角度来看，资金的时间价值是对放弃现实消费带来的损失所作的必要补偿。（　　）

（2）资金回收公式中的现值与第一期的等额年值发生在同一时间。（　　）

（3）影响资金等值的因素有资金的流向、流量以及利率。（　　）

(4) 在资金的等值计算中，等式 $(A/F, i, n) = (A/P, i, n) + i$ 成立。(　　)

(5) 若一年中复利计息的次数大于1，则年实际利率高于其名义利率。(　　)

7. 现有一食品厂项目，其现金流量为：第一年年末支付1000万元，第二年年末支付1500万元，第三年收益200万元，第四年收益300万元，第五年收益400万元，第六年到第十年每年收益500万元，第十一年收益450万元，第十二年收益400万元，第十三年收益350万元，第十四年收益450万元。设年利率为12%，求：(1) 现值；(2) 终值；(3) 第二年年末项目的等值。

8. 利用复利公式和复利系统表确定下列系数值：

(1) $(F/A, 11.5\%, 10)$；(2) $(A/P, 10\%, 8.6)$；

(3) $(P/A, 8.8\%, 7.8)$；(4) $(A/F, 9.5\%, 4.5)$。

9. 某食品加工设备价格为55万元，合同签订时付了10万元，然后采用分期付款方式。第一年年末付款14万元，从第二年年初起每半年付款4万元。设年利率为12%，每半年复利一次。问多少年能付清设备价款？

10. 某食品企业每月末存款100万元，期限5年，年利率10%，每半年复利一次。计息周期内存款分别按单利和复利计算，求第五年年末可得本利的和是多少？

11. 海归博士马先生收到国内某食品企业的人才引进通知，聘书上的主要条件如下：

(1) 每年的聘金为20万元；(2) 提供住房一套，价值100万元；(3) 在企业至少工作6年。

马先生决定应聘这个岗位，但出于自身的考虑，马先生不想接受提供住房这一款项，因为他在这个城市已有一套父母留下的住房。所以，马先生向企业提出，能否将提供住房这一款项改为发放住房补贴。企业研究了马先生的请求，决定可以在今后6年里每年年初支付马先生25万元的住房补贴。面对这样的情况，马先生应该如何选择，试计算说明。马先生出售住宅要扣除售价5%的契税和手续费。假设当时每年的存款利率为3%。

CHAPTER 2

第二章 经济评价指标与评价方法

学习目标

1. 掌握项目盈利能力评价指标。
2. 掌握项目经济评价方法。

第一节 经济评价指标

在技术经济分析中，经济评价方法是判断技术方案的重要手段，是技术经济分析的核心内容。为了确保项目决策的正确性和科学性，研究经济评价指标与评价方法是十分必要的。

经济评价的指标种类繁多，它们从不同角度反映了项目的经济性。由于项目方案的决策结构多种多样，各类指标的适用范围和应用方法也有所不同，按是否考虑资金的时间价值，可将经济评价指标分为静态评价指标和动态评价指标，其中不考虑资金时间价值的评价指标称静态评价指标，而考虑资金时间价值的评价指标称动态评价指标。静态评价指标主要用于技术经济数据不完备和不精确的项目初选阶段，动态评价指标则用于项目决策前的可行性研究阶段。

一、静态评价指标

（一）静态投资回收期（P_t）

静态投资回收期（Static Payback Period）是在不考虑资金时间价值的条件下，以方案的净收益回收项目全部投资所需的时间。静态投资回收期可以自项目建设开始年算起，也可以自项目投产年开始算起，但应予以注明。自建设开始年算起，静态投资回收期 P_t（以年表示）的计算公式如式（2-1）所示。

$$\sum_{t=0}^{P_t}(CI-CO)_t=0 \tag{2-1}$$

式中 P_t——静态投资回收期；

CI——现金流入；

CO——现金流出；

$(CI-CO)_t$——第 t 年净现金流量。

静态投资回收期可根据项目现金流量表计算，其具体计算又分以下两种情况。

（1）项目建成投产后各年的净现金流量均相同，如图 2-1 所示，则静态投资回收期的计算公式如式（2-2）所示。

$$P_t = t + \frac{I}{A} \tag{2-2}$$

式中　t——项目建设期；

I——项目的总投资；

A——每年的净现金流量。

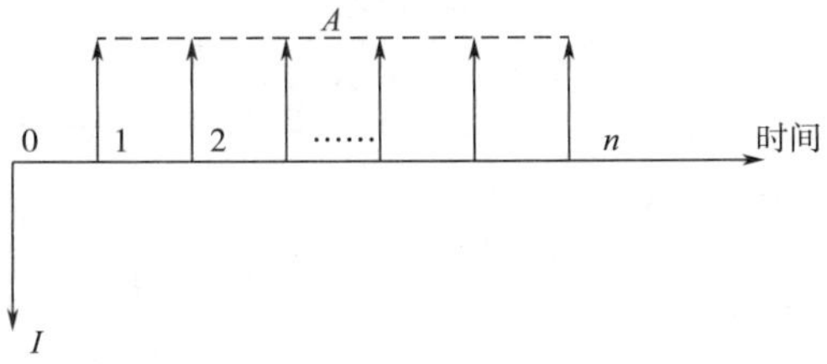

图 2-1　项目现金流量图

（2）项目建成投产后各年的净收益不相同，则静态投资回收期可根据累计净现金流量求得，即在现金流量表中累计净现金流量由负值转向正值的临界年份。根据线性内插法，其公式如式（2-3）所示。

$$P_t = \text{累计净现金流量出现正值的年份数} - 1 + \frac{\text{上年累计净现金流量的绝对值}}{\text{出现正值年份的净现金流量}} \tag{2-3}$$

判别准则：$P_t \leq P_c$，表明项目投资能在规定时间内收回，方案可行；反之，方案不可行。其中，P_c为基准投资回收期。投资回收期越短，项目抗风险能力越强。

【例 2-1】某项目投资方案各年份净现金流量如表 2-1 所示。

表 2-1　项目投资方案各年份净现金流量

	年份					
	0	1	2	3	4	5
净现金流量/万元	-1000	500	400	200	200	200
累计净现金流量/万元	-1000	-500	-100	100	300	500

$$P_t = 3 - 1 + \frac{100}{200} = 2.5$$

静态投资回收期概念清晰，简单易用，可反映项目风险大小，被广泛用作项目评价的辅助性指标。其缺点在于：①它没有反映资金的时间价值；②由于它舍弃了回收期以后的现金流量数据，因此不能全面反映项目在寿命期内的真实效益，难以对不同方案作出比较选择后的正确判断。

（二）总投资收益率（*ROI*）

总投资收益率（Return on Investment），是指项目达到设计生产能力时的一个正常年份的年息税前利润或运营期内年平均息税前利润（Earnings before Interest and Tax）与项目总投资的比率。其计算公式如式（2-4）所示。

$$总投资收益率 = \frac{年平均息税前利润}{项目总投资} \times 100\% \tag{2-4}$$

【例2-2】某项目总投资为750万元，经营期10年，正常年份的销售收入为500万元，年销售税金为10万元，年经营成本为290万元，年折旧费为50万元，试求总投资收益率。

解：年息税前利润=500-290-50=160（万元）

总投资收益率=160/750=21.3%

应注意 *ROI* 计算中采用息税前利润，本例中不扣除税金。

判别准则：当计算出的总投资收益率高于行业收益率参考值时，应认为该项目盈利能力满足要求，项目可行。总投资收益率适用于项目融资后的盈利能力分析。

二、动态评价指标

动态经济评价指标不仅考虑了资金的时间价值，而且考察了项目在整个寿命期内的现金流入和现金流出。因此，它们是比静态指标更全面、更科学的评价指标。

（一）动态投资回收期（P_t'）

为了克服静态投资回收期未考虑资金时间价值的缺点，在项目评价中有时采用动态投资回收期。动态投资回收期的表达式，如式（2-5）所示。

$$\sum_{t=0}^{P_t'} (CI - CO)_t (1 + i_c)^{-t} = 0 \tag{2-5}$$

式中 P_t'——动态投资回收期；

i_c——基准收益率。

动态投资回收期的实用计算公式，如式（2-6）所示。

$$P_t' = 累计折现值出现正值的年份数 - 1 + \frac{上年累计折现值的绝对值}{出现正值年份的折现值} \tag{2-6}$$

判别准则为：$P_t' < P_c'$，项目可行；否则，项目不可行，其中 P_c' 为基准动态投资回收期。

【例2-3】某项目有关数据如表2-2所示。基准折现率10%，基准动态投资回收期 $P_c' = 5$ 年，试计算动态投资回收期，并判断该项目能否被接受。

表2-2 项目各年份净现金流量、折现值

	年份						
	0	1	2	3	4	5	6
净现金流量/万元	-1000	500	400	200	200	200	200
折现系数	0.9091	0.8264	0.7513	0.6830	0.6209	0.5645	0.9091
折现值/万元	-1000	454.5	330.6	150.3	136.6	124.2	113.1
累计折现值/万元	-1000	-545.5	-214.9	-64.6	72	196.2	309.3

解：

$$P_t' = 3 + \frac{64.6}{136.6} = 3.47(年)$$

$P_t' < P_c'$，故项目可行。

本指标除考虑了资金的时间价值外，它具有静态投资回收期的同样特征，通常只宜用于辅助性评价。

（二）净现值（*NPV*）

净现值（Net Present Value）指标是对项目进行动态评价的最重要指标之一，它体现了项目技术方案在计算期内获利能力，该指标是考察项目寿命期内每年发生的现金流量，按一定的折现率将各年净现金流量折现到同一时点（通常是期初）的现值之和。净现值的表达式，如式（2-7）所示。

$$NPV = \sum_{t=0}^{n}(CI - CO)_t(1 + i_c)^{-t} \tag{2-7}$$

式中　NPV——净现值；

$(CI - CO)_t$——第 t 年的净现金流量；

i_c——基准收益率；

n——项目寿命。

判别准则：对单一项目方案而言，若 $NPV>0$，说明该方案能满足基准收益率要求的盈利水平且还能得到超额收益，故方案可行；若 $NPV<0$，说明该方案不能满足基准收益率要求的盈利水平，该方案不可行；多方案比选时，净现值越大，方案相对越优（净现值最大准则）。

【例 2-4】某大型食品工厂建设期 2 年，建设期每年需投入 200 万元（年末结算），从第 3 年开始，每年可获利 140 万元，项目寿命为 9 年，试用净现值指标判断该项目是否可行（$i=10\%$）。

解：该项目的现金流量图如图 2-2 所示。

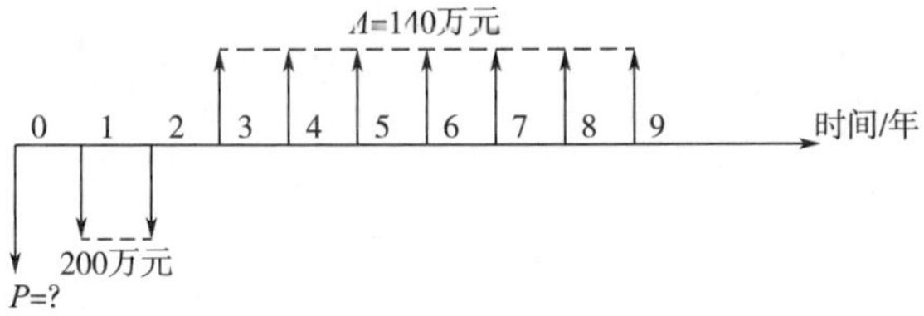

图 2-2　例 2-4 现金流量图

$NPV=-200(P/A,10\%,2)+140(P/A,10\%,7)(P/F,10\%,2)=216.15$（万元）

由于 $NPV>0$，故项目在经济效果上是可行的。

净现值指标用于多方案比较时，没有考虑各方案投资额的大小，因此，不直接反映资金的利用效率。为了考察资金的利用效率，常采用净现值指数（$NPVI$）作为净现值的辅助指标。净现值指数是项目净现值与项目投资总额现值之比，其经济含义是单位投资现值所能带来的净现值。其计算公式如式（2-8）所示。

$$NPVI = \frac{NPV}{I_P} \tag{2-8}$$

式中　I_P——项目总投资现值。

对于单一项目方案而言，净现值和净现值指数的判别准则一致，应使 $NPVI>0$，方案才能接受。对于多方案比选，净现值指数越大越好。

【例 2-5】试计算例 2-4 中项目的净现值指数。

解：

$$NPVI=\frac{NPV}{I_P}=\frac{216.15}{200(P/A,\ 10\%,\ 2)}=0.623$$

下面讨论与 NPV 有关的两个问题。

1. 净现值函数以及 NPV 对 i 的敏感性问题。

所谓净现值函数就是净现值与折现率之间的函数关系。表 2-3 列出了某简单常规项目的净现金流量及其净现值随折现率变化而变化的对应关系。其中，净现金流量的正负号只变化一次的项目称作常规项目，而净现金流量的正负号变化多次的项目称作非常规项目。就典型情况而言，在项目寿命期初（投资建设期和投产初期），净现金流量一般为负值，项目进入正常生产期后，净现金流量就会变成正值。所以，绝大多数投资项目属于常规项目。

表 2-3　　某常规项目的净现金流量及其净现值函数　　单位：万元

年份	净现金流量	i	$NPV(i)=-2000+600(P/A,\ i,\ 5)$
0	-2000	0	1000
1	600	10%	274
2	600	20%	-206
3	600	30%	-538.4
4	600	40%	-779
5	600	50%	-957.8
		∞	-2000

若以纵坐标表示净现值，横坐标表示折现率，上述函数关系如图 2-3 所示。

从图 2-3 中，可以发现净现值函数一般有如下特点：

（1）对于常规项目而言，净现值函数曲线单调下降，且递减率逐渐减小，净现值随折现率的增大而减小。故基准折现率定得越高，能被接受的方案越少。由此可见，基准收益率确定得合理与否，对投资方案经济效果的评价结论有直接影响。

（2）在某一个临界值上（本图中 $i^*=15.3\%$），曲线与横坐标相交，表示该折现率下的 $NPV=0$。当 $i<i^*$ 时，$NPV>0$；$i>i^*$ 时，$NPV<0$，i^* 是一个具有重要经济意义的折现率临界值，该值称为内部收益率（Internal rate of return，IRR）。

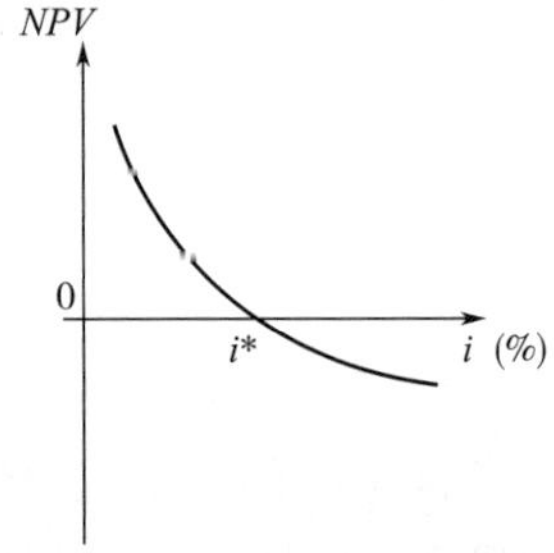

图 2-3　净现值函数曲线

2. 净现值指标的经济合理性

技术经济分析的主要目的在于进行投资决策，即是否进行投资，以多大规模进行投资。体现在投资项目经济效果评价上，即要解决两个问题：什么样的投资项目可以接受；有众多备选投资方案时，哪个方案或哪些方案的组合最优。方案的优劣取决于它对投资者目标贡献的大小，在不考虑其他非经济目标的情况下，企业追求的目标可以简化为同等风险条件下净盈利的最大化，而净现值就是反映这种净盈利的指标。所以，在多方案比选中，采用净现值指标和净现值最大准则是合理的。然而，在互斥方案评价时，净现值必须慎重考虑互斥方案的寿命，如果互斥方案寿命不等，必须构造一个相同的研究期，才能进行各个方案之间的比选；净现值与基准收益率的取值有关，而基准收益率的确定往往比较复杂，故其评价的可靠性和可信度会下降。针对这些问题，引入净年值和内部收益率等指标来解决净现值指标进行评价具有局限性。

（三）净年值（*NAV*）

净年值（Net Annual Value）是以基准收益率将项目净现值分摊到寿命期内各年（从第 1 年到第 n 年）的等额年值。

表达式如式（2-9）所示。

$$NAV = NPV(A/P,\ i_c,\ n) \tag{2-9}$$

式中　*NAV*——净年值。

判别准则：

若 $NAV>0$，则项目在经济效果上可以接受；

若 $NAV<0$，则项目在经济效果上不可接受。

【例 2-6】某面包厂欲引进一条新的面包生产线，需投资 100 万元，寿命期 8 年，8 年末尚有残值 2 万元，预计每年收入 30 万元，年成本 10 万元，该厂的期望收益率为 10%，用净年值指标判断该项目是否可行？

解：该项目的现金流量图如图 2-4 所示。

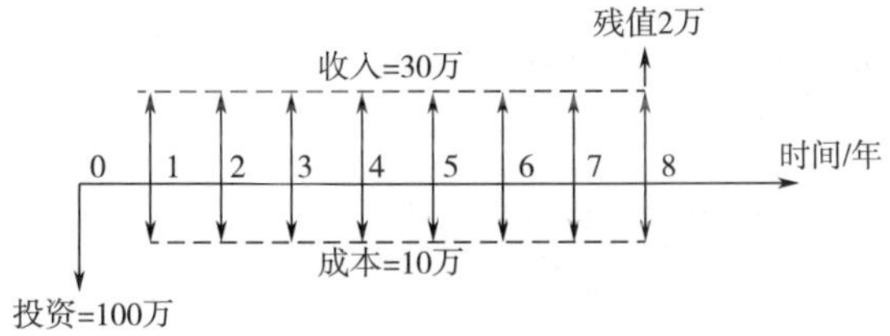

图 2-4　例 2-6 现金流量图

$$\begin{aligned} NAV &= 30-10-100\ (A/P,\ 10\%,\ 8)\ +2\ (A/F,\ 10\%,\ 8) \\ &= 20-100\times0.18744+2\times0.08744 \\ &= 1.43\ (万元) \end{aligned}$$

$NAV>0$，故该方案可行。

将净年值的计算公式及判别准则与净现值的作比较可知，由于 $(A/P,\ i_c,\ n)>0$，因此净年值与净现值在项目评价的结论上总是一致的。因此，就项目的评价结论而言，净年值与净现值是等效评价指标。净现值给出的信息是项目在整个寿命期内获取的超出最低期望盈利的超额收益的现值，而净年值给出的信息是寿命期内每年的等额超额收益。由于信息的含义不同，在某些决策结构形式下，采用净年值比采用净现值更为简便，因此净年值指标在经济评价指标体系中占有相当重要的地位。

（四）内部收益率（*IRR*）

在所有的经济评价指标中，内部收益率（Internal Rate of Return）是最重要的评价指标之一。对于常规项目而言，内部收益率就是净现值为 0 时的折现率。

在图 2-3 中，随着折现率的不断增大，净现值不断减小。当折现率增至 15.3%时，项目净现值为 0。对该项目而言，其内部收益率即为 15.3%。一般而言，内部收益率是 *NPV* 曲线与横坐标交点处对应的折现率。

内部收益率可通过解下述方程求得，如式（2-10）所示。

$$NPV(IRR) = \sum_{t=0}^{n} (CI - CO)_t (1 + IRR)^{-t} = 0 \tag{2-10}$$

判别准则：设基准折现率为 i_c，若 $IRR>i_c$，则项目或方案在经济上可以接受；若 $IRR=i_c$，项目或方案在经济上勉强可行；若 $IRR<i_c$，则项目或方案在经济上应予拒绝。

IRR 的求解是一个高次方程，不容易直接求解，通常采用“试算内插法”求 *IRR* 的近似解。求解过程如下：

NPV_1 为折现率 i_1 时的财务净现值（正值）；NPV_2 为折现率 i_2 时的财务净现值（负值）；

给出一个折现率 i_1（实际工作中 i 的确定，往往是根据给出的基准收益率，为第一步试算依据），计算相应的 NPV_1；

若 $NPV_1>0$，再试 i_2（取 $i_2>i_1$）计算 NPV_2，依次试算，直至 $NPV_2<0$；

当 $NPV_1>0$，$NPV_2<0$，则 $NPV=0$ 时的 *IRR* 一定在 i_1 和 i_2 之间，此时，可以用线性内插法求出 *IRR* 的近似值。如式（2-11）及与之相应的图 2-5 所示。

$$IRR = i_1 + \frac{NPV_1}{NPV_1 + |NPV_2|}(i_2 - i_1) \tag{2-11}$$

注意：采用线性内插法计算 *IRR* 时，其计算精度与 $i_2 - i_1$ 的差值大小有关，两者之间差距越小，计算结果越精确。为了保证 *IRR* 的精度，i_1 与 i_2 之间的差距一般以不超过 2% 为宜，最大不宜超过 5%。

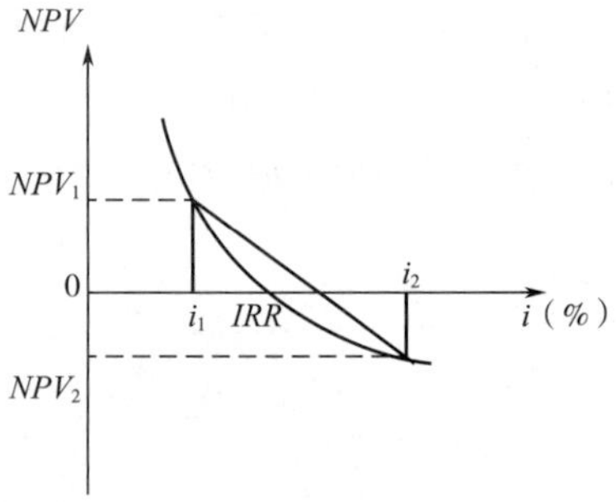

图 2-5 利用线性内插法估算 *IRR*

【例 2-7】某食品项目净现金流量如表 2-4 所示。当基准折现率 12%时，试用内部收益率指标判断该项目在经济效果上是否可以接受。

表 2-4 某食品项目的净现金流量表

	年份						
	0	1	2	3	4	5	6
净现金流量/万元	-200	40	50	40	50	60	70

解：第一步，令 $i_1=12\%$，计算 NPV_1 的值：

$NPV_1=-200+40$（P/F，12%，1）+50（P/F，12%，2）+40（P/F，12%，3）+50（P/F，12%，4）+60（P/F，12%，5）+70（P/F，12%，6）$=5.32>0$

第二步，令 $i_2=14\%$，计算 NPV_2 的值：

$NPV_2=-200+40$（P/F，14%，1）+50（P/F，12%，2）+40（P/F，14%，3）+50（P/F，14%，4）+60（P/F，14%，5）+70（P/F，14%，6）$=-6.776<0$

第三步，用线性内插法算出 *IRR*：

$$IRR = i_1 + \frac{NPV_1}{NPV_1 + |NPV_2|}(i_2 - i_1)$$

$$= 12\% + \frac{5.329}{5.329 + 6.776} \times (14\% - 12\%)$$

$$= 12.88\%$$

由于 $IRR = 12.88\% > 12\%$，此方案可以接受。

内部收益率被普遍认为是项目投资的盈利率，反映了投资的使用效率，概念清晰明确。与净现值与净年值相比，各行各业的实际经济工作者更喜欢采用内部收益率这一指标对项目进行经济评价。内部收益率指标的另一个优点，就是在计算净现值和净年值时都需事先给定基准折现率，这是一个既困难又易引起争论的问题；而内部收益率不是事先给定的，而是由项目现金流量计算出来的。当基准折现率不易被确定为单一值而是落入一个小区间时，使用内部收益率指标的优越性显而易见。

（五）费用现值与费用年值

在对多个方案比较选优时，如果诸方案产出价值相同，或者诸方案能够满足同样需要但其产出效益难以用价值形态（货币）计量（如环保、教育、保健、国防）时，可以通过对各方案费用现值（Present Cost，*PC*）或费用年值（Annual Cost，*AC*）的比较进行选择。

费用现值的表达式，如式（2-12）所示。

$$PC = \sum_{t=0}^{n} CO_t (1 + i_c)^{-t} \qquad (2-12)$$

费用年值的表达式，如式（2-13）所示。

$$NAV = NPV(A/P, i_c, n) \qquad (2-13)$$

费用现值和费用年值指标只能用于多个方案的比选，其判别准则是：费用现值或费用年值最小的方案为优。

【例 2-8】某食品有三条生产线 A、B、C 能完成生产。其费用数据如表 2-5 所示。在基准折现率 $i_c = 10\%$的情况下，试用费用现值和费用年值确定最优方案。

表 2-5　　三条生产线的费用数据表　　单位：万元

	总投资（第 0 年末）	年运营费用（第 1 到第 10 年年末）
A	200	60
B	240	50
C	300	35

各方案的费用现值计算如下：

$$PC_A = 200+60(P/A, 10\%, 10) = 568.64（万元）$$

$$PC_B = 240+50(P/A, 10\%, 10) = 547.2（万元）$$

$$PC_C = 300+35(P/A, 10\%, 10) = 515.04（万元）$$

各方案的费用年值计算如下：

$$AC_A = PC_A(A/P, 10\%, 10) = 92.69（万元）$$

$$AC_B = PC_B(A/P, 10\%, 10) = 89.19（万元）$$

$$AC_C = PC_C(A/P, 10\%, 10) = 83.95（万元）$$

根据费用最小的选优准则，费用现值和费用年值的计算结果都表明，方案 C 最优，方案 B 次之，方案 A 最差。

费用现值与费用年值的关系，恰如前述净现值和净年值的关系一样，所以就评价结论而言，二者是等效评价指标。

第二节　基准收益率的影响因素

基准折现率 i_c（Minimum Attractive Rate of Return）是企业、行业或投资者以动态的观点所确定的投资方案最低标准收益水平，是反映投资决策者对资金时间价值估计的一个参数，恰当地确定基准折现率是一个十分重要而又相当困难的事情。它不仅取决于资金来源的构成和未来的投资机会，还要考虑项目风险和通货膨胀等因素的影响。下面分析影响基准折现率的各种因素并讨论如何确定基准折现率。

一、　资金成本和机会成本

资金成本（Capital Cost）是投资者为了取得资金使用权所支付的费用。资金成本由两部分组成，即资金筹集成本和资金使用成本。

资金筹集成本是指投资者在资金筹措过程中支付的各项费用。主要包括向银行借款的手续费，发行股票、债券而支付的各项代理发行费用，如印刷费、手续费、公证费、担保费和广告费等。资金筹集成本一般属于一次性费用，筹资次数越多，资金筹集成本也就越大。

资金使用成本又称资金占用费，它主要包括支付给股东的各种股利、向债权人支付的贷款利息及支付给其他债权人的各种利息费用等。资金使用成本一般与所筹资金的多少及所筹资金使用时间的长短有关，具有经常性、定期支付的特点，是资金成本的主要内容。

资金成本可用绝对数表示，也可用相对数表示。为便于分析比较，资金成本一般用相对数表示，称为资金成本率。其一般计算公式如式（2-14）、式（2-15）所示。

$$K = \frac{D}{P - F} \tag{2-14}$$

或

$$K = \frac{D}{P(1 - f)} \tag{2-15}$$

式中　K——资金成本率（一般通称为资金成本）；

P——筹集资金总额；

D——资金占用费；

F——筹资费；

f——筹资费费率（即筹资费占筹集资金总额的比率）。

投资的机会成本是指投资者将有限的资金用于除拟建项目以外的其他投资机会所能获得的最好收益。换言之，由于资金有限，当把资金投入拟建项目时，将失去从其他投资机会中获得最好收益的机会。显然，基准收益率应不低于单位资金成本和单位投资机会成本两者的最高值，才能使资金得到最有效的利用。

如项目完全由企业自有资金投资建设，可参考行业基准收益率确定项目基准收益率，这时可将机会成本等同于行业基准收益率；假如投资项目资金来源包括自有资金和贷款，最低收益率不应低于行业基准收益率与贷款利率的加权平均收益率。如果有好几种贷款，贷款利率应为加权平均贷款利率。

二、　风险贴补率

在整个项目计算期内，存在着发生不利于项目环境变化的可能性，这种变化难以预料，即投资者要冒着一定风险作决策。所以，在确定基准收益率时，仅考虑资金成本、机会成本因素是不够的，还应考虑风险因素。通常，以一个适当的风险贴补率 i_2 来提高 i_c 值。就是说，以一个收益水平增量补偿投资者所承担的风险，风险越大，贴补率越高。为此，投资者自然就要求获得较高的利润，否则是不愿去冒风险的。为了限制对风险大、盈利低的项目进行投资，可以采取提高基准收益率的办法来进行项目经济评价。一般说来，资金密集项目的风险高于劳动密集项目的风险；资产专用性强的项目的风险高于资产通用性强的项目的风险；以降低生产成本为目的的项目的风险低于以扩大产量、扩大市场份额为目的的项目的风险；此外，资金雄厚的投资主体的风险低于资金拮据者的风险。

三、　通货膨胀率

在通货膨胀影响下，各种材料、设备、房屋、土地的价格及人工费都会上升，因此，在确定基础收益率时，应考虑通货膨胀因素。通货膨胀以通货膨胀率 i_3 表示，i_3 约等于项目研究期内物价指数的变化率。

四、　资金限制

资金越少，越需要精打细算，使其更加有效地被利用。因此，应通过提高基准收益率的办法进行项目经济评价，以便筛选掉盈利能力较低的项目。

合理地确定基准收益率，对于决策的正确性极为重要。要正确确定基准收益率，需要综合考虑资金成本、机会成本、投资风险、通货膨胀和资金限制等因素。

第三节　项目技术方案的经济评价

如果对于任何投资决策，都能简单地采用前述经济评价指标来决定项目的取舍，投资决策就会变得简单易行。可是，在实践中，由于决策结构的复杂性，如果仅仅掌握几种评价指标，而不掌握正确的评价方法，就不能达到正确决策的目的。因此，本节在划分决策类型的基础上，要讨论如何正确地运用前面讲过的各种评价指标来进行项目评价与选择。

一、　独立方案的经济效果评价

独立方案，是指作为评价对象的各个方案的现金流是独立的，不具有相关性，且任一方案的采用与否都不影响其他方案是否采用的决策。如果决策的对象是单一方案，则可以认为是独立方案的特例。

独立方案的采用与否，只取决于方案自身的经济性，即只需检验它们是否能够通过净现值、净年值或内部收益率指标的评价标准。因此，多个独立方案与单一方案的评价方法是相同的。

用经济效果评价标准 $NPV>0$，$NAV>0$，$IRR>i_c$ 检验方案自身的经济性，叫“绝对（经济）效果检验”。凡通过绝对效果检验的方案，就认为它在经济效果上是可以被接受的，否则就应予以拒绝。

【例 2-9】三个独立食品生产线方案 A、B、C，其现金流如表 2-6 所示。试判断其经济可行性（$i_c=15\%$）。

表 2-6　三个方案现金流量表　单位：万元

方案	初始投资	年收入	年支出	寿命/年
A	5000	2400	1000	10
B	8000	3100	1200	10
C	10000	4000	1500	10

解：(1) 采用净现值法判别：

$$NPV_A=-5000+(2400-1000)(P/A,15\%,10)=2027(\text{万元})$$

$$NPV_B=-8000+(3100-1200)(P/A,15\%,10)=1536(\text{万元})$$

$$NPV_C=-10000+(4000-1500)(P/A,15\%,10)=2547(\text{万元})$$

由于 $NPV_A>0$，$NPV_B>0$，$NPV_C>0$，因此三个方案均可行。

(2) 采用净年值法判别：

$$NAV_A=NPV_A(A/P,15\%,10)=404(\text{万元})$$

$$NAV_B=NPV_B(A/P,15\%,10)=306(\text{万元})$$

$$NAV_C=NPV_C(A/P,15\%,10)=507(\text{万元})$$

由于 $NAV_A>0$，$NAV_B>0$，$NAV_C>0$，因此三个方案均可行。

(3) 采用内部收益率法判别：

$-5000+(2400-1000)(P/A,IRR_A,10)=0$

$-8000+(3100-1200)(P/A,IRR_B,10)=0$

$-10000+(4000-1500)(P/A,IRR_C,10)=0$

解得 $IRR_A=25\%$，$IRR_B=20\%$，$IRR_C=22\%$；

由于 $IRR_A>15\%$，$IRR_B>15\%$，$IRR_C>15\%$，因此三个方案均可行。

对于独立方案而言，经济上是否可行的判断依据是其绝对经济效果指标是否优于一定的检验标准。不论采用净现值、净年值和内部收益率当中的哪种评价指标，评价结论都一样。

二、 互斥方案的经济效果评价

互斥方案是指在若干备选方案中，各个方案彼此具有相互替代的关系，具有排他性，在对多个互斥方案进行比选时，至多选取其中之一。

在方案互斥的决策结构形式下，经济效果评价包含了两部分内容：一是考察各个方案自身的经济效果，即进行绝对（经济）效果检验；二是考察哪个方案相对最优，称“相对（经济）效果检验”。两种检验的目的和作用不同，通常缺一不可，只有在众多互斥方案中必须选择其中之一时才可以只进行相对效果检验。

互斥方案经济效果评价的特点是要进行方案比选。参加比选的方案应具有可比性，主要应注意：考察时间段及计算期的可比性；收益与费用的性质及计算范围的可比性；方案风险水平的可比性和评价所使用假定的合理性。常用的互斥方案经济效果评价指标有净现值 NPV、净年值 NAV 和增量内部收益率 ΔIRR 。

（一）计算期相同的互斥方案经济评价

1. 净现值和净年值法

进行互斥方案评价，首先应进行方案的绝对效果检验，分别计算各个方案的净现值（净年值），剔除 $NPV<0$（$NAV<0$）的方案；再进行相对效果检验，即对所有 $NPV\geqslant 0$（$NAV\geqslant 0$）的方案进行比较，选择 NPV（NAV）最大的方案即为最佳方案。因此，采用净现值（净年值）评价互斥方案的判断准则为：净现值大于或等于 0 且为最大的方案是最优可行方案。

【例 2-10】三个寿命相等的食品工厂建设互斥方案的现金流量如表 2-7 所示。i_c 为 15%，试用净现值法选择最佳方案。

表 2-7　　三个方案现金流量表　　单位：万元

方案	初始投资	年净收益	寿命/年
A	10000	2800	10
B	16000	3800	10
C	20000	5000	10

解：（1）各方案的绝对效果检验

$$NPV_A = 10000 + 2800(P/A, 15\%, 10) = 4053.2(\text{万元})$$

$$NPV_B = -16000 + 3800(P/A, 15\%, 10) = 3072.2(\text{万元})$$

$$NPV_C = -20000 + 5000(P/A, 15\%, 10) = 5095(\text{万元})$$

由于 $NPV_A > 0$，$NPV_B > 0$，$NPV_C > 0$，因此三方案都通过了绝对经济效果检验。

（2）各方案的相对效果检验　由于 $NPV_C > NPV_A > NPV_B$，因此方案 C 最优。

2. 增量内部收益率法

投资额不等的互斥方案比选的实质是判断增量投资（或称差额投资）的经济合理性，即投资大的方案相对于投资小的方案多投入的资金能否带来满意的增量收益。显然，若增量投资能够带来满意的增量收益，则投资额大的方案优于投资额小的方案，若增量投资不能带来满意的增量收益，则投资额小的方案优于投资额大的方案。

应用增量内部收益率 IRR 评价互斥方案经济效果的基本步骤如下所述。

（1）将各方案按初始投资额由小到大依次排列；

（2）计算各备选方案的 IRR，分别与基准收益率 i_c 比较，$IRR< i_c$ 的方案，予以淘汰；

（3）将 $IRR\geqslant i_c$ 的方案依次用初始投资大的方案的现金流量减去初始投资小的现金流量，形成增量投资方案；

（4）按初始投资额由小到大的顺序依次计算相邻两个方案的增量内部收益率 ΔIRR ，若 $\Delta IRR > i_c$ ，则说明初始投资大的方案优于初始投资小的方案，保留投资大的方案；反之，则保留投资小的方案。直至全部方案比较完毕，保留的方案就是最优方案。

【例 2-11】试采用内部收益率指标对例 2-10 中的三个方案进行优选。

解：（1）各方案的绝对效果检验

$$-10000+2800(P/A,\ IRR_A,\ 10)=0 \qquad IRR_A=25\%$$

$$-16000+3800(P/A,\ IRR_B,\ 10)=0 \qquad IRR_B=20\%$$

$$-20000+5000(P/A,\ IRR_C,\ 10)=0 \qquad IRR_C=22\%$$

由于 $IRR_A > 15\%$，$IRR_B > 15\%$，$IRR_C > 15\%$ ，因此三个方案均通过了绝对效果检验。

（2）各方案的相对效果检验　由于 $IRR_A > IRR_C > IRR_B > i_c$，似乎方案 A 最优，但与例 2-10 中净现值法的结果矛盾。可见，直接应用 IRR 判断不可行。

方案 B 大于方案 A 的投资额称为增额投资，下面来分析二者增额投资的收益率。

$$-(16000-10000)+(3800-2800)(P/A,\ \Delta IRR_{B-A},\ 10)=0$$

$$\Delta IRR_{B-A}=14.13\% < i_c=15\%$$

ΔIRR_{B-A} 小于基准折现率 15%，所以排除方案 B。

同理，计算方案 C 与方案 A 的增额投资收益率。

$$-(20000-10000)+(5000-2800)(P/A,\ \Delta IRR_{C-A},\ 10)=0$$

$$\Delta IRR_{C-A}=17.13\% > i_c=15\%$$

ΔIRR_{C-A} 大于基准折现率 15%，所以排除方案 A。

方案 C 的内部收益率为 21.5%，大于基准折现率 15%，其增额内部收益率为 17.13%，也大于基准折现率 15%，因此选方案 C。

（二）计算期不同的互斥方案经济评价

对寿命不等的互斥方案进行比选，需要对计算期作出某种假定，使计算期不等的互斥方案能在一个共同的计算期基础上被比较，以保证得到合理的结论。

1. 年值法

在对寿命不等的互斥方案进行比选时，年值法是最为简便的方法。尤其是当参加比选的方案数目众多时，年值法运算简便快速。年值法使用的指标有净年值与费用年值。

判别准则：对各备选方案的净年值进行比较，以 $NAV>0$ 且 NAV 最大者为最优方案；当各备选方案的收益相同时，采用费用年值对各项目进行比较，以 AC 最小者为最优方案。

【例 2-12】试对表 2-8 中三项寿命不等的互斥投资方案作出取舍决策。i_c 为 15%。

表 2-8　　三种投资方案　　单位：元

	方案		
	A	B	C
初始投资	6000	7000	9000
残值	0	200	300
年度支出	1000	1000	1500
年度收入	3000	4000	4500
寿命/年	3	4	6

解：现金流量图如图 2-6 所示：

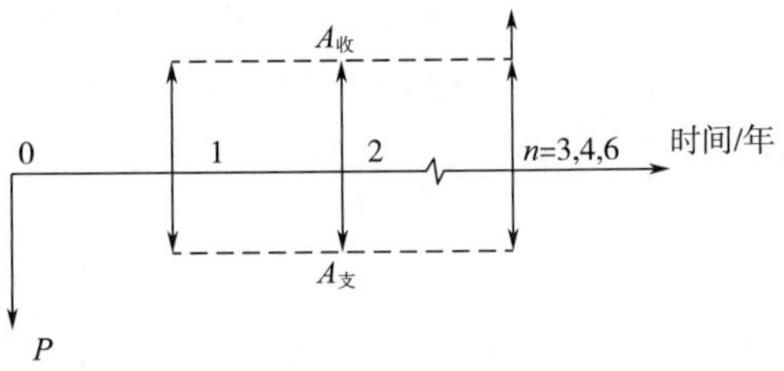

图 2-6　例 2-12 现金流量图

$$NAV_A = -6000(A/P, 15\%, 3) + 3000 - 1000 = -627.88(\text{元})$$

$$NAV_B = -7000(A/P, 15\%, 4) + 4000 - 1000 + 200(A/F, 15\%, 4) = 588.16(\text{元})$$

$$NAV_C = -9000(A/P, 15\%, 6) + 4500 - 1500 + 300(A/F, 15\%, 6) = 656.11(\text{元})$$

由于 NAV_C 最大，且大于 0，因此方案 C 最优。

2. 现值法

当互斥方案寿命不等时，一般情况下，各方案的现金流量在各自寿命期内的现值不具有可比性。如果要使用现值指标（净现值或费用现值）进行方案比选，必须设定一个共同的分析期。分析期的设定应根据决策的需要和方案的技术经济特征来决定。通常有以下几种处理方法。

（1）寿命期最小公倍数法　此法假定备选方案中的一个或若干个在其寿命期结束后按原方案重复实施若干次，取各备选方案寿命期的最小公倍数作为共同的分析期。例如，有两个备选方案，方案 A 的寿命期为 10 年，方案 B 的寿命期为 15 年，假定方案 A 重复实施三次，方案 B 重复实施两次，取两方案寿命期的最小公倍数 30 年作为分析期。

（2）合理分析期法　根据对未来市场状况和技术发展前景的预测直接选取一个合理的分析期，假定寿命期短于此分析期的方案重复实施，并对各方案在分析期末的资产余值进行估价，到分析期结束时回收资产余值。在备选方案寿命期比较接近的情况下，一般取最短的方案寿命期作为分析期。

用上述方法计算出的净现值用于寿命不等互斥方案评价的判别准则是：净现值最大且非负的方案是最优可行方案。对于仅有或仅需计算费用现金流的互斥方案，可比照上述方法计算费用现值进行比选，判别准则是费用现值最小的方案为最优方案。

【例 2-13】根据例 2-12 的数据，用现值法比选方案。

解：用最小公倍数法按净现值法对方案进行评价。计算期为 12 年，画出三个方案的现金流量图，如图 2-7 所示：

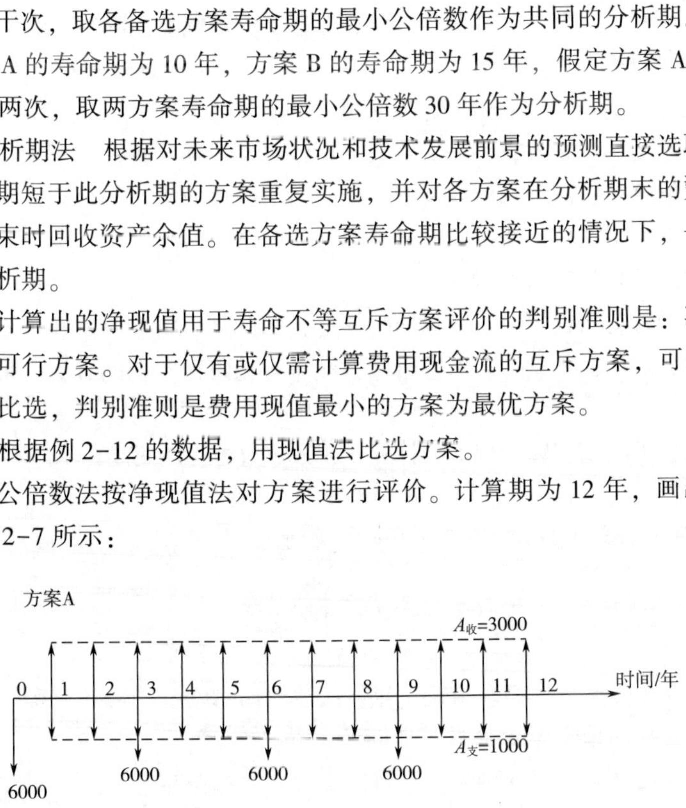

图 2-7

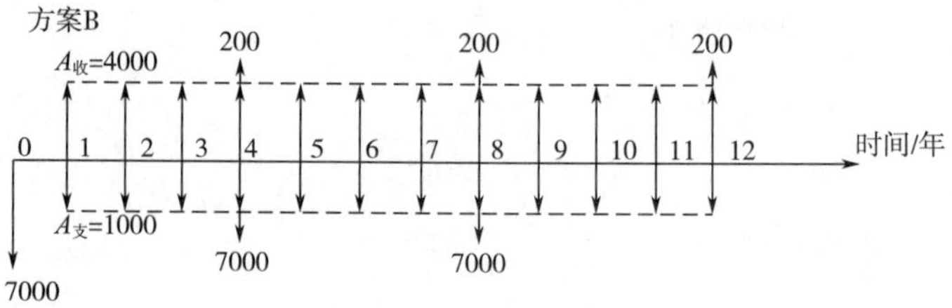

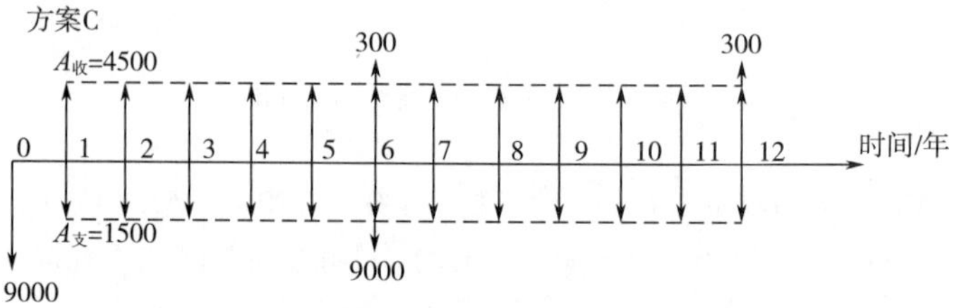

图 2-7 例 2-13 现金流量图

$$NPV_A = -6000 - 6000(P/F, 15\%, 3) - 6000(P/F, 15\%, 6) - 6000(P/F, 15\%, 9) + (3000 - 1000)(P/A, 15\%, 12) = -3402.6(\text{元})$$

$$NPV_B = -7000 - 7000(P/F, 15\%, 4) - 7000(P/F, 15\%, 8) + (4000 - 1000)(P/A, 15\%, 12) + 200(P/F, 15\%, 4) + 200(P/F, 15\%, 8) + 200(P/F, 15\%, 12) = 3189.22(\text{元})$$

$$NPV_C = -9000 - 9000(P/F, 15\%, 6) + (4500 - 1500)(P/A, 15\%, 12) + 300(P/F, 15\%, 6) + 300(P/F, 15\%, 12) = 3558.06(\text{元})$$

由于 NPV_C 最大，且大于 0，因此方案 C 最优，与净年值法结论一致。

对于某些不可再生资源开发型项目（如石油开采），在进行寿命不等的互斥方案比选时，方案可重复实施的假定不再成立。在这种情况下，不能用含有方案重复假定的年值法和前面介绍的现值法。对于这类方案，可以直接按方案各自寿命期计算的净现值进行比选。这种处理方法所隐含的假定是：用最长的方案寿命期作为共同分析期，寿命短的方案在其寿命期结束后，再投资按基准折现率（最低希望收益率）取得收益。

（三）无限计算期的互斥方案经济评价

在实践中，经常会遇到有很长服务期的项目，如公路、城市地铁等基建项目。评价这类项目技术方案的经济性，可以把它们近似地当成具有无限计算期的方案，采用净现值、净年值指标来处理。

将等额年金按无限期折算为现值的计算式，如式（2-16）所示。

$$P = A(P/A, i_c, n) \tag{2-16}$$

当 $n \to \infty$ 时，如式（2-17）、式（2-18）所示。

$$P = \frac{A}{i} \tag{2-17}$$

$$A = P \times i \tag{2-18}$$

对于无限期互斥方案采用净现值或净年值法比较的判别准则为：净现值（净年值）大于等于 0 且净现值（净年值）最大的方案是最优方案。

对于仅有或仅需计算费用现金流量且对比方案的收益基本相同时，可以采用费用现值或费用年值进行比选。其评价判据是：费用现值（费用年值）最小的方案为优。

【例 2-14】某食品工厂选址建厂房，有 A、B 两处选点方案，现金流量如表 2-9 所示，若 i_c 为 10%，试比较哪种方案更优？

表 2-9　　两种方案的费用现金流量表　　单位：万元

	方案	
	A	B
一次投资	3080	2230
年维护费	1.5	0.8
再投资	5（每 10 年一次）	4.5（每 5 年一次）

解：工厂厂房可视为无限计算期方案，采用费用现值法进行方案比选。两种方案的现金流量图如图 2-8、图 2-9 所示。

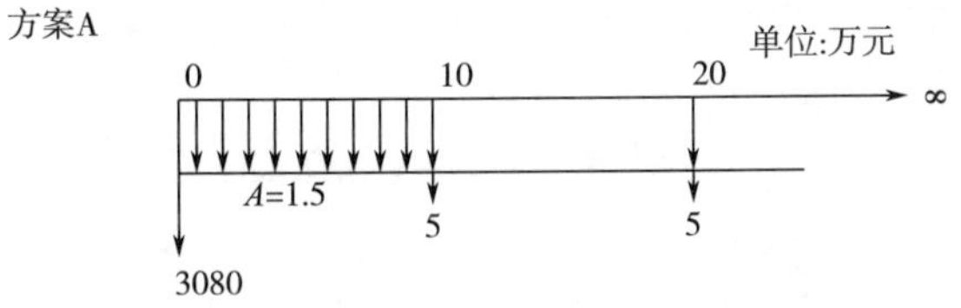

图 2-8　例 2-14 方案 A 现金流量图

$$PC_A = 3080 + \frac{1.5 + 5(A/F,\ 10\%,\ 10)}{10\%} = 3098.13(\text{万元})$$

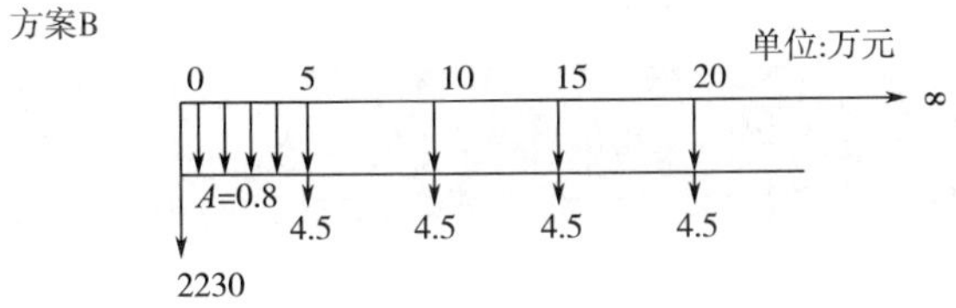

图 2-9　例 2-14 方案 B 现金流量图

$$PC_B = 2230 + \frac{0.8 + 4.5(A/F,\ 10\%,\ 5)}{10\%} = 2245.37(\text{万元})$$

由于 $PC_B<PC_A$，费用现值最小的方案为优，故应选方案 B。

三、相关方案的经济效果评价

在多个方案之间，如果接受（或拒绝）某一方案，会显著改变其他方案的现金流量，或者接受（或拒绝）某一方案会影响对其他方案的接受（或拒绝），这些方案即为相关方案。方案相关的类型主要有以下几种。

（1）完全互斥型　由于技术或经济的原因，接受某一方案就必须放弃其他方案，那么，从决策角度来看，这些方案是完全互斥的。这也是方案相关的一种类型，如特定项目经济规模的确定，厂址方案的选择等，都属于完全互斥型方案。这种互斥方案的经济效果评价方法，在上文中已作了较为充分的论述。

（2）相互依存型和完全互补型　如果两个或多个方案之间，某一方案的实施要求以另一方案（或另几个方案）的实施为条件，则这两个（或若干个）方案具有相互依存性，或者说具有完全互补性。例如，在两个不同的工厂分别生产高温灭菌机和与其配套的专用配件，就是这种类型的相关方案。互补方案的经济效果评价通常应放在一起进行评价。

（3）现金流量相关型　即使方案间不完全互斥，也不完全互补，若干方案中任一方案的取舍会导致其他方案现金流量的变化，那么这些方案之间也具有相关性。

（4）受资金限制的相关方案　如果没有资金总额的约束，各方案具有独立性质，但在资金有限的情况下，接受某些方案则意味着不得不放弃另外一些方案，这也是方案相关的一种类型。

（5）混合相关型　在方案众多的情况下，方案间的相关关系可能包括多种类型，即混合相关型方案。

由于现金流量相关方案和受资金限制的相关方案较为常见，下面对这两种相关方案的经济评价方法作简单介绍。

（一）现金流量相关方案经济评价

当各方案的现金流量之间具有相关性，但方案之间并不完全互斥时，不能简单地按照独立方案或互斥方案的评价方法来进行决策。而应将各方案组合成互斥方案，再按互斥方案的评价方法进行决策。

【例 2-15】为了满足发展要求，有关部门提出要在某工业园区引进两个饮料生产项目，一个是可乐厂，一个是果汁厂。只进行一个项目时的净现金流量如表 2-10 所示。若两个项目都进行，由于消费者分流的影响，两项目都将减少净收入，其净现金流量如表 2-11 所示。当基准折现率为 10%时，应如何决策？

表 2-10　项目独立建设时的现金流量　单位：万元

	年份			
	0	1	2	3~32
可乐厂 A	-300	-300	-300	150
果汁厂 B	-150	-150	-150	90

表 2-11　项目同时建设时的现金流量　单位：万元

	年份			
	0	1	2	3~32
可乐厂 A	-300	-300	-300	120
果汁厂 B	-150	-150	-150	52.5
可乐厂 A+果汁厂 B	-450	-450	-450	172.5

解：先将两个相关方案组合成三个互斥方案，分别计算其净现值。

$$NPV_A = -300 - 300(P/F,\ 10\%,\ 1) - 300(P/F,\ 10\%,\ 2) + 150(P/A,\ 10\%,\ 30)(P/F,\ 10\%,\ 2)$$
$$= 352.04\ (万元)$$

$$NPV_B = -150 - 150(P/F,\ 10\%,\ 1) - 150(P/F,\ 10\%,\ 2) + 90(P/A,\ 10\%,\ 30)(P/F,\ 10\%,\ 2)$$
$$= 293.7\ (万元)$$

$$NPV_{A+B} = -450 - 450(P/F, 10\%, 1) - 450(P/F, 10\%, 2) + 172.5(P/A, 10\%, 30)(P/F, 10\%, 2) = 117.68\ (万元)$$

由于 NPV_A 最大，因此方案 A 最佳，即只引进可乐厂为最优可行方案。

（二）受资金限制的方案经济评价

受资金限制的方案选择使用的主要方法有“净现值指数排序法”和“互斥方案组合法”。

1. 净现值指数排序法

所谓净现值指数排序法，就是在计算各方案净现值指数的基础上，将净现值指数大于或等于 0 的方案按净现值指数大小排序，并依此次序选取项目方案，直至所选取方案的投资总额最大限度地接近或等于投资限额为止。本法所要达到的目标是在一定的投资限额约束下使所选项目方案的净现值最大。

【例 2-16】某食品公司年度投资预算为 1000 万元，备选的方案如表 2-12 所示。i_c 为 12%，试按净现值指数排序法作出方案选择。

表 2-12　　各方案净现金流量及其有关指标计算表

方案	第 0 年投资/万元	1~10 年净收入/万元	净现值/万元	净现值指数	排序
A	-160	38	54.7	0.34	1
B	-160	34	32.1	0.20	2
C	-240	50	42.5	0.177	3
D	-240	48	31.2	0.13	4
E	-200	40	26	0.13	4
F	-240	44	8.6	0.036	5
G	-280	50	2.5	0.009	6

解：按净现值指数从大到小顺序选择满足资金约束条件的方案，即：A、B、C、D、E 方案，共用资金总额为 1000 万元。

按净现值指数排序原则选择项目方案，其基本思想是单位投资的净现值越大，在一定投资限额内所能获得的净现值总额就越大。净现值指数排序法简便易计算，这是它的主要优点。但是，由于投资项目的不可分性，净现值指数排序法在许多情况下，不能保证现有资金被充分利用，不能达到净现值最大的目标。只有在下述情况下，它才能达到或接近于净现值最大的目标：

（1）各方案投资占投资预算的比例很小；

（2）或各方案投资额相差不大；

（3）或各入选方案投资累加额与投资预算限额相差不大。

实际上，在各种情况下都能保证实现最优选择（净现值最大）的更可靠的方法是互斥方案组合法。

2. 互斥方案组合法

【例 2-17】现有三个非直接互斥的项目方案 A、B、C，其初始投资（第 0 年末）及各年净收入如表 2-13 所示。投资限额为 450 万元。基准折现率为 8%。

表 2-13 三个方案的净现金流量与经济指标

	第 0 年投资/万元	1~10 年净收入/万元	净现值/万元	净现值指数
A	-100	23	54.33	0.543
B	-300	58	89.18	0.297
C	-250	49	78.79	0.315

各方案净现值与净现值指数均大于 0，按净现值指数由大到小排序选择，应选方案（A+C），净现值总额为 54.33+78.79=133.12（万元）。

上述选择是否是最佳选择？下面用“互斥方案组合法”的选择结果进行验证。互斥方案组合法的工作步骤如下：

第一步：对于 N 个非直接互斥的项目方案，列出全部的相互排斥的组合方案，共（$2N-1$）个。本例中有 3 个项目方案，互斥组合方案共 7 个。这 7 个方案彼此互不相容，互相排斥。其具体构成及相应指标列于表 2-14 中。

第二步：保留投资额不超过投资限额且净现值或净现值指数大于等于 0 的组合方案，淘汰其余组合方案。保留的组合方案中净现值最大的即为最优可行方案。本例中，由于投资限额为 450 万元，因此组合方案 6、7 为不可行方案，首先被淘汰掉。其余保留的可行方案中以组合方案 4 净现值最大（且大于 0），即最优可行方案为方案（A+B）。

表 2-14 互斥组合方案

组合号	组合状态			第 0 年投资	1~10 年净收入	净现值
	A	B	C			
1	1	0	0	-100	23	54.33
2	0	1	1	-300	58	89.18
3	0	0	1	-250	49	78.79
4	1	1	0	-400	81	143.51
5	1	0	1	-350	72	133.12
6	0	1	1	-550	107	167.97
7	1	1	1	-650	130	222.3

注：“1”表示方案入选，“0”表示方案不入选。

本例中，按互斥方案组合法选择的最优方案（A+B）的净现值为 143.51 万元，而按净现值指数排序法所选择的方案（A+C），其净现值为 133.12 万元，因此方案（A+B）是最佳方案。

第四节 技术经济分析的基本步骤与内容

一、技术经济分析的基本步骤

技术经济分析主要是利用有关基础数据，通过财务分析报表，计算财务分析指标。技术经济分析的一般步骤如下所述。

1. 技术经济分析前的准备工作

（1）熟悉拟建项目的基本情况　主要包括可行性研究阶段财务分析前的工作成果；项目的类型和性质；在现行财税法规范围内项目能享受的优惠等。

（2）估算项目财务效益和费用　编制财务分析辅助报表，包括建设投资估算表、流动资金估算表，营业收入、税金及附加和增值税估算表等。

2. 进行融资前分析

技术经济分析可分为融资前分析和融资后分析，分别满足投资决策和融资决策的需要。技术人员一般宜采用融资前分析，尤其是在项目的初期研究阶段，如项目建议书阶段，可只进行融资前分析。融资前分析属项目决策中的投资决策，是不考虑资金来源的财务分析，重在考察项目净现金流量的价值是否大于其投资成本。由于未考虑资金来源，融资前分析只进行盈利能力分析。融资前分析的基本步骤如下所述。

（1）估算建设投资、营业收入、经营成本和流动资金。

（2）编制项目投资现金流量表，计算项目投资的内部收益率、净现值和项目静态投资回收期等指标。

（3）如果分析结果表明项目效益符合要求，则再考虑融资方案，继续进行融资后分析。

（4）如果分析结果不能满足要求，可通过修改方案设计完善项目方案，必要时甚至可据此作出放弃项目的建议。

二、　项目费用和效益估算

（一）建设投资估算

1. 建设投资构成

建设投资构成如图 2-10 所示。

（1）建筑安装工程投资　建筑安装工程投资由建筑工程费和安装工程费两部分组成，主要包括人工费、材料费、施工机械使用费、措施费（环境保护费、文明施工费、安全施工费、临时设施费等）、企业管理费、城市维护建设税、教育费附加构成。建筑安装工程投资的特点是必须通过兴工动料、追加劳动才能实现。

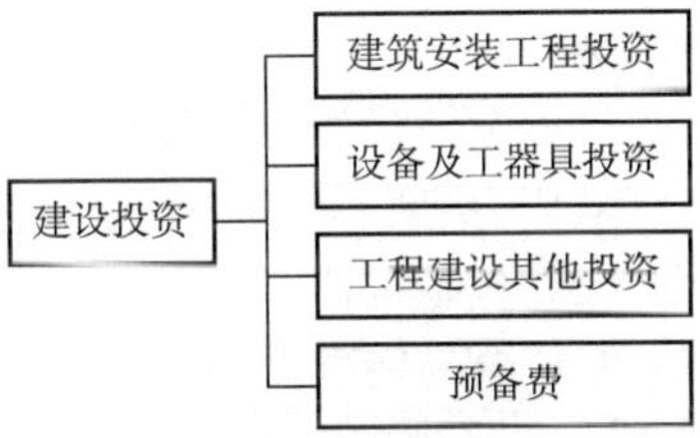

图 2-10　建设投资构成

（2）设备及工器具投资　设备及工器具投资是指按照项目设计文件要求，企业购置或自制达到固定资产标准的设备和新、扩建项目配置的首套工器具及生产家具所需的投资，主要包括设备购置费、工器具购置费、设备运杂费等。

（3）工程建设其他投资　工程建设其他投资是指未纳入以上两项的由项目投资支付的为保证工程顺利进而发生的各项费用总和，其中主要包括建设单位管理费、可行性研究费、勘察设计费、场地准备及临时设施费、引进技术和引进设备其他费、工程保险费、联合试运转费、特殊设备安全监督检验费和市政工程公用设施建设及绿化费等。

（4）预备费　包括基本预备费和涨价预备费。基本预备费是指工程在初步设计及概算内难以预料的工程而预留的费用，涨价预备费是指项目在建设期间内由于价格等变化而引起的工程造价变化的预留费用。

2. 建设投资估算

建设投资的概略估算是指根据实际经验和历史资料，对建设投资进行的综合估算。这类方法虽然精确度不高，但适合在建设投资的毛估或初估阶段采用。建设投资典型的概略估算方法有生产规模指数法、资金周转率法、分项比例估算法和单元指标估算法。

（1）生产规模指数法　该法是利用已经建成项目的建设投资额或其设备投资额，估算同类而不同生产规模项目的建设投资或其设备投资的方法，其估算公式如式（2-19）所示。

$$C_2 = C_1\left(\frac{x_2}{x_1}\right)^n \times C_f \tag{2-19}$$

式中　C_2——拟建项目的建设投资额；

C_1——已建同类型项目的建设投资额；

x_2——拟建项目的生产规模；

x_1——已建同类型项目的生产规模；

C_f——价格调整系数；

n——生产规模指数。

该法中，生产规模指数 n 是一个关键因素，不同行业、性质、工艺流程、建设水平、生产率水平的项目，应取不同的指数值。选取 n 值的原则是：靠增加设备、装置的数量，以及靠增大生产场所扩大生产规模时，n 取 0.8~1.0；靠提高设备、装置的功能和效率扩大生产规模时，n 取 0.6~0.7。另外，拟估投资项目生产能力与已建同类项目生产能力的比值应有一定的限制范围，一般这一比值不能超过 50，在 10 以内效果较好。

（2）资金周转率法　这是一种国际上普遍使用的方法，是从资金周转的定义出发推算出建设投资的一种方法。当资金周转率为已知时，推算公式如式（2-20）所示。

$$C = \frac{Q \times P}{T} \tag{2-20}$$

式中　C——拟建项目建设投资；

Q——产品年产量；

P——产品单价；

T——资金周转率。

该法概念简单明了，方便易行。但不同性质的工厂或生产不同产品的车间，其资金周转率都不同，要提高投资估算的精确度，必须做好相关的基础工作。

（3）分项比例估算法　该法是以拟建项目的设备费为基数，根据已建成的同类项目的建筑安装工程费和其他费用等占设备价值的百分比，求出相应的建筑安装工程费及其他有关费用的，其总和即为拟建项目建设投资。计算公式表达如式（2-21）所示。

$$C = E(1 + f_1 P_1 + f_2 P_2 + f_3 P_3) + I \tag{2-21}$$

式中　C——拟建项目的建设投资；

E——根据设备清单按现行价格计算的设备费（包括运杂费）的总和；

P_1、P_2、P_3——已建成项目中的建筑、安装及其他工程费用分别占设备费的百分比；

f_1、f_2、f_3——由于时间因素引起的定额、价格、费用标准等变化的综合调整系数；

I——拟建项目的其他费用。

式中各个部分的系数及指数值都是通过对大量的统计数据进行处理得出的。

（4）单元指标估算法 工业建设项目单元指标估算法，如式（2-22）所示。

$$项目建设投资额 = 单元指标 \times 生产能力 \times 物价浮动指数 \tag{2-22}$$

民用建设项目单元指标估算法，如式（2-23）所示。

$$项目建设投资额 = 单元指标 \times 民用建筑规模 \times 物价浮动指数 \tag{2-23}$$

单元指标是指每个估算单位的建设投资额。例如，饭店单位客房投资指标、医院每个床位投资指标、钢铁厂每吨钢投资指标、其他民用建筑单位面积或单位体积投资指标等。

（二）营业收入估算

营业收入是指向社会出售商品或提供劳务所取得的货币收入，是现金流量表中现金流入的主体，营业收入是财务分析的重要数据，其估算的准确性极大地影响着项目财务效益的估计。

1. 营业收入的计算范围

营业收入的估算基于一项重要假定，即当期的产出（扣除自用量后）当期全部销售，简言之，产量等于销量。制造企业的主副产品（或不同等级产品）的销售收入应全部计入营业收入；其他行业提供的不同类型服务收入也应计入营业收入。

2. 价格的选取

价格选取公式如式（2-24）所示。

$$年营业收入 = 分年运营量 \times 商品单价 \tag{2-24}$$

由上式可以看出，年营业收入是指未来出售商品或提供服务的货币收入，其中产品或服务的数量和价格，都与市场预测密切相关。在估算营业收入时，应对市场预测的相关结果及建设规模、产品或服务方案进行确认，特别是要保证采用价格的合理性。

3. 运营量的选取

分年运营量的确定可采用以下两种方法。

（1）根据经验确定负荷率后计算确定 即按照市场预测的结果和项目具体情况如经验直接判定分年的负荷。判定时应考虑项目性质、技术掌握难易程度、产品的成熟度及市场的开发程度等诸多因素。

（2）根据营销计划确定 即根据市场预测结果，结合项目性质、产出特性和市场的开发程度制订分年营销计划，进而确定各年产出数量。该种方法更具有合理性，国际上多采用。

运营计划一般开始投产时负荷较低，以后各年会逐步提高。当然，运营计划的模式也不是一成不变的。有些项目的产出寿命期较短，更新快，在快速达到一定负荷后，应在适当的年份开始减产，甚至可适时终止生产。

（三）经营成本估算

经营成本（Business Cost）涉及产品生产及销售、企业管理过程中的物料、人力和能源的投入费用，它反映了企业的生产和管理水平。经营成本是财务分析中所使用的特定概念，是项目现金流量表中运营期现金流出的主体部分，其构成和估算可采用式（2-25）表达：

$$经营成本 = 外购原材料、燃料和动力费 + 工资及福利费 + 修理费 + 其他费用 \tag{2-25}$$

其他费用是指从制造费用、管理费用和营业费用中扣除了折旧费、摊销费、修理费、工资及福利费以后的其余部分。

经营成本与会计学中的总成本费用不同，总成本费用是指运营期内为生产产品、提供服务所发生的全部费用，等于经营成本与折旧费、摊销费和财务费用之和。换言之，经营成本是从总成本中扣除折旧费、摊销费和财务费用以后的成本。因此，经营成本的另一表达式如式（2-26）所示。

$$经营成本=总成本费用-折旧费-摊销费-财务费用（利息支出） \tag{2-26}$$

计算经营成本之所以要从总成本中剔除折旧费、摊销费和财务费用（利息支出），主要有以下两个原因。

（1）现金流量表反映项目在计算期内逐年发生的现金流入和流出情况。与常规会计学中的方法不同，现金收支何时发生，就在何时计算，不作分摊。因投资（如设备购置费）已按其发生的时间作为一次性支出而被计入现金流出，所以不能再以折旧费和摊销费的方式计为现金流出，否则会重复计算。因此，经常性支出的经营成本中不包括折旧费和摊销费。

（2）因为融资前财务分析的项目现金流量表以全部投资作为计算基础，不考虑投资资金来源，利息支出不作为现金流出，因此，经营成本中也不包括利息支出。可见经营成本与融资方案无关，是融资前后财务分析的重要数据。

（四）流动资金估算

1. 流动资金构成

工业项目一经建成投产，其流动资金（Circulating Capital）就分别在生产领域和流通领域以储备资金、生产资金、成品资金、结算资金和货币资金等五种形态存在，并周而复始地循环。

按照管理方式，流动资金可分为定额流动资金和非定额流动资金两部分。定额流动资金包括储备资金生产资金和成品资金，这部分资金是企业流动资金的主要部分，应实行较严格的定额管理。非定额流动资金包括结算资金与货币资金，这部分资金的需要量受多种因素影响，且影响因素变化较大，因此占用额不稳定。

2. 流动资金的估算

流动资金估算一般是参照现有同类企业的状况采用分项详细估算法，个别情况或者小型项目可采用扩大指标估算法。

（1）分项详细估算法　对计算流动资金需要掌握的流动资产和流动负债这两类因素应分别进行估算。在可行性研究中，为简化计算，仅对存货、现金、应收账款、预付账款等流动资产和应付账款、预收账款等流动负债进行估算，计算公式如式（2-27）、式（2-28）所示。

$$流动资金=流动资产-流动负债 \tag{2-27}$$

$$流动资产=应收账款+预付账款+存货+现金 \tag{2-28}$$

（2）扩大指标估算法

①按建设投资的一定比例估算，例如，国外化工企业的流动资金，一般是按建设投资的15%~20%计算；

②按经营成本的一定比例估算；

③按年营业收入的一定比例估算；

④按单位产量占用流动资金的比例估算。

流动资金一般在投产前开始筹措。在投产第一年开始按生产负荷进行安排，项目计算期末回收全部流动资金。

（五）税金及附加估算

税金及附加包括企业经营活动发生的消费税、资源税、土地增值税、增值税、城市维护建设税、教育费附加和所得税。

1. 消费税

消费税（Consumption Tax）是对工业企业生产、委托加工和进口的部分应税消费品按差别税率或税额征收的一种税。消费税是在普遍征收增值税的基础上，根据消费政策、产业政策的要求，有选择地对部分消费品征收的一种特殊的税种。目前，我国的消费税共设 11 个税目，13 个子目。消费税的税率有从价定率和从量定额两种，其中，黄酒、啤酒、汽油、柴油产品采用从量定额计税的方法；其他消费品均为从价定率计税，税率为 3%~45%。

2. 资源税

资源税（Resource Tax）是国家对在我国境内开采应税矿产品或者生产盐的单位和个人征收的一种税。实质上，它是因资源生成和开发条件存在差异而客观形成的级差收入征收税。资源税的征收范围如下所述。

（1）矿产品　矿产品包括原油、天然气、煤炭、金属矿产品和其他非金属矿产品。

（2）盐　盐包括固体盐、液体盐。

资源税的应纳税额，按照应税产品的课税数量和规定的单位税额计算。应纳税额的计算公式如式（2-29）所示。

$$应纳税额=应税产品课税数量\times单位税额 \tag{2-29}$$

课税数量是指纳税人开采或者生产应税产品用于销售的，以销售量为课税数量。纳税人开采或者生产应税产品自用的，以自用数量为课税数量。

3. 土地增值税

土地增值税是按转让房地产取得的增值额征收的税种。

4. 增值税

增值税（Value-added Tax）是对我国境内销售货物、进口货物及提供加工、修理修配劳务的单位和个人，就其取得货物的销售额、进口货物金额、应税劳务收入额计算税款，并实行税款抵扣制的一种流转税。

在技术经济分析中，增值税可作为价外税不出现在现金流量表中，也可作为价内税出现在现金流量表中。当现金流量表中不包括增值税时，产出物的价格不含有增值税中的销项税，投入物的价格中也不含有增值税中的进项税。但在税金及附加的估算中，有时还需要单独计算增值税额，作为城市维护建设税和教育费附加的计算基数。

（1）增值税税率和征收率　增值税税率：①提供交通运输、邮政、基础电信、建筑、不动产租赁服务，销售不动转让土地使用权，税率为 9%；②提供有形动产租赁服务，税率为 13%；③境内单位和个人发生的跨境应税行为，税率为 0，具体范围由财政部和国家税务总局另行规定；④纳税人发生应税行为，除上述规定外，税率为 6%。

增值税征收率为 3%，财政部和国家税务总局另有规定的除外。

（2）一般计税方法　一般计税方法的应纳税额，是指当期销项税额抵扣当期进项税额后的余额。应纳税额计算公式如式（2-30）所示。

$$应纳税额=当期销项税额-当期进项税额 \tag{2-30}$$

当期销项税额小于当期进项税额不足抵扣时，其不足部分可以结转至下期继续抵扣。销项税额是指纳税人发生应税行为按照销售额和增值税税率计算并收取的增值税额。销项税额计算公式如式（2-31）所示。

$$销项税额=销售额\times税率 \tag{2-31}$$

一般计税方法的销售额不包括销项税额，纳税人采用销售额和销项税额合并定价方法的，按照式（2-32）计算销售额。

$$销售额=含税销售额\div（1+税率） \tag{2-32}$$

5. 城市维护建设税

城市维护建设税是以纳税人实际缴纳的流转税额为计税依据征收的一种税。城市维护建设税按纳税人所在地区实行差别税率：项目所在地为市区的，税率为7%；项目所在地为县城、镇的，税率为5%；项目所在地为乡村的，税率为1%。城市维护建设税以纳税人实际缴纳的增值税、消费税税额为计税依据，并分别与上述两种税同时缴纳。其应纳税额计算公式如式（2-33）所示。

$$应纳税额=（增值税实纳税额+消费税实纳税额）\times适用税率 \tag{2-33}$$

6. 教育费附加

教育费附加是为了加快地方教育事业的发展、扩大地方教育经费的来源而开征的一种附加费。根据有关规定，凡缴纳消费税、增值税的单位和个人，都是教育费附加的缴纳人。教育费附加随消费税、增值税同时缴纳。教育费附加的计征依据是各缴纳人实际缴纳的消费税、增值税的税额，征收率为3%。其计算公式如式（2-34）所示。

$$应纳教育费附加额=（消费税实纳税额+增值税实纳税额）\times3\% \tag{2-34}$$

7. 所得税

根据税法的规定，企业取得利润后，先向国家缴纳所得税，即凡在我国境内实行独立经营核算的各类企业或者组织者，其来源于我国境内、境外的生产、经营所得和其他所得，均应依法缴纳企业所得税（Income Tax）。

企业所得税以应纳税所得额为计税依据。

纳税人每一纳税年度的收入总额减去准予扣除项目的余额，为应纳税所得额。

纳税人发生年度亏损的，可用下一纳税年度的所得弥补；下一纳税年度的所得不足弥补的，可以逐年延续弥补，但是延续弥补期最长不得超过5年。

企业所得税的应纳税额计算公式如式（2-35）所示。

$$所得税应纳税额=应纳税所得额\times企业所得税税率 \tag{2-35}$$

一般按照利润总额作为企业应纳税所得额。

三、 所得税前分析与所得税后分析

在融资前针对建设项目投资总盈利能力进行的财务分析中，通常有两种基本的分析形式，一种是所得税前分析，另一种是所得税后分析。所得税前和所得税后分析的现金流入完全相同，但现金流出略有不同，所得税前分析不将所得税作为现金流出，所得税后分析视所得税为现金流出。

项目投资息税前财务内部收益率（Financial Internal Rate of Return，*FIRR*）和项目投资息税前财务净现值（Financial Net Present Value，*FNPV*），是投资盈利能力的完整体现，用以考察由项目方案设计本身所决定的财务盈利能力，它不受融资方案和所得税政策变化的影响，仅仅体现项目方案本身的合理性。所得税前指标特别适用于建设方案设计中的方案比选，是初步投资决策的主要指标，用于考察项目是否基本可行，是否值得进行融资。在国外，公共项目、政府所属的公司和特殊免税的非盈利项目，一般也只进行所得税前分析。

为了体现与融资方案无关的要求，项目投资现金流量表中的基础数据都需要剔除运营期利息的影响。因此，项目投资现金流量表中的"所得税"应根据利润与利润分配表中的息税前利润乘以所得税率计算，称为"调整所得税"。

所得税后分析是所得税前分析的延伸，主要用于在融资条件下判断项目投资对企业价值的贡献，是企业投资经营性项目决策依据的主要指标。另外，当各个方案的折旧方法具有显著差别以及其减免税优惠条件不同时，更需进行税后分析。有时选择进行所得税前分析还是进行所得税后分析，主要取决于财务基准收益率是所得税前确定的，还是所得税后确定的。

思考题

1. 影响基准收益率的主要因素是什么？

2. 某饼干厂欲引进一条新的生产线，需投资 100 万元，寿命期 8 年，8 年末尚有残值 2 万元，预计每年收入 30 万元，年成本 10 万元，该厂的期望收益率为 10%，试计算该项目的净现值、净年值和内部收益率，并判断是否经济可行。

3. 有两个收益相同的食品建设方案 A 和 B，其中方案 A 初始投资 150 万，年费用 15 万，寿命 5 年，残值 50 万元；方案 B 初始投资 200 万，年费用 10 万元，寿命 5 年，残值 60 万元，试用费用现值和费用年值选择最佳方案。

4. 某食品项目有两种备选方案，方案 A 的总投资为 1300 万元，估计每年净收益为 200 万元，方案 B 的总投资为 1820 万元，每年净收益为 290 万元，项目周期为 8 年，$i=6\%$，试通过净现值、净年值指标作出方案决策。

5. 某食品项目有 4 个独立方案如表 2-15 所示，资金预算为 60 万元，各方案寿命均为 8 年，折现率为 12%，试作出方案决策。

表 2-15　　独立投资方案

	方案			
	A	B	C	D
初始投资	30	28	26	35
年净收益	10	8	7	10

6. 融资前分析的基本步骤是什么？

7. 举例说明一果汁厂的建设投资和经营成本包括哪些？

第三章

不确定性分析与风险分析

CHAPTER 3

学习目标

1. 掌握线性盈亏平衡分析和非线性盈亏平衡分析。
2. 掌握敏感性分析。
3. 了解风险分析。

第一节　盈亏平衡分析

各种不确定因素（如投资、成本、销售量、产品价格、项目寿命周期等）的变化会影响投资方案的经济效果，当这些因素的变化达到某一临界值时就会影响方案的取舍。盈亏平衡分析的目的就是找出这种临界值，判断投资方案对不确定因素变化的承受能力，为决策提供依据。

一、　独立方案盈亏平衡分析

独立方案盈亏平衡分析的目的是通过分析产品产量、成本与方案盈利能力之间的关系，找出投资方案盈利与亏损在产量、产品价格、单位产品成本等方面的界限，以判断在各种不确定因素作用下方案的风险情况。

（一）线性盈亏平衡分析

项目的生产销售活动不会明显地影响市场供求状况，假定其他市场条件不变，产品价格不会随该项目的销售量的变化而变化，可以看作一个常数。销售收入与销售量呈线性关系，如式（3-1）所示。

$$B = P \times Q \tag{3-1}$$

式中　B——销售收入；

P——单位产品价格；

Q——产品销售量。

项目投产后，其总成本费用可以分为固定成本与变动成本两部分。固定成本指在一定的生产规模限度内不随产量的变动而变动的费用，变动成本指随产品产量的变动而变动的费用。总成本费用是固定成本与变动成本之和，它与产品产量的关系可近似认为是线性关系，如式（3-2）所示。

$$C = C_f + C_v \times Q \tag{3-2}$$

式中 C——总成本费用；

C_f——固定成本；

C_v——单位产品变动成本；

Q——产品产量。

将式（3-1）与式（3-2）在同一坐标图上表示出来，构成线性盈亏平衡分析图如图 3-1 所示。

图 3-1 中纵坐标表示销售收入与成本费用，横坐标表示产品产量。销售收入线 B 与总成本线 C 的交点称盈亏平衡点（Break even point，简称 BEP），也就是项目盈利与亏损的临界点。在 BEP 的左边，总成本大于销售收入，项目亏损，在 BEP 的右边，销售收入大于总成本，项目盈利，在 BEP 点上，项目不亏不盈。

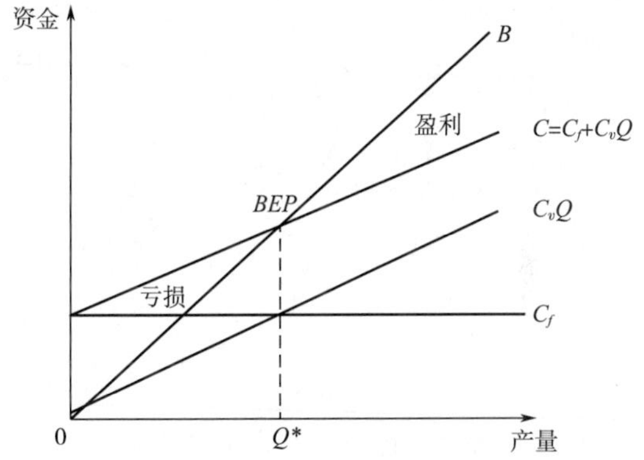

图 3-1 线性盈亏平衡分析图

在销售收入及总成本都与产量呈线性关系的情况下，可以很方便地求出以产品产量、生产能力利用率、产品销售价格、单位产品变动成本等表示的盈亏平衡点。

在盈亏平衡点，销售收入 B 等于总成本费用 C，设对应于盈亏平衡点的产量为 Q^*，则如式（3-3）所示。

$$P \times Q^* = C_f + C_v \times Q^* \tag{3-3}$$

盈亏平衡产量，如式（3-4）所示。

$$Q^* = \frac{C_f}{P - C_v} \tag{3-4}$$

若项目设计生产能力为 Q_C，盈亏平衡生产能力利用率为 E^*，如式（3-5）所示。

$$E^* = \frac{Q^*}{Q_C} \times 100\% = \frac{C_f}{(P - C_v) \times Q_C} \times 100\% \tag{3-5}$$

经营安全率 σ，如式（3-6）所示。

$$\sigma = 1 - E^* \tag{3-6}$$

平衡点的生产能力利用率一般不应大于 75%，经营安全率一般不应小于 25%。

产品销售价格的盈亏平衡点，如式（3-7）所示。

$$P^* = \frac{C_f}{Q_c} + C_v \tag{3-7}$$

单位产品变动成本的盈亏平衡点，如式（3-8）所示。

$$C_v^* = P - \frac{C_f}{Q_c} \tag{3-8}$$

【例 3-1】某食品生产线年设计生产能力为 3 万件，单位产品售价 3000 元，总成本费用为 7800 万元，其中固定成本 3000 万元，总变动成本与产品产量成正比例关系，求以产量、生产能力利用率、销售价格、单位产品变动成本表示的盈亏平衡点。

解：由题可知，$Q_c = 3 \times 10^4$，$P = 3000$，$C_f = 3000 \times 10^4$，首先计算单位产品变动成本：

$$C = C_f + C_v \times Q = (3000 + C_v \times 3) \times 10^4 = 7800 \times 10^4(\text{元})$$

$$C_v = 1600(\text{元})$$

盈亏平衡产量：

$$Q^* = \frac{C_f}{P - C_v} = \frac{3000 \times 10^4}{3000 - 1600} = 21400(\text{件})$$

盈亏平衡生产能力利用率：

$$E^* = \frac{Q^*}{Q_c} \times 100\% = \frac{21400}{3 \times 10^4} \times 100\% = 71.33\%$$

盈亏平衡销售价格：

$$P^* = \frac{C_f}{Q_c} + C_v = \frac{3000 \times 10^4}{3 \times 10^4} + 1600 = 2600(\text{元})$$

盈亏平衡单位产品变动成本：

$$C_v^* = P - \frac{C_f}{Q_c} = 3000 - \frac{3000 \times 10^4}{3 \times 10^4} = 2000\ (\text{元})$$

通过计算盈亏平衡点，结合市场预测，可以对投资方案发生亏损的可能性作出大致判断。在例 3-1 中，如果未来的产品销售价格及生产成本与预期值相同，则项目不发生亏损的条件是年销售量不低于 21400 件，生产能力利用率不低于 71.33%；如果按设计能力进行生产并能全部销售，生产成本与预期值相同，则项目不发生亏损的条件是产品单件价格不低于 2600 元；如果销售量、产品价格与预期值相同，则项目不发生亏损的条件是单位产品变动成本不高于 2000 元。

（二）非线性盈亏平衡分析

项目的生产销售活动将明显地影响市场供求状况，随着该项目产品销售量的增加，产品价格有所下降，这时销售收入与销售量之间不再是线性关系；虽然在大多数情况下，变动成本与产品产量成正比例关系，但也有一部分变动成本与产品不成正比例关系，如生产批量有关的某些耗材性材料费、模具费及运输费等，这部分变动成本随产量变动的规律一般呈阶梯型曲线变化。在这种情况下，盈亏平衡点可能出现一个以上，构成非线性盈亏平衡分析图，如图 3-2 所示。

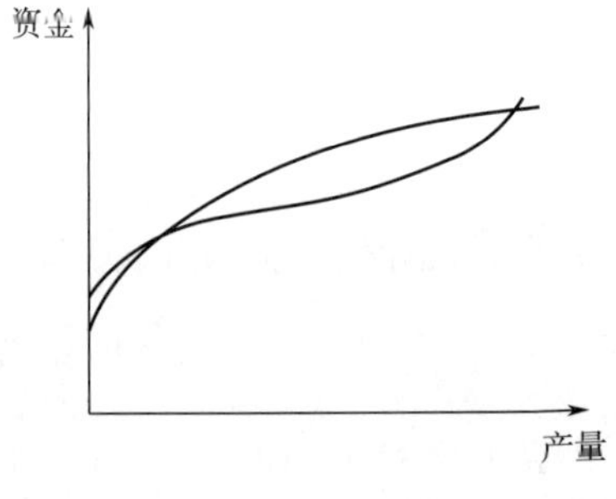

图 3-2　非线性盈亏平衡分析图

【例 3-2】某食品企业投产以后，它的年固定成本为 66000 元，单位变动成本为 28 元，销售价格为 55 元，每多生产一件产品，单位变动成本下降 0.001 元，售价下降 0.0035 元，求盈亏平衡点及最大利润时的销售量。

解：根据式（3-1），$B = (55 - 0.0035Q) \times Q = 55Q - 0.0035Q^2$

根据式（3-2），$C = 66000 + (28 - 0.001Q) \times Q = 66000 + 28Q - 0.001Q^2$

$$利润\ NB = B - C = -0.0025Q^2 + 27Q - 66000$$

当 $NB=0$ 时，达到盈亏平衡，解得：

$$Q_1 = \frac{27 - \sqrt{27^2 - 4 \times 0.0025 \times 66000}}{2 \times 0.0025} = 3740（件）$$

$$Q_2 = \frac{27 + \sqrt{27^2 - 4 \times 0.0025 \times 66000}}{2 \times 0.0025} = 7060（件）$$

令 $NB'(Q) = 0$，得：

$$-0.005Q + 27 = 0$$

解得 $Q_{max} = 5400$（件）

在例 3-2 中，如果未来的产品销售价格及生产成本与预期值相同，则项目不发生亏损的条件是年生产量不低于 3740 件，不高于 7060 件，当产量达到 5400 件时，可获取最大利润。

（三）成本结构与经营风险的关系

因销售量、产品价格及单位产品变动成本等不确定因素发生变动所引起的项目盈利额的波动称为项目的经营风险（Business Risk）。由销售量及成本变动引起的经营风险的大小与项目固定成本占总成本费用的比例有关。

设对应于预期的年销售量为 Q_c 和预期的年总成本费用为 C_c，固定成本占总成本费用的比例为 S，则固定成本如式（3-9）所示。

$$C_f = C_c \times S \tag{3-9}$$

单位产品变动成本如式（3-10）所示。

$$C_v = \frac{C_c \times (1 - S)}{Q_c} \tag{3-10}$$

当产品价格为 P 时，盈亏平衡产量如式（3-11）所示。

$$Q^* = \frac{C_f}{P - C_v} = \frac{C_c \times S}{P - \dfrac{C_c \times (1 - S)}{Q_c}} - \frac{Q_c \times C_c}{\dfrac{1}{S}(P \times Q_c - C_c) + C_c} \tag{3-11}$$

盈亏平衡单位产品变动成本如式（3-12）所示。

$$C_v^* = P - \frac{C_f}{Q_c} = P - \frac{C_c \times S}{Q_c} \tag{3-12}$$

由式（3-8）及式（3-9）可以看出，固定成本占总成本的比例 S 越大，盈亏平衡产量越高，盈亏平衡单位产品变动成本越低。高的盈亏平衡产量和低的盈亏平衡单位产品变动成本会导致项目在面临不确定因素变动时发生亏损的可能性增大。

设项目的年净收益为 NB，对应预期的固定成本和单位产品变动成本如式（3-13）所示。

$$NB = B - C = P \times Q - C_f - C_v^* = P \times Q - C_c \times S - \frac{C_c \times (1 - S)}{Q_c} \times Q$$

$$\frac{d(NB)}{d(Q)} = P - \frac{C_c \times (1 - S)}{Q_c} \tag{3-13}$$

显然，当销售量发生变动时，S 越大，年净收益的变化率越大。也就是说，固定成本的存在扩大了项目的经营风险，固定成本占总成本的比例越大，这种扩大作用越强。这种现象称为运营杠杆效应（Operating Leverage）。

固定成本占总成本的比例取决于产品对生产的技术要求及对工艺设备的选择。一般来说，资金密集型的项目固定成本占总成本的比例比较高，因此经营风险也比较大。

二、互斥方案盈亏平衡分析

在需要对若干个互斥方案进行比选的情况下，如果有某一个共有的不确定因素影响这些方案的取舍，可以采用下面介绍的盈亏平衡分析方法帮助决策。

设两个互斥方案的经济效果都受某不确定因素的影响，可以把不确定因素看作一个变量，把两个方案的经济效果指标都表示为相应的函数，如式（3-14）、式（3-15）所示。

$$E_1 = f_1(x) \tag{3-14}$$

$$E_2 = f_2(x) \tag{3-15}$$

式中 E_1——方案 1 的经济效果指标；

E_2——方案 2 的经济效果指标。

当两个方案的经济效果相同时，如式（3-16）所示。

$$f_1(x) = f_2(x) \tag{3-16}$$

解出使这个方程式成立的 x 值，即为方案 1 与方案 2 的盈亏平衡点，也就是决定这两个方案孰优孰劣的临界点。结合对不确定因素 x 未来取值范围的预测，就可以作出相应的决策。

【例 3-3】生产某种产品有两种方案。方案 A 初始投资为 50 万元，预期年净收益 15 万元；方案 B 初始投资 150 万元，预期年净收益 35 万元；该产品的市场寿命具有较大的不确定性，如果给定基准折现率为 15%，不考虑期末资产残值，试就项目寿命期分析两方案取舍的临界点。

解：设项目寿命期为 x

$$NPV_A = -50 + 15(P/A,\ 15\%,\ x)$$

$$NPV_B = -150 + 35(P/A,\ 15\%,\ x)$$

由上述两个算式绘制出项目寿命期 n 与 NPV 的关系图，如图 3-3 所示。

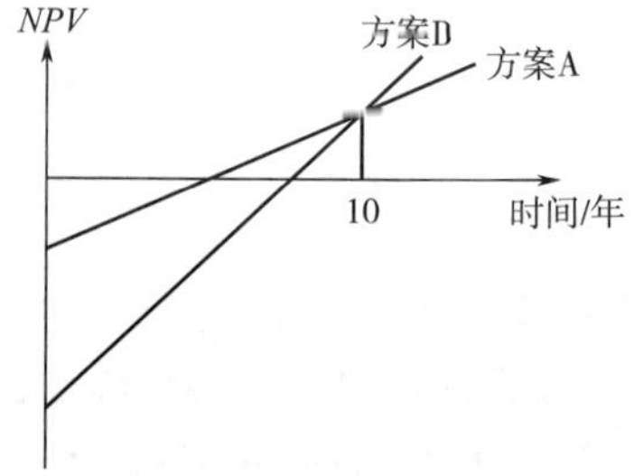

图 3-3 线性平衡分析图

当 $NPV_A = NPV_B$ 时，

$$50 + 15(P/A,\ 15\%,\ x) = -150 + 35(P/A,\ 15\%,\ x)$$

$$(P/A,\ 15\%,\ x) = 5$$

查复利系数表得，x≈10（年）

图 3-3 中，两条线的交点（$n=10$）就是以项目寿命期为共有变量时，方案 A 与方案 B 的盈亏平衡点。由于方案 B 年净收益比较高，项目寿命期延长对方案 B 有利。可知：如果根据市场预测项目寿命期少于 10 年，应采用方案 A；如果项目寿命期在 10 年以上，则应采用方案 B。

第二节 敏感性分析

所谓敏感性分析，是指通过测定一个或多个不确定因素的变化所导致的决策评价指标的变化幅度，以了解各种因素的变化对实现预期目标的影响程度，从而对外部条件发生不利变化时投资方案的承受能力作出判断。敏感性分析是经济决策中常用的一种不确定性分析方法。

一、单因素敏感性分析

单因素敏感性分析是指单个不确定因素的变动对方案造成的经济效果影响所做的分析。该分析方法类似于数学中多元函数的偏微分，即在计算某个因素的变动对经济效果指标的影响时，假定其他因素均不变。

单因素敏感性分析的步骤与内容如下所述。

（1）选择需要分析的不确定因素，并设定这些因素的变动范围 影响投资方案经济效果的不确定因素有很多，严格说来，凡影响方案经济效果的因素都在某种程度上带有不确定性。但事实上，没有必要对所有的不确定因素都进行敏感性分析，可以根据以下原则选择主要的不确定因素加以分析：①预计在可能的变动范围内，该因素的变动将会比较强烈地影响方案的经济效果指标；②对在确定性经济分析中采用的该因素的数据的准确性把握不大。

对于一般的工业投资项目而言，要做敏感性分析的因素通常从下列因素中选定：投资额，包括固定资产投资与流动资金的占用，根据需要还可将固定资产投资划分为设备费用、建筑安装费用等；项目建设期限、投产期限、投产时的产出能力及达到设计能力所需的时间；产品产量及销售量；产品价格；经营成本，特别是其中的变动成本；项目寿命期；项目寿命期末的资产残值；折现率；外币汇率。在选择需要分析的不确定因素的过程中，应根据实际情况设定这些因素可能的变动范围。

（2）确定进行敏感性分析的经济评价指标 本书第二章讨论的各种经济效果评价指标，如净现值、净年值、内部收益率、投资回收期等，都可以作为敏感性分析的指标。由于敏感性分析是在确定性经济分析的基础上进行的，就一般情况而言，敏感性分析的指标应与确定性经济分析所使用的指标相一致，不应超出确定性经济分析所用指标的范围。当确定性经济分析中使用的指标比较多时，敏感性分析可围绕其中一个或若干个最重要的指标进行分析。

（3）计算各不确定因素在可能的变动范围内发生不同幅度变动所导致的方案经济效果指标的变动结果，建立起一一对应的数量关系，并用图或表的形式表示出来。

（4）确定敏感因素，对方案的风险情况作出判断 所谓敏感因素就是其数值变动能显著影响方案经济效果的因素。判别敏感因素的方法有两种：第一种是相对测定法，即设定要分析的因素均从确定性经济分析中所采用的数值开始变动，且各因素每次变动的幅度（增或减的百分数）相同，比较在同一变动幅度下各因素的变动对经济效果指标的影响，据此判断方案经济效果对各因素变动的敏感程度；第二种方法是绝对测定法，即设各因素均向对方案不利的方向变动，并取其有可能出现的对方案最不利的数值，据此计算方案的经济效果指标，看其是否可达到使方案无法被接受的程度。如果某因素可能出现的最不利数值能使方案变得不可接受，则表明该因素是方案的敏感因素。方案能否接受的判断依据是各经济效果指标能否达到临界值。例如，使用净现值指标要看净现值是否大于或等于0，使用内部收益率指标要看内部收益率是否能达到基准折现率。绝对测定法的一个变通方式是先设定有关经济效果指标为其临界值，如令净现值等于0，令内部收益率等于基准折现率，然后求待分析因素的最大允许变动幅度，并与其可能出现的最大变动幅度相比较。如果某因素可能出现的变动幅度超过最大允许变动幅度，则表明该因素是方案的敏感因素。在实践中可以把确定敏感因素的两种方法结合起来使用。

【例3-4】有一个生产大型加热杀菌设备的投资方案，用于确定性经济分析的现金流量如表3-1所示，所采用的数据是根据对未来最可能出现的情况预测估算的。由于对未来影响经济环境的某些因素把握不大，投资额、经营成本和产品价格均有可能在±20%的范围内变动。设基准折现率为10%，不考虑所得税，试分别就上述三个不确定因素进行敏感性分析。

表3-1　　大型加热杀菌设备项目现金流量表　　单位：万元

	年份			
	0	1	2~10	11
投资	15000	—	—	—
销售收入	—	—	19800	19800
经营成本	—	—	15200	15200
期末资产残值	—	—	—	2000
净现金流量	-15000	0	4600	6600

解：设投资额为K，年销售收入为B，年经营成本为C，期末资产残值为L。用净现值指标评价本方案的经济效果，计算公式为：

$$NPV = -K + (B - C)(P/A, 10\%, 10)(P/F, 10\%, 1) + L(P/F, 10\%, 11)$$

按照表3-1的数据：

$$NPV = -15000 + 4600 \times 6.144 \times 0.9091 + 2000 \times 0.3505 = 11394(万元)$$

下面用净现值指标分别就投资额、产品价格和经营成本这三个不确定因素进行敏感性分析：

设投资额变动的百分比为x，分析投资额变动对方案净现值影响的计算公式为：

$$NPV = -K(1 + x) + (B - C)(P/A, 10\%, 10)(P/F, 10\%, 1) + L(P/F, 10\%, 11)$$

设经营成本变动的百分比为y，分析经营成本变动对方案净现值影响的计算公式为：

$$NPV = -K + [B - C(1 + y)](P/A, 10\%, 10)(P/F, 10\%, 1) + L(P/F, 10\%, 11)$$

设产品价格变动的百分比为z，产品价格的变动将导致销售收入的变动，销售收入变动的比例与产品价格变动的比例相同，故分析产品价格变动对方案净现值影响的计算公式可写成：

$$NPV = -K + [B(1 + z) - C](P/A, 10\%, 10)(P/F, 10\%, 1) + L(P/F, 10\%, 11)$$

按照上述三个公式，使用表3-1的数据，分别取不同的x，y，z值，可以计算出各不确定因素在不同变动幅度下方案的净现值，计算结果如表3-2所示。根据表中数据可以绘出敏感性分析图，如图 3-4 所示。

由表 3-2 和图 3-4 可以看出，在同样的变动率下，产品价格的变动对方案净现值的影响最大，经营成本变动的影响次之，投资额变动的影响最小。

分别使用前面的三个公式，当 $NPV=0$ 时：

$x = 76.0\%$；$y = 13.4\%$；$z = -10.3\%$

也就是说，如果投资额与产品价格不变，年经营成本高于预期值 13.4%以上，或者投资额与经营成本不变，产品价格低于预期值 10.3%以上，方案将变得不可接受。而如果经营成本与产品价格不变，投资额增加 76.0%以上，会使方案变得不可接受。

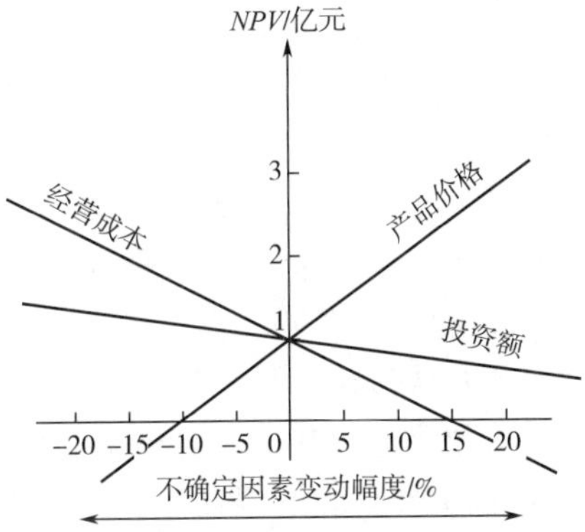

图 3-4 敏感性分析图

表 3-2 不确定因素的变动对净现值的影响 单位：万元

	不确定因素								
	−20%	−15%	−10%	−5%	0	+5%	+10%	+15%	+20%
投资额	14394	13644	12894	12144	11394	10644	9894	9144	8394
经营成本	28374	24129	19884	15639	11394	7149	2904	−1341	−5586
产品价格	−10725	−5195	335	5864	11394	16924	22453	27983	33513

根据上面的分析，对于本投资方案来说，产品价格与经营成本都是敏感因素。在作出是否采用本方案的决策之前，应该对未来的产品价格和经营成本及其可能变动的范围作出更为精确的预测与估算。如果产品价格低于原预期值的 10.3%以上或经营成本高于原预期值 13.4%以上的可能性较大，则意味着这笔投资有较大的风险。另外，经营成本的变动对方案经济效益有较大影响这一分析结果还表明，如果实施这一方案，严格控制经营成本将是提高项目经济效益的重要途径。至于投资额，显然不是本方案的敏感因素，即使增加 20%甚至更多也不会影响决策结论。

二、 多因素敏感性分析

在进行单因素敏感性分析的过程中，当计算某特定因素的变动对经济效果指标的影响时，假定其他因素均不变。实际上，许多因素的变动具有相关性，一个因素的变动往往也伴随着其他因素的变动。例如，对于例 3-4 中的生产方案，钢材等设备材料价格变化，可能导致销售量和产品价格的变化。所以，单因素敏感性分析有其局限性。改进的方法是进行多因素敏感性分析，即考察多个因素同时变动对方案经济效果的影响，以判断方案的风险情况。

多因素敏感性分析要考虑可能发生的各种因素不同变动幅度的多种组合情况，计算起来要比单因素敏感性分析复杂得多。如果需要分析的不确定因素不超过三个，而且经济效果指标的计算比较简单，可以用解析法与作图法相结合的方法进行分析。

【例 3-5】根据例 3-4 给出的数据进行多因素敏感性分析。

解：沿用例 3-4 中使用的符号，如果同时考虑投资额与经营成本的变动，分析这两个因素同时变动对方案净现值影响的计算公式为：

$$NPV = -K(1+x) + [B - C(1+y)](P/A, 10\%, 10)(P/F, 10\%, 1) + L(P/F, 10\%, 11)$$

将表 3-1 中的数据代入上式，经过整理得：

$$NPV = 11394 - 15000x - 84900y$$

取 NPV 的临界值，即令 $NPV=0$，则有：

$$11394 - 15000x - 84900y = 0$$

$$y = -0.1767x + 0.1342$$

将上述方程在坐标图上表示出来，可得双因素敏感性分析图，如图 3-5 所示，该直线即 $NPV=0$ 的临界线。在临界线上，$NPV=0$，在临界线左下方的区域，$NPV>0$，在临界线右上方的区域 $NPV<0$。也就是说，如果投资额与经营成本同时变动，只要变动范围不超出临界线左下方的区域（包括临界线上的点），方案都是可以接受的。

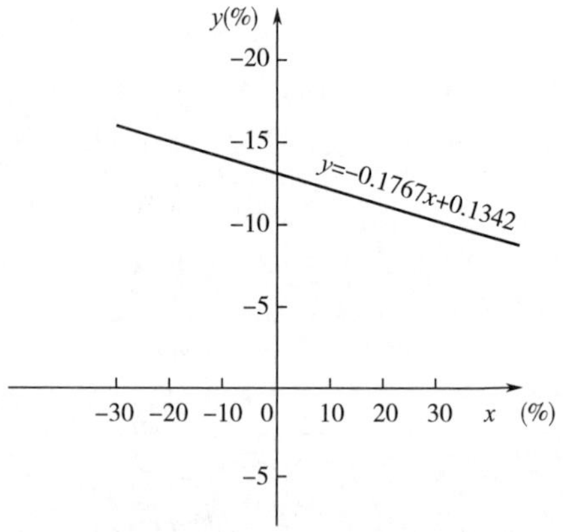

图 3-5 双因素敏感性分析图

如果同时考虑投资额、经营成本和产品价格这三个因素的变动，分析其对净现值影响的计算公式为：

$$NPV = -K(1+x) + [B(1+z) - C(1+y)](P/A, 10\%, 10)(P/F, 10\%, 1) + L(P/F, 10\%, 11)$$

代入有关数据，经过整理得：

$$NPV = 11394 - 15000x - 84900y + 110593z$$

取不同的产品价格变动幅度代入上式，可以求出一组 $NPV=0$ 的临界线方程：

当 $z=+20\%$ 时，$y=-0.1767x+0.3947$

当 $z=+10\%$ 时，$y=-0.1767x+0.2645$

当 $z=-10\%$ 时，$y=-0.1767x+0.0039$

当 $z=-20\%$ 时，$y=-0.1767x-0.1263$

在坐标图上，这是一组平行线，如图 3-6 所示。

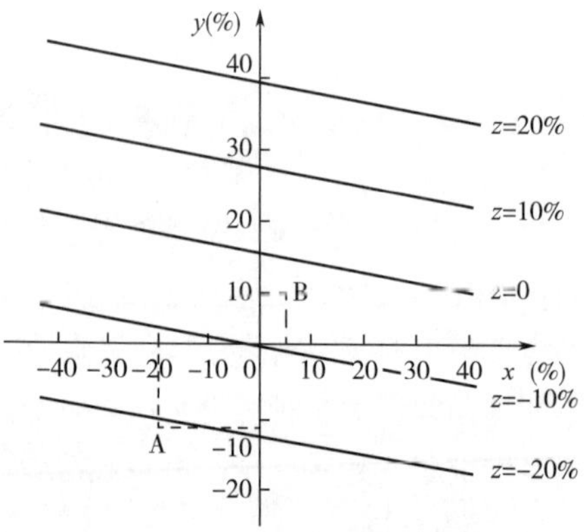

图 3-6 三因素敏感性分析图

由图 3-6 可以看出，产品价格上升，临界线往右上方移动，产品价格下降，临界线往左下方移动。根据这种三因素敏感性分析图，可以直观地了解投资额、经营成本和产品价格这三个因素同时变动对决策的影响。在本例中，如果产品价格下降 20%，同时投资额下降 20%，经营成本下降 10%，则投资额与经营成本变动的状态点 A 位于临界线 $z=-20\%$ 的左下方，方案仍具有满意的经济效果。而如果产品价格下降 10%，同时投资额上升 5%，经营成本上升 10%，则投资额与经营成本变动的状态点 B 位于临界线-10%的右上方，方案变得不可接受。

敏感性分析在一定程度上就各种不确定因素的变动对方案经济效果的影响做了定量描述。这有助于决策者了解方案的风险情况，有助于确定在决策过程中及方案实施过程中需要重点研究与控制的因素。但是，敏感性分析没有考虑各种不确定因素在未来发生变动的概率，这可能会影响分析结论的准确性。实际上，各种不确定因素在未来发生某一幅度变动的概率一般是有所不同的。可能有这样的情况，通过敏感性分析找出的某一敏感因素在未来发生不利变动的概率很小，因此实际上所带来的风险并不大，以至可以忽略不计，而另一不太敏感的因素在未来发生不利变动的概率却很大，实际上所带来的风险比敏感因素更大。这种问题是敏感性分析所无法解决的，必须借助于风险概率分析方法。

第三节　风险分析

一、风险的定义

1. 风险的概念

风险（Risk），是相对于预期目标而言的，经济主体遭受损失的不确定性。理解风险的概念应把握以下三要素。

（1）不确定性是风险存在的必要条件　风险和不确定性是两个不完全相同但又密切相关的概念。如果某种损失必定要发生或必定不会发生，人们可以提前计划或通过成本费用的方式将其明确，则风险是不存在的。只有当人们对行为产生的未来结果无法事先准确预料时，风险才有可能存在。

（2）潜在损失是风险存在的充分条件　不确定性的存在并不一定意味着存在风险，因为风险是与潜在损失联系在一起的，即实际结果与目标发生的负偏离，包括没有达到预期目标的损失。例如，如果投资者的目标是基准收益率 15%，而实际的内部收益率在 20%~30%，虽然具体数值无法确定，但最低的收益率都高于目标收益率，绝无风险而言。如果这项投资的内部收益率估计可能在 12%~18%，则它是一个有风险的投资，因为实际收益率有小于目标水平 15%的可能性。

（3）经济主体是风险成立的基础　风险成立的基础是存在承担行为后果的经济主体（个人或组织），即风险行为人必须是行为后果的实际承担人。如果有某位投资者对其投资后果不承担任何责任，或者只负盈不负亏，那么投资风险对他就没有任何意义，他也不可能花费精力进行风险管理。

2. 项目风险的主要来源

（1）市场风险　指由于市场价格的不确定性所导致的出现损失的可能性。具体讲，就是由于市场需求量、需求偏好以及市场竞争格局、政治经济等方面的变化导致市场价格有可能发生不利的变化而使项目经济效果或企业发展目标达不到预期水平的情况，如营业收入、利润或市场占有率等低于期望水平。对于大多数项目来说，市场风险是最直接也是最主要的风险。

（2）技术风险　指高新技术的应用和技术进步使建设项目目标发生损失的可能性。在项目建设和运营阶段，生产过程一般都涉及各种高新技术的应用，由于种种原因，实际的应用效果可能达不到原先预期的水平，这也就可能使项目的目标无法实现，形成高新技术应用风险。此外，建设项目以外的技术进步会使项目的相对技术水平降低，从而影响项目的竞争力和经济效果。这就构成了技术进步风险。

（3）财产风险　指与项目建设有关的企业和个人所拥有、租赁或使用的财产可能被破坏、损毁及盗窃的风险。财产风险的来源包括火灾、闪电、洪水、地震、飓风、暴雨、爆炸、偷窃、暴乱、冲突等。此外，与财产损失相关的可能损失还包括停产停业的损失、采取补救措施的费用和不能履行合同对他人造成的损失。

（4）责任风险　指承担法律责任后对受损一方进行补偿而使自己蒙受损失的可能性。随着法律的建立健全和执法力度的加强，工程建设过程中，个人和组织越来越多地通过诉诸法律补偿自己受到的损失。司法裁决可能对受害一方进行经济补偿，同时惩罚与责任有关的个人或组织。即使被告最终免除了责任，辩护一个案子的费用也是必不可少的。因此，经济主体必须谨慎识别那些可能对自己造成影响的责任风险。

（5）信用风险　指由于有关行为主体不能做到重合同、守信用而导致目标损失的可能性。在项目的建设过程中和生产运营过程中，合同行为作为市场经济运行的基本单元具有普遍性和经常性，如工程承发包合同、分包合同、设备材料采购合同、贷款合同、租赁合同、销售合同等。这些合同规范了诸多合作方的行为，是工程顺利进行的基础。但如果有行为主体钻合同的空子损害另一方当事人的利益或者单方面无故违反承诺，毫无疑问，建设项目将受到损失，这就是信用风险。

二、风险估计

风险估计（Risk Assessment）是指采用主观概率和客观概率的统计方法，确定风险因素的概率分布，运用数理统计分析方法，计算项目评价指标相应的概率分布或累计概率、期望值、标准差的方法。概率分为客观概率和主观概率。客观概率是指用科学的数理统计方法，推断、计算随机事件发生的可能性大小的概率，是通过对大量历史先例进行统计分析得到的。主观概率是当某些事件缺乏历史统计资料时，由决策人自己或借助于咨询机构或专家凭经验进行估计得出的。实际上，主观概率也是人们在长期实践基础上得出的，并非纯主观的随意猜想。

（一）随机现金流的概率描述

严格说来，影响方案经济效果的大多数因素（如投资额、成本、销售量、产品价格、项目寿命期等）都是随机变量。可以预测其未来可能的取值范围，估计各种取值或值域发生的概率，但不可能肯定地预知它们取什么值。投资方案的现金流量序列由这些因素的取值所决定，所以实际上方案的现金流量序列也是随机变量。为了与确定性分析中使用的现金流量概念有所区别，概率分析中的现金流量被称为随机现金流。

要完整地描述一个随机变量，需要确定其概率分布的类型和参数。常见的概率分布类型有均匀分布、二项分布、泊松分布、指数分布和正态分布等，在经济分析与决策中使用最普遍的是均匀分布与正态分布。通常可以借鉴已经发生过的类似情况的实际数据，并结合对各种具体条件的判断，确定一个随机变量的概率分布情况。在某些情况下，也可以根据各种典型分布的条件，通过理论分析确定随机变量的概率分布类型。

描述随机变量的主要参数是期望值与方差。期望值是在大量的重复事件中随机变量取值的平均值，是随机变量所有可能取值的加权平均值，权重为各种可能取值出现的概率。方差是反映随机变量取值的离散程度的参数。

假定某方案的寿命期为 n 个周期（通常取 1 年为一个周期），净现金流序列为 y_t（$t=0$，1，…，n）。周期数 n 和各周期的净现金流 y_t 都是随机变量。为便于分析，设 n 为常数。从理论上讲，某一特定周期的净现金流 y_t 可能出现的数值有无限多个，应将其简化为若干个离散数值 y_t（1），y_t（2），…，y_t（m）。这些离散数值有的出现的概率要大一些，有的出现的概率要小一些，设与各离散数值对应的发生概率为 P_j（$j=1$，2，3，…m）（$\sum_{1}^{m} P_j = 1$），则第 t 周期净现金流 y_t 的期望值如式（3-17）所示。

$$E(y_t) = \sum_{j=1}^{m} y_t^{(j)} \times P_j \tag{3-17}$$

第 t 周期净现金流 y_t 的方差如式（3-18）所示。

$$D(y_t) = \sum_{j=1}^{m} [y_t^{(j)} - E(y_t)]^2 \times P_j \tag{3-18}$$

（二）方案净现值的期望值与方差

以净现值为例讨论方案经济效果指标的概率描述。因各个周期的净现金流均为随机变量，所以把各个周期的净现金流量的现值加和得到的方案净现值必然也是随机变量，被称为随机净现值。多数情况下，可以认为随机净现值近似地服从正态分布。设各周期的随机现金流为 y_t（$t=0$，1，…，n），随机净现值的计算公式如式（3-19）所示。

$$NPV = \sum_{t=0}^{n} y_t (1 + i_0)^{-t} \tag{3-19}$$

设方案寿命期的周期数 n 为一个常数，根据各周期随机现金流的期望值 E（y_t）（$t=0$，1，…，n），可以求出方案净现值的期望值如式（3-20）所示。

$$E(NPV) = \sum_{t=0}^{n} E(y_t) \times (1 + i_0)^{-t} \tag{3-20}$$

方案净现值的方差大小与各周期随机现金流之间是否存在相关关系有关，如果方案寿命期内任意两个随机现金流之间不存在相关关系或者不考虑随机现金流之间的相关关系，方案净现值的方差的计算公式如式（3-21）所示。

$$D(NPV) = \sum_{t=0}^{n} D(y_t) \times (1 + i_0)^{-2t} \tag{3-21}$$

在实际工作中，如果能通过统计分析或主观判断给出在方案寿命期内影响方案现金流量的不确定因素可能出现的各种状态及其发生概率，就可对各种因素的不同状态进行组合，求出所有可能出现的方案净现金流量序列及其发生概率，在此基础上，可以不必计算各年净现金流量的期望值与方差，而直接计算方案净现值的期望值与方差。

如果影响方案现金流量的不确定因素在方案寿命期内可能出现的各种状态均可视为独立事件，则由各因素的某种状态组合所决定的方案净现金流序列的发生概率应为各因素的相应状态发生概率的乘积。设有 A、B、C 三个影响方案现金流量的不确定因素，它们分别有 p、q、r 种可能出现的状态，三个因素可能的状态组合有 $p \times q \times r$ 种。每一种状态组合对应着一种可能出现的方案净现金流量序列。由 A 因素的第 i 种可能状态 θ_{Ai}，B 因素的第 j 种可能状态

θ_{Bj}；与 C 因素的第 k 种可能状态 θ_{Ck} 的组合为 $\theta_{Ai} \cap \theta_{Bj} \cap \theta_{Ck}$ 所决定的方案净现金流量序列的发生概率如式（3-22）所示。

$$P = P_{Ai} P_{Bj} P_{Ck} \tag{3-22}$$

P_{Ai}，P_{Bj}，P_{Ck} 为各自的发生概率。

在需要考虑的不确定因素及其可能出现的状态不太多时，可以借助图 3-7 中的概率树对各种因素的不同状态进行组合并计算出各种状态组合所对应的方案净现金流序列的发生概率。

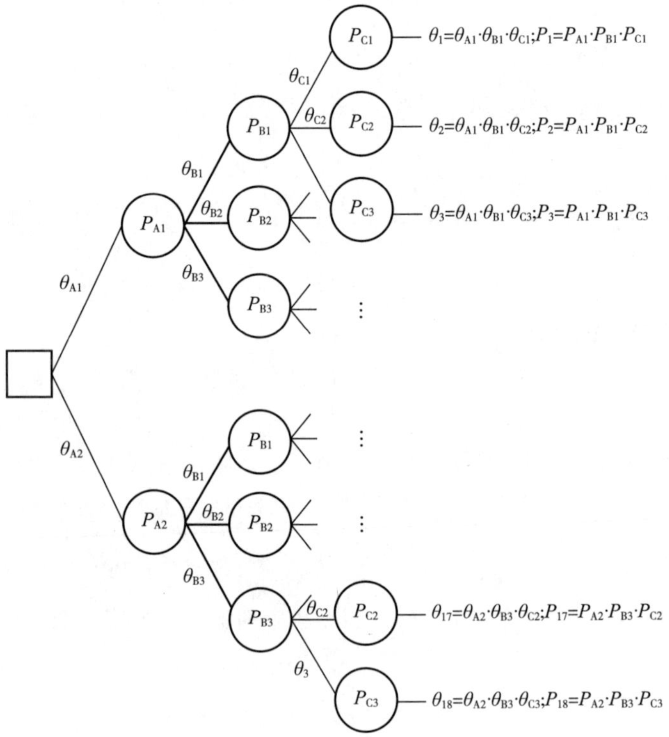

图 3-7 概率树

图 3-7 中有 A、B、C 三种需要考虑的不确定因素，A 因素有两种可能出现的状态，B 因素与 C 因素各有三种可能出现的状态。可能的状态组合共有 18 种，在概率树上表现为 18 个分枝。从概率树根部到各分枝末端的每一条路径都代表一种状态组合，每一种状态组合对应着一种方案现金流量状态。图中概率树各分枝的末端给出了相应的不确定因素状态组合的表达式及所对应的方案现金流量状态发生概率的计算式。

在得知所有可能出现的方案现金流量状态及其发生概率的基础上，不难计算出方案净现值的期望值与方差。

设有 l 种可能出现的方案现金流量状态，各种状态所对应的现金流序列为 $\{y_t\ (t=0, 1, \cdots, n)\}^{(j)}$（$j=1, 2, \cdots l$），各种状态的发生概率为 P_j（$j=1, 2, \cdots l$，$\sum_{j=1}^{l} P_j = 1$），则在第 j 种状态下，方案的净现值如式（3-23）所示。

$$NPV^{(j)} = \sum_{t=0}^{n} y_t^{(j)} \times (1 + i_0)^{-t} \tag{3-23}$$

式中 $y_t^{(j)}$——在第 j 种状态下，第 t 周期的净现金流量。

方案净现值的期望值如式（3-24）所示。

$$E(NPV) = \sum_{j=1}^{l} NPV^{(j)} \times P_j \tag{3-24}$$

式（3-24）与式（3-20）等效。净现值方差的计算公式如式（3-25）所示。

$$D(NPV) = \sum_{j=1}^{l} [(NPV)^{(j)} - E(NPV)]^2 \times P_j \tag{3-25}$$

式（3-25）考虑了不同周期现金流之间的相关性。

净现值的方差与净现值具有不同的量纲，为了便于分析，通常使用与净现值具有相同量纲的参数标准差反映随机净现值取值的离散程度。方案净现值的标准差可由式（3-26）求得：

$$\sigma(NPV) = \sqrt{D(NPV)} \tag{3-26}$$

【例 3-6】影响某新产品生产项目未来现金流量的主要不确定因素是产品市场前景和原材料价格水平。据分析，项目面临三种可能的产品市场状态（畅销、销路一般、滞销，分别记作 θ_{m1}，θ_{m2}，θ_{m3}）和三种可能的原材料价格水平状态（高价位、中价位、低价位，分别记作 θ_{r1}，θ_{r2}，θ_{r3}）。产品市场状态与原材料价格水平状态之间是相互独立的。各种产品市场状态和原材料价格水平状态的发生概率如表 3-3 所示。可能的状态组合共有 9 种，各种状态组合及其对应的项目方案现金流如表 3-4 所示。计算方案净现值的期望值与方差（$i_0 = 12\%$）。

表 3-3 不确定因素状态及其发生概率

	产品市场状态			原材料价格水平		
	θ_{m1}	θ_{m2}	θ_{m3}	θ_{r1}	θ_{r2}	θ_{r3}
发生概率	$P_{m1}=0.2$	$P_{m2}=0.6$	$P_{m3}=0.2$	$P_{r1}=0.4$	$P_{r2}=0.4$	$P_{r3}=0.2$

表 3-4 各种状态组合的净现金流量及发生概率 单位：万元

序号	状态组合	发生概率 P_j	现金流量		净现值 $NPV^{(j)}$
			0 年	1~5 年	（i_0= 12 %）
1	$\theta_{m1} \cap \theta_{r1}$	0. 08	-1000	390	405. 86
2	$\theta_{m1} \cap \theta_{r2}$	0. 08	-1000	450	622. 15
3	$\theta_{m1} \cap \theta_{r3}$	0. 04	-1000	510	838. 44
4	$\theta_{m2} \cap \theta_{r1}$	0. 24	-1000	310	117. 48
5	$\theta_{m2} \cap \theta_{r2}$	0. 24	-1000	350	261. 67
6	$\theta_{m2} \cap \theta_{r3}$	0. 12	-1000	390	405. 86
7	$\theta_{m3} \cap \theta_{r1}$	0. 08	-1000	230	-170. 90
8	$\theta_{m3} \cap \theta_{r2}$	0. 08	-1000	250	-98. 81
9	$\theta_{m3} \cap \theta_{r3}$	0. 04	-1000	270	-26. 71

解：参照式（3-23）计算各种可能的状态组合的发生概率及相应的方案净现值，计算结果如表 3-4 所示。由式（3-24）可求得方案净现值的期望值：

$$E(NPV) = \sum_{j=1}^{9} NPV^{(j)} \times P_j = 232.83 \text{（万元）}$$

由式（3-24）可求出净现值的方差：

$$D(NPV) = \sum_{j=1}^{9} [(NPV)^{(j)} - 232.83]^2 \times P_j = 60710.07$$

方案净现值的标准差为：

$$\sigma(NPV) = \sqrt{D(NPV)} = 246.39 \text{（万元）}$$

（三）投资方案风险估计

通常采用的估计投资方案风险的方法有解析法、图示法与模拟法等，下面分别举例说明。

1. 解析法

在方案经济效果指标（如净现值）服从某种典型概率分布的情况下，如果已知其期望值与标准差，可以用解析方法进行方案风险估计。

【例 3-7】假定在例 3-6 中方案的净现值服从正态分布，利用例 3-6 的计算结果求：

（1）净现值大于或等于 0 的概率；

（2）净现值小于-100 万元的概率；

（3）净现值大于或等于 500 万元的概率。

解：根据概率论的有关知识，若连续型随机变量 x 服从参数为 3 的正态分布，则：

$$F(x) = \varphi\left(\frac{x-\mu}{\sigma}\right) \tag{3-27}$$

令 $z = \dfrac{x-u}{\sigma}$，由标准正态分布表可直接查出 $x<x_0$ 的概率值。

在本例中，若把方案净现值看成是连续型随机变量，已知：

$$\mu = E(NPV) = 232.83\text{（万元）}$$

$$\sigma = \sigma(NPV) = 246.39\text{（万元）}$$

则

$$Z = \frac{NPV - E(NPV)}{\sigma(NPV)} = \frac{NPV - 232.83}{246.39}$$

由此可以计算出各项待求概率：

（1）净现值大于或等于 0 的概率

$$P(NPV \geq 0) = 1 - P(NPV < 0) = 1 - P\left(Z < \frac{0 - 232.83}{246.39}\right) = 1 - P(Z < -0.9450)$$

由标准正态分布表可查得 P（Z<-0.9450）= 0.1724，代入上式得：

$$P(NPV \geq 0) = 0.8276$$

（2）净现值小于-100 万元的概率

$$P(NPV < -100) = P\left(Z < \frac{-100 - 232.83}{246.39}\right) = P(Z < -1.351) = 0.0885$$

（3）净现值大于或等于 500 万元的概率

$$P(NPV \geq 500) = 1 - P(NPV < 500) = 1 - P(Z < 1.084) = 1 - 0.8608 = 0.1392$$

由以上计算可知，本项目能够取得满意经济效果（$NPV\geq0$）的概率为 82.76%，不能取得满意经济效果（$NPV<0$）的概率为 17.24%，净现值小于-100 万元的概率为 8.85%，净现值大于或等于 500 万元的概率为 13.92%。

对于随机净现值服从正态分布的投资方案，只要计算出了净现值的期望值与标准差，即使不进行像例 3-7 那样的概率计算，也可以根据正态分布的特点，对方案的风险情况作出大致判断。在正态分布条件下，随机变量的实际取值在（$\mu\pm\sigma$）的概率为 68.3%，在（$\mu\pm2\sigma$）的概率为 95.4%，在（$\mu\pm3\sigma$）的概率为 99.7%。对于例 3-7 来说，这意味着方案的实际净现值在（232.83±246.39）万元的可能性有 68.3%，在（232.83±492.78）万元的可能性有 95.4%，几乎不可能出现偏离期望值 739.17 万元以上的情况。

2. 图示法

如果已知所有可能出现的方案现金流量状态所对应的经济效果指标（如净现值）及其发生概率，可以绘出投资风险图，以表明方案的风险情况。下面通过例子说明投资方案风险估计的图示法。

【例 3-8】根据例 3-6 中表 3-4 所给出的数据估计项目风险。

解：将表 3-4 中的各种状态组合按所对应的方案净现值的大小重新排序，并按重新排序后的状态组合序号依次计算出累计概率，排序及计算结果如表 3-5 所示。

表 3-5　　各种状态组合的方案净现值及累计概率

序号	状态组合	净现值/万元	发生概率	累计概率
1	$\theta_{m3}\cap\theta_{r1}$	-170.90	0.08	0.08
2	$\theta_{m3}\cap\theta_{r2}$	-98.81	0.08	0.16
3	$\theta_{m3}\cap\theta_{r3}$	-26.71	0.04	0.20
4	$\theta_{m2}\cap\theta_{r1}$	117.48	0.24	0.44
5	$\theta_{m2}\cap\theta_{r2}$	261.67	0.24	0.68
6	$\theta_{m2}\cap\theta_{r3}$	405.86	0.12	0.80
7	$\theta_{m1}\cap\theta_{r1}$	405.86	0.08	0.88
8	$\theta_{m1}\cap\theta_{r2}$	622.15	0.08	0.96
9	$\theta_{m1}\cap\theta_{r3}$	838.44	0.04	1.00

根据表 3-5 的数据绘制投资风险图，如图 3-8 所示。

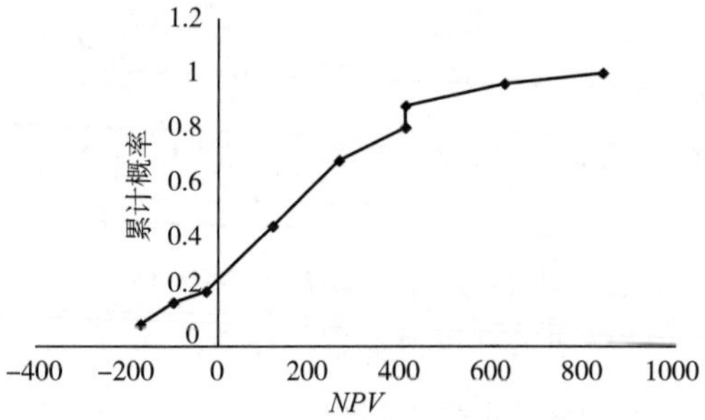

图 3-8　投资风险图

图 3-8 清楚地表明了方案净现值的累计概率分布情况。对于本例来说，净现值小于 0 的概率约为 0.23，也就是说净现值大于或等于 0 的概率约为 0.77。这与用解析法求得的结果（0.83）相近，但也有一定差别。造成差别的原因在于，图示法直接使用随机净现值的离散数据绘制了风险分析图，未对概率分布类型做任何假定，而解析法则假定方案净现值是服从正态分布的连续型随机变量，在使用离散数据求得概率分布参数（期望值与标准差）后按连续分布函数进行风险估计。利用图示法进行方案风险估计不仅适于方案经济效果指标服从典型概率分布的情况，也适于方案经济效果指标概率分布类型不明或无法用典型分布描述的情况。而在后一种情况下，解析法是无能为力的。

3. 模拟法

模拟法也称蒙特卡洛技术，是用反复进行随机抽样的方法模拟各种随机变量的变化，进而通过计算了解方案经济效果指标概率分布的一种分析方法。

【例 3-9】对某拟建设的食品工业投资项目，可以比较准确地估算出其初始投资为 150 万元，投资当年即可获得正常收益。项目寿命期估计为 12 年到 16 年，呈均匀分布。年净收益估计呈正态分布，年净收益的期望值为 25 万元，标准差为 3 万元。设期末资产残值为 0，试用风险模拟的方法描述该方案内部收益率的概率分布。

解：在本例中，需要模拟的随机变量有项目寿命期和年净收益。项目寿命期呈均匀分布，为便于计算，只取其整数值，根据均匀分布的特点画出其累计概率分布图，如图 3-9 所示，图中横坐标表示项目寿命期，纵坐标表示项目寿命期的取值从 12 年到 16 年发生概率的累计值。年净收益呈正态分布，根据正态分布函数画出其累计概率分布图，如图 3-10 所示，图中横坐标为参数 $Z=\dfrac{x-\mu}{\sigma}$（x 为年净收益的随机值，μ 为期望值，σ 为标准差），纵坐标为 Z 值从-3.0 到 3.0 发生概率的累计值。

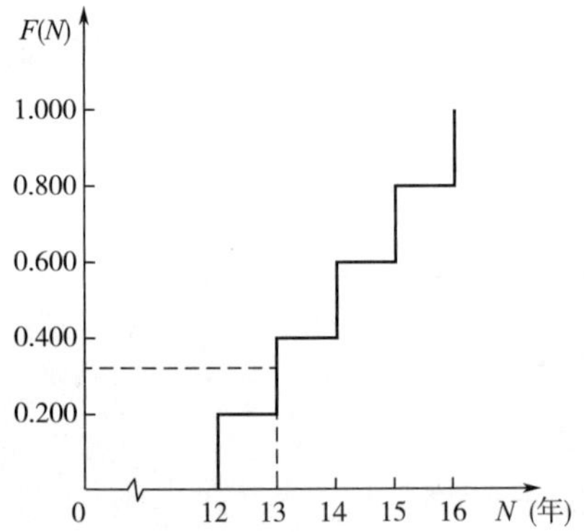

图 3-9 项目寿命期的累计概率分布图

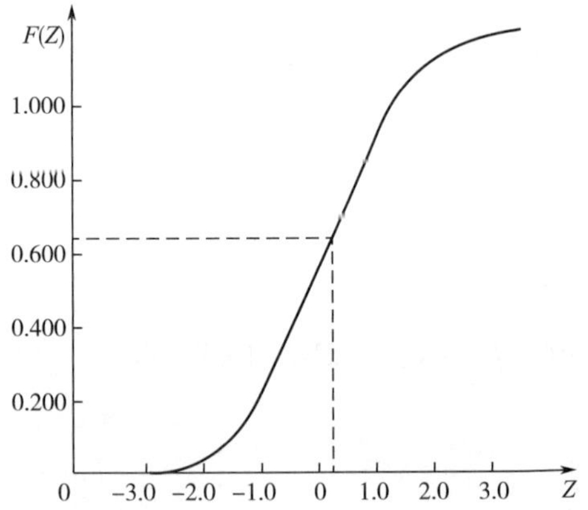

图 3-10 年净收益的累计概率分布图

在风险模拟方法中，随机变量的变化常用随机数来模拟。在本例中，用在 0.000~0.999 抽取的随机数作为累计概率的随机值，再根据累计概率的随机值由概率分布图求出相应的项目寿命期或年净收益的随机值。反复抽取随机数，就可以模拟累计概率的变化，进而模拟项目寿命期与年净收益的变化。随机数可直接用普通函数计算器产生。

从计算器中读出一个随机数0.303，将其作为项目寿命期取值所对应的累计概率的一个随机值，由图3-9可求出累计概率0.303所对应的项目寿命期为13年。再从计算器中读出一个随机数0.623，将其作为年净收益取值所对应的累计概率的一个随机值，由图3-10可求出累计概率0.623所对应的 Z 值为0.325（实际工作中 Z 值也可以根据累计概率值由标准正态分布表查出）。由 $Z=\frac{x-\mu}{\sigma}$ 可得：

$$x=\mu+Z\sigma=25+0.325\times3$$

$$=25.98\ (万元)$$

即年净收益为25.98万元。也就是说，抽取的第一套随机样本数据为：项目寿命期13年，年净收益25.98万元。由计算内部收益率的公式：

$$-150+25.98\ (P/A,\ IRR,\ 13)=0$$

可解出内部收益率的第一个随机值：

$$IRR=14.3\%$$

重复上述过程可以得到项目寿命期和年净收益的其他随机样本数据及相应的内部收益率计算结果。表3-6是25套随机样本数据及相应的内部收益率计算的结果。在实际应用中，需要更多的样本数据。

表3-6　　随机样本数据及相应的内部收益率计算结果

序号	随机数	项目寿命期/年	随机数	Z值	年净收益/万元	内部收益率/%
1	0.303	13	0.623	0.325	25.98	14.3
2	0.871	16	0.046	−1.685	19.95	10.7
3	0.274	13	0.318	−0.475	23.58	12.2
4	0.752	15	0.318	−0.475	23.58	13.2
5	0.346	13	0.980	2.055	31.15	185
6	0.365	13	0.413	−0.220	24.34	12.9
7	0.466	14	0.740	0.640	27.22	15.8
8	0.021	12	0.502	0.005	25.02	12.7
9	0.524	14	0.069	−1.485	20.55	10.2
10	0.748	15	0.221	−0.770	22.69	12.6
11	0.439	14	0.106	−1.245	21.27	10.8
12	0.984	16	0.636	0.345	26.04	15.7
13	0.234	13	0.394	−0.270	24.19	12.7
14	0.531	15	0.235	−0.725	22.83	12.7
15	0.149	12	0.427	−0.185	24.45	12.2
16	0.225	13	0.190	−0.880	22.36	11.1
17	0.873	16	0.085	−1.370	20.89	11.5

续表

序号	随机数	项目寿命期/年	随机数	*Z* 值	年净收益/万元	内部收益率/%
18	0. 135	12	0. 126	−1. 145	21. 57	9. 6
19	0. 961	16	0. 106	−1. 245	21. 27	11. 8
20	0. 381	13	0. 780	0. 770	27. 31	15. 4
21	0. 439	14	0. 450	−0. 125	24. 63	13. 7
22	0. 289	13	0. 651	0. 390	26. 17	14. 4
23	0. 245	13	0. 654	0. 395	26. 19	14. 4
24	0. 069	12	0. 599	0. 250	25. 75	13 4
25	0. 040	12	0. 942	1. 570	29. 71	16. 7

将表 3-6 中的内部收益率计算结果以 1%为级差划分为若干级，可求出内部收益率的随机值出现在每一级的频率，就可以画出直观地反映内部收益率概率分布的直方图，如图 3-11 所示。

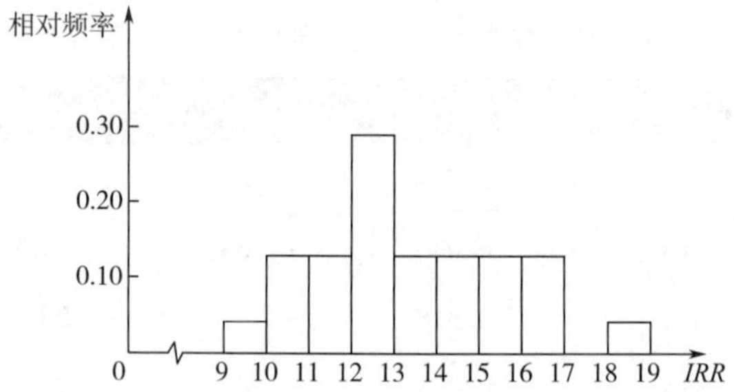

图 3-11 反映 *IRR* 概率分布的直方图

由图 3-11 可以求出内部收益率的取值发生在某一区间的相对频率，这个频率可以看作相应的内部收益率取值发生概率的近似值。模拟中取的样本数据越多，相对频率与实际概率越接近。了解了内部收益率取值的概率分布情况后，结合给定的基准折现率，就可以对方案的风险情况作出判断。

在本例中，不确定因素项目寿命期和年净收益分别服从均匀分布与正态分布。实际上，本例中介绍的模拟方法适于不确定因素的任何概率分布类型，包括无法用解析模型加以描述的经验分布。

用模拟法进行风险分析，计算工作量非常大，通常要做 50～300 次模拟试验，靠手工计算进行大样本模拟往往很困难，在实际工作中一般需要借助计算机进行模拟计算。

三、 风险决策

风险概率分析可以给出方案经济效果指标的期望值和标准差以及经济效果指标的实际值发生在某一区间的概率，这为人们在风险条件下决定方案取舍提供了依据。但是，概率分析并没有给出在风险条件下方案取舍的原则和多方案比选的方法。因此，还需要进行风险决策。

（一）风险态度与风险决策准则

人是决策的主体，在风险条件下，决策行为取决于决策者对风险的态度，对同一风险决策问题，持风险态度不同的人决策的结果通常有较大差异。典型的风险态度有三种表现形式：风险厌恶、风险中性和风险偏爱。与风险态度相对应，风险决策（Risk Decision）人有以下决策原则：优势原则、期望值原则、最小方差原则、最大可能原则和满意原则。

（二）风险决策的原则

1. 优势原则

在 A 与 B 两个备选方案中，如果不论在什么状态下 A 总是优于 B，则可以认定 A 相对于 B 是优势方案，或者说 B 相对于 A 是劣势方案。劣势方案一旦认定，就应从备选方案中剔除，这就是风险决策的优势原则。在有两个以上备选方案的情况下，应用优势原则一般不能决定最佳方案，但能减少备选方案的数目，缩小决策范围。在采用其他决策原则进行方案比选之前，应首先运用优势原则剔除劣势方案。

2. 期望值原则

期望值原则是指根据各备选方案损益值的期望值大小进行决策，如果损益值用费用表示，应选择期望值最小的方案，如果损益值用收益表示，则应选择期望值最大的方案。

【例 3-10】某企业拟开发一种新产品取代将要滞销的老产品，新产品的性能优于老产品，但生产成本要比老产品高，投入市场后可能面临四种前景：①很受欢迎，能以较高的价格在市场上畅销（θ_1）；②销路一般，能以适当的价格销售出去（θ_2）；③销路不太好（θ_3）；④没有销路（θ_4）。经过周密的市场研究，销售部门作出判断。四种状态出现的概率分别为：$P(\theta_1)=0.3$，$P(\theta_2)=0.4$，$P(\theta_3)=0.2$，$P(\theta_4)=0.1$。技术部门提出了三种方案：

方案 A_1：立即停止老产品的生产，改造原生产线生产新产品，这一方案投资比较少但有停产损失，而且生产规模有限；

方案 A_2：改造原生产线生产新产品，并把部分零部件委托给其他厂来生产，以扩大生产规模；

方案 A_3：暂时维持老产品生产，新建一条高效率的生产线生产新产品，这一方案投资较大。

这三个方案在不同的状态下具有不同的经济效果，在一定计算期内，各方案在不同状态下的净现值如表 3-7 所示。

表 3-7　各方案在不同状态下的净现值　单位：万元

方案	自然状态（θ）			
	θ_1	θ_2	θ_3	θ_4
	状态概率（P）			
	$P(\theta_1)=0.3$	$P(\theta_2)=0.4$	$P(\theta_3)=0.2$	$P(\theta_4)=0.1$
A_1	140	100	10	-80
A_2	210	150	50	-200
A_3	240	180	-50	-500

解：设方案 A_1、A_2、A_3的净现值的期望值为 $E(NPV)_1$、$E(NPV)_2$、$E(NPV)_3$，根据表 3-7 中的数据由式（3-19）可求出：

$E(NPV)_1=76$（万元）；$E(NPV)_2=113$（万元）；$E(NPV)_3=84$（万元）

按照期望值原则应当选择方案 A_2。

3. 最小方差原则

由于方差越大，实际发生的方案损益值偏离其期望值的可能性越大，因此，方案的风险也就越大，所以有时人们倾向于选择损益值方差较小的方案，这就是最小方差原则。在备选方案期望值相同或收益期望值大（费用期望值小）的方案损益值方差小的情况下，期望值原则与最小方差原则没有矛盾，最小方差原则无疑是一种有效的决策原则。但是，在许多情况下，期望值原则与最小方差原则并不具有一致性。

在例 3-10 中，设方案 A_1、A_2、A_3 的净现值的方差为 $D(NPV)_1$、$D(NPV)_2$、$D(NPV)_3$，由式（3-20）可计算出：

$$D(NPV)_1=4764;\ D(NPV)_2=13961;\ D(NPV)_3=48684$$

按照最小方差原则，应当选择方案 A_1，这显然与按照期望值原则选择的结论不一致。对于在按照期望值原则与最小方差原则选择结论不一致的情况下如何权衡的问题，目前还没有找到能被广泛接受的解决办法，这是因为不同的投资者对于风险大小的判断是不一样的。投资者对风险的判断及态度一方面取决于决策者本人的胆略与冒险精神，另一方面取决于投资主体对风险的承受能力。一般来说，风险承受能力较强的投资者倾向于按期望值原则进行决策，而风险承受能力较弱的投资者宁愿按最小方差原则选择期望收益不太高但更安全的方案。

4. 最大可能原则

在风险决策中，如果一种状态发生的概率显著大于其他状态，那么就要把这种状态视作肯定状态，根据这种状态下各方案损益值的大小进行决策，而不管其他状态，这就是最大可能原则。按照最大可能原则进行风险决策，实际上是把风险决策问题化为确定性决策问题来求解。

值得指出的是，只有当某一状态发生的概率大大高于其他状态发生的概率，并且各方案在不同状态下的损益值差别不很悬殊时，最大可能原则才适用。在例 3-10 中，状态 θ_2发生的概率最大，如果按最大可能原则决策，应选择在 θ_2下净现值最大的方案 A_3，但是，必须注意到，θ_2发生的概率 $P(\theta_2)=0.4$，与其他状态发生的概率差别不大，而且方案 A_3在不同状态下的净现值相差较大，因此，最大可能原则不宜在例 3-10 的分析决策中使用。

5. 满意原则

对于比较复杂的风险决策问题，人们往往难以发现最佳方案，因此采用了一种比较现实的决策原则——满意原则，即定出一个足够满意的目标值，将各备选方案在不同状态下的损益值与此目标值相比较，损益值优于或等于此满意目标值的概率最大的方案即为当选方案。

在例 3-10 中，假定满意目标是净现值不小于 30 万元，则各方案达到此目标的概率分别为：

方案 A_1，$P(NPA\geqslant 30)=P(\theta_2)+P(\theta_1)=0.7$

方案 A_2，$P(NPA\geqslant 30)=P(\theta_1)+P(\theta_2)+P(\theta_3)=0.9$

方案 A_3，$P(NPA\geqslant 30)=P(\theta_2)+P(\theta_1)=0.7$

方案 A_2 达到满意目标的可能性最大，故按满意原则应选择方案 A_2。

四、 风险应对

风险应对（Risk Response）是指根据风险决策的结果，研究规避、控制与防范风险的措施，为项目全过程风险管理提供依据。风险控制的四种基本方法是：风险回避、损失控制、风险转移和风险保留。

1. 风险回避

风险回避是投资主体有意识地放弃风险行为，完全避免特定的损失风险的方法。在这个意义上，风险规避也可以说是投资主体将损失机会降低到 0 的期望。例如，在货物采购合同中业主可以推迟承担货物的责任，即让供货商承担货物进入业主仓库之前的所有损失风险。这样在货物运输时，业主可避免货物入库前的损失风险。

简单的风险回避是一种最消极的风险处理办法，因为投资者在放弃风险行为的同时，往往也放弃了潜在的目标收益。所以，一般只有在以下情况下才会采用这种方法：①当出现很强风险时；②投资主体对风险极端厌恶；③存在可实现同样目标的其他方案，其风险更低；④投资主体无能力消除或转移风险；⑤投资主体无能力承担该风险，或承担风险后得不到足够的补偿。

2. 损失控制

当特定的风险不能被避免时，可以采取行动降低与风险有关的损失，这种处理风险的方法就是损失控制。显然损失控制不是放弃风险行为，而是制订计划和采取措施降低损失的可能性或者是减少实际损失。例如，当存在强风险时，就应修正拟议中的方案，通过改变设计或采取补偿措施等来减少损失。当存在较强风险时，可设定某些指标的临界值，指标一旦达到临界值，就要变更设计或对负面影响采取补偿措施。损失控制在安全生产过程中很常用，控制的阶段包括事前、事中和事后三个阶段。事前控制主要是为了降低损失的概率，事中和事后的控制主要是为了减少实际发生的损失。为了减少管理的费用，在每个阶段又应把握控制重点，如在事故高发区和安全隐患集中的区域。

3. 风险转移

风险转移是指通过契约，将让渡人的风险转移给受让人承担的行为。当存在适度风险时，通过风险转移过程有时可大大降低经济主体所承担的风险程度，因为风险转移可使更多的人共同承担风险，或者受让人预测和控制损失的能力比风险让渡人大得多。风险转移的主要形式是合同和保险。

（1）合同转移通过签订合同，经济主体可以将一部分或全部风险转移给一个或多个其他参与者。例如，在建设工程发包阶段，业主可以与设计、采购、施工联合体签订交钥匙工程合同，并在合同中规定相应的违约条款，从而将一部分风险转移给设计、采购和施工承包商。

（2）保险转移保险是使用最为广泛的风险转移方式，凡是属于保险公司可保的险种，都可以通过投保把风险全部或部分转移给保险公司。

4. 风险保留

风险管理的第四种方法是风险保留，即风险承担。也就是说，如果损失发生，经济主体将以当时可利用的任何资金进行支付。当存在强度适度风险或弱风险时，项目业主可进行风险保留。风险保留包括无计划自留、有计划自我保险。

（1）无计划自留是指风险损失发生后从收入中支付，即不是在损失前做出资金安排的方法。当经济主体没有意识到风险并认为损失不会发生时，或将意识到的与风险有关的最大可能损失显著低估时，就会采用无计划保留方式承担风险。一般来说，无计划自留应当谨慎使用，因为如果实际总损失远远大于预计损失，将引起资金周转困难。

（2）有计划自我保险是指有可能出现的损失发生前，经济主体通过做出各种资金安排以确保损失出现后能及时获得资金以补偿损失的方法。有计划自我保险主要是通过建立风险预留基金的方式来实现的。

【案例3-1】三鹿乳粉风险管理分析

石家庄三鹿集团股份有限公司是一家大型企业集团，早期发展良好。2005年8月，“三鹿”品牌被世界品牌实验室评为中国500个最具价值品牌之一，2007年，“三鹿”被商务部评为最具市场竞争力品牌；“三鹿”商标被认定为“中国驰名商标”，2006年，“三鹿”集团位居国际知名杂志《福布斯》评选的“中国顶尖企业百强”乳品行业第一位。2008年，爆发了婴幼儿乳粉“三聚氰胺事件”，使“三鹿”在公众中失去了品牌信任，最终企业宣告破产。试从风险管理的角度分析三鹿乳粉事件。

分析：“三鹿”企业在运营过程中缺乏有效监管，导致三聚氰胺的非法添加未被及时发现，从而引发了严重食品安全事件，使企业信誉受损，企业承担巨大的市场风险和财产风险。同时，企业没有建立有效的风险管理机制，未对企业经营风险、财产风险引起的损失进行回避或控制，风险发生时，企业只能承担风险，引起资金周转困难，最终导致破产。通过上述案例可知，强化企业风险意识，建立有效的风险管理机制十分必要。

思考题

1. 线性盈亏平衡分析和非线性盈亏平衡分析的应用前提是什么？有何区别与联系？

2. 敏感性分析的步骤和目的是什么？

3. 某企业生产某种产品，设计年产量6000件，产品出厂价格为50元，企业年固定开支为66000元，每件产品成本28元，求企业最大可能盈利是多少？企业不赢不亏时的产量是多少？企业年利润5万元时的产量是多少？

4. 某企业投产后，年固定成本5万元，单位变动成本为30元，销售价格60元，若每多生产一件产品，单位变动成本下降0.05元，售价下降0.01元，求盈亏平衡点的产量。

5. 某厂生产一种食品，有两种包装方式可选择，一种是人工包装，每件成本为2元，每年还需分摊运营成本400元；另一种为机器包装，需要投资5500元购买设备，寿命10年，预计残值800元，每个配件需人工费0.5元，设备年成本180元，两种方式其他费用相同，利率10%，请问哪种包装方式更佳？

第四章

CHAPTER 4

食品工业项目可行性研究

学习目标

1. 掌握食品新产品开发可行性分析的基本内容。
2. 熟悉可行性研究的概念和特点。
3. 了解可行性研究的依据与作用。
4. 掌握可行性研究的阶段划分与步骤。
5. 熟悉可行性研究的具体内容与注意事项。

第一节　食品新产品开发可行性分析

一、食品新产品开发可行性分析的重要性与意义

食品新产品开发的目的在于最大限度地获得经济效益和社会效益。任何投资决策的盲目性或失误，都可能导致重大损失。为减少决策失误、保证经济效益的实现，在新产品开发的前期准备阶段中，进行可行性分析就成为最重要的关键环节。通过这一阶段工作，可以对所要投资的项目，进行全面、科学的调查研究与分析，这是新产品开发决策前期准备工作的关键环节，是促使决策科学化、规范化的基础经济技术工作。

所谓可行性分析，就是在食品新产品开发决策前对拟开发项目进行全面的综合的技术经济调查研究和科学论证，从技术上的先进性、可靠性和经济上的合理性等方面对项目进行科学论证，从中选出投资少、产品好、销路广、效益好的方案。

通过可行性分析，可以为投资决策从技术、市场、经济等方面提供科学依据，同时也是确定新产品开发实施方案，并确保其实施的主要依据。因为只有经过项目可行性分析，生产条件具备，技术可行，经济合理、效益显著的产品开发项目，才能被列入企业投资计划。

二、食品新产品开发可行性分析的基本内容

（一）对现有产品的分析

对企业现有产品进行分析，对比企业内部的同类产品的优缺点。对外部产品进行分析，

对比企业外部同类产品的优缺点。

（二）对新产品的说明

说明新产品的宏观定位及各方面的指标，以及开发新产品的意义。说明新产品微观性能指标分析以及对原有产品的改进之处。说明新产品将对现有的产品体系结构的影响、对生产线及设备的影响、对系统运维的影响、对开发过程及开发组织的影响、对经费开支的影响等。说明新产品还存在哪些不足之处，以便后续改进。

（三）市场可行性分析

分析市场发展历史与发展趋势，说明新产品处于市场的什么发展阶段。分析新产品和同类产品的价格，比较新产品与企业内部、企业外部同类产品的价格。统计当前市场的总额，竞争对手所占的份额，分析新产品能占多少份额。分析新产品的消费特征，包括消费群体特征，消费方式以及影响市场的因素分析。

1. 技术架构及关键点分析

从技术角度讲，评估开发是否具有可行性。给出新产品的技术平台架构设想，绘制产品体系结构，阐述设计原理，给出可选方案并比较优缺点。阐述本产品的关键技术，评价技术实现的难易程度。

2. 现有条件和资源分析

现有研发基础和主要研究成果，相关技术平台的搭建、开发经验的积累等，以及研发资源分布（包括食品原料、人力和仪器环境等各个方面）。在现有条件下开展该项目是否有条件限制或风险点。

3. 预计开发周期、成本及计划

尽可能详细说明预计的开发周期、人员配备及安排。考虑功能点开发成本，某些原料如果自行种植或制作成本如何？直接购买则成本如何？综合考虑项目的成本，相对于客户的预算，组织是否能够盈利？给出详细的开发成本预算，包括人力、工作量、原料及其他。开发环境分析：包括开发所需的各类原料及设备等，并给出所需的购买费用及设备选型等。开发流程分析：说明开发新产品的步骤（包括委托开发流程）。设置必要的阶段性的里程碑，分阶段的检查及时间表。

4. 其他可选择方案

本产品的研发过程中有没有考虑其他方案可实施或替代产品可购买。

（四）经济收益分析

从竞争力、成本、经营收益、业绩影响等方面，阐述项目所能带来的正面积极影响，用于支持开展本项目的必要性。

1. 品牌及竞争力收益

提升公司的竞争力，品牌荣誉等对比与同行业其他公司的产品。人无我有？人有我优？是否有助于形成竞争力，使公司在同行业竞争中脱颖而出。

2. 内部积累收益

该产品或项目是否能够为本部门、其他部门的其他产品带来正面增益效果？能否为组织带来协同效应？可以从是否能够显著提升效率或者降低成本等方面考虑。

3. 成本收益分析

成本包括开发所需基本建设的投资（如原料成本、人力成本、设备成本等）、运维成本

（如生产线的运作和维护）、其他一次性支出（如委托开发的费用）以及非一次性支出（如调研费、差旅费）。收益包括一次性收益（如直接利润）、非一次性收益（如降低维护成本）以及不可定量的收益（如新产品对企业发展的影响）。

4. 敏感性分析

一些关键性因素，如出现人员变动、发布时间、设备的配置等变化时，对开支和收益的影响最灵敏的范围的估计。

（五）产品风险分析

1. 市场风险

市场风险指如市场产品较多，难以进入的风险；或时间风险，必须在什么时间之前推出，晚于这个时间推出则无意义等。市场同类产品或功能相似的替代品的现状与未来如何？如果同类产品数量多并且质量好，本产品又无先入优势，则存在难以抢占市场的风险；需要阐明本项目产品的亮点或卖点；市场对产品的需求的特性与项目的开发期限与开发难度之间存在的风险。需求是长期的还是短期的决定了等待时间的容忍度；需求是稳定的还是易变的决定了项目的方向及复杂程度。针对需求的特性，给本项目带来的风险需要有相应的风险应对措施。

2. 技术风险

技术风险指在技术层面，是否用到最新技术，该技术成熟度如何，现有技术人员对该技术的掌握程度如何。技术成本是否超出预计范围？技术寿命是否满足市场需求？针对技术风险，企业如何加强风险应对能力。

3. 人力风险

人力风险指在现有人力资源配备下存在的风险或预计人员不到位、现有人员离职等情况造成的风险。分析人力资源的现状，应从项目人员的薪酬、福利体系（同行业比较）开发团队的稳定性、技术核心骨干的保密措施等方面衡量风险。

4. 政策风险

政策风险指国家的财政、货币、税收、产业发展与规划等宏观经济政策的变动是否对本项目实施的外部环境存在诸多方面的影响。可逐一列出并进行分析，预测未来将相关政策可能往什么方向发展或调整？该项目如何开展充分有效的应对措施。

5. 资金风险

资金风险指从公司的近年来的财务状况或融资渠道分析，本项目是否有稳定可靠的资金保障。针对一次性投入或分阶段多次投入资金的风险也会有所不同，同一时期公司的其他实施中的会分流资金的项目，也需要被考虑进来，根据优先级和重要程度来综合衡量项目的资金风险。

6. 法律风险

法律风险指与项目或产品相关的版权、著作权、转发权、经营权等法律方面可能存在的风险。

7. 其他风险

其他风险指除上述风险外的其他可能的风险。

三、 食品新产品开发可行性分析的常见问题

1. 缺少对主要原料潜在影响的分析

食品生产原料主要来源是农产品。农产品受品种、种植技术、自然条件、市场需求等多种因素影响，所以农产品的品种质量、稳定的供应量和价格是确定项目可行性的关键。

【案例 4-1】一些食品项目对原料的潜在影响分析不足

一个投资 2 亿多元的马铃薯全粉生产项目，在市场、工艺技术、设备、投资等方面都论证得很充分，问题却出在原料上。其所用的马铃薯品种是从德国引进的，可行性研究报告编制前已在当地小批量（$0.4hm^2$）试种了两年，并没有发现问题。项目建成投产后开始大面积种植，却发现病害很严重，不仅造成直接经济损失，而且对项目极为不利。该项目已建成 10 多年，没有达到预期。

一个脱水胡萝卜生产项目，日加工 100t 胡萝卜。项目建成前，当地及周边地区胡萝卜种植量较大，价格不到 0.4 元/kg。项目投产第二年，价格迅速攀升到 1.0 元/kg。而当初可行性研究报告中敏感性分析最高只做了原料价格上涨 20%的估算。受此影响，该项目仅红火了一年就走了下坡路。

这些失败的案例说明，食品项目可行性研究报告的主要原料供应不仅要在品种、质量、数量、供应来源与方式、运输方式、储备、价格等方面进行充分研究论证，还应对项目建成后对主要原料供应的潜在影响进行细致的分析论证。

2. 数据化工作不足

注重工艺流程、生产方法等的描述，缺少或没有工艺参数；没有物料衡算；消耗定额的确定不严谨、误差大等。在建设规模和产品方案确定后，技术方案就成为设备方案等后续工作的直接依据，如果缺少必要的数据支持，设备方案等后续工作就成了空中楼阁。设备参数不全甚至没有；主要设备的选型论证不详、没有比选等。设备方案是确定工程方案和公用工程配套方案的直接依据。没有设备尺寸，无法确定车间大小；没有设备水、电、气等单耗指标，无法进行公用工程量的计算和节能评估。

3. 缺少量化指标，结论依据不足，可靠性差

由于市场现场调查研究工作的不充分，导致获得的相关数据较少；信息资料的采集来源模糊，如据统计、据报道等，真假难辨；缺乏对国际国内两个市场的需求预测和国内生产能力的定量分析；产品供需预测、价格预测定性的内容较多，缺少必要的方法；缺少对销售的预测；缺少对产品价格、竞争能力客观、科学的分析；可行性研究报告中的财务评价结论大多是通过定性分析得出的，缺少量化指标的支持，使可行性研究报告的结论可信度差。

4. 风险性分析不详细，缺少多因素分析

部分人员缺少行业知识、缺少市场分析能力、缺少风险意识和实践经验，进行风险分析时只是点到为止，不切合实际，对资源风险、市场变动等风险因素缺乏深入分析，没有对多因素进行分析。而实际上，市场是瞬息万变的，对一个项目盈利的影响也常是多种因素共同作用的结果，仅进行单因素分析，无法全面准确地反映项目在复杂的市场环境中抵抗风险的能力，也不可能针对多种因素的共同作用提出相应的防范措施，给项目留下很多隐患。

【案例 4-2】川菜工业化新产品开发可行性分析

（一）现状分析

川菜即四川菜肴，是中国八大菜系之一、中华料理集大成者，享誉国内外。川菜工业化是城镇化进程提速和传统餐饮业转型升级的迫切需要。城市化迅速发展时刻改变着人们的生活节奏和饮食方式，菜肴速食化、产业化已经成为新时代发展的必然趋势。加快川菜产业化，在新时代潮流中抢占先机，既是发展机遇，也是历史使命。油烟的达标排放、餐厨垃圾的无害化处理、优秀厨师的严重短缺是制约传统餐饮业发展的三大瓶颈，而解决这些问题的根本出路在于主餐菜肴的产业化与速食化，应满足国内外消费者和人们对美好生活的需要。

四川省川菜产业，技术和设备都处于低水平阶段。整体川菜产业还是以人工操作为主体的劳动密集型产业，与真正意义上的工业化即规模化、连续化、自动化、智能化相距甚远。虽然四川省川菜产品在风味上具有得天独厚的优势，但是高附加值、高影响力、高品位和高档次的川菜产品严重缺乏，这与餐饮业的川式菜肴影响力形成巨大反差。川菜工业化是全面落实四川省建设现代农业“10+3”产业体系推进大会精神和省委农村工作领导小组贯彻落实《省领导联系现代农业“10+3”产业体系建设分工推进方案》部署的重要方向。

随着城市化进程的推进和人民工作节奏的加快，方便化逐渐成为人民对饮食的共同追求，城市外卖业的迅速壮大和工业化预制菜肴占餐饮业原料比例的日益提高已传递出清晰的信息，发达国家菜肴加工业的发展历程也充分证明了这一点，法国菜肴、日本和韩国料理的预制化程度都在75%以上，国内的粤菜、湘菜、鲁菜等主要菜系及地方名特优小吃的工业化普及程度也走在了川菜的前列，为川菜工业化提供了可借鉴的宝贵经验。

（二）新产品开发技术攻关与分析说明

（1）开展川菜名厨厨艺的标准化、原辅料批量化预处理、调味品预复配、烹饪工程化及产品保鲜、营养与品质保持、安全管控等共性关键技术攻关。

（2）开发宫保鸡丁、鱼香肉丝、农家小酥肉、藤椒鱼等 5 种以上典型工业化川菜产品，构建川菜工业化生产技术体系，形成品质安全保障与溯源智慧风险管控技术方案。

（3）实现开发的所有产品保质期≥180d，复原菜品与新鲜产品专业感官评价相似度≥85%，主要营养素保持率≥95%，含肉菜肴亚硝酸盐（以 $NaNO_2$ 计）≤25mg/kg，过氧化值（以脂肪计）≤0.20g/100g，*N*-二甲基亚硝胺≤2.5μg/kg，各种食品防腐剂使用符合 GB 2760—2014《食品安全国家标准　食品添加剂使用标准》要求。

（三）市场可行性分析

川菜产业发展态势良好，国内外知名度和影响力显著提升。一是已成为推动经济发展的重要引擎。川菜产业市场需求旺盛，规模日益扩大，2016 年，四川省餐饮业实现销售额 2214 亿元，全省住宿餐饮业从业人员突破 400 万人，有力促进了全省经济社会发展。二是已成为全省深化对外开放的重要力量。川菜品牌企业在省外具有很高的市场竞争力和品牌影响力，全国地级以上的城市及绝大部分县（市、区），均有川菜餐馆。三是已成为扩大海外经贸交流的靓丽名片。川菜国际化建设成效显著，成都被联合国授予“美食之都”称号，川菜成为首个具有联合国教科文组织认可推广的中国菜系。

（四）技术可行性分析

科研院所协同优势为川菜产业化提供技术和人才支持。西华大学为食品工程领域全省唯一的一流学科，特别是在以郫县豆瓣为代表的川菜特色调味品领域的研究及技术服务在业内有较大的影响力。现有条件和资源分析在川菜标准化、产品开发方面先后开发上市了小酥肉系列、川味香辣酱系列、川式自热小火锅系列、川式自热米饭系列产品、风干肉制品（眉州东坡香肠系列、眉州东坡风吹猪蹄等）、锁鲜产品（藤椒鸡、夫妻肺片等）、调理食品（眉州东坡农家烧鸡、东坡扣肉系列等）、雪豆烧猪蹄、红烧牛肉等产品。项目团队长期从事川菜工业化研究与工业化生产，在川菜预制菜肴、川菜专用复合调味品、川菜安全分析评价技术等方面已经取得显著进展。

（五）新产品生产流程分析

新产品生产基本工艺流程如图 4-1 所示。

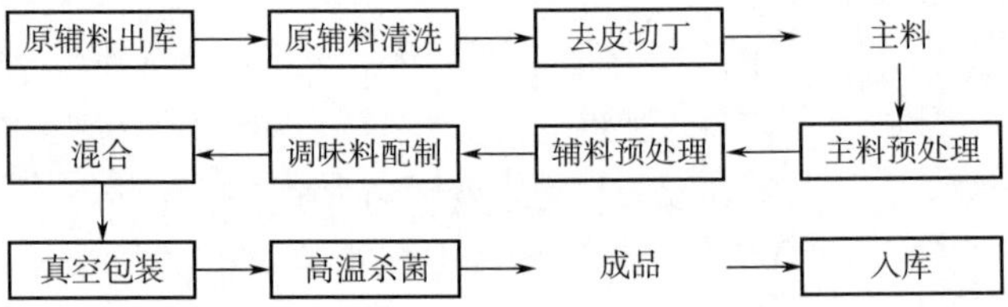

图 4-1　新产品生产基本工艺流程图

以土豆烧牛肉为例，工艺要点如下。

（1）原辅料出库　原辅料从库房取出，筛选出品相不佳或是变质原料，保留品质好、无污染的原辅料进行后续生产。

（2）原辅料清洗与去皮切丁　例如：将原料牛肉用清洗机进行清洗后用切肉机将牛肉切成 1.5cm×1.0cm×1.0cm 大小的肉丁。辅料土豆、胡萝卜清洗好后，均先用去皮机进行去皮，之后用切菜机将原料切成 1.5cm×1.5cm×2.0cm 大小的丁状。

（3）原辅料预处理与调味料配制　例如：将牛肉进行去腥、卤制入味、肉丝腌制与真空油炸等预处理；辅料如葱姜蒜等进行挑选、去皮、切碎与斩拌等预处理；将调味料按工艺要求进行炒制，完成后倒出冷却。

（4）混合与真空包装　将牛肉块、土豆块与调味料按比例混合后装入包装袋内并进行袋口清洁整理，然后放在真空充氮包装机中，设定真空度和充氮量，进行包装。

（5）高温杀菌　封口后的产品放入全自动双层水浴电蒸汽杀菌锅中 121℃杀菌 13.7min，其中蒸汽阀关闭温度 80℃，上锅预热温度 95℃，反压控制上下锅均为 0.12MPa，杀菌完后冷却 10min，使中心温度迅速降到 40℃以下。

（6）成品入库　杀菌后对产品进行包装检查，检查产品是否有破损和漏气的地方。若包装完好可进行打码、外包装，然后入库。

预处理间放有土豆脱皮机、切菜机、切肉机和蔬菜、肉类清洗设备；热处理间放置滚揉机、漂烫冷却连体机、酱料搅拌炒锅和真空腌制机；内包装间放置立式全自动包装机；内包材间是用来堆放未使用的真空包装袋；杀菌间放置双层杀菌设备，滚筒式洗袋机，风干机；外包间供打码及工人将产品装箱用。

（六）预计开发周期、成本及计划

1. 固定资产投资估算

设备：所需设备的购置费预计为 658 万元；

设备安装费：658×15%＝98.7（万元）（安装费按设备投资15%计）；

车间建筑造价：（40m×200m×1500元/m^2）×10^{-4}＝1200（万元）；

装修费：1200×20%＝240万元（装修费按车间建筑造价的20%计）；

办公设备和实验器材费：300万元。

经以上计算可知：固定资产的投入为2496.7万元。

2. 流动资产投资估算

按每天生产两班进行计算：

原辅料成本＝Σ（各原辅料重量×各原辅料单价）×班数×天数

原辅料成本＝3266.67＋2435.75＋2014.04＝7716.46（万元）

水：19.84t/d×0.0012万元/t×300d＝7.142万元；

电：2567.2kW·h/d×0.0001万元/kW·h×300d＝77.016万元（1kW·h＝3.6×10^6J）；

气：3t/d×0.04万元/t×300d＝36万元；

工资：120人×0.6万元/（月·人）×12月＝864万元；

生产管理费：3936.7万元×20%/8（8年）＝98.418万元（生产管理费按固定资产的20%计算）；

工人福利：864万元×10%＝86.4万元（工人福利按工人工资的10%计算）；

经以上的计算，可知该车间一年的流动资产投资总额为8885.426万元。周转天数按照90d计算，则

流动资金＝年流动资产投资总额×周转天数/360＝8885.426×90/360＝2221.36（万元）

（七）新产品开发项目先进性分析

（1）系统研究川菜工业化原辅料批量化预处理技术、调味品预复配技术、烹饪工程化技术等工业化关键技术；重点为川味原辅料配比、最佳量产配比数据及参数，火候、调味、炒制均一性等系统控制技术。

（2）创新性的系统应用低（常）温保鲜、高温高压、等温静压、间歇式二氧化碳处理、液氮速冻、超高压非热加工等技术和品质保障技术体系。

（3）建立了生产过程关键点控制与溯源智慧风险管控技术，为川味特色菜肴的污染物防控与安全提供了技术支持和保障。

（4）建立典型川菜工业化生产配方及工艺标准化数据库，构建菜肴原辅料标准化配方数据库，是经典川菜工业化生产的基础理论与指导技术。

（八）环保设施设计

食品生产中会不可避免地产生废水、废气和废渣等，其中，存在的主要问题是油烟排放、污水排放、噪声、固体废物处理及厂区卫生问题等，必须注重对厂区环境保护的设计。

（1）车间环境保护　生产过程应注重环境保护，员工进出车间必须洗手、消毒，设施设备要定时清洗，避免重复污染。受伤、生病的员工不能进入车间，避免伤员污染食品的同时避免受伤、生病的员工被车间里的致病菌——肉毒梭状芽孢杆菌感染。

（2）污水处理　川菜工业化生产中的污水主要来源于清洗蔬菜、牛肉，在生产中必须要对废水进行有效的控制和处理，对污水进行综合利用，最大限度地减少废水量。污水要经过两次处理才能排出：第一次经过活性炭吸附池，吸附污水中的部分油脂及其他有机物，同时能够改善水的异味，第二次是将经过第一次处理的污水通过微生物分解池，利用微生物的氧

化分解作用分解污水中的残留有机物。全面规划，合理布局，减少污染。

（3）噪声控制　实际生产中，机械设备难免会在工作过程中产生噪声，为了减少噪声，在选择设备时应不选高噪声设备，对噪声高的设备进行适当隔离，对风机、水泵、空气压缩机等难以密封的机械，应采用常用的消声办法，即在设备入口、出口或管道上安装消声装置。

（4）绿化设计　在车间周围栽种绿色植物来吸收二氧化碳、灰尘等，以达到净化空气的目的。

（九）经济效益分析

1. 内部积累收益

经初步测算，预计未来五年内，川菜工业化能够显著带动农产品种植养殖业发展，2019年四川省农产品产值约7000亿元，农产品进入川菜加工5%计算约350亿元，农产品精深加工提升和减损合计按5%计算，每年使农户与相关产业增加农户与产值将近17.5亿元，五年预计87.5亿元。川菜工业化将极大地带动食品产业发展，以年产3000t川菜产品食品公司为例，每吨产品按4.23万元计算，年产值1.27亿元。四川农产品贮藏设施差、物流与贮藏保鲜技术相对较落后，在原料采收、加工、包装、运输及装卸环节的产业发展，以一个3000t川菜生产公司为例，总成本投入节能减损等约138万元，多生产约180t川菜产品，产生实际增收利润约240万元，可以带动相关产业发展2520万元。将实现直接新增产值136亿元，带动农产品精深加工与减损87.5亿元，节能减损2.0亿元，带动采收加工、运输包装等环节直接收入21亿元，五年内累积预计实现新增产值约246.5亿元。该成果能够显著改善方便食品工业的市场空缺，促进传统菜肴工业化生产与产业化。

2. 成本收益分析

根据川菜工业化生产和市场销售情况以及市场需求，本设计制定土豆烧牛腩、鱼香肉丝、宫保鸡丁等产品的年产量为3000t，生产线设计按照标准年生产天数为300d，每天工作时间为8h，每天生产10t，采取两班制，土豆烧牛腩、鱼香肉丝、宫保鸡丁分别按260g/袋装，50袋/箱，即每天需要生产38462袋，770箱。根据市场调查，将土豆烧牛腩、鱼香肉丝、宫保鸡丁分别按单位价格定价13元、10元、10元，则年销售总额为1.2692亿元左右。由生产线投资成本预算得到第一年生产线投资总额约7288.48万元。

（十）社会生态效益分析

川菜的知名度和普及率持续提高，具有广阔的市场。新产品开发是落实“川菜川造”战略的具体方案；随着城市化进程的推进和人们工作节奏的加快，方便化逐渐成为人们对饮食的共同追求；居民的健康饮食意识、食品安全意识对传统特色饮食的营养健康化和安全性提出了更高的要求；大型连锁餐饮企业、餐饮酒店、连锁门店和农村坝坝宴、快餐门店等行业急需传统特色菜肴工业化技术的支持和指导。

在社会生态效益方面，集中工业化的川菜制作，可降低减少油烟排放量、餐厨垃圾生成量和解决CBD商务区集中供餐困难等问题；创建全面的川菜供应消费模式并实现川菜大跨步发展。加快川菜产业化，在新时代潮流中能抢占先机，既是发展机遇也是历史使命，更是积极融入“一带一路”发展战略的需要，可带动产业实现技术创新和发展，对弘扬川菜文化等都具有十分重要的意义。推动产业全面升级、全面进步和产业链供应链现代化发展，谱写新时代乡村全面振兴新篇章。

（十一）产品风险分析

1. 市场竞争力分析

新产品开发解决了特色川菜工业化生产过程中的原料预处理、酱料与配比、非热杀菌、液氮速冻等传统菜肴工业化发展的关键技术问题；同时，应用现代化食品加工技术可实现川菜工业化生产，自动化程度高，产品品质稳定，新产品在市场同类产品竞争中具有较大优势，特色明显，市场竞争力大。

2. 技术风险分析

川菜工业化产品有着方便、快捷的特点，但是开袋即食的实际体验与传统烹饪菜肴在色香味等方面可能存在一定的差异，后续研究需要不断优化配方，使其能够接近于传统菜肴的风味。液氮速冻和超高压等食品非热加工技术可以作为一种新型技术应用于川菜工业化生产过程中，具有较好的应用前景和效果。整体技术风险较小。

3. 市场风险分析

川菜工业化产品具有鲜明地方特色，结合当地优势资源与先进食品加工技术，符合当前快节奏生活的需要以及未来的发展趋势，消费者对于工业化产品的接纳可能需要一个缓冲期。经过多方面宣传和市场缓冲适应，川菜工业化产品能够在行业竞争中取得理想结果。总体市场风险较小。

4. 政策风险分析

该成果符合现代社会高效率、快节奏的生活方式，符合方便食品产业发展的趋势与方向，具有较大的市场潜力和良好的发展前景，具有鲜明的地理特色，符合西部地区扶贫攻坚的战略指导精神，与当地区域政策契合度较高。总体政策风险较小。

第二节　食品工厂建设项目可行性研究的概述

一、可行性研究在食品工厂建设项目中的地位

项目建设程序是指在建设项目从设想、规划、评估、决策、设计、施工到竣工验收、交付使用的整个过程中，各项工作必须遵循的先后次序的法则。建设程序分成若干阶段并且有严格的顺序，不能任意颠倒。

从建设项目管理的角度看，建设程序一般分为 7 个主要阶段，项目建设程序的基本阶段如图 4-2 所示。

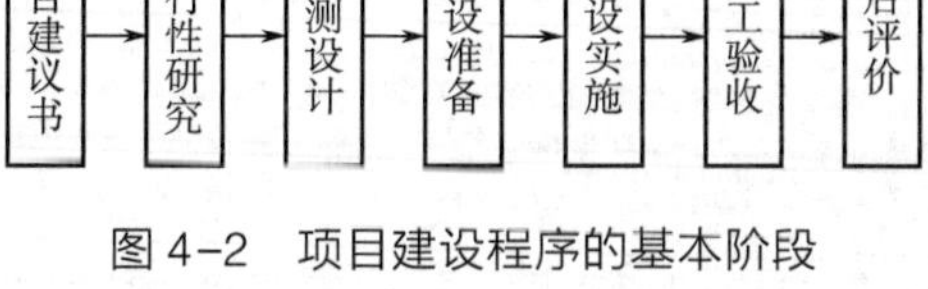

图 4-2　项目建设程序的基本阶段

1. 项目建议书阶段

项目建议书是项目投资者向国家提出要求建设某一建设项目的建议性文件，也是投资者决策前对拟建项目的轮廓性设想。它主要是从宏观上分析该项目是否符合市场需求和国家长远规划的方针和要求；分析投资项目建设的必要性和可能性，看其是否具备建设条件，是否值得投资等。

2. 可行性研究阶段

项目建议书被批准后，即可进行可行性研究。可行性研究是根据审定的项目建议书，对投资项目在技术、经济、社会和外部协作条件等方面的可行性和合理性进行了全面的分析和论证，进行多方案比选，推荐最佳方案，为项目决策提供可靠的依据。

可行性研究提交的成果是可行性研究报告，该报告一经批准就标志着该项目立项工作的完成，就可进入勘测设计阶段了。

3. 勘测设计阶段

勘测是指设计前和设计过程中所要进行的勘察、调查、测量等工作。设计是对拟建工程的实施在技术上和经济上所进行的全面而详细的安排。设计工作分阶段、逐步深入进行。大中型建设项目一般采用两阶段设计：初步设计、施工图设计；重大或特殊项目可采用三阶段设计，增设技术设计阶段。

初步设计是研究拟建项目在技术上的可靠性和经济上的合理性，对设计的项目作出基本技术决定，并通过编制总概算确定总的建设费用和主要技术经济指标。技术设计是对初步设计中的重大技术问题进一步开展工作，在进行科研、试验、设备试制取得可靠数据和资料的基础上，确定初步设计中所采用的工艺等方面的主要技术问题，并编制修正总概算。施工图设计按照初步设计或技术设计所确定的设计原则、结构方案和控制性尺寸，根据建筑安装施工和非标准设备制造的需要，绘制施工详图，并编制施工图进行预算。

4. 建设准备阶段

完成项目开工建设前的各项准备工作，包括：①征地、拆迁和施工场地平整；②完成施工用的水、电、路、通信等工程；③组织设备、材料订货；④组织监理、施工招标，选定监理单位和施工单位等；⑤制订年度建设计划。

5. 建设实施阶段

各项建设准备工作做好后，经批准开工，进入建设实施阶段，也称施工阶段。在该阶段，建设单位按项目管理的要求，组织好施工单位的施工并提供设备、材料的供应，协调好工程建设的外部环境；监理单位根据项目建设的有关文件和各类工程承包合同，做好对工程的投资、进度和质量的控制、协调和管理；承包商（包括建筑安装施工、设备制造、材料供应等单位）根据承包合同的约定和承诺，全面履行各项合同义务，保质、保量、按时完成工程建设任务。

该阶段还要做好生产准备工作，如招工和培训人员，生产的组织，技术、物资的准备等。

6. 竣工验收阶段

竣工验收是项目建设全过程的最后一关，是全面考核建设成果、检验设计和施工质量的重要步骤，是确认建设项目能否启用的关键环节，同时也是由基本建设转入生产或使用的标志。竣工验收工作一般可分为单项工程验收和整个项目验收两个阶段。每一个单项工程完工后，由建设单位或监理单位组织验收；整个建设项目全部建设完成后，则应根据国家对竣工验收的规定组织验收。

7. 后评价阶段

在项目建成投产并达到设计生产能力后（一般为项目建成后1~3年），通过对项目前期工作、项目实施、项目运营情况的综合研究，分析项目建成后的实际情况与预测情况的差距及其原因，从而吸取经验教训，为今后项目的准备、决策、实施、管理、监督等工作的改进提供依据，并为提高项目投资效益提出切实可行的对策措施。

在项目建设程序中，通常将项目建议书阶段和可行性研究阶段（有些行业的项目还包括初步设计阶段）统称为建设前期阶段或投资决策阶段，将勘测设计阶段至竣工验收阶段称为建设实施阶段。

二、可行性研究的概念

可行性研究是一种运用工程学、社会学、经济学及系统工程学等学科知识，对拟建项目的必要性、可能性以及对经济、社会的有利性进行科学、全面、系统、综合的分析和论证，以便进行正确决策研究活动，是一种综合的经济分析技术。

可行性研究的任务是以市场为前提，以技术为手段，以经济效益为最终目标，对拟建的投资项目在投资前期对该项目的必要性、可能性、有效性和合理性进行全面、系统的论证，从而对项目作出是否可行的评价。

可行性研究大体包括三个方面的研究内容，即工艺技术方面的研究；市场需求和资源条件的研究；经济财务状况的分析研究。这三方面的内容有着密切的联系，市场与资源是前提，技术是手段，而获得好的财务和经济效益则是整个活动的中心和目的，可行性研究就是围绕这个中心进行的。

三、可行性研究的特点

（1）先行性　可行性研究既不是分析在建项目的技术经济效果，也不是当项目方案确定后为寻找论证依据而进行的调查，而是在项目决策之前进行的研究。

（2）不定性　可行性研究是要研究项目的可行与不可行，若可行，确定其可行性的大小，其结果有可行与不可行两种可能。相关研究为拟建项目的实施提供了充分的科学依据，避免了浪费，对于重大项目的决策尤为重要。

（3）科学性 可行性研究以经济效益为核心，以经济数据为基础，广泛采用数量分析的方法，对项目涉及的多方位关系进行论证，已形成了一套系统的理论、科学的方法和完整的指标体系。

（4）法定性　我国在改革开放初期，国家就明确规定了可行性研究“是建设前期的重要内容，是基本建设程序中的重要组成部分”。同时规定“所有建设项目必须严格按照基本程序办事，事前没有进行可行性研究和技术经济论证，没有做好勘察设计等建设前期工作的，一律不能列入年度建设计划，更不准仓促开工”。可行性研究在我国具有法定性，负责可行性研究的单位，要经过资格审查，要对工作成果的可靠性承担责任，包括法律责任。

四、可行性研究的主要依据与作用

可行性研究必须在国家有关规划、政策和法规的指导下，以大量的资料为基础，通过对各种资料进行综合分析和比较获得。它的主要依据包括国民经济的长远规划、地区和行业规划；国家有关方针、政策和法规；国家、行业以及地方的安全制约规范和有关工程技术方面的标准、规范与指标等，经有关部门批准的资源报告；经有关部门批准后的项目建议书；可靠的自然、地理、气象、地质、经济、社会的基础资料；水、电、交通、原材料的外部条件资料；国家公布的项目评价的有关参数、数据和指标等。

可行性研究作为投资前期的主要工作内容之一，是基本建设的首要环节，主要作用具体表现在以下几个方面。

（1）作为建设项目投资决策和编制设计计划任务书的依据　项目的可行性研究是一种科学系统的项目前期研究方法，能够全面提供项目决策所需的重要数字和数字信息，可以作为项目投资决策的依据。项目投资决策者主要根据可行性研究的评价结果决定对一个项目是否投资和如何投资，项目的可行性研究是投资的主要依据。可行性研究中具体研究的技术经济数据，都要在设计任务书中明确评价意见，是编制设计任务书的依据。

（2）作为向银行申请贷款和项目融资的依据　可行性研究作为建设项目申请贷款的先决条件，贷款人在接受项目借款申请时，需要对贷款项目进行评估，在确认项目投资效果良好，具有偿还能力，承担风险较小的情况下，才能同意贷款。贷款人在对项目进行全面系统的分析和评估时，可行性研究报告是重要依据。同时，可行性研究报告也是项目其他融资方式的重要依据。

（3）作为安排基本建设计划和开展各项建设前期工作的参考和依据。

（4）编制设计方案和施工图的依据　可行性研究报告能够为设计方案及施工图的编制提供大量、详细的调查资料和研究结果，可以为编制设计方案和施工图提供保障。

（5）作为与建设项目有关部门或单位商谈合同和签订协议的依据　根据可行性研究报告和设计任务书，项目主管部门可以同有关部门签订项目所需的原材料、能源、设备等协议和合同。

（6）作为环保部门审查项目对环境影响的依据　根据我国基本建设项目环境保护管理办法的规定，在编制可行性研究时，必须对环境影响作出全面的分析与评价，在审批可行性研究报告的同时要审查环境保护方案。

（7）作为拟采用新技术、新设备研制计划的依据　建设项目采用新技术、新设备要慎重，经过可行性研究后，证明所采用的新技术与新设备是可行的，才可以拟定研制计划并开始进行研制工作。

五、 可行性研究的阶段划分

可行性研究是一般分 3 个阶段进行：机会研究阶段、初步可行性研究阶段和详细可行性研究阶段。

1. 机会研究

机会研究的主要任务是提出工程项目投资方向，调查并鉴别投资的机会，确认项目研究的必要性。机会研究主要依靠资料来估计，而不是进行详细分析计算。建设投资与成本数据是通过与现有工厂对比得到的，并不是来源于供应商的报价，投资与成本估算多采用最简单的方法，估算的允许误差在±30%以内。机会研究所用时间一般为 1~2 个月，所需研究费用占总投资额的 0.1%~1%。

2. 初步可行性研究

初步可行性研究主要任务是在机会研究的基础上，进一步确认项目建设的必要性，初步进行方案的比较与选择，确认是否进行详细的可行性研究。这一阶段要解决两个问题：一是工程项目的概貌，包括产品方案、生产规模、投入物的来源、可供选择的技术、厂址方案、建设进度；二是初步估算项目的主要经济效益指标。这一阶段投资与成本估算的偏差，一般要求在±20%以内，研究所需要时间为4~6个月，所需费用占投资总额的0.25%~1.5%。这阶段的研究内容与详细可行性研究基本相同，只是粗略些，对有些中小型项目可以省去这一阶段。

3. 详细可行性研究

详细可行性研究主要任务是对工程项目进行深入细致的技术经济分析论证，包括市场和生产能力研究、原材料及投入物、建厂地区与厂址、项目技术方案设计、工厂机构及人力、项目实施进度、环境保护、投资估算与成本估算、经济评价等内容。这一阶段要在前面研究的基础上进行多方案比较与选优，工作量大，时间长，所花费用也较多。这一阶段对投资与成本估算的误差在±10%以内，有时高达±50%，所需费用占总投资的0.25%~3%。详细可行性研究的报告及其结论，是投资决策的基本依据。

可行性研究的目的是在详细可行性研究的基础上，进行多方面的评价、论证，得出是否进行项目投资的结论。以上三个阶段不是可行性研究的目的，而只是进行项目投资决策的手段。一般来说，前两个阶段可以否定一项投资，但不能肯定一项投资，只有经详细可行性研究后才能肯定一项投资。

六、可行性研究的步骤

可行性研究的内容涉及面很广，既有工程技术问题又有经济问题，大致可分为六个步骤。

（1）开始筹划　要了解项目提出的背景和可行性研究的主要依据，理解委托者的目标和意图，讨论研究项目的范围、界限，明确研究内容，制订工作计划与进度。

（2）调查研究　主要是实地调查和技术经济研究工作，包括市场研究、经济规模研究、原材料、能源、工艺技术、设备选型、运输条件、外围工程、环境保护和管理人员培训等及各种技术经济的调查研究，并对每项调查研究分别作出评价。

（3）优化和选择方案　要把前阶段每一项调查研究的各个不同方面的内容进行组合，设计出几种可供选择的方案，决定选择方案的重大原则问题和选择标准，经过分析和比较，推荐最佳方案。

（4）详细研究　要对选出的最佳方案进行更详细的分析。复查和核定各项分析资料，明确建设项目的范围、投资、经营的范围和收入等数据，并对建设项目的经济和财务特性作出评价。经过分析研究，说明所选方案在设计和施工环节是可以顺利进行的，在财务、经济上是有利的，是令人满意的一个方案。对于检验建设项目的效果和风险，还要进行敏感性分析，说明成本、价格、销售量、建设工期等不确定因素出现变化时，对企业收益率所产生的影响。

（5）编写报告书。

（6）资金筹措。

第三节 食品工厂建设项目可行性研究报告内容

可行性研究是一项范围广、内容多的复杂工作。食品工厂建设项目可行性研究报告内容应根据 QBJS 5—2005《轻工业建设项目可行性研究报告编制内容深度规定》要求进行编写。

一、 可行性研究的核心内容

可行性研究的核心内容包括项目在市场、技术、经济、社会、环境和法律六个方面的可行情况。

市场因素包括项目产品的市场调查和预测研究，主要项目可行性研究的前提和基础，是要解决项目的“必要性”问题。

技术因素包括技术方案和建设条件研究，是项目可行性研究的技术基础，主是解决项目在技术上的“可行性”问题。

经济因素包括项目费用效益的分析和评价，是项目可行性研究的核心部分，主要解决项目在经济上的“合理性”问题。

社会因素包括确定项目是否危及社会安全或影响人们正常的生活秩序，即拟建项目能否被社会所接受。

环境因素包括拟建项目是否适应项目的社会经济环境和自然生态环境等，同时指出该项目的建成会对环境有何影响。

法律因素包括分析拟建项目方案和项目运行是否在法律允许的范围内。

二、 可行性研究报告的具体内容

可行性研究报告的内容随行业的不同而有所差异，侧重点各有不同，基本内容是相同的，工业项目可行性研究报告的内容具体包括以下几个方面。食品工厂生产建设项目可行性研究主要内容框架如图 4-3 所示，对可行性研究的主要内容进行简单介绍。

（1）总论　项目提出的背景与概况、投资的必要性与经济意义、可行性研究报告编制的依据和范围、项目建设条件、结论、问题与建议等。

（2）市场需求预测　市场现状调查、同类产品供需预测、销售预测、价格分析、产品竞争能力、市场前景等。

（3）资源、原材料、燃料及公用设施情况　原辅材料、燃料的种类、数量、来源和供应；所需公用设施的数量、供应方式和条件等。

（4）建设规模与产品方案　建设规模与产品方案的构成、建设规模与产品方案的比较、推荐的建设规模与产品方案、技术改造项目推荐方案与原企业设施利用的合理性。

（5）厂址选择　厂址现状及建设条件描述、厂址方案比较、推荐厂址方案、技术改造项目厂址与原企业厂址的关系。

（6）技术方案、设备方案和工程方案　技术方案选择、主要设备方案选择、工程方案选择、技术改造项目的技术设备方案与改造前方案的比较等。

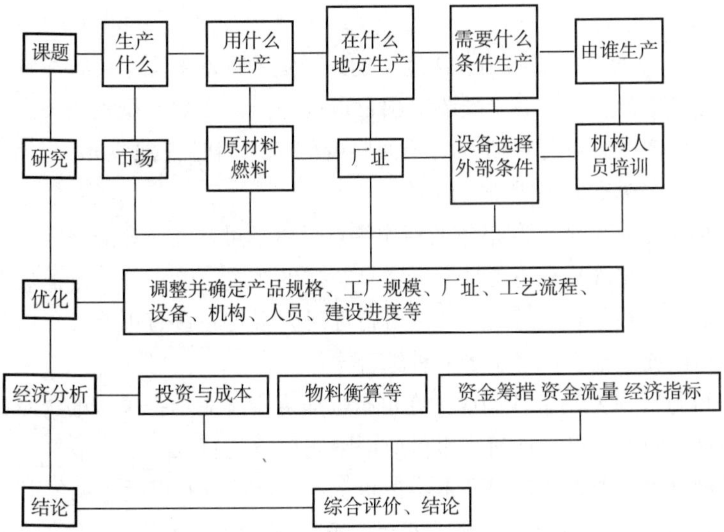

图 4-3 食品工厂生产建设项目可行性研究主要内容框架

（7）总图、运输方案与公用辅助设施　总图布置方案、厂内外运输方案、公用工程与辅助工程方案、技术改造项目与原企业设施的协助配套。

（8）环境保护　调查环境现状，预测项目对环境的影响，提出工艺过程中的黄金保护措施和“三废”治理初步方案。

（9）企业组织、劳动定员和人员培训。

（10）项目实施进度的建议。

（11）投资估算　主体工程和协作配套工程所需的投资估算；生产流动资金的估算。

（12）融资方案　资金来源、筹措方式及贷款的偿还方式等。

（13）社会及经济效果评价。

（14）研究结论与建议　推荐方案总体描述、推荐方案的优缺点描述、主要对比方案、结论与建议。

（15）附图、附表、附件。

三、食品工厂建设项目可行性研究报告的注意事项

项目可行性研究的目的是客观反映项目的真实情况和可行程度，提供拟投资项目的市场、技术、经济、社会、环境和法律等方面的资料及可行情况，让项目关系人理解项目，以吸引潜在投资者和其他项目关系人的参与，最大限度地争取到政府部门、贷款人和其他项目关系人的支持。因此，作为项目投资决策基础的可行性研究应符合以下编制要求。

（1）可行性研究应具有科学性、公正性和严肃性　可行性研究是一项政策性、技术性和经济性很强的综合研究工作，为保证它的公正性、科学性和客观性，在可行性研究工作中，必须客观、全面、实事求是地收集和研究材料，并在调查研究和科学预测的基础上进行方案比较和评价，切忌为“可行”而研究，使可行性研究流于形式。

（2）承担可行性研究的单位应具有相应的条件和资格　为保证可行性研究的质量，要求

承担可行性研究和编制可行性研究报告的单位具有丰富的实践经验、雄厚的技术力量和一定的资质要求。

（3）可行性研究的目的要明确，深度应达到一定的标准要求　可行性研究报告要用于立项、申请贷款等各方面，在内容上要满足项目审批部门、贷款人及其他关系人的需要，要能全面、准确、具体地回答可行性研究必须回答的问题。同时论据应充分，论证科学、周密，深度要达到国家规定标准的要求进行编制。

（4）综合体现论证、请示和报告的写作特点　由于可行性研究是在广泛调查研究基础上的分析、论证，所以它既具有论证性质，又具有报告性质。由于分析论证是为征得有关部门批准、项目关系人的参与和支持的，所以可行性研究报告还带有申请性。由此可知，可行性研究报告是包括论证、报告和请示的一种综合文体。

（5）严格可行性研究的责任制度　在可行性研究中，对承担单位的资质要加以严格审查并建立严格的责任制度。可行性研究报告应由编制单位的行政、技术、经济负责人签字，并对该报告的质量负责；评审单位对评审结论负责；审批单位对审批意见负责。

（6）落实可行性研究的经费来源　可行性研究的费用应由项目投资者按项目投资额的一定百分比（具体比例可根据项目的特点及其他情况确定）计提支付。落实可行性研究的经费来源，有利于更好、更细致、更深入地开展项目可行性研究工作。

【案例 4-3】年产 7 万 t 肉类制品综合加工项目可行性研究报告提纲

一、总论

1.1 项目单位的基本情况

1.2 项目建设方案

1.3 投资结构及资金来源

1.4 项目收益

1.5 可行性分析报告编制依据

1.6 综合评价

1.7 论证结论

二、背景及必要性

2.1 项目建设背景

2.2 项目建设的必要性

三、建设条件

3.1 项目区概况

3.2 项目建设条件优劣势分析

四、市场分析与销售方案

4.1 市场分析

4.2 项目产品的市场竞争力分析

4.3 营销策略、方案、模式
4.4 市场风险分析

五、建设方案

5.1 建设规模与产品方案
5.2 建设规划和布局
5.3 建设标准和产品标准
5.4 技术（工艺）方案
5.5 设备方案
5.6 建筑方案
5.7 项目建设规划

六、节能减排、环境影响及评价

6.1 节水
6.2 节能减排
6.3 环境影响
6.4 环境保护与治理措施
6.5 评价与审批

七、项目组织与管理

7.1 组织结构与职能划分
7.2 劳动定员
7.3 经营管理措施
7.4 技术培训
7.5 劳动安全、卫生与消防

八、投资估算与资金来源

8.1 固定资产投资估算
8.2 建设期利息
8.3 流动资金估算
8.4 项目总投资及资金分年度投资计划
8.5 资金筹措

九、技术经济分析与评价

9.1 财务评价依据
9.2 营业收入、营业税金及附加和增值税估算
9.3 成本估算
9.4 项目收益预测
9.5 企业借款偿还能力分析

9.6 财务计划现金流量分析
9.7 不确定性分析
9.8 主要经济评价指标
9.9 评价结论

十、社会效益分析

10.1 社会评价基本结论
10.2 参与农业产业化经营示范性分析

附件材料

思考题

1. 食品新产品开发可行性研究的内容主要有哪些？
2. 什么是可行性研究？
3. 可行性研究的作用有哪些？
4. 可行性研究包括哪些阶段？各阶段的具体内容是什么？
5. 食品建设项目可行性研究报告的主要内容包括哪些？

第五章

CHAPTER 5

食品新产品开发与经济分析

学习目标

1. 了解食品新产品开发的作用与意义。
2. 熟悉食品新产品开发的程序。
3. 了解食品新产品开发设计与工艺管理内容。
4. 掌握投入产出的定义及物料衡算与成本核算的方法。

第一节　食品新产品开发的作用与意义

食品企业技术创新的具体对象主要包括以下几方面。①产品创新，包括改进老产品和发展新产品两个方面，它是技术创新的“龙头”；②设备和工具的创新；③生产工艺和操作技术的创新，如改革旧的工艺和缩短加工过程，用先进的加工方法代替旧的加工方法，创造新的加工方法和操作方法等；④能源和原材料创新；⑤食品安全检测技术创新。产品创新是企业创新的重要内容，进行新产品开发和旧产品技术创新，是任何食品企业增强自己市场竞争力的重要途径。

一、食品新产品概述

食品新产品是指产品在原理、用途、性能、结构和材质等方面或某一方面同已有产品相比具有显著改进、提高或独创的，具有先进性和实用性，能提高经济效益，有推广价值并在一定地域范围内第一次试制成功的产品。食品新产品是一个相对的概念，是同原有产品相比，在结构、功能等方面有重大突破的产品。对于那些产品结构、功能等没有改变，只是在外观、装潢、包装等方面有改进的，不应将其列为新产品。新产品可分为全新产品、换代新产品、改进新产品等。

二、食品新产品开发的意义

（1）开发食品新产品是实现我国经济发展战略目标的需要　我国目前企业的技术水平

一般还不高，迫切需要开发食品新产品，调整和优化产品结构，使产品“升级换代”，为国民经济的发展提供各种新食品、新材料、新设备、新仪器，以实现我国的经济发展目标。

（2）开发食品新产品是不断满足人民对美好生活的需要　社会主义进入新时代，食品企业生产产品的目的是不断满足人民日益增长的美好生活的需求。随着生产力的不断发展，人民的消费水平、消费结构和消费需求不断提高，食品企业也应不断开发新产品。

（3）开发食品新产品是提高企业竞争力、转换经营机制和企业生产转型等的需要　在我国社会主义市场经济条件下，市场竞争激烈，企业想要在竞争中取胜，必须不断推出符合市场需求的新产品。同时，在转换企业经营机制的过程中，必须转换企业的发展机制，并根据市场情况和产业发展进行生产转型，而发展机制和生产转型集中体现在企业的创新能力上。只有建立适应新时代市场经济要求的食品新产品开发机制，才能使企业保持旺盛的活力，不断创新发展。

（4）开发食品新产品是提高企业经济效益的需要　开发新产品要求采用新的科学技术，这就推动了企业在生产技术水平方面的不断提高，从而提高产品质量，提高劳动生产率，降低产品成本；而且新产品一般比老产品具有更好的性能和质量，更能适应市场的需求，给企业带来更大的经济效益。

第二节　食品新产品开发的方式、程序与管理

一、食品新产品开发的方式

食品新产品开发的方式一般有以下四种。

（1）独立研制　它是指从产品的构思设计到试制成功都是独立研究制造的。

（2）技术引进　它是指引进国外或其他地区已有的新技术和成熟经验来从事食品新产品的开发工作。

（3）独立研制与技术引进相结合　企业在对引进技术进行消化和吸收的基础上，将引进技术与本企业的科研活动结合起来，推进本企业的科研活动，在引进技术的基础上不断创新，按照“一学、二用、三改、四创”的原则不断发展自己的食品新产品。

（4）产学研联合开发　企业可以与高校及相关科研机构建立长期科技合作关系，组建新产品科研团队进行技术开发与攻关，对现有产品市场情况进行分析调研，对新产品开发进行可行性分析，制定产学研联合开发方案，定期沟通逐步推进新产品开发工作。

二、食品新产品开发的程序

食品新产品的开发过程一般可分为以下十一个阶段。

（1）调查研究阶段　根据企业的经营目标、发展规划、产品开发策略和企业的资源条件确定食品新产品开发的目标。企业开发新产品首先要做好调查研究工作，主要包括技术调查和市场调查，做到有的放矢。

（2）开发食品新产品创意阶段 根据调查研究的情况以及企业的自身条件，充分考虑用户的使用要求和竞争对手的动向，在一定范围内提出开发新产品的初步设想和构思创意，设想和构思创意的来源有用户、本企业职工、本企业外科技人员等，并应明确消费目标人群。

（3）食品新产品开发创意的筛选阶段 从征集到的许多方案中选择具有开发条件的构思创意。筛选时一要坚持新产品开发的正确方向；二要兼顾企业长远发展和当前市场的需要；三要有一定的技术储备。

（4）决策方案和编制设计任务书阶段 根据食品新产品开发目标的要求，对未来产品的基本特征和开发条件进行概括性的描述，包括主要性能、目标成本、销售预计、开发投资、对企业现有条件的利用程度等。决策的目的是对不同方案进行技术经济论证比较，决定取舍。

食品新产品开发方案决定后，要组织力量编制设计任务书。设计任务书的内容要比产品开发方案具体，包括新产品的结构、特征、技术规格、用途、使用范围、与国内外同类产品的分析比较、开发这一产品的理由和根据等。

（5）食品新产品设计阶段 设计任务书经审查批准后，企业便可进行产品的设计工作。食品新产品设计一般分为初步设计、技术设计和工作图设计三个阶段。

（6）食品新产品工艺设计阶段 工艺设计是指在产品创新试制阶段和大批量生产时，为达到产品设计的技术要求，指导工人操作，保证产品质量的一项重要技术工作。

（7）食品新产品的试制阶段 食品新产品试制一般包括样品试制和小批试制两个阶段。样品试制是考核设计的质量、产品结构和性能等；小批试制是考核工艺性等。

（8）食品新产品试验与评价阶段 从食品新产品装配至评价前的过程，应做好试制及试验工作，对样品进行全面检查、试验与调整。试验、调整后，作出总结，交有关部门评价。

（9）食品新产品的市场开发阶段 食品新产品的市场开发既是产品开发过程的终点，又是下一代食品新产品开发的起点。市场的开发包括两方面。一方面是市场分析，目的是对产品未来的销售量进行预测，并根据预测值来估算收益情况，了解食品新产品是否具有开发价值。另一方面是样品试用，目的是在食品新产品开发的样品试制阶段将部分样品送给用户试用、提出意见或建议。

（10）市场营销阶段 对某些食品新产品在正式投放市场之前，要组织试销，即将产品及其包装、装潢、广告、销售的组织工作等置于小型的市场环境之中，以便了解产品的销售状况，及时发现问题并采取必要的措施，为产品正式投放市场打好基础。

（11）产品投放市场阶段 食品新产品经过评价、试销就可以投放到市场中正式销售了。这时企业要做的工作有将食品新产品列入正式产品目录；编制产品性能和使用说明书；选择适当广告媒介，安排广告宣传；制定合理的价格；组织好技术服务和销售工作等。

三、食品新产品的设计管理

企业开发食品新产品需要有一个科学的设计。产品设计工作是为保证产品质量和获得良好经济效益而做的工作，是使产品投产后有良好的生产秩序的首要环节。产品设计是从明确设计任务开始，到确定产品的具体结构、性能为止的一系列工作。产品设计的基本要求是：①设计的产品在技术上必须是先进的；②所设计的产品在使用和制造方面都有良好的经济效果；③所设计的产品要符合我国国情；④设计食品新产品要尽量提高标准化、系列化、通用化水平。

食品产品设计工作根据不同情况有不同的类型。目前主要有四种类型：自行设计、老产品改型、样品测绘和引进图纸。

产品设计是一项复杂、细致、技术性很强的工作，应该严格按照科学的程序进行。

（1）编制技术任务书并进行初步设计　技术任务书是指导食品产品设计的基础文件。其目的是阐明产品设计的理由，正确决定产品的造型并确定产品的基本结构，其包括该产品的用途、使用范围，设计试制该产品的理由和依据，该产品与国内外同类产品的结构、性能和技术经济指标的分析比较，该产品的基本技术参数、基本结构、总体布置、重要系统的原理图等；对系列食品新产品还应包括该系列产品的发展方向、产品系列谱表等。编制完后报上级审批后执行。

（2）技术设计　根据获批准的技术任务书（初级设计），对设计的食品产品进行基本定型，即通过技术设计来确定食品新产品的具体结构、技术条件、主要零（部）件的材料和尺寸等。技术设计的内容，主要是根据技术任务书的要求，确定产品总图，部件装配件图，主要零件图，转动、液压和电气系统图，冷却系统图，零部件明细表，加工与装配的技术条件，产品的精度标准和检验方法，以及包括各种计算和技术经济指标在内的设计说明书等。技术设计是整个产品设计的关键阶段，是设计、工艺和供应工作的结合点，必须抓好这一环节的工作。

（3）工作图设计　这是根据技术设计做出的全套完整的工作图纸和技术文件。必需的技术文件、所有的图纸技术文件应达到完整、齐全、清楚、正确的要求，为此要做好检查和审核工作。

（4）方案评价　在食品产品的设计过程中，往往会出现一些不同的方案，要选择最佳方案，就需要进行技术经济分析。此处介绍一下价值分析与投资效益分析。

①价值分析是一种用最低的总成本可靠地实现产品或劳务的必要功能，着重于进行功能分析的有组织的活动。研究表明：价值分析技术至少可以降低20%的成本，用于价值的投资与收益之比约为1∶1.2。价值的表达式如式（5-1）所示。

$$价值=效用（功能）/成本 \tag{5-1}$$

所谓功能指的是事物的功用、作用、用途，或者说是事或物能够满足某种需求的一种基本属性和职能。例如，食品的首要功能就是预防饥饿、满足口感等。一个食品的功能，只有在被食用过程中才能体现出来。消费者购买商品，实际上是购买商品的功能。例如，我们购买果蔬汁饮料，实际上是要购买果蔬汁解渴并补充维生素及微量元素等。消费者对其所需要的功能还往往带有一些附加的制约条件，如功能实现的程度、时间、安全性、保质期、价格等。这些条件称为功能实现的要求，它们也是设计产品功能和筹划工程项目的出发点。

②投资效益分析，包括静态分析和动态分析。静态分析法有投资收益率法、投资回收期法、追加投资回收期法和最小费用法等。动态分析法有净现值法、内部收益率法、净现值比率法和年值投资回收期法等。

【例5-1】某食品新产品开发项目有两个投资方案，都投资10万元，年平均净增收益均为2.5万元，投资回收期均为4年。但两个方案在项目期各年净增收益的数目不一样，两个投资方案比较情况如表5-1所示。

表5-1　两个投资方案比较　单位：万元

方案	各年净增收益			
	第一年	第二年	第三年	第四年
A	40000	30000	20000	10000
B	10000	20000	30000	40000

解：上表中，方案A大部分投资在前两年回收，而方案B大部分投资则是在后两年回收。实行方案A可提前将资金用于其他方面的周转，更好地发挥效益，显然优于方案B。

四、食品新产品的工艺管理

食品工艺管理工作是保证食品新产品试制和正式生产时达到设计要求，指导工人操作，保证产品质量，决定产品制造经济效果的一项重要的生产技术准备工作。食品工艺管理的主要内容包括食品产品设计图纸的工艺分析和审查；食品工艺方案的拟定与评价；食品工艺技术文件的编制；食品工艺装备准备工作和食品工艺日常管理工作。

（1）食品产品设计图纸的工艺分析和审查　这是从工艺技术的角度来分析、评定产品设计是否合理，在制造时是否经济的过程。所设计的产品要尽量符合企业的制造条件，并力求达到最好的经济效果。所有的设计图纸都必须经过工艺性的分析审查后，才能作为工艺设计的依据交付车间使用。

（2）食品工艺方案的拟定与评价　食品工艺方案是食品工艺设计的指导性文件。它的拟定是在产品设计图纸会签之后，用以确定具体食品工艺工作应遵循的基本原则，它指出食品产品试制中的技术关键问题及其解决方法，确定工艺规程制定的方式、详尽程度、种类数量等原则、关键性工艺的解决方案和试验等问题，确定工艺装备系数和工艺装备的设计原则以及分析经济效果等。

（3）食品工艺技术文件的编制　食品工艺技术文件是在拟定食品工艺方案的基础上编制的，它是企业安排计划、布置生产、组织劳动、进行技术检验和组织材料、工具供应的依据。食品工艺技术文件的种类很多，其中最主要的是工艺规程或标准操作规程等，重点是规定产品如何加工、指导工人操作的技术文件等。

（4）食品工艺装备准备工作　食品工艺装备，是按照工艺规程进行食品产品制造时所需要使用的刀具、模具、夹具、量具、工位器等的总称。它是保证产品质量、提高劳动生产率和保证安全生产所不能缺少的。工装一般可分为通用和专用两种。通用的适合制造多种产品的零件，一般可外购；专用的只适合加工一定的零件和在特定工序时使用的工装，一般要自己设计制造。设计制造工装的工作量很大。因此，要合理选择食品工艺装备系数。一般来说，产量越大，产品越精密、复杂，食品工艺装备系数也越大；反之则越小。

（5）食品工艺日常管理工作　日常食品工艺管理工作主要是严格贯彻食品工艺文件，及时总结和推广先进经验，并在实践中完善。日常食品工艺管理工作主要包括组织职工学习食品工艺文件，加强遵守食品工艺纪律的宣传教育和检查工作，及时整理和改进食品工艺文件，保证工艺文件的完整和统一等。

五、 食品新产品的试制与评价

食品新产品经过设计和食品工艺准备后，还必须经过试制与鉴定。食品新产品试制一般分为样品试制、小批试制和评价三个阶段。

（1）样品试制　它是根据设计图纸、食品工艺文件和使用少数工装，试制出的一件或几件样品，用来检验产品制作工序及装备是否达到食品设计任务书的要求，借以考验产品结构、性能以及主要工艺是否达到设计要求，以便验证和修正设计图纸。

（2）小批试制　在样品试制的基础上进行小批试制。它的主要目的是考验样品的工艺，检查图纸的工艺性，验证全部工艺文件和工装是否合适，并对设计图纸做进一步的审查和校正，为正式投产做好必要的准备。小批试制一般可以在生产车间进行，也可以专门组织试制。

（3）评价　不论是样品试制还是小批试制后，都要进行评价。鉴定是对食品新产品从技术上、经济上作出的全面评价，用以确定是否可以进行下阶段试制或是否可正式投入生产。评价一般包括检查食品产品是否符合已批准的技术文件和各种技术标准；检查工艺文件和工装是否合理；检验零部件及产品质量；最后对食品产品进行全面的技术经济分析和评价，并写出试制鉴定书。对鉴定时发现的缺点和不足之处，企业应及时修正，作出定性结论并正式投产。

第三节　食品新产品生产的投入产出分析

一、 投入产出分析的概念

食品生产上讲的投入产出分析是研究食品工厂各个部分之间投入和产出的相互依存关系的数量分析方法。

（1）投入是指社会生产过程中的对各种生产要素的消耗和使用。在食品行业特指食品新产品的研发生产过程中对各种生产要素的消耗和使用。

投入包括中间投入和初始投入。中间投入也叫中间消耗，即生产性消耗，如生产食品所要消耗的水、原材料、电力等；生产性消耗是直接转移到新产品中去的物质消耗。

初始投入是指增加值各要素的投入，如生产食品所消耗人力、固定资产折旧等。如式（5-2）所示。

$$总投入=中间投入+初始投入 \tag{5-2}$$

（2）产出是指社会生产的成果（如物质产品和服务）被分配使用的去向，也就是产品被生产出来后所分配的去向、流向，即使用方向和数量，又称使用。

使用包括中间使用和最终使用。当各部门生产的部分产品提供给中间需求部门使用时，这种使用称为中间使用；这些产品称为中间产品，也就是被用于中间消耗的那一部分产品；

最终使用是指被用于最终消费、资本形成和净出口的那一部分产品的使用去向（这些产品叫做最终产品）。如式（5-3）、式（5-4）所示。

$$总产出=中间使用+最终使用 \tag{5-3}$$

$$总产品=中间产品+最终产品 \tag{5-4}$$

最终使用是相对于中间使用而言的，最终产品是相对于中间产品而言的，总产品反映总成果，最终产品反映最终成果。

二、 食品企业投入产出分析的形式

食品工厂在进行投入产出分析主要编制投入产出表，根据编表计量单位不同分为以下三部分。

（1）实物表　以实物计量单位来反映各种产品的数量，其缺点在于无法列向求和；

（2）价值表　计量单位为货币，可以求和但各元素的价值数额易受价格因素影响；

（3）混合表　一部分项目用货币单位计量，一部分用实物单位计量，混合表在分析经济环境相互影响的关系中广泛应用。

三、 食品新产品生产原料利用率和物料衡算

1. 食品新产品生产原料利用率

食品新产品生产原料利用率是指食品生产中已被利用的原料数量在食品原料消耗过程中所占的比例，即已被利用的食品原料与实际消耗的食品原料之比，说明食品原料被有效利用的程度。食品原料利用率越高，意味着用同样数量的食品原料可以生产更多的产品。

食品新产品生产原料利用率的计算公式如式（5-5）所示。

$$食品新产品生产原料利用率=\frac{单位产品中所包含的材料净重量（G_{净}）}{单位产品耗用材料重量（G_{耗}）}\times 100\% \tag{5-5}$$

食品新产品生产原料利用率的数值越大，表明食品新产品生产原料的有效利用程度越高。如果能达到100%，就表示投入生产的原料全部被有效利用。

【案例5-1】某公司罐头生产原料利用情况

在某罐头生产规格为397g的原汁猪肉罐头工厂实测数据：原料冻片猪3023.5kg，经解冻后得解冻肉3025kg，增重0.05%；而后进行分割，去槽头脚圈，得分段肉2959.99kg，槽头肉49.89kg，分段损耗15.12kg，其中槽头肉占解冻肉的1.65%（49.89kg/3025kg×100%=1.65%），损失占解冻肉的0.5%；而后剔骨得骨头393.06kg（占分段肉的13.28%），剔骨肉2566.93kg；……（略）。具体原料利用的情况如图5-1所示。

根据用去的原料和所得的成品，即可算出原料消耗定额：$\frac{3023.5}{2462.2}\approx 1.23$（t原料/t成品）。

现以班产12.5t原汁猪肉为例，进行物料计算，如图5-2所示。

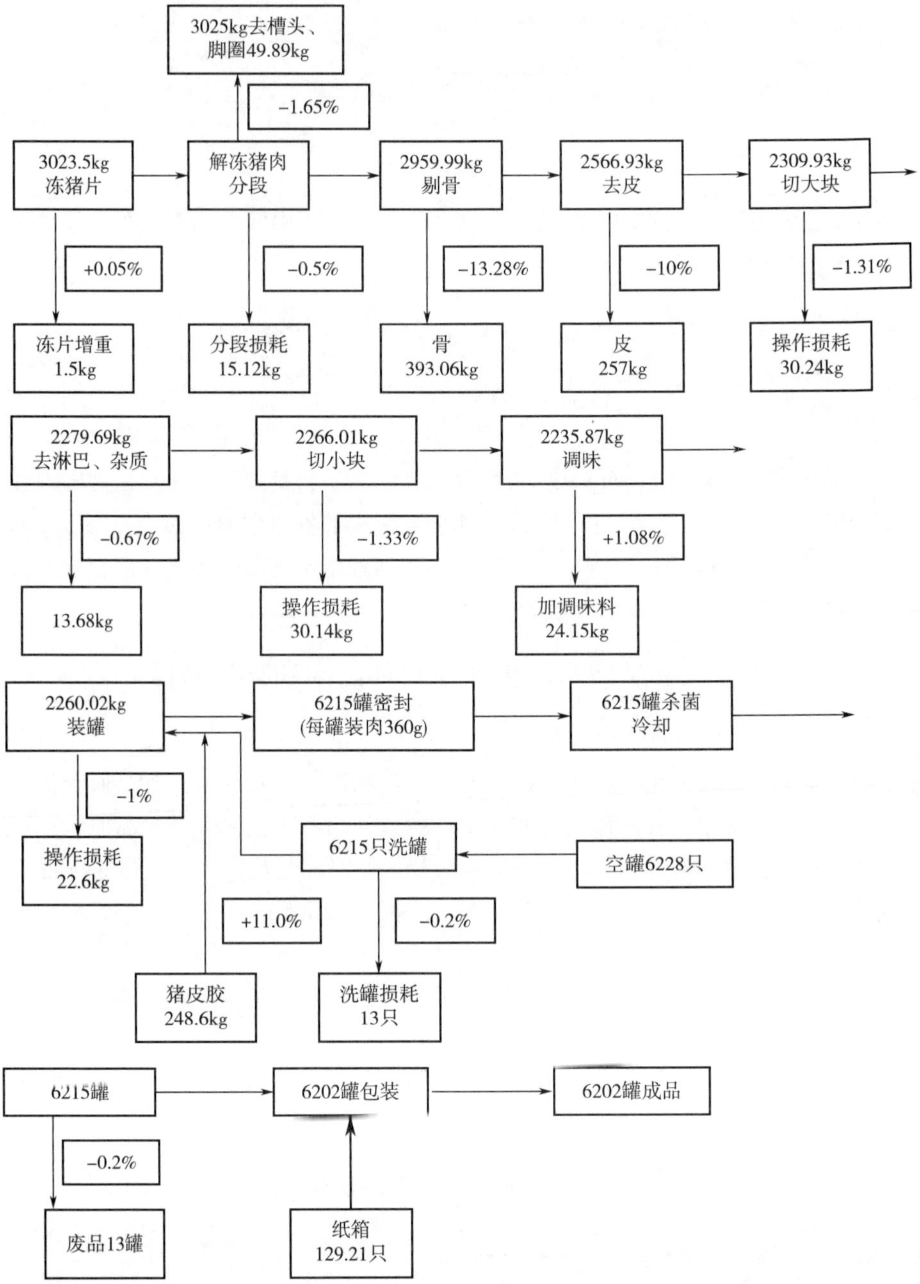

图 5-1 规格为 397g 原汁猪肉罐头实测数据流程图

根据图 5-2 各步骤测得的数据，计算得出，原料消耗定额为：$\frac{15.34491}{12.5}\approx 1.23$（t 原料/t 产品）。在实际应用过程中，可以根据研究过程和生产过程测得各步骤相应数据，进行计算。

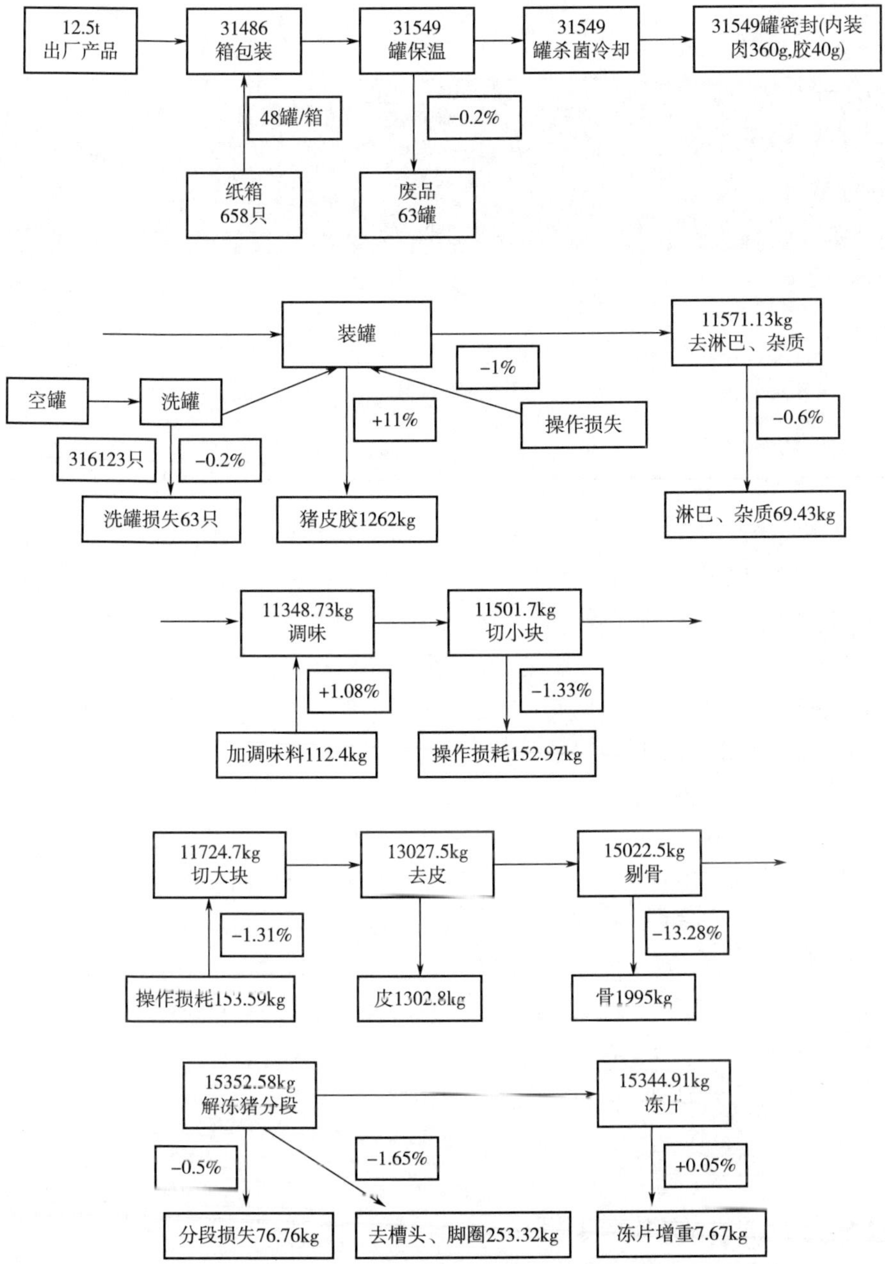

图 5-2　12.5t 原汁猪肉物料计算流程图

【案例 5-2】某公司八宝粥生产原料利用率情况

以自立袋八宝粥（规格：1×300g×20 袋）为例，计算自立袋八宝粥各加工原料的利用率。以白糯米原料为例，在生产前，需要对其进行筛选、色选、去杂去碎等前处理工序后，方可使原料进入后续加工工序，通过反复测算和统计，净重 100kg 白糯米原料经过前处理工序后，可供使用量为 95kg。原料利用率计算方法如下：白糯米的利用率 =（95÷100）×

100% = 95%。其他原料计算方法相同，计算结果如表 5-2 所示。

表 5-2　　50 件（即 1000 袋）产品所需用料利用率计算表

	名称										
	白糯米	麦仁	红米	东北米	薏米	绿豆	红豆	花豇豆	红芸豆	花生米	桂圆肉
原料净用量 $G_{净}$/kg	8.1	8.1	2.0	4.1	0.82	2.0	6.1	2.0	4.1	2.9	1.44
原料耗用量 $G_{耗}$/kg	8.5	8.3	2.1	4.2	0.86	2.1	6.6	2.1	4.3	3.0	1.5
原料利用率计算公式	原料利用率 = （$G_{净}/G_{耗}$）×100%										
原料利用率/%	95	98	95	98	95	95	92	95	95	97	96

在食品实际生产过程中，原料利用率在反复多次测算或经验计算得出，也要根据企业生产实际情况取值，便于工厂进行物料衡算和成本、效益核算等工作。但是，原料利用率受多种因素影响，如产品批次、原料来源、前处理工序、操作人员和设备等。即使同一种原料，来自不同的厂家或者不同的前处理工艺或者不同的操作等，不同班次或同一班次统计出来的原料利用率可能都不完全一样。因此，在实际生产过程中，需要企业根据具体情况，制定原则，经反复测算后制定合适的原料利用率标准。

2. 食品产品生产物料衡算

物料衡算是确定食品生产过程中物料比例和物料转变的定量关系的过程，是食品工艺计算中最基本、最重要的内容之一。在食品加工、食品工厂设计或改造工艺流程和设备中，了解和控制食品生产操作过程，核算食品生产过程的经济效益，确定食品主副产品的产率，确定食品原材料消耗定额，确定生产过程的损耗量，可便于技术人员对现有的工艺过程进行分析，选择最有效的工艺路线，确定设备容量、数量及主要尺寸，对设备进行最佳设计以及确定最佳操作条件等都要进行物料衡算。

食品加工物料衡算通用公式，如式（5-6）所示。

$$\sum G_{投入} = \sum G_{产品} + \sum G_{流失} \tag{5-6}$$

式中　$\sum G_{投入}$——投入系统的物料总量；

$\sum G_{产品}$——系统产出的产品和副产品总量；

$\sum G_{流失}$——系统中流失的物料总量。

其中，产品量应包括产品和副产品；流失量包括除产品、副产品以外各种形式的损失量，污染物排放量应包括在其中。

物料计算的基本资料是“技术经济定额指标”，而技术经济定额指标又是各工厂在生产实践中积累起来的经验数据，且因具体条件而异，并实际情况做修正，计算时也经常以“班”产量为基准。如式（5-7）~式（5-10）所示。

$$每班耗用原料量（kg/班）= 单位产品耗用原料量（kg/t）×班产量（t/班） \tag{5-7}$$

每班耗用包装容器量（只/班）= 单位产品耗用包装容器量（只/t）×班产量（t/班）×（1+0.1%损耗）　　(5-8)

每班耗用包装材料量（只或张/班）= 单位产品耗用包装材料量（只或张/t）×班产量（t/班）　　(5-9)

每班耗用各种辅助材料量（t 或 kg/班）= 单位产品耗用各种辅助材料量（t 或 kg/t 成品）×班产量（t 成品/班）　　(5-10)

以上是仅指一种原料生产一个品种产品时的计算方法，如一种原料生产两种以上规格的产品，则需分别求出各产品的用量，再进行汇总。另外，物料计算也有用原料利用率作为依据的。

【案例 5-3】某公司蜜橘罐头生产物料衡算表

现以 100kg 蜜橘原料进行罐头加工为例进行物料衡算。

$$\sum G_{投入} = 原料蜜橘（100kg）+糖水（36.26kg）$$

$$\sum G_{产品} = 合格产品（255 罐；物料量 102kg）$$

$$\sum G_{流失} = 原料蜜橘损失（32.42kg）+其他损失（1.84kg）$$

蜜橘罐头蜜橘原料物料衡算表如表 5-3 所示，通过以上的原辅料的计算用量，折算成每 100kg 成品投料量，计算时可以“班”产量为基准，计算投料量。蜜橘罐头物料衡算如表 5-4 所示。

表 5-3　蜜橘罐头蜜橘原料物料衡算表

工艺过程	原料处理前	原料损失量	原料处理后	备注
原料蜜橘	100kg	6kg	94kg	霉烂果、病虫果、机械损伤等损失
前处理	94kg	19.74kg	74.26kg	去皮、去橘络、分瓣、去囊衣
整理	74.26kg	6.68kg	67.58kg	去除不合格蜜橘瓣
装罐	67.58kg	0.52kg	103.32kg（含加糖水量 36.26kg）	每罐 0.4kg
排气密封	103.32kg	1.12kg	102.2kg	258 罐
杀菌、冷却	102.2kg	0.2kg	102kg	255 罐
保温检验进仓	102kg	0kg	102kg	255 罐
装箱	102kg	0kg	102kg	21.25 箱 产品出厂率 66.3%

表 5-4 蜜橘罐头物料衡算表

物料名称		100kg 成品投料/kg	单班 8h 投料/kg	日投料/kg	年投料/kg
蜜橘		98.03	784.24	2352.72	705816
糖水	白砂糖（5%）	1.77	14.17	42.17	126251
	水（95%）	34.49	275.93	827.79	248337
玻璃罐/个		255（含损耗）	2040	6120	1836000
罐盖/个		255（含损耗）	2040	6120	1836000
标签/个		255（含损耗）	2040	6120	1836000
包装箱/个		21（含损耗）	168	504	151200
备注		通过上例结果折算	加工 100kg 成品/h 计算	按 3 个单班计算	按每年加工期 300d 计算

【案例 5-4】某食品企业粥产品生产投入产出标准

1. 目的及适用范围

为了控制袋装粥（300g 自立袋粥系列、快餐粥系列、1.26kg 粥系列）产品的投入产出正常，确保常温袋装粥（300g 自立袋粥系列、快餐粥系列、1.26kg 粥系列）产品成本核算处于正常状况，并制定袋装粥（300g 自立袋粥系列、快餐粥系列、1.26kg 粥系列）投入产出控制程序。本程序适用于袋装粥（300g 自立袋粥系列、快餐粥系列、1.26kg 粥系列）从原料验收到生产过程各环节的控制。

2. 职责

（1）常温研发负责各工序相关标准的制定和修改工作。

（2）技术中心负责对标准的批准工作。

（3）各工艺环节负责人按标准对各环节进行控制。

（4）生产统计负责汇总相关报表。

（5）品保人员负责监督各异常工序。

3. 产品用料及利用率

（1）自立袋八宝粥（规格：1×300g×20 袋） 50 件（即 1000 袋）产品所需用料名称、用量及利用率如表 5-5 所示。

表 5-5 自立袋八宝粥 50 件（即 1000 袋）产品所需用料名称、用量及利用率

	名称										
	白糯米	麦仁	红米	东北米	薏米	绿豆	红豆	花豇豆	红芸豆	花生米	桂圆肉
净用量/kg	8.1	8.1	2.0	4.1	0.82	2.0	6.1	2.0	4.1	2.9	1.44
利用率/%（挑选）≥	95	98	98	98	95	98	92	98	95	98	98

续表

	名称										
	白糯米	麦仁	红米	东北米	薏米	绿豆	红豆	花豇豆	红芸豆	花生米	桂圆肉
得率/%（清洗、浸泡）≥	118	118	118	118	118	118	118	118	118	105	103

料液：需 255kg（一锅料液加水 100kg 计）

粥袋：1010 个（含次品 1%）

包装箱（含十字隔板）：50 套

（2）自立袋黑米山药粥（规格：1×300g×20 袋） 50 件（即 1000 袋）产品所用原料名称及用量如表 5-6 所示。

表 5-6　　自立袋黑米山药粥 50 件（即 1000 袋）产品所用原料名称及用量

	名称		
	黑香米	白糯米	山药
净用量/kg	14.7	9.8	20
利用率/%（挑选、去皮）≥	98	95	77
得率/%（清洗、浸泡）≥	121	118	98

料液：需 250kg（一锅料液加水 100kg 计）

粥袋：1010（个）（含次品 1%）

包装箱（含十字隔板）：50 套

（3）自立袋米酒椰果粥（规格：1×300g×20 袋） 50 件（即 1000 袋）产品所用原料名称及用量如表 5-7 所示。

表 5-7　　自立袋米酒椰果粥 50 件（即 1000 袋）产品所用原料名称及用量

	名称				
	白糯米	米酒	椰果	寿桃	枸杞
净用量/kg	11	40	30（复水后重量）	5（净）	1.0
利用率/%（挑选）≥	98	99	100	50	95
得率/%（清洗、浸泡）≥	180	98	500	98	99

料液：需 210kg（一锅料液加水 100kg 计）

粥袋：1010（个）（含次品 1%）

包装箱（含十字隔板）：50 套

（4）快餐黑米山药粥（规格：1×1.5kg×6 袋） 100 袋需用原料如表 5-8 所示。

表 5-8　　　　快餐黑米山药粥 100 袋需用原料

	名称		
	黑香米	白糯米	山药
净用量/kg	9	6	15
利用率/%（挑选、去皮）≥	98	95	77
得率/%（清洗、浸泡）≥	121	118	98
料液：需 125kg（一锅料液加水 100kg 计）			
粥袋：101（个）（含次品 1%）			
包装箱：16.7 个			

（5）1.26kg 八宝粥（规格：1×1.26kg×6 袋） 100 袋需用原料如表 5-9 所示。

表 5-9　　　　1.26kg 八宝粥 100 袋需用原料

	名称									
	白糯米	麦仁	红米	东北米	薏米	绿豆	红豆	花豇豆	红芸豆	花生米
净用量/kg	3.3	3.3	0.82	1.65	0.33	0.82	2.45	0.82	1.63	1
利用率/%（挑选）≥	95	98	98	98	95	95	92	95	95	98
得率/%（清洗、浸泡）≥	118	118	118	118	118	118	118	118	118	105
料液：需 101.5kg（一锅料液加水 100kg 计）										
粥袋：101 个（含次品 1%）										
包装箱（含隔板）：16.7 套										

四、 食品产品生产投入产出管理

SAP 系统（Systems Applications and Products in Data Processing），又称企业管理解决方案，其功能为借助软件程序为企业定制并创建管理系统，对企业的人力资源、物流运输、销售服务、交易支付、产品规格及质量、生产活动、原材料采购、货物仓储及库存管理等全部经营活动与环节，实施监督、分析及管理，形成数据化的资源管理系统，为企业生产、决策、组织运营提供指导及依据，有利于企业财务管理质量的提升，有利于企业资金的合理分配，更能够简化企业管理流程，节约企业建设资源、降低和防范财务风险。

SAP 系统的优点是实用性强，接近国际化的发展思想，将企业的构建模式与先进的管理理念相结合，进而被运用到实际的经营管理系统中，能够为企业的财务管理工作提供一定的方便。由于 SAP 信息系统的发展比较成熟，能够结合企业的实际发展情况对于管理流程进行优化，还能够优化组织结构等，进而利用 SAP 系统中的财务版块，建立风险预警机制，通过事前风险预测、事中延伸管理及事后监督分析，保证各项业务的顺利展开。

包含模块有以下几方面。

(1) 财务会计 集中公司有关会计的所有资料，提供完整的文献和全面的资讯，同时作为企业实行控制和规划的最新基础。

(2) 财务管理（TR） 一个高效率财务管理完整解决方案，可确保公司在世界范围的周转，对财务资产结构实行盈利化组合，并限制风险。

(3) 管理会计（CO） 公司管理系统中规划与控制工具的完整体系，具有统一的报表系统，协调公司内部处理业务的内容和过程。

(4) 企业控制（EC） 根据特制的管理资讯，连续监控公司的成功因素和业绩指标。

(5) 投资管理（IM） 提供投资手段和专案，是从规划到结算的综合性管理和处理，包括投资前分析和折旧模拟。

(6) 生产计划（PP） 提供各种制造类型的全面处理：从重复性生产、订制生产、订装生产，加工制造、批量及订存生产直至过程生产，具有多种功能和系统可以选择。

(7) 物料管理（MM） 以工作流程为导向的处理功能对所有采购处理最佳化，可自动评估供应商，透过精确的库存和仓储管理降低采购和仓储成本，并与发票核查相整合。

(8) 工厂维护（PM） 提供对定期维护、检查、耗损维护与服务管理的规划、控制和处理，以确保各操作性系统的可用性。

(9) 品质管理（QM） 监控、输入和管理整个供应链与品质保证相关的各类处理、协调检查处理、启动校正措施以及与实验室资讯系统整合。

(10) 专案管理（PS） 协调和控制专案的各个阶段，直接与采购及控制合作，包括报价、设计、批准以及资源管理与结算。

(11) 销售与分销（SD） 积极支持销售和分销活动，具有出色的定价、订单快速处理、按时交货，交互式多层次可变配置的功能，并直接与盈利分析和生产计划模组连接。

(12) 人力资源管理（HR） 采用涵盖所有人员管理任务和帮助简化与加速处理的整合式应用程式，为公司提供人力资源规划和管理解决方案。

(13) 开放式资讯仓储 包括智能资讯系统，该系统把来自 R/3 应用程式和外部来源的数据归纳成为主管人员资讯，不仅支援使用者部门进行决策和控制，同时也支持对成功具有关键作用的高阶进行控制和监控。

(14) 静态数据清单（BOM） 主要指每件产品所需物料及物料数量，内容包括物料编码、物料描述、组件编码、组件数量、单位、净含量等。

BOM 又称物料清单、产品结构表、物料表等。将产品的原材料、零部件、组合件予以拆解，并将各单项物料按物料代码、品名、规格、单位用量、损耗等依制造流程的顺序记录下来，排列为一个清单。

BOM 是制造令发料的计算依据。本质上是一项工程文件，不但是产品的规范说明，而且是制造流程的依据。更是用来核算产品成本的基础。由以上内容得知 BOM 的重要性及其影响范围很大，故其内容必须随时保持正确、及时。

【案例 5-5】某公司应用 SAP 系统中的 BOM 模块进行物料衡算

某公司应用 SAP 系统中的 BOM 模块进行物料衡算的操作界面，如图 5-3、图 5-4、图 5-5和图 5-6 所示。

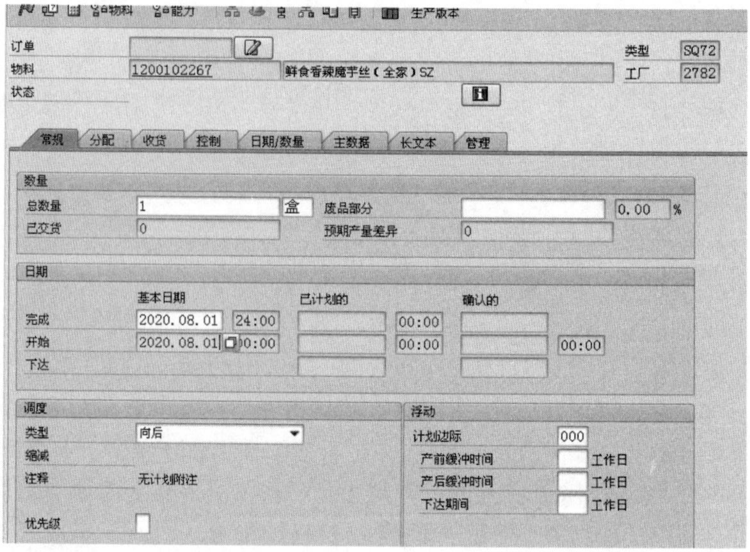

图 5-3 SAP 系统中的 BOM 模块物料计划界面

图 5-4 SAP 系统中的 BOM 模块物料清单界面

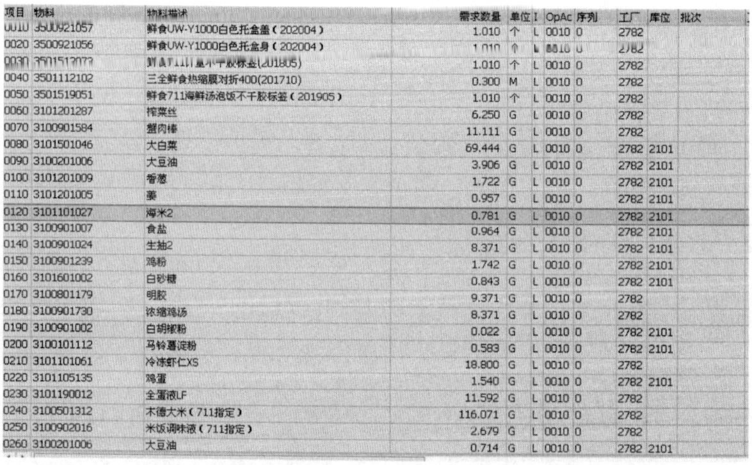

图 5-5 SAP 系统中的 BOM 模块物料核算界面

A	B	C	D	E	F	G	H	I	J	K
序号	物料编码	物料描述	工厂	BOM用途	组件编码	物料描述	组件数量	单位	系统组件报废%	
ID	Matnr		Werks	Use	Item		menge	meins	ausch	
1	1300120011	卤肉饭米饭套餐1*415g*12袋	2711	1	2300250006	150g卤肉饭菜肴	12	袋	0	
2	1300120011	卤肉饭米饭套餐1*415g*12袋	2711	1	2300101017	240g燕麦米饭	12	盒	0	
3	1300120011	卤肉饭米饭套餐1*415g*12袋	2711	1	3101201167	酸甜藠头	12	袋	0.5	
4	1300120011	卤肉饭米饭套餐1*415g*12袋	2711	1	3500812032	415g卤肉饭套餐纸盒（2013.07）	12.12	个	0	
5	1300120011	卤肉饭米饭套餐1*415g*12袋	2711	1	3501505171	91.4米长印字封箱胶带	0.008	卷	0	
6	1300120011	卤肉饭米饭套餐1*415g*12袋	2711	1	3500921007	米饭套餐餐勺（2012）	12.12	个	0	
7	1300120011	卤肉饭米饭套餐1*415g*12袋	2711	1	3500112028	415g米饭套餐箱（2013.07）	1.001	个	0	
1	1300120012	肉酱米饭套餐1*415g*12袋	2711	1	2300250009	150g意式肉酱菜肴	12	袋	0	
2	1300120012	肉酱米饭套餐1*415g*12袋	2711	1	2300101017	240g燕麦米饭	12	盒	0	
3	1300120012	肉酱米饭套餐1*415g*12袋	2711	1	3101201167	酸甜藠头	12	袋	0.5	
4	1300120012	肉酱米饭套餐1*415g*12袋	2711	1	3500812034	415g意式肉酱套餐纸盒（2013.07）	12.12	个	0	
5	1300120012	肉酱米饭套餐1*415g*12袋	2711	1	3501505171	91.4米长印字封箱胶带	0.008	卷	0	
6	1300120012	肉酱米饭套餐1*415g*12袋	2711	1	3500921007	米饭套餐餐勺（2012）	12.12	个	0	
7	1300120012	肉酱米饭套餐1*415g*12袋	2711	1	3500112028	415g米饭套餐箱（2013.07）	1.001	个	0	
1	1300120013	辣汁鸡肉米饭套餐1*415g*12袋	2711	1	2300250007	150g辣汁鸡肉菜肴	12	袋	0	
2	1300120013	辣汁鸡肉米饭套餐1*415g*12袋	2711	1	2300101017	240g燕麦米饭	12	盒	0	
3	1300120013	辣汁鸡肉米饭套餐1*415g*12袋	2711	1	3101201167	酸甜藠头	12	袋	0.5	
4	1300120013	辣汁鸡肉米饭套餐1*415g*12袋	2711	1	3500812031	415g辣汁鸡肉套餐纸盒（2013.07）	12.12	个	0	
5	1300120013	辣汁鸡肉米饭套餐1*415g*12袋	2711	1	3501505171	91.4米长印字封箱胶带	0.008	卷	0	
6	1300120013	辣汁鸡肉米饭套餐1*415g*12袋	2711	1	3500921007	米饭套餐餐勺（2012）	12.12	个	0	
7	1300120013	辣汁鸡肉米饭套餐1*415g*12袋	2711	1	3500112028	415g米饭套餐箱（2013.07）	1.001	个	0	

图 5-6　SAP 系统中的 BOM 模块成品物料核算表

第四节　食品新产品开发成本核算与经济效益分析

一、　新产品开发经济效益与评价指标体系的建立

（一）新产品开发经济效益

从经济学的角度而言，企业新产品开发过程，就是企业从有效资源的投入、利用到新产品产出的过程，是企业和新产品共同作用的一个过程。这个过程同其他劳动一样，都有一个投入与产出，所费与所得的问题。因此，就一个企业而言，新产品开发的经济效益，就是要充分利用企业各种可以利用的资源来保证新产品的开发，以尽可能少的劳动及资源的占用和耗费，使新产品的开发能创造可观的经济效益及影响深远的社会效益等。所以，新产品开发的经济效益具有两层含义：一是企业资源的投入与新产品产出的对比关系；二是新产品的产出必须符合社会经济发展的需要。这里的需要不仅包括质量，还包括数量、结构等。

新产品开发的经济效益可分为外部经济效益和内部经济效益。外部经济效益也被称作社会效益，即通过新产品开发在社会经济发展中反映出的成果，集中表现在顾客满意度和产品技术水平等方面；内部经济效益也称新产品开发的最终经济效益，它反映的是通过新产品开发，使得企业的开发能力、劳动力素质、劳动效率、企业利润等得以持续提高的情况。同时后续的新产品开发也能持续发挥优势。

（二）评价指标体系的建立

新产品开发经济效益的评价指标体系，既包括外部经济效益的衡量，也包括内部经济效益的衡量；可考虑不同行业和同行业不同企业的新产品开发经济效益的侧重点有所不同，在实际操作中，其指标体系可以视具体情况进行调整。

新产品经济效益的评价指标体系分为时间型、价值型以及效率型，时间型是指新产品的平均开发周期及新产品所产生的经济效益；价值型是指顾客的满意程度，产品的技术水平以及新产品资本利润率，包括产值率等；效率型是指企业劳动力的构成和素质，其设备的运行能力以及所有员工的劳动生产效率。因此，评价指标体系包括了新产品的平均开发周期、新产品投资净回收期、企业劳动力结构和水平、技术装备能力、员工的劳动生产率、顾客满意度、产品技术水平、新产品资金利润率以及新产品的产值率。

（三）评价分析

1. 评价结果分析

若企业有几个待决定状态下的新产品，在决定之前，运用上述方法，得到结果，优先选择评估结果相对较大的那个项目，其他产品则等到时机成熟时再做决定。当然也可根据上文判断出哪些是不好的项目，要及时制止或停止生产。

2. 评价模型分析

多层次模糊综合评价法是一种在以定性分析为基础而进行的定量化多层次的综合评价，其特点为计算简便、很容易理解等，值得推广和普及，有很大的应用价值。当然，在选择专业团队时一定要公正，且应合理地评分，才能保证评价结果具有客观性。

企业经济效益是企业在经济活动中所取得的劳动成果与劳动消耗的比值。从生产经营角度分析，经济效益可用资产报酬率、权益报酬率等指标反映；从物化劳动效果角度分析，经济效益可用销售利税率、成本费用利税率、固定资产生产率和流动资产周转率等指标反映；而从劳动效果角度分析，经济效益可用全员劳动生产率和人均利税率等指标反映。由于这些指标在一个企业的不同历史时期或在同一时期的不同企业中表现不一，所以，很难作出经济效益的最终判断。

二、 新产品开发成本核算与经济效益分析

新产品开发成本核算与经济效益分析是通过比较项目的全部成本和效益来评估新产品开发价值的一种方法，成本核算与效益分析作为一种经济决策方法，将成本费用分析法运用于企业或科研部门的新产品研发决策之中，以寻求在投资决策上如何以最小的成本获得最大的新产品开发收益的方法。

【案例 5-6】250g 蜜橘罐头产品开发成本核算与经济效益分析

以 250g 蜜橘罐头产品开发为例进行其成本核算与经济效益分析，分析过程及结果如表 5-10 所示。

根据表 5-10 测算该产品销售价格 2.32 万元/t，全年毛利润 484 万元，该产品销量较大，利润较高，有很好的发展潜力。

表 5-10 新产品 250g 瓶装蜜橘罐头开发成本核算与经济效益分析

年产量	1000t	年生产时间	10 个月
出厂单价	5.8 元	年销售额	2320 万元
成本核算			
序号	项目	内容	金额/万元
1	原料成本	蜜橘、白砂糖、柠檬酸、山梨酸钾等	788
2	包材成本	玻璃瓶、瓶盖、标签、瓦楞纸箱、打包带等	569
3	加工成本	水、电、气、人工等	323
4	管理成本	行政费用、销售费用、财务费用等	156
合计	—	—	1836
备注	不含设备成本及折旧		
经济效益分析			
毛利润=年销售额-总成本，即：2320 万元-1836 万元=484 万元 毛利率=（年销售额-总成本）/总成本，即：(484/2320)%=20.86%			
毛利润（含税）	484 万元	毛利率（含税）	20.86%

思考题

1. 开发食品新产品的程序是什么？
2. 说明食品新产品开发设计与工艺该如何管理？
3. 什么是投入产出？如何进行物料衡算？
4. 如何进行食品新产品开发的经济评价？

第六章

CHAPTER 6

食品工厂设备及生产线与经济分析

学习目标

1. 了解设备管理概念及食品企业设备管理的研究对象。
2. 熟悉设备折旧。
3. 掌握食品企业设备维护和修理的经济评价方法。
4. 熟悉食品企业设备更新的经济评价方法。
5. 掌握食品生产线设备选型与经济分析。

第一节　食品工厂设备管理

一、 食品工厂设备资产管理

1. 设备资产

设备资产是食品工厂固定资产的主要组成部分，是进行生产的技术物质基础。设备资产管理，是指企业设备管理部门对属于固定资产的机械、动力设备进行的资产管理，主要内容包括设备的分类与资产编号、设备划分与管理、变动管理、库存管理、资产评估等。

2. 设备分类

准确地统计食品工厂的设备数量并进行科学分类，是掌握固定资产构成、分析工厂生产能力、明确职责分工、编制维修计划、进行维修记录和技术数据统计分析、开展维修经济活动分析的一项工作。设备分类的方法很多，如按设备在企业的用途分类，即为生产设备和非生产设备；按设备的技术特性分类，可分为高精度、大型、重型设备等；按设备在企业中的重要性分类（即 ABC 法），这是企业中较普遍的分类。

按照设备发生故障后或停机修理时，对工厂的生产、质量、成本、安全、交货期等方面的影响程度与造成损失的大小的区别，将设备划分为三类。

（1）重点设备（即 A 类设备）　是重点管理和维修的对象，尽可能实施状态监测维修。重点设备的划分既要考虑设备的固有因素，又考虑设备在运行过程中的客观作用，使设备管理工作更切合实际。

（2）主要设备（即 B 类设备） 应实施预防维修。

（3）一般设备（即 C 类设备） 为减少不必要的过剩修理，考虑到维修的经济性，可实施事后维修。

二、 食品企业设备的折旧

1. 设备的折旧

设备在长期的使用过程中仍然保持它原有的实物形态，但不断耗损会使它的价值部分地、逐渐地减少。这种部分地、逐渐地耗损而转入产品成本中去的那部分价值，构成产品成本的一项生产费用，在会计核算上叫做折旧费或折旧额。计入产品成本中的固定资产折旧费在产品销售后转化为货币资金，作为固定资产耗损部分价值的补偿。从设备进入生产过程起，它以实物形态存在的那部分价值不断减少，而转化为货币资金部分的价值不断增加，到设备报废时它的价值已全部转化为货币资金，此时，设备完成了一次循环。

2. 设备折旧年限确定的一般原则

（1）正确的折旧年限应该既反映设备有形磨损，又反映设备无形磨损，应该与设备的实际损耗基本符合。例如精密、大型、重型、稀有设备，由于价值高而一般利用率较低，且维护较好，故折旧年限应大于一般通用设备。一般来说，折旧年限应依据固定资产使用的时间、强度、使用环境及条件来确定。

（2）应从国家的财政、经济发展水平来考虑 折旧费的大小是影响国家财政收入和国民收入比例的重要因素，应从国家经济发展的实际水平出发，适当地制定折旧年限，并逐步改进。各企业可结合实际发展需要，适当缩短或延长设备的折旧年限。

（3）折旧年限必须考虑产品的市场寿命 折旧是从销售收入中提取的，如果没有销售收入，折旧就无从提起。

（4）要考虑企业技术改造和财务承受能力的平衡 折旧年限过长，则折旧基金不足以补偿设备已经消耗的部分，会影响设备正常更新和改造的进程；折旧年限过短，则会使产品成本提高、销售停滞、利润降低，致使企业财力无法承受。

3. 计算折旧的意义

折旧是为了补偿固定资产的价值损耗，折旧资金为固定资产的适时更新和加速企业的技术改造、促进技术进步提供资金保证；折旧费是产品成本的组成部分，正确计算提取折旧能真实反映产品成本和企业利润，有利于正确评价企业的经营成果；折旧是社会补偿基金的组成部分，正确计算折旧可为社会总产品中合理划分补偿基金和国民收入提供依据，有利于安排国民收入中积累和消费的比例关系，搞好国民经济计划和综合平衡。

4. 折旧的计算方法

根据折旧的依据不同，折旧可以分为按效用计算或时间计算两种。按效用计算折旧就是根据设备实际工作量或生产量计算折旧，这样计算出来的折旧比较接近设备的实际损耗；按时间计算折旧就是根据设备实际工作的日历时间计算折旧，这样计算折旧较简单。对于某些价值大而开动时间不稳定的大型设备，可按工作天数或工作小时来计算折旧；对某些能以工作量直接反映其磨损的设备，可按工作量提取折旧。从计算提取折旧的具体方法上看，主要有平均年限法、工作量法和加速折旧法。

平均年限法又称直线法，即在设备折旧年限内，按年或按月平均计算折旧。固定资产的折旧额和折旧率的计算公式如式（6-1）、式（6-2）所示。

$$A_{年} = \frac{K_0(1-\beta)}{T} \tag{6-1}$$

式中 $A_{年}$——各类固定资产的年折旧额；

K_0——各类固定资产原值；

β——各类固定资产净残值占原值的比例（取3%~5%）；

T——为各类固定资产的折旧年限。

$$\alpha_{年} = \frac{A_{年}}{K_0} \times 100\% \tag{6-2}$$

式中 $\alpha_{年}$——各类固定资产的年折旧率。

月折旧额$A_{月}$和月折旧率$\alpha_{月}$可由$A_{年}$和$\alpha_{年}$除以12求得。

工作量法适用于价值很高又不经常使用的大型设备，可采取工作时间计算折旧。工作时间计算折旧如式（6-3）所示。

$$A_H = \frac{K_0(1-\beta)}{T_h} \tag{6-3}$$

式中 A_H——单位小时折旧额；

T_h——在折旧年限内该固定资产总工作小时；

β——各类固定资产净残值占原值的比例（取3%~5%）；

K_0——各类固定资产原值。

加速折旧法是一种加快设备投资的方法，即在折旧年限内，对折旧总额的分配不是按年平均，而是按先多后少逐年递减的方法计算的。常用的方法有：年限总额法，它是将折旧总额乘以年限递减系数来计算折旧的方法；余额递减法，它是以待折旧设备的净值作为设备折旧的基数，折旧率固定不变的计算方法，因此设备折旧额是逐年递减的。这种计提折旧的方法可使固定资产价值在使用年限内尽早得到补偿，加快企业资金流转，引导企业加大投资。

第二节 食品工厂设备维修磨损与经济评价

一、食品工厂设备的维护与维修

（一）食品工厂设备的维护

食品工厂设备的维护是操作人员和维修人员为了保持设备正常技术状态、使用寿命所必须进行的日常工作，也是操作人员和维修人员责任之一。做好设备维护工作可以减少维修费用、降低产品成本、保证产品质量、提高生产效率。

设备维护主要分为日常维护和定期维护。设备日常维护包括“日保养”和“周保养”两种，由操作工和维修工一同负责。设备的定期维护，根据设备类型不同分为“整千小时维护”“整月维护”“季度维护”等，主要由维修工和设备厂家技术服务人员一同定期完成。

（二）食品工厂设备的修理

设备在生产使用过程中，其零部件会逐渐出现磨损、老化、变形、蚀损等一系列现象，为了使它们能在良好的技术状态下工作，需要定期对这些零部件进行调整、维修、更换等技术活动，即设备修理。修理方式主要分为以下三种方式。

1. 预防修理

预防修理分定期修理和状态（监测）修理。

（1）定期修理　定期修理和定期维护是相结合一起的，是一种以时间为基础的预防修理方式。除了依靠设备提供的《设备保养单》为依据外，还应从日常积累的经验入手探索设备的零部件具体使用磨损情况等方面的规律，适当地增补修理项目，并在实践中不断修改、完善。

（2）状态（监测）修理　是一种以设备技术状态为基础的预防修理方式，是根据相关信息，在设备故障发生前有计划地进行适当修理。由于这种修理方式是对设备适时地有针对性地进行修理，不但可保证设备经常处于完好状态，而且还能充分利用零部件寿命。

预防修理类别是根据修理内容和要求以及工作量的大小，对设备修理工作进行划分的，分为大修、项修（项目修理）、小修等。

（1）大修　设备的大修是将设备的全部或大部分部件解体；修复基准件，更换或修复不合格的零件；修复和调整设备的电气及液、气动系统；修复设备的附件以及翻新外观，以达到全面消除修前存在的缺陷，恢复设备的规定功能和精度的修理。

（2）项修　项目修理是根据设备的技术状态对状态劣化已达不到生产工艺要求的项目进行针对性的修理。

（3）小修　设备的小修是工作量最小的一种计划修理。主要是针对日常记录和定期检查发现的问题，对有关零部件进行检查、调整、更换的修理，以恢复设备的正常功能。

2. 改善修理

为了消除设备的先天性设计缺陷或根据生产要求对设备的部位或零部件加以改进，结合修理进行改装，以提高其可靠性和修理性的措施称为改善修理。

3. 事后修理

在食品生产过程中，设备发生故障或在生产使用中因没有在其他几种方式修理中做到项目修理而导致设备性能、精度达不到合格水平时所进行的非计划性修理，称为事后修理。事后修理可能会给生产造成较大损失，应尽量做到无事后修理。

二、食品工厂设备的磨损

设备在使用（或闲置）过程中会逐渐发生磨损，磨损分有形磨损和无形磨损两种形式。

1. 设备的有形磨损

（1）设备有形磨损的概念和成因　机器设备在使用（或闲置）过程中所发生的实体的磨损称为有形磨损。

引起设备有形磨损的主要原因是在生产过程中对设备的使用。运转中的机器设备，在外力的作用下，其零部件会发生摩擦、振动和疲劳，以致机器设备的实体发生磨损，这种磨损叫做有形磨损。它通常表现为：机器设备零部件的原始尺寸发生改变，甚至形状也会发生变化，公差配合性质发生改变，精度降低；零部件损坏。

有形磨损可使设备精度降低，劳动生产率下降。当这种有形磨损达到一定程度时，整个机器的功能就会下降，发生故障，导致设备使用费用剧增，甚至难以继续正常工作，从而丧失使用价值。

自然力的作用是造成有形磨损的另一个原因。设备闲置或封存不用同样也会产生有形磨损，如金属件生锈，腐蚀，橡胶件老化等。

（2）设备有形磨损的程度　设备的有形磨损程度是利用经济指标衡量的。整机的平均磨损程度在综合单个零件磨损程度的基础上确定，如式（6-4）所示。

$$\alpha_p = \frac{\sum_{i=1}^{n} \alpha_i k_i}{\sum_{i=1}^{n} k_i} \tag{6-4}$$

式中　α_p——设备有形磨损程度；

k_i——零件 i 的价值；

n——设备零件总数；

α_i——零件 i 的实体磨损程度。

也可用式（6-5）表示：

$$\alpha_p = R/K_1 \tag{6-5}$$

式中　R——修复全部磨损零件所用的修理费用；

K_1——在确定磨损时该种设备的再生产价值。

2. 设备的无形磨损

（1）设备无形磨损的概念和成因　机器设备除遭受有形磨损之外，还遭受无形磨损。无形磨损不是生产过程中的使用或自然力的作用造成的，所以不表现为设备实体的变化，而表现为设备原始价值的贬值。

无形磨损按形成原因也可分为两种。第 1 种无形磨损是由于设备制造工艺不断改进，成本不断降低，劳动生产率不断提高，生产同种机器设备所需的社会必要劳动减少了，因此机器设备的市场价格降低，使原来购买的设备价值相应贬值。这种无形磨损的后果只是现有设备的原始价值部分贬值，设备本身的技术特性和功能即使用价值并未发生变化，不会影响现有设备的使用。

第 2 种无形磨损是指由于技术进步出现了结构更先进、技术更完善、生产效率更高、耗费原材料和能源更少的新型设备，而使原有机器设备在技术上显得陈旧落后造成的。它的后果不仅使原有设备价值降低，而且会使原有设备局部或全部丧失其使用价值。这是因为，虽然原有设备的使用期还未达到其物理寿命，能够正常工作，但由于技术上有更先进的新设备被发明和应用，使原有设备的生产效率大大低于社会平均生产效率，如果继续使用，就会使产品成本大大高于社会平均成本。在这种情况下，由于使用新设备比使用旧设备在经济上更合算，故原有设备会被淘汰。

对于第 2 种无形磨损来说，原有设备使用价值降低的程度与技术进步的具体形式有关。例如：当技术进步表现为不断出现性能更完善、效率更高的新设备，但加工方法没有原则变化时，原有设备的使用价值会大幅度降低。如果这种技术进步的速度很快，则继续使用旧设备就可能是不经济的；当技术进步表现为采用新的加工对象如新材料时，则加工旧材料的设备必然要被淘汰；当技术进步表现为改变原有生产工艺，采用新的加工方法时，则为旧工艺服务的原有设备将失去使用价值。当技术进步表现为产品的换代时，不能适用于新产品生产的原有设备也将被淘汰。

（2）设备无形磨损的程度　设备的无形磨损程度可用式（6-6）表示：

$$\alpha_I = \frac{K_0 - K_1}{K_0} = 1 - \frac{K_1}{K_0} \tag{6-6}$$

式中　α_I——设备无形磨损程度；

K_0——设备的原始价值；

K_1——等效设备的再生产价值。

在计算无形磨损程度时，K_1必须反映技术进步在两个方面：一是相同设备再生产价值的降低，二是具有较好功能和更高效率的新设备的出现对现有设备的影响。

三、设备的综合磨损

机器设备在使用期内，既要遭受有形磨损，又要遭受无形磨损，磨损是双重的、综合的。两种磨损都引起机器设备原始价值的贬值。不同的是，遭受有形磨损的设备，特别是有形磨损严重的设备，在修理之前，常常不能工作，而遭受无形磨损的设备，即使无形磨损很严重，仍然可以使用，只是继续使用在经济上是否合算需要分析。

设备综合磨损的度量可按如下方法进行。

设备遭受有形磨损后尚余部分（用百分数表示）为$1 - \alpha_p$；

设备遭受无形磨损后尚余部分（用百分数表示）为$1 - \alpha_I$；

设备遭受综合磨损后的尚余部分（用百分数表示）为$(1 - \alpha_p)(1 - \alpha_I)$。

由此可得设备综合磨损程度（用占设备原始价值的比率表示）的计算公式，如式（6-7）所示。

$$\alpha = 1 - (1 - \alpha_p)(1 - \alpha_I) \tag{6-7}$$

式中　α——设备综合磨损程度。

设备在任一时期遭受综合磨损后的净值K，如式（6-8）所示。

$$K = K_1 - R \tag{6-8}$$

式中　K_1——在确定磨损时该种设备的再生产价值；

R——修复全部磨损零件所用的修理费用。

说明设备遭受综合磨损后的净值等于等效设备的再生产价值减去修理费用。

要维持企业生产的正常进行，必须对设备的磨损进行补偿，由于机器设备遭受磨损的形式不同，补偿磨损的方式也不一样。补偿分为局部补偿和完全补偿。设备有形磨损的局部补偿是修理，设备无形磨损的局部补偿是现代化改装。有形磨损和无形磨损的完全补偿是更换，设备磨损形式与其补偿方式的相互关系如图6-1所示。

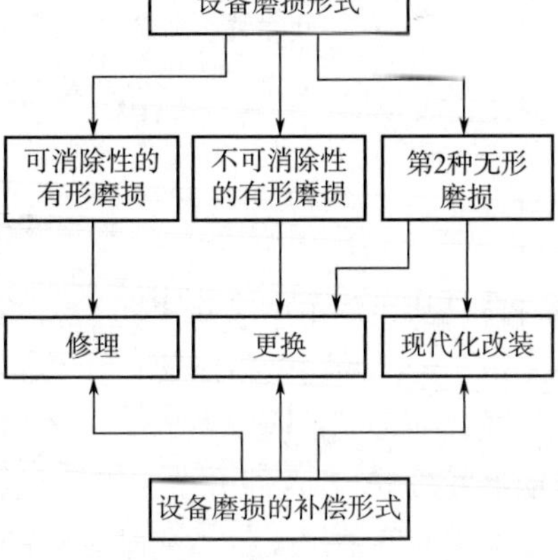

图6-1　设备磨损形式与其补偿方式的相互关系

第三节　设备运行成本与经济寿命

一、 设备运行成本

机器设备在使用过程中发生的费用称为运行成本，运行成本包括能源费、保养费、修理费（包括大修理费）、停工损失、废次品损失等。一般情况下，随着设备使用期的增加，运行成本每年以某种速度在递增，这种运行成本的逐年递增情况称为设备的劣化。简单而言，首先假定每年运行成本的劣化增量是均等的，即运行成本呈线性增长，设每年运行成本增加额为 λ。若设备使用 T 年，则第 T 年时的运行成本 C_T 如式（6-9）所示。

$$C_T = C_1 + (T - 1)\lambda \qquad (6\text{-}9)$$

式中　C_1——运行成本的初始值，即第一年的运行成本；

T——设备使用年数。

设备年运行成本随设备使用年数变动的情况如图 6-2 所示。

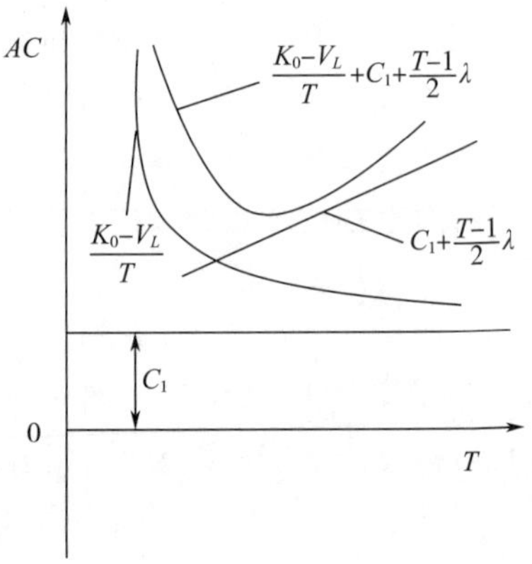

图 6-2　年运行成本随设备使用年数的变动

那么 T 年内运行成本的年平均值，如式（6-10）所示。

$$\bar{C}_T = C_1 + \frac{T - 1}{2} \qquad (6\text{-}10)$$

除运行成本外，在使用设备的年总费用中还有每年分摊的设备购置费用，其值为：$\frac{K_0 - V_L}{T}$，其中 K_0 为设备的原始价值；V_L 为设备处理时的残值。

随着设备使用时间的延长，每年分摊的设备费用逐年下降，而年均运行成本却逐年线性上升，综合考虑这两个方面的因素，一般来说，随着使用时间的延长，设备使用的年均总费用的变化规律是先降后升，呈“U”型曲线，如图 6-2 所示。年均总费用的计算公式如式（6-11）所示。

$$AC = \frac{K_0 - V_L}{T} + C_1 + \frac{T - 1}{2}\lambda \qquad (6\text{-}11)$$

二、 设备经济寿命

经济寿命是从经济角度看设备最合理的使用期限，是由有形磨损和无形磨损共同决定的。具体来说，经济寿命是指能使一台设备的年平均使用成本最低的年数。设备的使用成本由两部分组成，一是设备购置费的年分摊份额，二是设备的年运行费用（操作费、维修费、材料费及能源耗费等），这部分费用随着设备使用年限的延长而增加。例如，一台食品加工设备，随着使用时间的延长每年分摊的购置投资会减少，但每年支出的汽车修理保养费和燃料费用都会增加，因此，投资分摊额的减少会被使用费用的增高所抵消。这就是说，设备在整个使用过程中，其年平均使用总成本是随着使用时间变化的，在最适宜的使用年限内，令年均总成本最低，且能使平均总成本最低的年数，就是设备的经济寿命。

在式（6-12）的基础上，可用求极值的方法，找出设备的经济寿命。设 V_L 为一常数，令 $\frac{d(AC)}{dT}=0$

则经济寿命如式（6-12）所示。

$$T_E = \sqrt{\frac{2(K_0 - V_L)}{\lambda}} \tag{6-12}$$

【例 6-1】若设备原始价值为 8000 元，预计残值为 800 元，运行成本初始值为 800 元/年，年运行成本劣化值为 300 元/年，设备经济寿命是多少？

解：根据公式（6-12），

$$T_E = \sqrt{\frac{2(8000 - 800)}{300}} = 7(年)$$

如果设备残值不能视为常数，运行成本不呈线性增长，各年不同，且无规律可循，这时可根据工厂的记录或者对实际情况的测算，用列表法来判断设备的经济寿命。

【例 6-2】某食品加工设备的原始价值为 10000 元，物理寿命为 10 年，运行成本初始值为 700 元，各年运行成本初始值与劣化值之和如表 6-1 第二栏所示，年末残值如表 6-1 第三栏所示，求该设备的经济寿命。

表 6-1 设备经济寿命的计算 单位：元

使用年限	运行成本初始值与劣化值之和	年末残值	运行成本及其劣化值的年平均值	年平均设备费用	年平均总费用
①	②	③	④=Σ②/①	⑤=10000-③/①	⑥=④+⑤
1	700+0=700	7200	700	2800	3500
2	700+100=800	5300	750	2350	3100
3	700+150=850	3500	783	2167	2950
4	700+250=950	2200	825	1950	2775
5	700+400=1100	1100	880	1780	2660
6	700+600=1300	900	950	1517	2467
7	700+850=1550	700	1036	1329	2365
8	700+1150=1850	500	1138	1188	2326
9	700+1500=2200	300	1256	1078	2334
10	700+2000=2700	100	1400	990	2390

解：根据式（6-12），该设备的年平均总费用为运行成本及其劣化值的年平均值与年平均设备费用之和。

根据工厂实际情况并通过计算，所得结果如表 6-1 所示，使用设备的年平均总费用在使用年限为 8 年时最低，其值为 2326 元，故该设备的经济寿命为 8 年。

但是，上述经济寿命的计算忽略了资金的时间价值，如果考虑资金时间价值，假定基准折现率 $i=10\%$，上例的数据变化如表 6-2 所示。

表 6-2　　折现率 10%时经济寿命的计算　　单位：元

使用年限	运行成本劣化值	初始值运行成本	现值系数（P/F, i, n）	运行成本劣化值现值	运劣值行化的成值累本现计	资金回收系数（A/P, i, n）	运行成本劣化值的年平均值	年平均设备费用	年末残值	偿债基金系数（A/F, i, n）	年平均残值回收	年平均总费用
	①	②	③	④=①×③	⑤	⑥	⑦=⑤×⑥	⑧=10000×⑥	⑨	⑩	⑪=⑨×⑩	⑫=②+⑦+⑧-⑪
1	0	700	0.9091	0	0	1.10000	0	11000	7200	1.0000	7200	4500.0
2	100	700	0.8264	82.6	82.6	0.57619	47.6	5761.9	5300	0.47619	2523.8	3985.7
3	150	700	0.7513	112.7	195.3	0.40211	78.5	4021.1	3500	0.30211	1057.4	3742.2
4	250	700	0.6830	170.8	366.1	0.31547	115.5	3154.7	2200	0.21547	474.0	3496.2
5	400	700	0.6209	248.4	614.5	0.26380	162.1	2638.0	1100	0.16380	180.2	3319.9
6	600	700	0.5645	338.7	953.2	0.22961	218.9	2296.1	900	0.12961	116.6	3098.4
7	850	700	0.5132	436.2	1389.4	0.20541	285.4	2054.1	700	0.10541	73.8	2965.7
8	1150	700	0.4665	536.5	1925.9	0.18744	361.0	1874.4	500	0.08744	43.7	2891.7
9	1500	700	0.4241	636.2	2562.1	0.17364	444.9	1736.4	300	0.07364	22.1	*2859.2
10	2000	700	0.3855	771.0	3333.1	0.16275	542.5	1627.5	100	0.06275	6.3	2863.7

从表中第 12 列年平均总费用一栏中可看出，年平均总费用最低的设备使用年限是 9 年，即经济寿命为 9 年。

第四节　设备大修理及其技术经济分析

一、设备大修理的定义

设备进入生产过程以后，由于存在有形磨损和无形磨损，自然会有一个平均寿命期限，它反映着设备在实物形态上保持完好的时间。在平均寿命期限内，设备应经常保持正常的工作状态。设备由不同材质的众多零部件组成，各种零部件各自承担着不同的功能，所以在使用过程中它们遭受的有形磨损是非均匀性的。在任何条件下，机器制造者都不可能制造出各个组成部分寿命期限完全一样的机器。在设备的实物构成中由相对耐久的和易于损坏的部分组成。

【例 6-3】一台价值为 10000 元的设备，如表 6-3 所示，其原始实物形态包括下列组成部分。

表 6-3　　设备组成及其价值

设备组成要素	价格/元	物理耐用期限/年	年平均磨损价值/元	占设备原值的百分比/%
第一部分	500	1	500	5
第二部分	2000	2	1000	10
第三部分	5000	6	833	8.3
第四部分	2500	90	27.8	0.28
整机	10000	—	2360.8	23.6

分析可知，如果这台设备最耐久的部分是第四部分，可服务 90 年左右，其余组成部分在两班制正常工作的条件下，在 1~6 年内丧失其使用价值。价值为 500 元的第一个组成部分需要 1 年更换一次；价值为 2000 元的第二个组成部分需要 2 年更换一次；价值为 5000 元的第三个组成部分需要 6 年更换一次；而价值为 2500 元的第四部分，可允许推迟到 90 年更换一次。

在实践中，把为保持设备在平均寿命期限内的完好使用状态而进行的局部更换或修复叫作维修，目的是消除设备经常性的有形磨损和排除机器运行中遇到的各种故障，保证在其寿命期内保持必要的性能。按其经济内容来讲，这种必要的维修工作可分为日常维护、小修理、中修理和大修理等几种形式。尽管维修形式的区分有很大的相对性，但是，大修理仍然是维修工作中规模最大、花钱最多的一种设备维修方式，在对设备进行大修理决策时，必须同设备更新以及设备其他再生产方式相比较。

在作大修理决策时，还应注意以下情况。

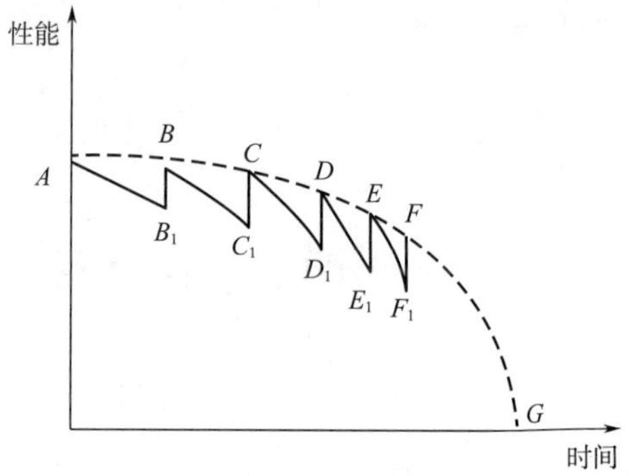

图 6-3　大修理后设备综合质量劣化图

第一，尽管要求经过大修理的设备达到出厂水平，但实践上大修理过的设备不论从生产率、精确度、速度等方面，还是从使用中的技术故障频率、有效运行时间等方面，与同类型的新设备相比都逊色，综合质量会有某种程度的降低，大修理后的设备综合质量劣化情况如图 6-3 所示。图中 A 点表示新设备的标准性能，事实上设备在使用过程中，其性能是沿 AB_1线所示的趋势下降的，如不及时修理仍继续使用，寿命一定很短，如果在 B_1点所对应的时刻上，进行第一次大修理，设备的性能可能恢复到 B 点上。自 B 点起进行第二个周期的使用，其性能又继续劣化，当降至 C_1点时，又进行第二次大修理，其性能可能恢复至 C 点。把图中 $ABCDEF$ 各点连接起来就成了一条曲线，它反映了设备在使用过程中的综合质量劣化趋势，可以看出，设备的大修理并非是无止境的。经过一次大修理后的设备性能又可能恢复到一定程度，但是一经使用又会下降，最终至 G 点，设备已不存在再修理的必要和可能性了。

第二，大修理的周期会随着设备使用时间的延长，而越来越缩短，假如新设备投入使用到第一次大修理的间隔期定为 10~12 年，那么第二次大修理的间隔期就可能为 8~10 年，而第三次大修理的间隔期则可能降至 6~8 年，即大修理间隔期会随着修理次数的增加而缩短且经济性逐步降低。

尽管如此，在设备平均寿命期限内，进行适度的维修工作，包括大修理在内，往往在经济上是合理的。这是因为包括大修理在内的修理能够利用原有设备中保留下来的零部件。但是，这个前提是有条件的，如果设备长期无止境地修理，维修中所能利用的被保留下来的零部件越来越少并且大修理所需的费用越来越高。

二、 设备大修理的经济评价

1. 大修理的经济界限

设备平均寿命期满前所必需的维修费用总额可能是个相当可观的数字，有时可能超过设备原值的若干倍。同时，这个费用总额又会随规定的平均寿命期而变化，平均寿命期规定得越长，维修费用越高。因此，为了更合理地使用设备，我们必须研究维修的经济性。由于日常维护，中小修理所发生的费用相对较少，因此，应该把注意力放在大修理上。

如果该次大修理费用超过同种设备的重置价值，这样的大修理在经济上是不合理的，可以把这一标准看做是大修理在经济上具有合理性的起码条件，或称最低经济界限。如式（6-13）所示。

$$K_r \leqslant K_n - V_{0l} \tag{6-13}$$

式中　K_r ——该次大修理费用；

K_n ——同种设备的重置价值（即同一种新设备在大修理时刻的市场价格）；

V_{0l} ——旧设备被替换时的残值。

这里还应指出，即使满足上述条件，也并非所有的大修理都是合理的。如果大修理后的设备综合质量下降较多，有可能导致生产单位产品的成本比用同种用途的新设备生产成本还高，这时其原有设备的大修理就未必合理。

2. 设备大修理周期数的确定

从技术上来说，大修理工作可以消除有形磨损，使设备得以长期使用。从经济角度可以确定设备大修周期，这是大修理工作必须解决的问题。

如果一台设备的最佳使用期限（即设备的经济寿命）已定而且设备每次大修理间隔期又是已知的（这些数据往往取决于设备的种类和设备的工作条件，设备的使用单位和设备的制造厂都应对设备大修理间隔期有所规定），则设备大修理周期数应由式（6-14）求出：

$$\sum_{j=1}^{n} T_j = T_E \tag{6-14}$$

式中　T_E——设备的经济寿命；

T_j——第 j-1 次到第 j 次大修理的间隔期，若 $j=1$ 时，则表示新设备至第一次大修理的间隔期；

n——设备大修理的周期数。

由式（6-14）求出的设备大修理周期数是一个时间界限，它表明从经济上看设备应该大修几次。

如前所述，从经济角度分析，设备不能无止境地进行大修理，原因在于随着大修理次数的增加，修理费用和设备运行费用都会不断增加。设备大修理间隔期及大修理次数与运行费用之间的关系如图 6-4 所示。

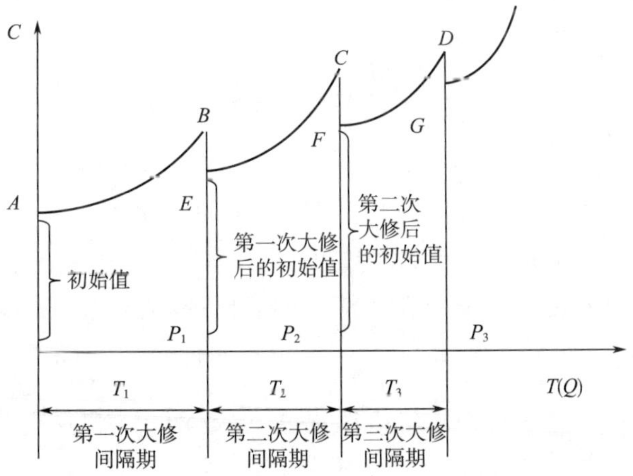

图 6-4　大修理间隔期及次数与运行费用的关系

运行费用是随修理间隔期长度和修理次数的增加而增加的，设备使用时间越长，大修理次数越多，运行费用越高。设备投入使用以后，由于有形磨损，运行费用逐渐升高，临近大修理时达到最大值。设备进行大修理后，各项技术经济指标都会有不同程度的改善，运行费用会显著下降。在图 6-4 中，经过第一次大修理，运行费用由 B 降至 E，进入下一个大修理间隔期后，随着使用时间的延长，运行费用又会逐渐增加，再次大修后又会有显著下降。在图 6-4 中，第二次大修使运行费用由 C 降至 F，第三次大修后由 D 降至 G。

尽管每次大修都使运行费用下降，但后一次大修后与前一次大修后相比，运行费用总要有所升高，且修理间隔期要缩短，$P_3G>P_2F>P_1E>OA$ 且 $T_3<T_2<T_1$。

第五节 设备更新及其技术经济分析

一、设备更新的定义

设备更新是修理以外的另一种设备综合磨损的补偿方式，是维护和扩大社会再生产的必要条件。设备更新有两种形式：一种是用相同的设备去更换有形磨损严重、不能继续使用的旧设备；另一种是用较经济和较完善的新设备，即用技术更先进，结构更完善、效率更高，性能更好，耗费能源和原材料更少的新型设备来更换那些技术上不能继续使用或经济上不宜继续使用的旧设备。

对设备实行更新不仅要考虑是否能促进技术的进步，同时也要能够获得较好的经济效益。及时对设备进行更新，既能促进技术进步、加速经济增长，又能节约资源、提高经济效益。

设备更新的时机，一般取决于设备的技术和经济寿命。技术寿命是从技术的角度看设备最合理的使用期限，是由无形磨损决定的。具体来说是指从设备开始使用到因技术落后而被淘汰所延续的时间，与技术进步的速度有关。经济寿命是从经济角度看设备最合理的使用期限，是由有形磨损和无形磨损共同决定的。适时地更换设备，既能促进技术进步、加速经济增长，又能节约资源，提高经济效益。

二、设备原型更新的决策方法

有些设备在其整个使用期内并不过时，也就是在一定时期内还没有更先进的设备出现，原型设备的替换，在经济上往往也是合算的。这就是原型更新问题，在这种情况下，可以通过分析设备的经济寿命进行更新，找出设备的经济寿命，也是设备原型更新的最佳时期。设备经济寿命计算见本章第三节内容，根据计算或测算出的经济寿命，决定设备原型更新的时间。

三、出现新设备条件下的更新决策方法

在技术不断进步的条件下，由于存在第 2 种无形磨损，很可能在设备运行成本尚未升高到这种原型设备被替代之前，就已出现工作效率更高和经济效果更好的设备了。这时，就要在继续使用旧设备和购置新设备这两种方案中进行比较并选择最佳方案。

在新型设备出现的情况下，常用的设备更新决策方法有年费用比较法和更新收益率法。

（一）年费用比较法

年费用比较法是从原有旧设备的现状出发，分别计算旧设备再使用一年的总费用和备选新设备在其预计的经济寿命期内的年均总费用，并进行比较，根据年费用最小原则决定是否应该更新设备。

1. 旧设备年总费用的计算

旧设备再使用一年的总费用可由式（6-15）求得。

$$AC_0 = V_{00} - V_{01} + \frac{V_{00} + V_{01}}{2} \times i + \Delta C \tag{6-15}$$

式中　AC_0——旧设备下一年运行的总费用；

V_{00}——旧设备在决策时可出售的价值；

V_{01}——旧设备一年后可出售的价值；

ΔC——旧设备继续使用一年在运行费用方面的损失（即使用新设备相对使用旧设备的运行成本的节约额和销售收入的增加额）；

i——最低希望收益率；

$\frac{V_{00} + V_{01}}{2} \times i$——因继续使用旧设备而占用资金的时间价值损失，资金占用额取旧设备现在可售价值和一年后可售价值的平均值。

上述公式计算，也可用企业统计数据列表进行。

【例 6-4】某食品企业旧设备的年费用计算如表 6-4 所示，计算旧设备再使用一年的总费用。

表 6-4　　旧设备的年费用计算表　　单位：元

项目	利弊比较	
	新设备	旧设备
（收入）产量增加加入	1100	—
质量提高收入	550	—
（费用）直接工资的节约	1210	—
间接工资的节约	—	—
因简化工序等导致的其他作业上的节约	4400	—
材料损耗减少	—	—
维修费节约	3300	—
动力费节约	—	1100
设备占地面积节约	550	—
合计	11110①	1100②
旧设备运行损失	—	10010③=①-②
旧设备现在出售价值	7700	—
旧设备一年后出售价值	6600	—
下年旧设备出售价值减少额	—	1100④
资金时间价值损失（i=10%）	—	715⑤
旧设备的设备费	—	1815⑥=④+⑤
旧设备年总费用	—	11825⑦=③+⑥

解：表 6-4 中上栏记录了再继续使用一年旧设备的运行损失，下栏记录使用旧设备的设备费用。根据式（6-15）和表 6-4 数据计算分别得出，再继续使用一年旧设备的运行损失为 10010 元，旧设备的设备费用为 1815 元。旧设备年总费用为这两项费用之和，即 11825 元。

2. 新设备年均总费用的计算

新设备年总均费用的计算，用于同旧设备年总费用比较，主要包括以下几个方面。

第一，运行劣化损失　新设备随着使用时间的延长，同样也存在设备劣化的问题，劣化程度也将随着使用年数的增多而增加。具体的劣化值取决于设备的性质和使用条件。为了简化计算，假定劣化值逐年按同等数额增加，如果设备使用年限为年间劣化值的平均值为 $\frac{\lambda(T-1)}{2}$，其中 λ 为设备年劣化值增量。

新设备的数值往往是难以预先确定的，一般可根据旧设备的耐用年数和相应的劣化程度来估算新设备的年劣化值增量。

第二，设备价值损耗　新设备在使用过程中，其价值会逐渐被损耗，表现为设备残值逐年减少。假定设备残值每年以同等的数额递减，则 T 年内每年的设备价值损耗为 $\frac{K_n - V_L}{T}$，其中 K_n 为新设备的原始价值；V_L 为新设备使用 T 年后的残值。

第三，资金时间价值损失。新设备在使用期内平均资金占用额为 $\frac{K_n + V_L}{2}$。

所以因使用新设备而占用资金的时间价值损失为 $\frac{(K_n + V_L) \times i}{2}$。

总计以上三项费用，则得新设备年均总费用如式（6-16）所示。

$$AC_n = \frac{\lambda(T-1)}{2} + \frac{K_n - V_L}{T} + \frac{(K_n + V_L) \times i}{2} \tag{6-16}$$

对式（6-16）进行微分，并令 $\frac{dAC_n}{dT} = 0$，可得式（6-17）。

$$T = \sqrt{\frac{2(K_n - V_L)}{\lambda}} \tag{6-17}$$

式中　T——新设备的经济寿命。

将式（6-17）代入式（6-16）得按经济寿命计算的新设备年均总费用：

$$AC_n = \sqrt{2(K_n - V_L)\lambda} + \frac{(K_n + V_L) \times i - \lambda}{2} \tag{6-18}$$

若残值 $V_L = 0$，则可简化，如式（6-19）所示。

$$AC_n = \sqrt{2K_n\lambda} + \frac{K_n \times i - \lambda}{2} \tag{6-19}$$

当年劣化值增量 λ 不易求得时，可根据经验决定新设备的合理使用年数 T，然后再求年劣化值增量，这时将式（6-18）经整理后再代入式（6-19），则可计算新设备的年均总费用，如式（6-20）所示。

$$AC_n = \frac{2(K_n - V_L)}{T} + \frac{(K_n + V_L) \times i}{2} - \frac{K_n - V_L}{T^2} \tag{6-20}$$

【例 6-5】某食品企业预新采购的设备价格 $K_n = 41800$ 元，估计合理的使用年数 $T = 15$ 年，处理时的残值 $V_L = 3700$ 元，最低希望收益率 $i = 10\%$，计算新设备的年均总费用。

解：将已知数据代入式（6-20）后，计算可得新设备的年均总费用：

$$AC_n = \frac{2(41800 - 3700)}{15} + \frac{(41800 + 3700) \times 10\%}{2} - \frac{41800 - 3700}{15^2}$$

$$= 7186\ (\text{元})$$

（二）更新收益率法

更新收益率法通过计算更新与不更新两种方案的差额投资的收益率来判别是否应该进行设备更新。由于这种方法给出的是一个收益率指标，可以用于同其他各种投资方案进行比较，以寻求最有利的方案，因此它有更广泛的适用性。更新收益率法可以用公式计算，而在企业设备更新实践中，常常用列表计算代替公式计算。因篇幅有限，公式计算法在此不再赘述，以下通过实例介绍列表计算法。

【例 6-6】某食品公司设备更新投资收益分析如表 6-5 所示。

表 6-5　设备更新投资收益分析表　单位：元

Ⅰ更新投资			
1	新设备投资额	18370	
2	旧设备可售价值	330	
3	继续使用旧设备所需追加投资	4642	
4	可回收和可节约的投资（第 2 项+第 3 项）	4972	
5	所需要的净投资额（第 1 项-第 4 项）	13398	
Ⅱ更新收益			
	（1）运行性收益		
6	预计设备运行率	3400h/年	
	更新对收入的影响	增加（A）	减少（B）
7	因产品质量改变	—	
8	因产品产量改变	—	—
9	合计	—	—
	更新对运行费用的影响	增加（A）	减少（B）
10	直接劳务费	—	2310
11	间接劳务费	—	—
12	福利费	—	370
13	修理费	—	1160
14	工具费	—	—
15	消耗费	—	—

续表

	Ⅱ更新收益		
16	废品损失及返工费	—	660
17	停工损失费	—	577
18	动力费	—	—
19	设备占地面积费用	—	—
20	委托加工费	—	—
21	备品费	—	—
22	安全费	—	—
23	设备保险费	187	440
24	其他费用	—	5
25	合计	187	517
26	收入净增加额（第9A项-第9B项）	—	
27	运行费用净节约额	5330	
28	下年度运行性收益	5330	
	（2）运行外的收益		
29	旧设备继续使用一年价值损耗	—	
30	继续使用旧设备追加投资的年分摊额	464	
31	下年度运行外收益（第29项+第30项）	464	
	（3）收益合计		
32	收益合计（第28项+第31项）	5794	
	Ⅲ更新收益率的计算		
33	应纳税金	1427	
34	扣除税金后的收益（第32项-第33项）	4367	
35	新设备第一年价值损耗（I×价值损耗系数）②	1787	
36	更新总收益（第34项-第35项）	2580	
37	更新收益率（364÷5）×100%	19.3%	

注：1. 应纳税金=（收益合计-新设备年折旧额）×所得税率；

新设备年折旧额=18370×（1-20%）/10=1469.6，所得税率为33%。

2. 价值损耗系数=0.0973，按新设备使用年限10年，期末残值率20%，基准折现率10%求得。

现在就表6-5中的有关项目说明如下。

1. 更新投资

更新投资是指新设备投资额减去旧设备可售价值及继续使用旧设备所需追加投资后的余额。

新设备投资额：包括设备购置费和安装费。流动资金的增减也应包括在内。

旧设备可售价值：若因购置新设备而出售尚有价值的旧设备，则这部分收入可被视为对新设备投资的节约。

继续使用旧设备所需追加投资：假如旧设备不进行更新则将被继续使用，通常需要进行大修或改造，这部分费用的支出，应作为不更新方案的追加投资。如果更新，则这部分投资，可视为更新方案带来的投资节约，应从新设备投资额中扣除。

2. 更新收益

更新收益包括运行性收益和运行外收益两部分。

（1）运行性收益　运行性收益与设备运行率有关。设备运行率是指新设备为生产产品而运行的时间与年有效时间的比值。而工厂开工率与设备运行率往往不是一回事，因此不能用工厂的开工率代替设备运行率。同时，新旧设备运行率也不一定完全相等，因为新设备并不限于旧设备所使用的范围，所以应作具体分析。

运行性收益包含两个方面的内容，一方面是新设备改善了原有的运行情况，使运行费用降低，最终导致成本的下降，从而使收益增加。另一方面，新设备完成新的工作内容或提高现有工作内容的质量，可能引起销售额的增加，最终导致收益的增加。

运行成本中的修理费指的是经常发生的修理费用的变化。至于大修理费或与修理同时进行的设备改造所需要的投资，则应计入表 6-5 中第 3 项和第 30 项中。

（2）运行外收益　运行外收益系指设备更新后可免除的有关损失，如旧设备现在立即转让和晚一年转让之间的价值差额，显然，现在转让可避免再使用一年所引起价值损失。当然，这部分费用也只能用推测的办法进行估计。此外，还应包括所节约的旧设备追加投资的分摊额。

3. 更新收益率计算

表 6-5 中第 36 项是汇总表中各项内容构成的更新总收益，用它除以所需的净投资额（表 6-5 第 5 项），便可得出更新投资收益率。这个比率说明更新投资能带来多大的收益，同时也可根据这一比例的大小，对多个更新投资规划进行经济效果的排序，结合拥有的资金数量进行设备更新方案的选择。

如果把表 6-5 的各项汇总，则可写出设备更新收益率的计算式，如式（6-21）所示。

$$\text{更新收益率}=\left[(②+③-④-⑤)/①\right]\times 100\% \tag{6-21}$$

式中　①——更新的净投资额，即表中第 5 项；

②——下一年度的运行收益，即表中第 28 项；

③——下一年度的运行外收益，即表中第 31 项；

④——下一年度因收益增加而需要多缴纳的税金，即表中第 33 项；

⑤——新设备使用一年的价值损耗，即表中第 35 项。

把表中的数据，代入上面的公式即可得出设备更新的收益率，如式（6-22）所示。

$$\text{更新收益率}=\left[(5330+464-1427-1787)/13398\right]=19.3\% \tag{6-22}$$

如果给定的基准折现率（即最低期望收益率）为 10%，则更新收益率大于最低希望收益率，可以认为这一更新方案在经济上是可行的。

第六节 食品工艺（生产线）设计及经济分析

食品工厂工艺设计是以生产产品的生产车间为主的设计。例如，罐头食品工厂的生产车间一般有实罐车间、空罐车间和综合利用车间等，其中，又以实罐车间为设计重点，其余车间和辅助部门等均围绕生产主车间进行设计。不论食品工厂的总体设计还是车间设计，都是由工艺设计和非工艺设计（包括土建、采暖通风、给排水、供电、供气等）组成的。工艺设计包括生产线设计的好坏直接影响到全厂生产和技术的合理性，并且与建厂的费用和生产后的产品质量、产品成本、劳动强度等都有密切的关系。

食品工艺设计主要包括下列项目：①产品方案、产品规格及班产量的确定；②主要产品生产工艺流程的确定及其安全设计；③物料计算和食品包装；④生产车间设备的生产能力计算、选型及配套；⑤生产车间平面布置；⑥劳动力平衡及劳动组织；⑦生产车间水、电、气、冷用量的估算；⑧生产车间管路计算及设计。工艺设计除包括上述内容外，还必须向非工艺设计和有关方面提出相关要求。

下面将结合食品工艺设计内容，介绍与食品工厂生产线设计相关的内容，具体包括产品方案及班产量的确定、生产工艺流程的确定、物料衡算（第五章已讲述）、设备生产能力的计算与选型和生产车间工艺布置等。

一、产品方案及班产量的确定

产品方案实际上就是食品工厂准备全年生产哪些品种和各产品的数量、产期、生产班次等的计划安排。例如，饮料工厂在热天生产各类碳酸饮料，而在冬天则生产含酒精的饮品。而罐头加工和速冻果蔬、冻干果蔬、保鲜果蔬等以季节性原料为加工品种的食品工厂，产品种类繁多，季节性又强，生产过程有淡季和旺季之分，即使同一种原料也往往会因为品种不同、地区不同，导致收获季节有很大的差异。因此，在制定产品方案时，首先应根据设计计划任务书和调查研究的资料制定主要产品的品种、规格、产量、生产季节和生产班次，对受季节性影响的产品应优先安排。其次是用调节性的产品来调节生产上忙闲不均的现象。另外，还应尽可能对原材料进行综合利用及加工成半成品储存，待到淡季时再进行加工。

在编排生产方案时，应根据设计计划任务书的要求及原料供应的可能，考虑本设计需用几个生产车间才能满足要求？各车间的利用率又如何？另外，在编排产品方案时，每月一般按25d计，全年的生产日为300d，如果考虑原料等其他原因，全年的实际生产日数也不宜少于250d，每天的生产班次一般为1~2班，季节性产品高峰期则按3班考虑。

在编制产品方案时，还必须确定主要产品的产品规格和班产量。班产量是工艺设计中最主要的计算基础。班产量的大小直接影响到设备的配套、车间的布置和面积、公用设施和辅助设施的大小以及劳动力的定员等。决定班产量的因素主要有原料供应量的多少，配套设备的生产能力、延长生产期的条件（如冷库及半成品加工设施等），每天生产班次及产品品种的搭配等。

在设计时，应按照下达任务书中的年产量和品种，制定出多种产品方案，作为技术或设计人员，应制定出两种以上的产品方案进行分析比较，作出决定，比较项目主要有以下几点：①主要产品年产值的比较；②每天所需生产工人数的比较；③劳动生产率的比较（年产量工人总数，其中年产量以 t 计）；④每天工人最多最少之差的比较；⑤平均每人每年产值的比较［元/（人·年）］；⑥季节性的比较；⑦设备平衡情况的比较；⑧水、电、气消耗量的比较；⑨组织生产难易情况的比较；⑩基建投资的比较；⑪经济效益（利税，元/年）的比较；⑫社会效益的比较；⑬结论。根据上述各项的比较，在几个产品方案中找出一个最佳方案，作为后续设计的依据。

二、 产品生产工艺流程的确定

食品工厂的类型很多，在同一类型的食品工厂中，产品品种和加工工艺也各不相同，但在同一类型的食品工厂中的主要工艺过程和设备基本相近，例如，罐头食品工厂不管生产什么品种的罐头，都要经过原料预处理、选择加工、装罐、排气密封、杀菌冷却等几个主要工艺过程。只要这些产品不同时生产，其相同工艺过程的设备是可以公用的。为了保证食品产品的质量，对不同品种的原料应选择不同的工艺流程，并对所设计的食品工厂的主要产品工艺流程进行认真论证。在确定生产流程时须注意以下几点。

（1）根据产品规格要求和国家标准、行业标准、企业标准或客户的特殊规格标准拟订。

（2）根据原料性质拟订。

（3）结合具体条件，应优先采用机械化、连续化作业线；对尚未实现机械化、连续化的品种，其工艺流程应尽可能按流水线排布，使成品或半成品在生产过程中停留的时间最短，以避免半成品的变色、变味、变质；假如是需要进行杀菌的食品，为保证其产品质量，最好采用连续杀菌或高温短时杀菌的工艺。

（4）对特产或名产不得随意更改生产方法；若需改动时，要经过反复试验，然后报请有关部门批准，方可将改动的部分作为新技术应用到设计中。

（5）非定型产品，要待技术成熟后，方可应用到设计中；对科研成果，必须经过中试放大后，才能应用到设计中；对新工艺的采用，需经过有关部门的鉴定后，才能应用到设计中。

三、 设备生产能力的计算及选型

通常把食品工厂所涉及的设备分为专业设备、通用设备和非标准设备。设备选型既是保证产品质量的关键和体现生产水平的标准，又是工艺布置的基础，并为动力配电、水气用量计算提供依据。设备选型应根据每一个品种单位时间产量的物料平衡情况和设备生产能力来确定所需设备的台数。若有几种产品都需要共同的设备，在不同时间使用时，应按处理量最大的品种所需的台数来确定。生产中的关键设备，还应考虑设有备用设备。

（一）食品工厂选择设备的原则

GB 14881—2013《食品安全国家标准　食品生产通用卫生规范》中对食品工厂设备选择的规定，是设备选择必须遵循的。

（1）直接与食品接触的设备和容器的设计与制作应保证在需要时可以进行充分的清理、消毒及养护，以使食品免遭污染。设备和容器应根据其用途，用无毒的材料制成，必要时还应是耐用的、可移动的或者是可拆装的，便于养护、清洁、消毒、监控等。

（2）除上述总体要求外，在设计用来烹煮、加热处理、冷却、储存和冷冻食品的设备时，应从食品的安全性和适宜性出发，使设计的这类设备能够在必要时尽可能迅速达到所要求的温度，并有效地保持这种状态。

（3）凡接触食品物料的设备、工具和管道的材质必须使用无毒、无味、抗腐蚀、不吸水、不变形的材料。

（4）设备的设置应根据工艺要求，布局合理。

（5）安装应符合工艺卫生要求。

（6）各类液体输送管道应避免死角或盲端，设排污阀或排污口，便于清洗、消毒等。

以上是设备选择中的规范性要求。食品工厂生产使用的设备大体上可分为四种类型：计量和储存设备、定型专用设备、通用机械设备和非标准专业设备。在具体选择设备时，要按照下列的原则进行选择。

（1）满足工艺要求，保证产品的质量和产量。

（2）一般大型工厂选用较先进的、机械化程度高的设备。中型工厂的主要产品可选用机械化、连续化程度较高的设备。小型工厂选用较简单的设备，应达到经济合理，技术先进。

（3）所选设备能充分利用原料、能耗少、效率高、体积小、维修方便、劳动强度低，并能一机多用，且备品、备件供应方便。

（4）所选设备应符合食品卫生要求，易清洗、装拆，与食品接触的材料要不易被腐蚀，不会对食品造成污染。

（5）设备结构合理，材料性能可适应各种工作条件。

（6）在温度、压力、真空、浓度、时间、速度、流量、液位、计数和程序等方面有合理的控制系统，并尽可能采用自动控制方式。

（二）食品工厂部分专业性设备的设计与选型

1. 专业性设备的设计与选型的依据

（1）由工艺计算确定的成品量、半成品量、原辅料量、耗气量、耗水量、耗冷量等。

（2）工艺操作的最适外部条件（时间、温度、压力、真空度等）。

（3）设备的构造类型和性能。

2. 专业性设备的设计与选型的程序和内容

（1）明确该设备所要承担的工艺目的和要求，必须达到的工艺参数。

（2）设备选型及该型号设备的性能、特点评价（包括对工艺安全性的特性性能）。

（3）设备生产能力与台、套数量的确定。

（4）设备的工程计算、传动特性的确定和动力消耗的计算。

（5）设备结构的工艺设计和工艺条件的满足。

（6）材质的选择、控制系统和在线检测的精度。

（7）其他特殊问题。

3. 食品工厂部分专业性设备的设计与选型

食品工厂涉及的加工品种很多，不同的产品在加工过程中对设备的要求不一样，在设计计算以及选型过程中就有很大的差异，应当在对加工产品生产全过程有充分认识的基础上进行设计。首先要考虑产品的生产特点、生产类型、原料性质、现阶段生产水平能达到的技术经济指标、有效生产天数、各个生产环节的周期等因素。

（三）食品工厂设备生产能力的计算

食品工厂所用设备的生产能力，有些铭牌上有标注，但有些设备的生产能力随流量、产品品种、生产工艺等的改变而变化。例如流槽、输送带、杀菌锅等。

【案例6-1】食品杀菌锅生产能力计算

1. 每台杀菌锅操作周期所需的时间 T

操作周期所需的时间 T（min）的计算公式，如式（6-23）所示。

$$T = t_1 + t_2 + t_3 + t_4 + t_5 \tag{6-23}$$

式中　t_1——装锅时间，一般取5min；

t_2——升温时间，min；

t_3——恒温时间，min；

t_4——降温时间，min；

t_5——出锅时间，min，一般取5min。

2. 每台杀菌锅内装罐头的数量 n

装罐头的数量 n（罐），如式（6-24）所示。

$$n = K \times a \times z \times \frac{d_1^2}{d_2^2} \tag{6-24}$$

式中　K——装载系数，随罐头的罐型不同而不同，常用罐型的 K 值可取0.55~0.60；

a——杀菌篮高度与罐头高度的比值；

z——杀菌锅内杀菌篮的数目；

d_1——杀菌篮外径，m；

d_2——罐头外径，m。

3. 每台杀菌锅的生产能力 G

生产能力 G（罐/h）的计算公式，如式（6-25）所示。

$$G = 60\frac{n}{T} \tag{6-25}$$

4. 1h内杀菌 x 罐所需的杀菌锅数量 N

杀菌锅数量 N（台）的计算公式，如式（6-26）所示。

$$N = \frac{x}{G} \tag{6-26}$$

5. 制作杀菌工段操作图表

（1）先计算装锅时间 t

装锅时间 t（min）的计算公式，如式（6-27）所示。

$$t = 60\frac{n}{x} \tag{6-27}$$

（2）计算一个杀菌操作周期时间 T 和杀菌锅所需的数量 N，则可制定杀菌工段操作表。

【例6-7】设第一个锅8:00开始装锅，则第二锅是8:00+t 后装锅，第三锅是8:00+2t 后装锅，以此类推，直至第 N 锅。第一个锅杀菌后出锅完毕的时间是8:00+T，第二个锅杀菌后出锅完毕的时间是8:00+(T+t)，第三个锅杀菌后出锅完毕的时间是8:00+(T+t+t)，以此类推，直至第 N 锅。这样即可制定出杀菌工段的操作图表。

解：如果根据计算需要 6 个杀菌锅，每个杀菌锅的装锅间隔时间 $t=26$min，杀菌式为 $\frac{25-90-25}{116℃}$℃，第一个杀菌锅在 8:00 开始装锅，则其操作安排如表 6-6 所示。

表 6-6　　杀菌工段的操作安排

过程	杀菌锅号						
	1	2	3	4	5	6	7
装锅开始	8：00	8：26	8：52	9：18	9：44	10：10	10：36
装锅结束	8：05	8：31	8：57	9：23	9：49	10：15	10：41
升温结束	8：30	8：56	9：22	9：48	10：14	10：40	11：06
杀菌结束	10：00	10：26	10：52	11：18	11：44	12：10	12：36
降温冷却结束	10：25	10：51	11：17	11：43	12：09	12：35	13：01
出锅结束	10：30	10：56	11：22	11：48	12：14	12：40	13：06

由表可知，第一号杀菌锅于 8:00 开始装锅到杀菌全过程结束时是 10:30，操作周期时间为 150min。第二个周期开始是 10:36，周期间隔时间为 6min，第六号锅装锅结束时间是 10:15，而第一号锅出锅开始时间是 10:25，即装锅和出锅时间最少相差 10min，时间不冲突。

（四）设备一览表

1. 主要设备明细表

通过设备与工艺计算，对于选定的主要设备应列出明细表，主要格式如表 6-7 和表 6-8 所示。

表 6-7　　某食品工厂某车间设备清单（一）

序号	设备名称	设备生产能力	规格型号	外形尺寸	台数	平衡计算简述	材料	单价	金额	制造厂商	备注
1											
2											
…											
合计											

表 6-8　　某食品工厂某车间设备清单（二）

序号	流程编号	设备名称	台数	结构型式	操作条件			体积流量/（m³/h）	空速/（m/s）	容量/m³	装料系数	线速度/（m/s）	停留时间/min	规格		备注
					介质	温度	压力/MPa							长宽	容积	
1																
2																

2. 设备一览表

在所有设备造型与设计完成以后，按流程图序号将所有设备汇总编成设备一览表，作为设计说明书的组成部分，并为施工设计和其他非工艺设计及设备订货提供必要的资料。在填写设备一览表时，通常要按生产工艺流程顺序排列各车间的设备；也可以把各车间的设备按专业设备、通用设备、非标准设备进行分类，填写设备一览表，如表 6-9 所示，便于汇总。

表 6-9　　某食品工厂某车间设备一览表

<table>
<tr><td colspan="4" rowspan="3">××设计单位名称</td><td>工程名称</td><td></td><td colspan="2" rowspan="3">综合设备一览表</td><td>编制</td><td></td><td colspan="3">年　月　日</td><td colspan="2">工程号</td><td colspan="2"></td></tr>
<tr><td>设计项目</td><td></td><td>校对</td><td></td><td colspan="3">年　月　日</td><td colspan="2">序号</td><td colspan="2"></td></tr>
<tr><td>设计阶段</td><td></td><td>审核</td><td></td><td colspan="3">年　月　日</td><td colspan="2">第　页</td><td colspan="2">共　页</td></tr>
<tr><td rowspan="2">序号</td><td rowspan="2">设备分类</td><td rowspan="2">流程图编号</td><td rowspan="2">设备名称</td><td rowspan="2">主要规格型号材料</td><td rowspan="2">面积（m^2）或容积（m^3）</td><td rowspan="2">附件</td><td rowspan="2">数量</td><td rowspan="2">单重/kg</td><td rowspan="2">单价/元</td><td rowspan="2">图纸图号或标准图号</td><td rowspan="2">设计或复用</td><td colspan="2">保温</td><td rowspan="2">安装图号</td><td rowspan="2">制造厂</td><td rowspan="2">备注</td></tr>
<tr><td>材料</td><td>厚度</td></tr>
<tr><td>1</td><td></td><td></td><td></td><td></td><td></td><td></td><td></td><td></td><td></td><td></td><td></td><td></td><td></td><td></td><td></td><td></td></tr>
<tr><td>2</td><td></td><td></td><td></td><td></td><td></td><td></td><td></td><td></td><td></td><td></td><td></td><td></td><td></td><td></td><td></td><td></td></tr>
</table>

四、 生产车间工艺布置

1. 车间布置设计的内容

生产车间平面设计指把车间的全部设备（包括工作台等），在一定的建筑面积内做出合理安排。平面布置图，就是把屋盖（或楼盖）掀开往下看，径直画出设备的外形轮廓图。在平面图中，必须表示清楚各种设备的安装位置，下水道、门窗、各工序及各车间生活设施的位置，进出口及防蝇、防虫措施等。除平面图外，有时还必须画出生产车间剖面图，剖面图又称为“立剖面图”，它可反映平面图中不能反映的重要设备和建筑物立面之间的关系，并可画出设备高度、门窗高度等在平面图中无法反映的尺寸。生产车间的工艺布置设计与建筑设计之间的关系比较密切，内容设计、工艺设计对建筑结构的要求不在本书中叙述。

2. 车间布置设计的依据

车间布置设计必须在充分调查的基础上进行，并应掌握必要的资料作为设计的依据，资料包括以下几点。

（1）生产工艺图。

（2）物料衡算数据及物料性质包括原料、半成品、成品、副产品的数量及性质，二废的数量及处理方法。

（3）设备资料，包括设备的外形尺寸、质量、保温情况及其操作条件，设备一览表等。

（4）公用系统耗用量供排水、供电、供热、供冷、压缩空气、外管资料等。

（5）土建资料和劳动安全、防火、防爆资料等。

（6）车间组织及定员资料。

（7）厂区总平面布置包括本车间与其他生产车间、辅助车间、生活设施的相互关系，厂内人员流动、物流的情况与数量等。

（8）国家、行业有关方面的规范资料。

食品工厂生产车间一般由生产车间、辅助车间、动力车间、仓库和堆场、三废治理、厂前区行政管理以及福利设施等组成。工艺设计人员主要完成生产车间的设计；辅助车间、动力车间（如变电间、锅炉房、制冷机房）以及水处理间系统的设计由相对应的配套专业人员承担设计。生产车间一般包括生产、辅助、生活等三个部分。生产部分包括原料工段、生产工段、成品工段、回收工段等；辅助部分包括变配电、热力、真空、压缩空气调节站、通风空调、车间化验、控制系统、包装材料等；生活行政部分包括车间办公室、更衣室、休息室、浴室以及厕所等。

3. 生产车间工艺布置的原则

在进行车间工艺布置时，应根据下列原则进行。

（1）要有总体设计的全局观点　首先要满足生产的要求，同时，还必须从本车间在总平面图上的位置，考虑与其他车间或部门间的关系以及发展前景等，满足总体设计的要求。

（2）设备布置要尽量按工艺流程的顺序安排，但有些特殊设备可按相同类型设备做适当集中，务必使生产过程占地最少、生产周期最短、操作最方便。如果一个车间是多层建筑，要设有垂直运输装置，一般重型设备最好在底层，原料收发间应设有地磅。

（3）在进行生产车间设备布置时，应考虑到进行多品种生产的可能，以便灵活调动设备，并留有相当的余地，以便更换设备，同时，还应注意设备相互间的间距和设备与建筑物的安全维修距离，既要保证操作方便，又要保证维修装拆和清洁卫生工作的方便。

（4）生产车间与其他车间的各工序要相互配合，才可保证各物料运输的畅通，避免重复往返。必须注意：要尽可能利用生产车间的空间运输；合理安排生产车间中各种废料的排出通道，人员进出要和物料进出分开。人流通道、物流通道和包装材料通道要流畅，尽量避免交叉、往复、污染。

（5）必须考虑生产卫生和劳动保护，如卫生消毒、防蝇防虫、车间排水、电器防潮及安全防火等措施。

（6）应注意车间的采光、通风、采暖、降温等设施。对散发热量、气味及有腐蚀性的介质，要单独集中布置。对空压机房、空调机房和真空泵房等设施既要有分隔，又要尽可能接近使用地点，以减少输送管路的长度及在管路中的能量损失。

（7）可以设在室外的设备，尽可能设在室外，上面可加盖简易棚。

（8）根据生产工艺对品质控制的要求，对生产车间或流水线的卫生控制等级要进行明确的区域划分和区间隔离，不同卫生等级的制品不能混流、混放，更不能倒流。

（9）严格执行 HACCP、ISO 14000 和 GMP 的要求。

（10）对生产辅助用房或空间应留有充分的面积，如更衣间、消毒间等。

4. 生产车间工艺布置的步骤与方法

食品工厂生产车间平面设计一般有两种：一种是新设计车间的平面布置；另一种是对原有厂房进行的平面布置设计。现将生产车间平面布置设计步骤叙述如下。

（1）整理好设备清单、生活室等各部分的面积要求，根据工艺流程对生产区域、辅助区域、生活行政区域的面积做初步的划分。

（2）对设备清单进行全面分析，哪些是轻的、可以移动的，哪些是几个产品生产时应尽量排布在车间四周的；轻的、可移动的设备，可排在车间的中间，这样在更换产品时调换设备比较方便。

（3）根据该车间在全厂总平面中的位置，确定车间建筑物的结构形式、朝向和跨度；

用坐标纸按厂房建筑设计的要求，绘制厂房建筑平面轮廓草图（比例可用1∶100，必要时也可用1∶200或1∶50），画好生产车间的长度、宽度和柱子以及大体上的区域位置。

（4）按照总平面图的构思，确定生产流水线方向。

（5）将设备尺寸按比例大小剪成方块状（或设备外形轮廓俯视图），在草图上进行排布，应排出多种不同的方案，以便分析比较。若采用AutoCAD制图会更加方便，这也是现代的工程设计人员所必须掌握的基本技能。

（6）对不同的方案可从以下几个方面进行比较：①工艺流程的合理性，人流、物流的畅通，与总平面的协调；②建筑结构的造价、建筑形式的实用和美感；③管道安装的便捷、隐蔽、规范和美观，与公用设施的距离及施工的便利性；④车间内外运输的流畅程度；⑤生产卫生条件的合理、规范程度；⑥操作条件的可靠性、消防安全措施的完整性；⑦通风采光等。通过分析比较各方案的优缺点，综合评价，选出最佳方案，再逐一计算每台设备必需的辅助场地和空间，而后把生活间、车间办公室等辅助用房放进去，再对布置做出必要的调整和修正。

（7）对确认的方案应征求专家意见并经修改完善后，再提交给委托方等征求意见，调整后确定一个完整的方案。

（8）在平面图的基础上，再根据需要确定剖视位置，画出剖视图，最后画出正式图。

5. 生产车间工艺设计对建筑、采光、通风、防虫等非工艺设计的要求

食品工厂生产车间的建筑外形选择，应根据生产品种、厂址、地形等具体条件决定。

一般所选的外形有长方形、L形、T形、U形等，其中以长方形最为常见。长方形车间的长度取决于流水作业线的形式和生产规模。食品生产车间的卫生要求更高，在设计中应考虑防蝇、防电、防尘、防雷、防滑、防鼠以及防水蒸气和油气等措施。

【案例6-2】某公司下饭菜生产设备布局与预算（6000瓶/h）

1. 某公司瓶装下饭菜生产线设备布局

某公司瓶装下饭菜生产设备布局如图6-5和图6-6所示，生产线设计规模为6000瓶/h，包括前处理、炼油炒制、洗瓶灌装、杀菌装箱等四个工段的相关设备布局。

2. 某公司瓶装下饭菜生产线设备清单与预算案例

某公司瓶装下饭菜生产线设备清单与预算投入分析如表6-10所示。

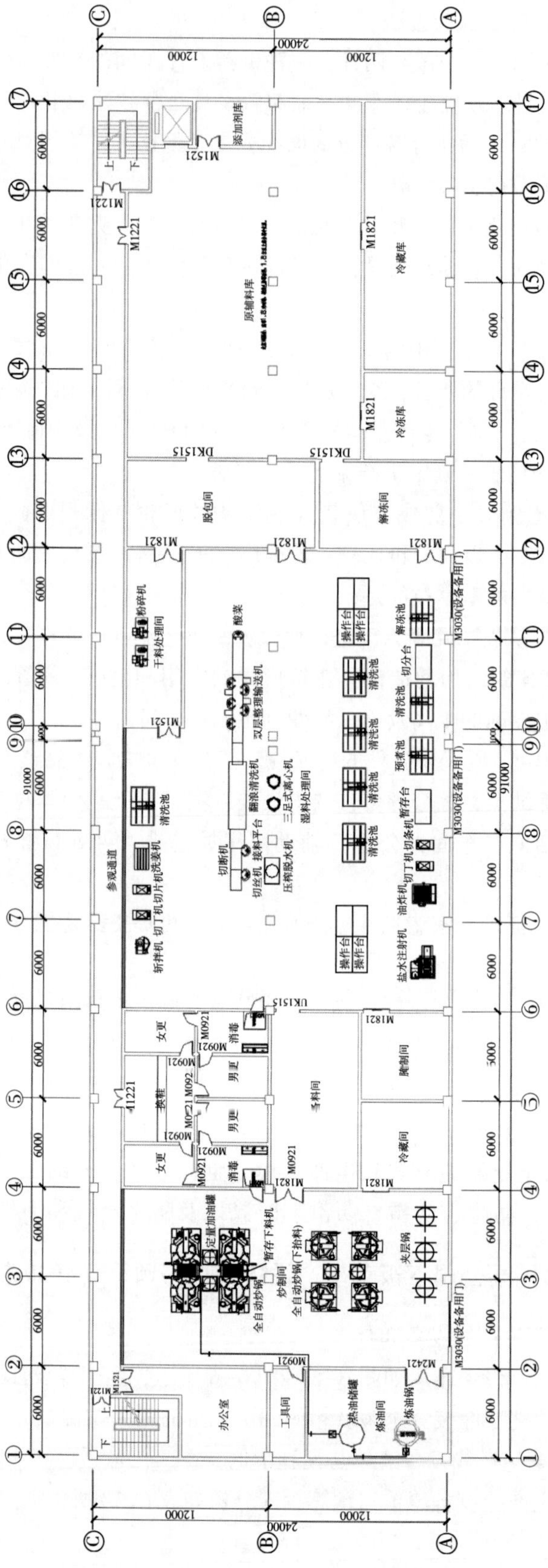

图 6-5　某公司瓶装下饭菜生产线设备布局（一楼）

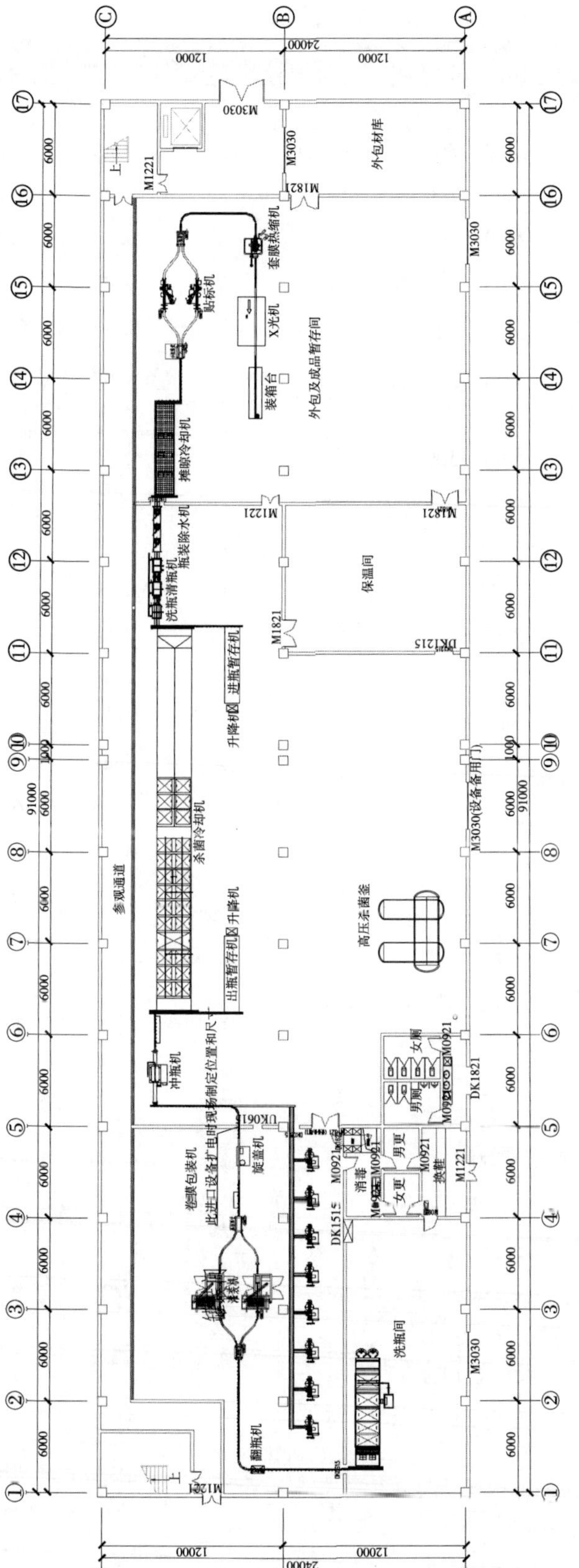

图 6-6　某公司瓶装下饭菜生产线设备布局（二楼）

表 6-10　　瓶装下饭菜生产线设备清单与预算投入（6000 瓶/h）

序号	设备名称	规格型号	单位	数量	单价/万元	总价/万元	备注
一、前处理工段							
1	解冻机	2400×1500	台	1	3.53	3.53	
2	分切平台	2300×1100	台	1	0.25	0.25	
3	预煮机	2400×1500	台	1	3.58	3.58	
4	暂存平台	2300×1100	台	1	0.25	0.25	
5	肉类切条机	—	台	1	6.48	6.48	
6	肉类切丁机	—	台	1	6.48	6.48	
7	智能油炸机	—	台	1	7.8	7.8	
8	清洗池	2400×1500	台	5	2.36	11.8	
9	盐水注射机	—	台	1	5.5	5.5	
10	真空滚揉机	—	台	1	3.1	3.1	
11	单桶压榨脱水机	500 型	台	1	5.8	5.8	
12	离心脱水机	—	台	2	2.88	5.76	
13	生姜清洗机	—	台	1	2.96	2.96	
14	切片机	—	台	1	6.48	6.48	
15	切丁机	—	台	1	6.48	6.48	
16	斩拌机	—	台	1	6.85	6.85	
17	粉碎机	—	台	1	4.68	4.68	
18	控制系统	—	套	3	4.55	13.65	
	小计					101.43	
二、炼油炒制工段							
19	炼油锅	1400L	台	1	6.86	6.86	
20	炼油锅到热油储罐管道	—	套	1	1.7	1.7	
21	储油罐	3000L	套	1	4.66	4.66	
22	油储罐到定量加油罐管道	—	套	1	2.6	2.6	
23	定量加油罐	300L	台	2	2.38	4.76	
24	全自动炒锅	HKCG-ZF-D-650-L（R）	台	4	12.7	50.8	
25	暂存下料机	1200L	台	2	4.6	9.2	
26	下料管道	—	套	2	1.1	2.2	
27	控制系统	—	套	1	6.7	6.7	
	小计					89.48	

续表

序号	设备名称		规格型号	单位	数量	单价/万元	总价/万元	备注
三、洗瓶灌装工段								
28	空瓶清洗杀菌烘干机		7000×1500	台	1	16.8	16.8	
29	接空瓶输送机		7000×82.6	台	1	2.8	2.8	
30	翻瓶机		—	台	1	0.84	0.84	
31	进分瓶输送机		11000×82.6	台	1	4	4	
32	分瓶装置 1		—	套	1	1.87	1.87	
33	进灌装输送机		3000×82.6	台	2	1.6	3.2	
34	自动灌装机		3000×1200	台	2	15.8	31.6	
35	进合瓶出输送机 1		3000×82.6	台	2	1.6	3.2	
36	合瓶装置 1		—	套	1	1.87	1.87	
37	检测输送机 1		2440×82.6	台	1	1.63	1.63	
38	自动旋盖机		—	台	1	17.36	17.36	
39	控制系统		—	套	2	4.55	9.1	
	小计						94.27	
四、杀菌装箱工段								
40	进冲油输送机		7000×82.6	台	1	2.8	2.8	
41	冲油机		2800×1200	台	1	5.2	5.2	
42	检测输送机 2		2440×314	台	1	1.63	1.63	
43	进杀菌输送机		9500×82.6	台	1	3.55	3.55	
44	出瓶暂存机		4000×1000	台	1	2.9	2.9	
45	升降机		—	台	2	3.4	6.8	
46	高压杀菌釜	杀菌锅	—	台	2	17.5	35	
		食品盖	—	个	16	0.3	4.8	
		杀菌盘	—	个	64	0.05	3.2	
		托盘	—	个	16	0.1	1.6	
		周转小车	—	辆	16	0.13	2.08	
47	限量提升机 1		2500×600	台	1	2.83	2.83	
48	多级翻浪清洗机		8700×1500	台	1	12.8	12.8	
49	限量提升机 2		5000×600	台	1	3.76	3.76	
50	五层烘干机		6500×1500	台	1	18.8	18.8	
51	节能型振动除水机		3000×11200	台	1	4.35	4.35	
52	出料输送机		4300×600	台	1	1.8	1.8	
53	进瓶暂存机		4000×1000	台	1	2.9	2.9	
54	瓶装杀冷却菌机		25000×2200	台	1	62.5	62.5	

续表

序号	设备名称	规格型号	单位	数量	单价/万元	总价/万元	备注
四、茶菌装箱工段							
55	冷却出输送机	9800×82.6	台	1	3.65	3.65	
56	去污洗瓶机	4200×600	台	1	4.6	4.6	
57	瓶装除水机	4200×600	台	1	3.75	3.75	
58	进摊凉输送机	1800×82.6	台	1	1.25	1.25	
59	摊凉机	6000×1200	台	1	4.8	4.8	
60	摊凉出输送机	5500×82.6	台	1	2.35	2.35	
61	分瓶装置 2	—	套	1	1.87	1.87	
62	进灌装输送机	—	台	2	1.6	3.2	
63	贴标机	—	台	2	13.7	27.4	
64	激光打码机	—	台	2	8.5	17	
65	进合瓶出输送机 2	3000×82.6	台	2	1.6	3.2	
66	合瓶装置 2	—	套	1	1.87	1.87	
67	进热缩输送机	7200×82.6	台	1	2.86	2.86	
68	套膜收缩输送机	5500×82.6	台	1	2.35	2.35	
69	套膜、热缩膜机	—	台	1	14.7	14.7	
70	X 光机	—	台	1	—	0	
71	装箱输送机	8000×714	台	1	3.8	3.8	
72	控制系统	—	套	3	4.56	13.68	
	小计					291.63	
合计							
	设备购置				582.39 万元		
	安装调试				46.59 万元（设备购置费的 8%）		
	运输				17.50 万元		
	税收				45.25 万元（设备购置费的 7%）		
	总计	陆佰玖拾壹万柒仟叁佰			691.73 万元		

如表所示，某公司瓶装下饭菜生产线设计规模为 6000 瓶/h，包括前处理、炼油炒制、洗瓶灌装、杀菌装箱四个工段共计 72 种相关设备或装备，根据当时市场行情与价格，计算所得生产设备购置费合计 582.39 万元；安装调试费用按设备购置费的 8%计算，为 46.59 万元，运输费用按 17.50 万元计；税收按设备购置费的 7%计算，为 45.25 万元；总计 691.73 万元。

思考题

1. 什么是食品设备的折旧？
2. 什么是食品设备的维修？
3. 什么是设备的有形磨损、无形磨损，各有何特点？举例说明。
4. 食品设备更新的意义与更新评价方法？
5. 食品生产线（工艺）设计需要考虑哪些内容？

第七章

食品建设项目技术经济分析

CHAPTER 7

学习目标

1. 掌握技术经济分析的内容和评价基本步骤。
2. 掌握项目费用和效益估算的方法。
3. 了解设计方案的综合分析以及方案选择的原则。

第一节　食品工厂新建项目技术经济分析

食品工厂的建设，在厂址的选择、工艺选择、专业选择、设备配套、车间布局、卫生设施等方面都涉及大量的技术经济问题。如果在建设之前，没有按照客观经济规律办事，未能详细制定一个科学的建设方案，在技术上经过周密的研究，在经济上进行充分的论证，就匆匆忙忙“拍板定案”，会给以后的设计、施工，甚至给项目建设单位造成无法弥补的损失。

项目的技术经济分析是在国家现行财税制度和市场价格体系下，站在企业或项目的立场，计算财务分析指标，考察拟建项目的盈利能力，并据以判断项目的财务可行性的经济管理活动，它可以帮助投资者明确项目对财务主体的价值及对投资者的贡献，为投资决策提供依据。

工程项目的技术经济分析是一项十分重要的工作。只有通过前期分析，证明项目在技术上可靠、经济上合理、财政上有保证，才能将它确定下来。除了建设项目在规划阶段必须进行技术经济分析之外，在项目的设计、建设和生产阶段，也都必须进行有针对性的技术经济分析工作，对实现每阶段目标可供选择的不同技术方案，进行细致的比较和评价工作，从而使生产的每一个环节都获得最大的经济效益。

一、　食品工厂新建项目技术经济分析的主要内容

工程项目技术经济分析的主要内容一般包括以下几个方面。

（1）市场需求预测和拟建规模。

（2）项目布局、厂址选择。

（3）工艺流程的确定和设备的选择。

（4）项目专业化协作的落实。

（5）项目的经济效果评价和综合评价。

为了确定一个建设项目，除了要做好以上各项分析工作外，还要对每个项目所需的总投资，逐年分期投资数额，投产后的产品成本、利润率、投资回收年限，项目建设期间和生产过程中消耗的主要物资指标等进行精确的定量计算。

这也是一项十分重要的工作，因为仅有定性分析，还不足以决定方案的取舍，只有把定性分析和定量计算联系起来，才能得出比较正确的方案。经济核算应该全面细致，所用指标应该确切可靠。同时，由于确定项目的各项货币（如投资、经营费用或生产成本等）和实物指标是进行技术经济分析的重要前提，对技术和经济两方面都有着较高的要求，因此，工程技术人员和经济工作人员一定要通力合作。

对每一个项目都要进行全面的、综合性的研究和分析，既要在技术上做到可行、先进，又要在经济上做到有利、合理。

二、技术方案经济效果的计算内容

技术经济分析中应用最普遍的是方案比较法，也称对比分析法，它是通过一组能从各方面说明方案技术经济效果的指标体系，对实现同一目标的几个不同技术方案，要进行计算、分析和比较，然后选出最优方案。

经济效果评价的指标和具体方法是多种多样的，它们从不同角度反映了工程技术方案的经济性。这些方法可分为两大类：确定性分析方法和不确定性分析方法。确定性分析方法主要有现值法、年值法、投资回收期法、投资利润率法、投资收益率法等。不确定性分析方法主要有盈亏平衡分析、敏感性分析和风险分析等。基于是否考虑资金的时间价值，投资效果评价方法又可分为静态分析法（不考虑资金、时间、价值因素）和动态分析法（考虑资金、时间、价值因素）。

三、设计方案的选择

设计方案经过技术经济分析后就进入决策阶段。决策就是在各个方案中选择最佳方案。为避免在决策中发生不必要的错误，应先对方案进行综合分析，然后再根据一定的原则进行分析。

1. 方案的综合分析

方案的综合分析应将每个方案在技术上、经济上的各种指标、优缺点全面列出，以作为方案评价和选择时的分析依据。方案的综合分析一般包括以下内容。

（1）列出每个方案具体计算好的各项经济效果指标，并对这些指标进行分析。任何一个技术方案，它的投资效果系数和投资利润率都应高于国家或部门规定的标准数据。若项目的投资是在有偿使用的条件下进行的，投资效果系数和投资利润率一定要高于银行贷款的利率，否则，在项目建成后，连利息都付不起，这样的项目是不能投资和建设的。

（2）列出各个方案的总投资、单位投资和投资的产品率，并分析投资的构成和投资高低的原因，提出降低投资的方向和具体措施。在分析投资时，特别要注意结合项目技术特点，严格分清项目分期建设及逐年所需的投资额，避免投资积压，尽量提高投资的使用效果。

（3）列出和分析每个方案投产后的产品成本，分析成本的构成和影响因素，提出降低成本的原则和主要途径。

（4）列出和分析各个方案投产后的产品数量和质量，指出这些产品投产后对发展食品工业、提高人民生活水平和发展农业的意义，特别是出口产品，要指明产品在国际上的竞争能力。

（5）分析各方案投产后的劳动生产率，在国内和国际上与同类企业相比是属于高的还是属于低的，原因何在，如何提高劳动生产率等。

（6）分析每个方案采用了哪些先进技术，这些技术的水平和成熟程度如何，这些先进技术对提高产品质量和劳动生产率有什么影响，经济效益如何。

（7）列出和分析每个方案在消耗重要物资材料和占有农田方面的情况，指出采用了哪些措施。

（8）分析每个方案的建设周期，提出保证工程质量、缩短工期的措施。

（9）分析项目的"三废"处理情况。

在进行每个方案的综合分析时，要有科学态度、有叙述、有评论，为正确合理地选择方案提供依据。

2. 方案选择的原则

正确、合理地选择方案会提高人民的生活水平，促进农业生产的发展，并为地区、企业的经济繁荣奠定扎实的基础，而方案选择又是一件非常困难和复杂的事。一般在选择时，各个方案常常是互相矛盾、各有长短的。为做好方案的决策工作，我们应根据项目特点，遵循下列原则，综合考虑，选出最佳方案。

（1）食品工厂建设方案的选择需在有充足的原料和市场需求的前提下，再考虑经济效果。

（2）方案的选择要符合国情和地区实际情况。如根据我国能源紧张和劳动力比较富裕的国情特点，在选择进口先进设备时就要具体分析，切勿盲目引进，给国家、地方或企业造成不必要的经济损失。

（3）方案的选择要与方案的实施相结合，选择的方案如果虽经济效果最好，但实施有困难，则仍是纸上谈兵。所以，在方案选择时，不可忽视方案实施的可行性。

（4）在选择方案时要多听不同意见，尽量避免片面性，使方案选择更为合理。这样，当食品工厂投产后，就可获得较好的经济效益和社会效益。

【案例 7-1】年产 35000t 米酿饮料加工建设项目技术分析

一、建设方案

1. 建设规模

根据本项目建设需要、食品加工企业规范要求，结合实际情况，通过厂址方案综合比较，推荐本项目建设选址为云南省绥江县新滩镇集镇后鲢溪路。该地距绥江县城 30km，绥江县位于云南省最北端，金沙江下游南岸，为两省（云南、四川）三市州（昭通、凉山、宜宾）结合部，交通极为方便。项目的实施有供水、供电、供气保障，道路通畅，通信等其他配套设施也齐备，保证了项目能快速、安全、高质量地建设。厂区占地 28913.3m²。建设米酿生产车间、办公大楼、品控大楼、综合大楼，以及供气、供电、供水、污水处理等辅助设施。同时建设配备常规检测设备的配套生产设施的技术检测中心。

2. 产品方案

产品方案如表 7-1 所示。

表 7-1　　产品方案表

序号	产品名称		设计规模	最小包装规格
1	休闲类米酿		10000t/年	40g/杯
2	营养功能性米酿	630 瓶装	4000t/年	630g/瓶
		480 碗装	3000t/年	480g/碗
		380 碗装	3000t/年	380g/碗
3	饮料型米酿	300mL 玻璃瓶	5000t/年	300mL/瓶
		330mL 易拉罐	10000t/年	330mL/罐

3. 总图及运输

按 GB 50187—2012《工业企业总平面设计规范》，在满足生产工艺的前提下，力求做到工艺流程简捷，避免迂回，物料流向与人流分离。尽量利用地势，减少运输量和物料的周转量。考虑近期建设和远景规划。力求做到整体统一协调，外观美观。

由于整个厂区是坡地，为节省投资，厂区通道应因势而成，将厂区分为三个台阶，生产车间立面采用 Z 字型设计，尽可能节省造价。全厂共设置三个生产车间，其中车间一生产饮料型米酿，车间二和车间三生产营养功能性米酿和休闲类米酿。各单体建筑间均有道路相连，边坡形成较大的绿化面积，使整个厂区环境优美，格调自然。总平面主要设计指标如表 7-2所示。

表 7-2　　总平面主要设计指标表

序号	项目	指标	序号	项目	指标
1	厂区占地面积/m²	28913.30	4	厂区建筑密度/%	47.2
2	厂区建筑占地面积/m²	13644.04	5	容积率	0.83
3	厂区建筑面积/m²	23938.01	6	机动车停车位/个	21

4. 厂外主要运输量及运输方式

本项目所需的主要原料、燃料大部分来自本地区，运输量较大的有原料、包装材料、成品等。年运入量为 28951.16t；年运出量 64151.16t；年运输总量为 93102.32t。全厂运输量如表 7-3 所示。

表 7-3 全厂运输量表

序号	货物名称	来处或运处	运输量/（t/年）	运距/km	备注
	运入	—	—	—	—
1	原辅料	本地、外地	12262.30	≤100	—
2	包装物	本地、外地	16688.86	≤100	—
小计			28951.16		
	运出	—	—	—	—
1	成品	本地、外地	63951.16	—	含包装
2	渣	本地	200.00	≤100	—
小计			64151.16		
合计			93102.32		

5. 土建工程

本项目为新建工程，有偿使用土地 28913.30m²，按照对外出口食品厂（库）注册卫生标准设计。按设计规划要求完成米酿生产车间、办公大楼、品控大楼、综合大楼等生产性工程的建设，以及检测中心、生产辅助用房、锅炉房、水、电、环保、消防等生产保障要素的建设。修建完成各类建筑工程 32217.93m² 及各项配套设施建设。建筑上总体上各主要建（构）筑物体形简洁、规整，建筑装饰与色彩明快。

6. 用水估算

日总用水量为 250m³。年总用水量为 75000m³。

用水量：经初步计算，项目投产后生产用水量，最大量约 270m³/d，平均为 230m³/d，年用水量约 69000m³。生活用水量，平均为 20m³/d，年用水量约 6000m³。

7. 供电

生产车间动力用电为 380V、50Hz 交流电；生活及照明为 220V、50Hz 交流电。电压波动≤5%，频率偏差≤0.5Hz。变压器负荷率为 82%。全厂用电负荷如表 7-4 所示。

表 7-4 全厂用电负荷情况

序号	车间名称	功率/kW	序号	车间名称	功率/kW
1	主车间	470.00	5	车间照明	120.00
2	质检	18.00	6	室外照明	50.00
3	供水、污水处理	50.00	7	生活用电	80.00
4	机修	11.00		合计	799.00

8. 供热

按本项目工艺要求，需要 4t/h 燃气锅炉 2 套，平均耗气量为 600m³/h，年耗气量为 168 万 m³。本项目蒸汽主要在蒸米、保温发酵以及杀菌阶段，项目生产最大耗气量为 7.8t/h，平均为 7.5t/h，要求连续供气，压力不低于 0.5MPa。

9. 建设标准和产品标准

本工程为农产品深加工工程，其设计要求按照 GB 14881—2013《食品安全国家标准　食品生产通用卫生规范》等执行。生产工艺规范、卫生要求按以下国家有关规定执行。

《中华人民共和国食品安全法》

《出口食品生产企业卫生要求》

GB 14881—2013《食品安全国家标准　食品生产通用卫生规范》

GBZ 1—2010《工业企业设计卫生标准》

GB 50016—2014《建筑设计防火规范》

NY/T 1885—2017《绿色食品　米酒》

GB 7101—2015《食品安全国家标准　饮料》

GB 50073—2013《洁净厂房设计规范》

GB 17405—1998《保健食品良好生产规范》

二、技术（工艺）方案

1. 主要技术参数

休闲类米酿、营养功能性米酿参考 T/XMM 001—2018《孝感米酒》制定企业标准；

饮料型米酿参考 GB/T 10792—2008《碳酸饮料（汽水）》制定企业标准。

2. 物料消耗定额及平衡

物料消耗定额及平衡如表 7-5~表 7-11 所示。

表 7-5　　休闲类米酿（果冻）原辅材料消耗定额（10000t/年）

序号	项目	单位	消耗定额	单价/（元/t 或 kg）	单位成本/（元/t）
1	原辅料	—	—	—	4502.60
1.1	珍珠糯米	t/t	0.40	6000.00	2400.00
1.2	白砂糖	t/t	0.10	5000.00	500.00
1.3	酒曲	kg/t	0.10	26.00	2.60
1.4	辅料	kg/t	20	80.00	1600.00
2	包装材料	—	—	—	2510.00
2.1	塑料杯	个/t	25000	0.039	975.00
2.2	封口膜	kg/t	20	33.00	660.00
2.3	纸箱	个/t	250	3.50	875.00
3	燃料及动力	—	—	—	227.76
3.1	水	m^3/t	2	3.50	7.00
3.2	电	kW·h/t	50	0.70	35.00
3.3	气	m^3/t	48	3.87	185.76
	合计	—	—	—	7240.36

注：$1kW \cdot h = 3.6 \times 10^6 J$。

表 7-6　营养功能性米酿（630 瓶装）原辅材料消耗定额（4000t/年）

序号	项目	单位	消耗定额	单价/（元/t 或 kg）	单位成本/（元/t）
1	原辅料	—	—	—	4142.60
1.1	圆糯米	t/t	0.34	6000.00	2040.00
1.2	白砂糖	t/t	0.10	5000.00	500.00
1.3	酒曲	kg/t	0.10	26.00	2.60
1.4	辅料	kg/t	20	80.00	1600.00
2	包装材料	—	—	—	2212.30
2.1	玻璃瓶	个/t	1588	0.80	1270.40
2.2	瓶标	个/t	1588	0.10	158.80
2.3	瓶盖	个/t	1588	0.20	317.60
2.4	纸箱	个/t	133	3.50	465.50
3	燃料及动力	—	—	—	227.76
3.1	水	m^3/t	2	3.50	7.00
3.2	电	kW·h/t	50	0.70	35.00
3.3	气	m^3/t	48	3.87	185.76
	合计	—	—	—	6582.66

注：$1kW \cdot h = 3.6 \times 10^6 J$。

表 7-7　营养功能性米酿（480 碗装）原辅材料消耗定额（3000t/年）

序号	项目	单位	消耗定额	单价/（元/t 或 kg）	单位成本/（元/t）
1	原辅料	—	—	—	4742.60
1.1	珍珠糯米	t/t	0.44	6000.00	2640.00
1.2	白砂糖	t/t	0.10	5000.00	500.00
1.3	酒曲	kg/t	0.10	26.00	2.60
1.4	辅料	kg/t	20	80.00	1600.00
2	包装材料	—	—	—	1069.10
2.1	塑料碗	个/t	2084	0.25	521.00
2.2	封口膜	kg/t	8.7	33.00	287.10
2.3	纸箱	个/t	87	3.00	261.00
3	燃料及动力	—	—	—	227.76
3.1	水	m^3/t	2	3.50	7.00
3.2	电	kW·h/t	50	0.70	35.00
3.3	气	m^3/t	48	3.87	185.76
	合计	—	—	—	6039.46

注：$1kW \cdot h = 3.6 \times 10^6 J$。

表 7-8　　营养功能性米酿（380 碗装）原辅材料消耗定额（3000t/年）

序号	项目	单位	消耗定额	单价/（元/t 或 kg）	单位成本/（元/t）
1	原辅料	—	—	—	4742.60
1.1	珍珠糯米	t/t	0.44	6000.00	2640.00
1.2	白砂糖	t/t	0.10	5000.00	500.00
1.3	酒曲	kg/t	0.10	26.00	2.60
1.4	辅料	kg/t	20	80.00	1600.00
2	包装材料	—	—	—	1351.00
2.1	塑料碗	个/t	2632	0.25	658.00
2.2	封口膜	kg/t	11	33.00	363.00
2.3	纸箱	个/t	110	3.00	330.00
3	燃料及动力	—	—	—	227.76
3.1	水	m^3/t	2	3.50	7.00
3.2	电	kW·h/t	50	0.70	35.00
3.3	气	m^3/t	48	3.87	185.76
	合计	—	—	—	6321.36

注：1kW·h=3.6×10^6J。

表 7-9　　饮料型米酿（玻璃瓶）原辅材料消耗定额（5000t/年）

序号	项目	单位	消耗定额	单价/（元/t 或 kg）	单位成本/（元/t）
1	原辅料	—	—	—	1020.52
1.1	珍珠糯米	t/t	0.1	6000.00	600.00
1.2	白砂糖	t/t	0.02	5000.00	100.00
1.3	酒曲	kg/t	0.02	26.00	0.52
1.4	辅料	kg/t	4	80.00	320.00
2	包装材料	—		—	2417.40
2.1	玻璃瓶+盖	个/t	3334	0.60	2000.40
2.2	纸箱	个/t	139	3.00	417.00
3	燃料及动力	—	—	—	227.06
3.1	水	m^3/t	1.8	3.50	6.30
3.2	电	kW·h/t	50	0.70	35.00
3.3	气	m^3/t	48	3.87	185.76
	合计	—	—	—	3664.98

注：1kW·h=3.6×10^6J。

表 7-10　　饮料型米酿（易拉罐）原辅材料消耗定额（10000t/年）

序号	项目	单位	消耗定额	单价/（元/t 或 kg）	单位成本/（元/t）
1	原辅料	—	—	—	1020.52
1.1	糯米	t/t	0.1	6000.00	600.00
1.2	白砂糖	t/t	0.02	5000.00	100.00
1.3	酒曲	kg/t	0.02	26.00	0.52
1.4	辅料	kg/t	4	80.00	320.00
2	包装材料	—	—	—	2502.70
2.1	易拉罐	个/t	3031	0.70	2121.70
2.2	纸箱	个/t	127	3.00	381.00
3	燃料及动力	—	—	—	227.06
3.1	水	m^3/t	1.8	3.50	6.30
3.2	电	kW·h/t	50	0.70	35.00
3.3	气	m^3/t	48	3.87	185.76
	合计	—	—	—	3750.28

注：$1kW\cdot h=3.6\times10^6J$。

表 7-11　　原辅料需量一览表

序号	物料名称	年用量/t	储量比例/%	自储量/t
1	糯米	9500	10	950
2	白砂糖	2300	10	230
3	酒曲+辅料	462.3	10	46.23
	合计	12262.3	—	1226.23

3. 设备选型

设备选型如表 7-12～表 7-15 所示。

表 7-12　　生产设备一览表

序号	设备名称	规格型号	单位	数量	总功率/kW	总价/万元
1	浸泡蒸制拌和生产线	—	套	3	90	120
1.1	原料暂存罐	150L	台	1	—	—
1.2	真空罐	200L	台	1	—	—
1.3	真空吸附系统	—	套	1	—	—
1.4	浸泡罐	$10m^3$	台	1	—	—

续表

序号	设备名称	规格型号	单位	数量	总功率/kW	总价/万元
1.5	输送机	3000×600	台	1	—	—
1.6	提升机	3700×600×3500	台	1	—	—
1.7	蒸饭机	10000×700×3000	台	1	—	—
1.8	平台及梯步	10000×1500	套	1	—	—
1.9	出料输送机	1500×300	台	1	—	—
1.10	拌曲机	1800×ϕ500	台	1	—	—
1.11	控制系统	—	套	1	—	—
2	发酵室	25m^2×10 个	组	3	—	40
3	调配过滤系统	—	套	3	60	60
4	包装杀菌冷却生产线	—	条	8	290	1120
4.1	630 生产线	3000 瓶/h	条	2	70	160
4.1.1	空瓶洗瓶杀菌机	6500×600×800	台	1	—	—
4.1.2	翻瓶器	—	套	1	—	—
4.1.3	灌装机	40-1	台	1	—	—
4.1.4	旋盖机	50-1	台	1	—	—
4.1.5	进杀菌输送机	3000×114.3×800	台	1	—	—
4.1.6	瓶装杀菌冷却机	30000×1800×800	台	1	—	—
4.1.7	杀菌出瓶输送机	3000×114.3×800	台	1	—	—
4.1.8	去污洗瓶机	3000×600×800	台	1	—	—
4.1.9	瓶装除水机	3000×600×800	台	1	—	—
4.1.10	过渡输送机	2000×114.3×800	台	1	—	—
4.1.11	贴标喷码机	—	台	1	—	—
4.1.12	装箱输送机	6000×800×800	台	1	—	—
4.2	380、480 生产线	1000 盒/h	条	2	30	140
4.2.1	碗封机	3000×900×1650	台	1	—	—
4.2.2	碗装杀菌冷却机	32000×1800×800	台	1	—	—
4.2.3	自动风干机	—	台	1	—	—
4.2.4	喷码机	—	台	1	—	—
4.2.5	装箱输送机	6000×800×800	台	1	—	—
4.3	休闲类米酿灌装生产线	40g/个	条	2	—	120
4.3.1	果冻包装机	40k-20	台	4	—	—

续表

序号	设备名称	规格型号	单位	数量	总功率/kW	总价/万元
4.3.2	杀菌冷却机	26M-1200	台	2	—	—
4.3.3	自动风干机	—	台	2	—	—
4.3.4	喷码机	—	台	2	—	—
4.3.5	装箱输送机	6000×800×800	台	2	—	—
4.4	瓶装饮料型米酿	—	条	1	100	300
4.4.1	空瓶洗瓶杀菌机	6500×600×800	台	1	—	—
4.4.2	翻瓶器	—	套	1	—	—
4.4.3	灌装机	40-1	台	1	—	—
4.4.4	旋盖机	50-1	台	1	—	—
4.4.5	进杀菌输送机	—	台	1	—	—
4.4.6	瓶装杀菌冷却机	32000×1800×800	台	1	—	—
4.4.7	杀菌出瓶输送机	3000×80×800	台	1	—	—
4.4.8	去污洗瓶机	3000×600×800	台	1	—	—
4.4.9	瓶装除水机	3000×600×800	台	1	—	—
4.4.10	过渡输送机	2000×114.3×800	台	1	—	—
4.4.11	贴标喷码机	—	台	1	—	—
4.4.12	装箱输送机	6000×800×800	台	1	—	—
4.5	易拉罐饮料型米酿	400 听/min	条	1	90	360
4.5.1	自动空罐卸垛机	—	台	1	—	—
4.5.2	喷淋空罐洗罐机	—	台	1	—	—
4.5.3	高速灌装封罐机	—	台	1	—	—
4.5.4	连续喷淋杀菌机	—	台	1	—	—
4.5.5	强力水膜风干机	—	台	1	—	—
4.5.6	液位检测机	—	台	1	—	—
4.5.7	真空检测机	—	台	1	—	—
4.5.8	喷码机	—	台	1	—	—
4.5.9	自动装箱机	—	台	1	—	—
4.5.10	码垛机	—	台	1	—	—
5	水处理系统	—	套	1	30	60
6	锅炉	4T	套	2	35	60
	总计				505	1420

表 7-13　　机修车间主要设备

序号	设备名称	规格型号	数量/台	总价/万元	备注
1	电焊机	—	1	1.5	—
2	氧焊机	—	1	0.5	—
3	台钻	—	1	0.2	—
4	砂轮	—	1	0.2	—
5	车床	—	1	5	—
6	刨床	—	1	4	—
7	其他	—	—	5	—
	合计	装机 11kW	—	16.4	—

表 7-14　　中心化验室主要仪器设备

序号	设备名称	型号规格	数量/台	单价/元	备注
1	溶出崩解仪	ZB-1C	1	4600	—
2	高效液相色谱仪	LC-10ATVP	1	167000	—
3	原子吸收光谱仪	—	1	83500	—
4	高温电阻炉	—	1	2650	—
5	澄明度检测仪	YB-2	1	1100	—
6	自动双重纯水蒸馏器	D1810C	1	6000	—
7	水分快速测定仪	SH10A	1	2900	—
8	天平	TG601	5	1000	5mg~1000g
9	分析天平	TG602	5	1300	1mg~200g
10	电子分析天平	T3-200A	2	1300	0.1mg~200g
11	电热鼓风干燥箱	101-1	5	1250	—
12	电热真空干燥箱	DT-402	2	1250	—
13	电热恒温培养箱	JC303A-3	6	1780	—
14	蒸馏水发生器	ZLSH-10	3	800	—
15	不锈钢高压消毒器	YXQ-SG46-280S	2	700	—
16	干燥器	300mm	10	245	—
17	电热板	SB-1.8-4	1	1400	—
18	数显恒温水浴锅	HH-4	4	580	—
19	酸度计	PHD-200A（B）	5	2500	—
20	组织捣碎机	DS-1	3	1150	—
21	超声波清洗器	SH3300-210L	1	9000	—

续表

序号	设备名称	型号规格	数量/台	单价/元	备注
22	紫外分光光度计	S22PC	1	2600	—
23	可见光分光光度计	—	1	2100	—
24	净化工作台	双人	2	8500	—
25	生物显微镜	L30L	2	1800	—
26	冰箱	—	5	3000	—
27	玻璃仪器	—	1	5000	—
28	药品	—	1	10000	—
29	计算机、打印机	—	1	15000	—
30	其他	—	1	30000	—

表 7-15 供水供电供气消防及污水处理主要设备

序号	设备名称	型号规格	数量/台	总价/万元	备注
1	供水泵	—	1	1	—
2	无塔上水器	—	1	12. 5	—
3	管道	—	1 套	3	—
4	变压器	—	1	8	—
5	高压配电柜	—	3	15	—
6	低压配电柜	—	2	10	—
7	线路	—	1 套	20	—
8	蒸汽管道	—	2 套	5	—
9	污水处理	—	1 套	40	—
9. 1	格栅	B = 500mm	1	—	—
9. 2	潜水排污泵	WQ20-15	3	—	—
9. 3	罗茨风机	HC-100lS	2	—	—
9. 4	一体化污水处理设备配套	—	1	—	—
9. 5	曝气系统	—	1	—	—
9. 6	生化填料	AR-33-50	200	—	—
9. 7	斜管填料	Φ35	16	—	—
9. 8	消毒装置	Φ150	1	—	—
9. 9	液位控制器	—	1	—	—
9. 10	PLC 控制柜	—	1	—	—
10	消防设备	—	1 套	50	—
	合计			164. 5	

本项目工程设备全部从国内购买，全部国产化，完全能够满足生产及品质控制的要求。

4. 建筑方案

建筑方案如表 7-16 所示。

表 7-16　　建筑一览表

序号	工程名称	层数/层	建筑基底面积/m^2	建筑面积/m^2	结构类型	备注
1	办公楼	3~4	680.4	2381.4	框架	—
2	综合大楼	3	1066	3198	框架	—
3	品控大楼	3	780	2340	框架	—
4	门卫及消防控制室	1	96	96	砌体	—
5	地埋式污水处理站	-1	60	60	构筑物	地埋式
6	锅炉房	1	143	143	框架	—
7	空压机房	1	40	40	砌体	—
8	车间一	1~2	4508.88	7220.05	混合	—
9	车间二	1~2	3434.4	4304.4	混合	—
10	车间三	1~2	2895.36	4215.16	混合	—
	合计		13644.04	23938.01		

5. 实施进度安排

项目实施进度安排如表 7-17 和表 7-18 所示。

表 7-17　　一期工程项目实施进度表

序号	建设内容	2016 年						2017 年	
		7	8	9	10	11	12	1	2
一	项目前期准备工作								
1	可研报告的编制	━							
2	施工图设计及审查	━	━						
3	设备、工程施工招标		━						
二	建设期								
1	施工准备及土建施工		━	━	━	━			
2	设备定购、安装调试		━	━	━	━	━		
三	试运行							━	
四	投产								━

表 7-18　　二期工程项目实施进度表

序号	建设内容	2017 年											
		1	2	3	4	5	6	7	8	9	10	11	12
一	建设期												
1	施工准备及土建施工	—	—	—	—	—	—	—	—	—			
2	设备定购、安装调试	—	—	—	—	—	—	—	—	—	—		
二	试运行											—	
三	投产												—

三、技术经济评价

（一）建设投资估算

具体包括固定资产费用、建设工程其他费用、无形资产、其他资产费用、预备费等。

1. 固定资产费用

（1）建筑工程费用估算　采用投资指标估算法。投资指标按当地同类项目建筑工程造价，参照云南省建筑工程工程量清单计价定额和云南省施工企业工程规费计取标准，结合该项目建筑结构、装饰标准、当地三材价格综合测算确定；建筑工程 2971. 13 万元，占固定资产总投资的 44. 24%。

（2）设备及工器具购置费估算　设备购置费为设备出厂价加运杂费（设备预算价格）。工器具购置费根据不同设备，按设备预算费用的一定比例计算。

设备及工器具购置费 1743. 55 万元，占固定资产总投资的 25. 96%。

（3）安装工程费用估算　项目对需要安装的设备计算安装费用，包括：①各种机电设备装配和安装工程费用，与设备相连的工作台、梯子及其装设工程费用，附属于被安装设备的管线敷设工程费用；②安装设备的绝缘、保温、防腐等工程费用；③单体试运转、连动无负荷试运转费用；④管道、管线安装费用。

本项目安装工程费结合当地安装定额按安装费率计算。安装工程费用 261. 53 万元，占固定资产总投资的 3. 89%。

2. 建设工程其他费用

按中华人民共和国行业标准——QBJS 10—2005《轻工业工程设计概算编制办法》。

建设工程其他费用 509. 38 万元，占固定资产总投资的 7. 58%。其中：

（1）建设管理费 84. 86 万元，占固定资产总投资的 1. 26%；

（2）勘察设计费 141. 44 万元，占固定资产总投资的 2. 11%；

（3）工艺设计费 60 万元，占固定资产总投资的 0. 89%；

（4）工程监理费 60. 35 万元，占固定资产总投资的 0. 99%；

（5）环境影响评价费 10 万元，占固定资产总投资的 0. 15%；

（6）安全评价费 10 万元，占固定资产总投资的 0. 15%；

（7）工程保险费 28. 29 万元，占固定资产总投资的 0. 42%；

（8）办公及生活设施费 78. 8 万元，占固定资产总投资的 1. 17%；

（9）绿化 35.64 万元，占固定资产总投资的 0.53%。

3. 无形资产

本项目无形资产 693.92 万元，占固定资产总投资的 10.3%；

其中土地使用权 693.92 万元，占固定资产总投资的 10.3%。

4. 其他资产费用

其他资产费用 39.4 万元，占固定资产总投资的 0.59%；

其中人员培训费 39.4 万元，占固定资产总投资的 0.59%。

5. 预备费

预备费主要包括设计变更及施工过程中可能增加工程量的费用。基本预备费 497.51 万元，占固定资产总投资的 7.41%。

项目投资构成分析如表 7-19 所示。

表 7-19　投资构成分析表　单位：万元

序号	工程费用名称	投资额	占固定资产投资/%	备注
1	固定资产费用	5485.59	81.7	—
1.1	工程费用	4976.21	74.1	—
	建筑工程	2971.13	44.24	—
	设备费	1743.55	25.96	—
	安装费	261.53	3.89	—
1.2	固定资产其他费用	509.38	7.58	—
	建设管理费	84.86	1.26	—
	勘察设计费	141.44	2.11	—
	工艺设计费	60.00	0.89	—
	工程监理费	60.35	0.9	—
	环境影响评价费	10	0.15	—
	安全评价费	10	0.15	—
	工程保险费	28.29	0.42	—
	办公及生活设施费	78.8	1.17	—
	绿化	35.64	0.53	—
2	无形资产费用	693.92	10.3	—
	土地使用权	693.92	10.3	—
3	其他资产费用	39.4	0.59	—
	人员培训费	39.4	0.59	—
4	预备费	497.51	7.41	—
	基本预备费	497.51	7.41	—
	涨价预备费	0	0	—
5	建设投资	6716.43	100	—

综上，本项目建设投资 6716.42 万元。

（二）流动资金估算

流动资金按正常周转天数估算，正常年份需流动资金 5402.32 万元。其中铺底流动资金 1620.7 万元（占流动资金的 30%），流动资金根据生产负荷逐年投入使用。

（三）销售（营业）收入、销售（营业）税金和附加估算

1. 销售（营业）收入

该项目财务评价按不含税价计算。产品生产量如下所示。

休闲类米酿 10000t/年；

营养功能性米酿 630 瓶装 4000t/年；

营养功能性米酿 480 瓶装 3000t/年；

营养功能性米酿 380 瓶装 3000t/年；

饮料型米酿 300mL 玻璃瓶 5000t/年；

饮料型米酿 330mL 易拉罐 10000t/年。

产品价格如下所示。

休闲类米酿 12000 元/t；

营养功能性米酿 630 瓶装 12000 元/t；

营养功能性米酿 480 瓶装 12000 元/t；

营养功能性米酿 380 瓶装 12000 元/t；

饮料型米酿 300mL 玻璃瓶 7000 元/t；

饮料型米酿 330mL 易拉罐 7000 元/t。

年平均营业收入 32200 万元。

2. 销售（营业）税金及附加

年平均营业税金及附加 243.32 万元；年平均增值税 2433.25 万元。

3. 单位产品生产成本估算

成本估算按照国家现行财务制度的规定计列各项费用。

①原辅材料消耗根据同类企业一般消耗水平计算：年均生产所需原辅材料费 10325.26 万元，年均包装材料费 7675.7 万元，年均外购燃料及动力费 780.19 万元。

②工资及福利费：本项目劳动定员为 197 人，其中管理及技术人员 65 人（其中专职食品安全管理员 4 人），工资及福利按 10 万元/年，工人 132 人，工资及福利按 4 万元/年，年平均工资及福利费共计 1236.9 万元。

③修理费：修理费按固定资产投资额的 3%计算，年均修理费 211.56 万元；

④其他费用：年平均其他费用 7504.14 万元，其中年平均其他车间制造费用 123.69 万元，年平均其他管理费用 618.45 万元。

年平均销售费用按销售收入的 20%计算，年平均营业费用 6762 万元。

⑤年平均财务费用和年平均总成本费用：年平均财务费用 219.82 万元，年平均总成本费用 27146.11 万元。

（四）财务效益分析

经测算，该项目静态投资指标如下：

年平均利润总额 4810.57 万元；

年平均所得税 1202.64 万元；

年平均净利润 3607.93 万元；

总投资收益率 37.88%；

投资利润率 36.3%；

投资利税率 56.5%。

（1）项目财务内部收益率（所得税前）55.23%；

项目财务净现值（所得税前）（i_c=10%）33053.47 万元；

全部投资回收期（所得税前）3.33 年。

（2）项目财务内部收益率（所得税后）41.19%；

项目财务净现值（所得税后）（i_c=10%）24004.14 万元；

项目投资回收期（含建设期）3.99 年。

（3）项目资本金内部收益率 153.34%；

以上指标表明：项目内部收益率（税前、税后）高于基准收益率 10%。

（五）不确定性分析

（1）盈亏平衡分析　根据满负荷生产年份的营业收入、成本费用、税金等数据计算盈亏平衡点（*BEP*）。

（2）盈亏平衡点

①以生产能力利用率计算的盈亏平衡点为 34.52%；

②以销售价格计算的盈亏平衡点为 84.17%。

（六）敏感性分析

选择固定资产投资、销售价格、原材料价格、负荷变化等因素，在±10%的幅度内进行单因素变化测算，结果表明影响最大的是销售价格，其次是原材料价格，固定资产投资和负荷变化因素影响相对较小。当销售价格降低 10%，项目内部收益率（税前）降至 19.76%，仍大于基准收益率，说明项目抗风险能力较强。

（七）财务评价结论

该项目完成后，以全国同行业基准内部收益率 10%作为折现率计算财务净现值，所得税前财务净现值为 33053.47 万元，远大于 0，说明效益较好。

所得税前投资回收期为 3.33 年，低于基准回收期，能在较短时期内收回投资。

以生产能力利用率计算的盈亏平衡点为 34.52%，以销售价格计算的盈亏平衡点为 84.17%。说明项目具有较强的抗风险能力。

项目财务分析结果表明，项目具有较强的盈利能力和抗风险能力。

综上，项目财务评价基本可行。

第二节　改扩建和技改项目的财务分析

改建、扩建和技术改造（以下简称改扩建和技改）项目是在企业原有基础上建设的，这和新建项目不同。对于新建项目来说，所发生的费用、收益都可归于项目；而改扩建和技改项目的费用和收益既涉及到新投资部分，又涉及到原有基础部分，因此给评价项目的效果带来新的问题。

如果改扩建和技改项目所涉及的费用、收益可以清楚地从企业原有基础产生的费用和收益中分离出来，那么这样的项目就和新建项目没有区别，其评价方法前文已做了充分讨论。在一定条件下，这种分离是可以做到的。但是，对多数改扩建和技改项目来说，实现这种分离比较困难，下面着重讨论这种情形。

改扩建和技改项目效果评价方法总的原则是：考察项目建设与不建设两种情况下费用和收益的差别，这种差别就是项目引起的，也就是其效果所在。评价方法有两种：总量效果评价法（简称总量法）和增量效果评价法（简称增量法）。

一、 总量法

不进行改扩建和技改与进行改扩建和技改实际上是有待决策的两个方案，这两个方案互相排斥，因此这类项目评价的实质是对互斥方案比较的研究。对于互斥方案，可以首先计算各方案的绝对效果（如 *NPV*、*NAV*），然后进行比较。所以，可以首先分别计算改扩建、技改与否两种情况下的净现值，然后加以比较，这就是总量法，其含义是，从总量上衡量各自的效果。很显然，分别考察各种情况下的效果时，不涉及费用、收益的划分问题，即不需要判断它们是属于新上项目还是属于原有基础项目。

【例 7-1】某食品企业现有固定资产 500 万元，流动资产 200 万元，若进行技术改造须投资 140 万元，改造当年生效。改造与不改造的每年收入、支出如表 7-20 所示，假定改造和不改造的寿命期均为 8 年，基准折现率 $i_0=10\%$，问该企业是否应当进行技术改造？

表 7-20　　某企业改造与不改造的收支预测　　单位：万元

	不改造		改造	
	第 1~7 年	第 8 年	第 1~7 年	第 8 年
销售收入	600	600	650	650
资产回收	—	250	—	300
支出	495	495	520	520

对于这样一个问题，人们可能画出如图 7-1（1）那样的现金流图，也可能画出如图 7-1（2）那样的现金流图。二者的区别在于原有资产是否被当作投入处理。从方案比较的角度来看，如果要在两个互斥方案中挑选一个较好的方案，那么各方案中相同的现金流都可以省略。例如，两个方案收益相同，只要比较费用就行了，即省略了收入的现金流。但是，这样做已经谈不上是总量评价，因为这样计算出来的任何一个被比较方案的效果已不是绝对效果。图 7-1（1）中的现金流略去了原有资产部分，改造和不改造的现金流都已不是完整的现金流，按照此现金流计算出来的改造、不改造的效果就不是总量效果，因此，其方法也不是总量法。

出现这种情况的原因是分析者认为原有资产已经存在，不是新投资，因此不必当作现金流出。这种看法从表面上看似乎有道理，但从经济原理上分析，是不正确的。因为原有资产不仅有其实物形态，而且具有价值形态，设想拥有者不使用这笔资产，他可将其出让，从而

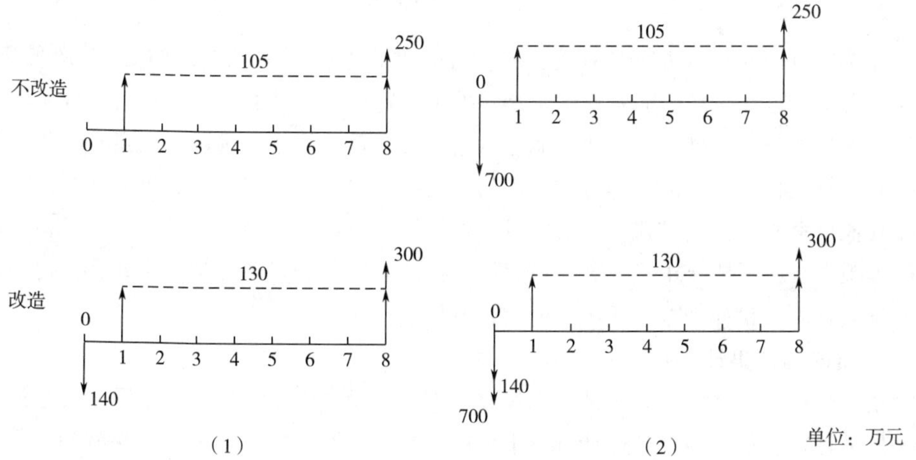

图 7-1　总量法现金流量图

（1）方案一　（2）方案二

获得相当于资产价值的收入。现在，拥有者不出让就意味着他失去了获得这笔收入的机会，这是一种机会损失，在经济分析中应将其视为支出才能反映出使用这笔资产的效果。

项目评价是为了正确地决策，如果按照图 7-1（1）的分析方法不会导致作出错误的决策，那么这种方法仍然是有效的。为此，需要进一步讨论其结论的正确性。

按图 7-1（1）的现金流，可计算出不改造的净现值 NPV_1 和改造的净现值 NPV_2：

$$NPV_1 = 105(P/A,\ 10\%,\ 8) + 250(P/F,\ 10\%,\ 8) = 676.8(\text{万元})$$

$$NPV_2 = -140 + 130(P/A,\ 10\%,\ 8) + 300(P/F,\ 10\%,\ 8) = 693.5(\text{万元})$$

如果按此结果判断，因为 $NPV_2>NPV_1>0$，所以应当改造。

按图 7-1（2）的现金流，计算结果为：

$$NPV_1 = -700 + 105(P/A,\ 10\%,\ 8) + 250(P/F,\ 10\%,\ 8) = -23.2(\text{万元})$$

$$NPV_2 = -840 + 130(P/A,\ 10\%,\ 8) + 300(P/F,\ 10\%,\ 8) = -6.5(\text{万元})$$

此时，虽然 $NPV_2>NPV_1$，但二者都不能通过绝对效果进行检验，因此不能轻易地作出应当改造的结论。

从以上分析可以看出，省略被比较方案的相同现金流（在改扩建和技改项目评价中最常见的是省略原有资产）的最主要危害在于可能将实际上不可行的项目判断为可行。因此，在总量法中必须将原有资产视为投资列入现金流出。总量法的优点在于它不仅能够显示出改扩建、技改与否的相对效果，而且能够显示其绝对效果。

在评价改扩建和技改项目的总量效果（以及增量效果）时，还应注意企业部分原有资产转让出售的可能性。如果由于改扩建与技改而使部分原有资产不再有用并能转让出售或作其他有价处理，应把转让资产的收入视作现金流入。

总量法是对改扩建、技改与否的总量效果指标进行比较的过程，按照互斥方案比较的要求，只能使用价值型指标（如净现值、净年值等），而不能使用效率型指标（如内部收益率等）。

二、 增量法

总量法虽有同时显示方案绝对效果和相对效果的优点，但是需要将原有资产视为投资，需要对原有资产进行估价，而资产估价是一件十分复杂和困难的工作，其工作量和难度往往超过项目评价本身。另外，总量法不能显示用于改扩建、技改的投资可达到的收益水平，因而只能对进行改扩建、技改与不进行改扩建、技改两种方案的相对优劣作出判断，无法揭示当存在其他投资机会时改扩建、技改项目是否最优。因此，总量法并不是改扩建和技改项目评价的理想方法，需要寻求更合理、更简便可行的方法。下面来研究一下增量法。

增量法是对改扩建和技改所产生的增量效果进行评价的方法。

1. 增量法的效果计算和适用范围

增量法的程序：首先计算改扩建和技改产生的增量现金流，然后根据增量现金流进行增量效果指标计算，最后根据指标计算结果作决策判断。增量法可以采用净现值和内部收益率指标，称增量净现值和增量内部收益率。当出现寿命不等问题时，可采取与总量法相同的方法处理。可以沿用总量法公式的符号，则增量净现值 NPV_d 计算公式如式（7-1）所示。

$$NPV_d = \sum_{t=0}^{n_1}[-K_t + (BK_{2t} - BK_{1t}) + (CI_{2t}^t - CI_{1t}^t) - (CO_{2t}^t - CO_{1t})] \times (P/F, i_0, t) + (S_2 - S_1) \times (P/F, i_0, n_1) \tag{7-1}$$

增量内部收益率 IRR_d 可按式（7-2）求解：

$$\sum_{t=0}^{n_1}[-K_t + (BK_{2t} - BK_{1t}) + (CI_{2t}^t - CI_{1t}^t) - (CO_{2t}^t - CO_{1t})] \cdot (P/F, IRR_d, t) + (S_2 - S_1) \times (P/F, IRR_d, n_1) = 0 \tag{7-2}$$

式中 BK_{1t}——不进行改扩建和技改第 t 年可获得的资产转让收入；

BK_{2t}——进行改扩建和技改第 t 年可获得的资产转让收入；

CI_{1t}——不进行改扩建和技改第 t 年的现金流入（不含资产转让收入和期末资产残值回收）；

CO_{1t}——不进行改扩建和技改第 t 年的实际现金流出；

CI_{2t}——进行改扩建和技改第 t 年的现金流入（不含资产转让收入和期末资产残值回收）；

CO_{2t}——进行改扩建和技改第 t 年的现金流出（不含改扩建和技改投资）；

K_t——第 t 年的改扩建和技改投资；

S_1——不进行改扩建和技改 n_1 年末的资产残值；

S_2——进行改扩建和技改 n_1 年末的资产残值；

n_1——不进行改扩建和技改的项目寿命期；

i_0——基准折现率。

由于进行改扩建和技改与不进行改扩建和技改两种情况下都有相同的原有资产 V_a，在进行增量现金流计算时互相抵消，在式（7-1）和式（7-2）中不再出现 V_a，这样就不必进行原有资产的估价。按照通常的理解，在计算出增量效果指标后，若 $NPV_d>0$ 或 $IRR_d>i_0$，则应进行改扩建和技改投资。然而，能否这样下结论仍然是个有待讨论的问题。

仍用例 7-1 的数据来分析，不难看出，其 NPV_d 为：

$$NPV_d = -140 + (130 - 105)(P/A, 10\%, 8) + (300 - 250)(P/F, 10\%, 8) = 16.7(\text{万元})$$

如果根据 $NPV_d = 16.7$ 万元>0 作出应当改造的结论则过于草率了，因为无论改造与否，该项目都未通过绝对效果检验。这里的问题在于增量法所体现的仅仅是相对效果，而不能体现绝对效果。相对效果只能解决方案之间的优劣问题，绝对效果才能解决方案能否达到规定的最低标准问题。从理论上说，互斥方案比较应该同时通过绝对效果和相对效果检验。

不难证明，在若干个互斥方案中，若前一方案通过了绝对效果检验，后一方案与前一方案比较通过了相对效果检验，那么后一方案必然通过绝对效果检验。因此，在改扩建和技改项目评价中，若满足下列条件之一就是完善的：

条件一，不进行改扩建和技改通过总量评价，改扩建和技改通过增量效果评价；

条件二，进行改扩建同时通过总量效果和增量效果评价。

这样，仍至少要做某一种情况的总量效果评价。这与预期回避资产估价的愿望是不相符的。为此，需要来做进一步的分析，以寻求新的可能性。

假定增量效果已经计算出来，而总量效果尚不清楚。将增量效果和总量效果的全部可能性列在表 7-21 中，表中“+”表示通过评价标准，“-”表示不能通过评价标准。

表 7-21　增量效果和总量效果的可能性排列

序号	增量效果①	总量效果		按增量效果应做的决策④
		不进行改扩建和技改②	进行改扩建和技改③	
(1)	+	+	+	改扩建和技改
(2)	+	-	+	同 (1)
(3)	+	-	-	同 (1)
(4)	-	+	+	不进行改扩建和技改
(5)	-	+	-	同 (4)
(6)	-	-	-	同 (4)

全部排列有 8 种，但是显然按表中①②③的顺序“+”“+”“-”和“-”“-”“+”的可能是不存在的，因此可能性只有 6 种。

在 (1) (2) (5) (6) 这 4 种情况下，增量效果和改扩建和技改后的总量效果方向一致，根据增量效果决策不会发生错误。在第 (4) 种情况下，尽管通过了总量效果评价，但由于不能通过增量效果评价，仍不应进行改扩建和技术改造，即根据增量效果决策不会发生错误。

现在只剩下第 (3) 种情况有待讨论。从总量效果看，在这种情况下，改扩建和技术改造与不进行改扩建和技术改造的企业的总体经济效益都不好，但改扩建和改造后有所改善。此时企业可选择的决策方案有：

方案一　不改扩建和技改，继续生产经营；

方案二　进行改扩建和技改；

方案三　关闭工厂，拍卖现有资产。

方案一和方案二比较，由于增量效果好，所以方案二优于方案一，即方案一应淘汰。现在可供选择的方案只剩下方案二和方案三。表明当需要判断是否应关闭、拍卖工厂时，需要做总量评价。而这种情况在现实经济生活中并不具有普遍性，多数情况下可以不困难地排除关闭、拍卖工厂这种选择。

根据以上分析可以得出结论：在改扩建和技改项目评价中，在一般情况下，只需要进行增量效果评价；只有当现有企业面临亏损，需要就将企业关闭、拍卖还是进行改扩建和技改作出决策时，才需要同时作增量效果评价和总量效果评价（只需对上述方案二作总量评价）。

2. 增量现金流的计算

增量现金流的计算是增量法的关键步骤。常见的计算增量现金流的方法是将进行改扩建和技改后（简称项目后）的现金流减去改扩建和技改前（简称项目前）的对应现金流，这种方法称为“前后”比较法或前后法。方案比较中的现金流比较必须保证诸方案在时间上的一致性，即必须用同一时间的现金流相减。前后法用项目后的量减项目前的量，实际上存在着一个假设：若不上项目，现金流将保持项目前的水平不变。当实际情况不符合这一假设时，就将产生误差。因此，前后法是一种不正确的方法。计算增量现金流的正确方法是“有无”法，即用进行改扩建和技改（有项目）未来的现金流减不进行改扩建和技改（无项目）对应的未来的现金流。有无法不作无项目时现金流保持项目前水平不变的假设，而要求分别对有、无项目未来可能发生的情况进行预测。

按前后法计算增量现金流，可能在以下几种情况下发生错误，如图 7-2 所示。

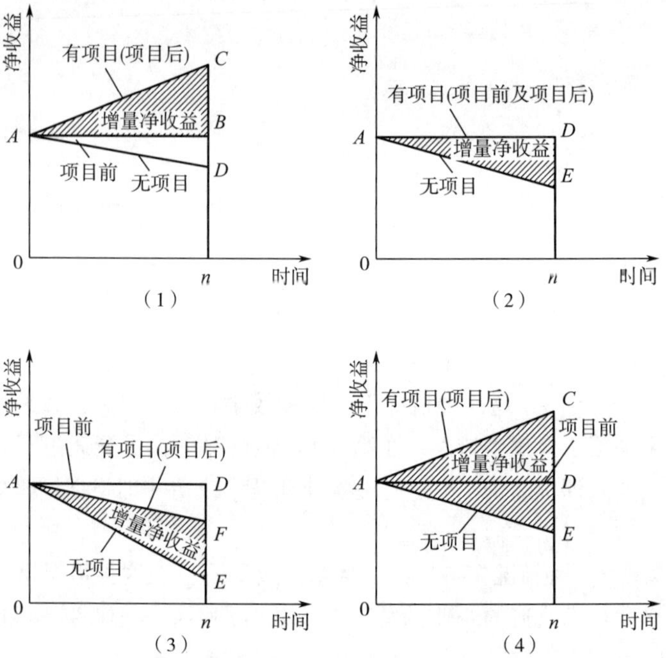

图 7-2 用前后法和有无法计算增量净收益的比较

（1）无项目时通过技改使企业净收益增加　（2）不进行技改净收益下降，有项目则可保持

（3）不进行技改净收益下降，有项目则可减缓下降　（4）无项目时净收益下降，有项目则上升

（1）市场需求和企业自身有潜力，在没有项目的条件下也能通过改进技术和生产经营使企业净收益逐年增加；有了项目则会使净收益增加更多。如果按前后法计算，则会把本属于靠挖掘潜力增加的收入归入有项目的收入，即高估了增量效果。如图 7-2（1）所示，按有无法计算的增量净收益为 *ABC*，而前后法计算的增量净收益为 *ADC*，多算了 *ADB*。

（2）由于种种原因不进行改扩建和技改，企业净收益将逐年下降，有项目则可保持原来的净收入水平或减缓下降。此时按前后法计算，增量效果为 0 或负值，而按有无法计算则增量效果为正值。如图 7-2（2）所示，前后法的增量净收益为 0，有无法的增量净收益为 *AED*；在图 7-2（3）中，前后法的增量净收益为负，有无法的增量净收益为 *AEF*，少算了净收益 *AFD* 和 *AEF*。

无项目时企业净收益逐年下降，有项目时净收益逐年上升，按前后法计算也会低估增量效果。如图 7-2（4）所示，前后法的增量净收益为 *ADC*，有无法的增量净收益为 *AEC*，少算了净收益 *AED*。

当无项目的未来净收益保持项目前的水平不变时，有无法和前后法的结果相同。因此，前后法仅是有无法的一种特例。

【例 7-2】某食品厂现有固定、流动资产 800 万元，技术改造前（即现在，第 0 年）和假定不改造未来 8 年的有关预测数据如表 7-22 所示；如果进行技术改造，需投资 180 万元，假设技术改造当年生效，其未来 8 年的预测数据如表 7-23 所示。若基准折现率 $i_0=10\%$，该厂不存在关停并转让问题，问该厂是否应当进行技术改造？

表 7-22　某食品厂不进行改造现在和未来 8 年数据　单位：万元

费用收益项	年份						
	0	1	2	3	4	5-7	8
销售收入	600	600	600	550	550	500	500
资产回收	—	—	—	—	—	—	200
经营成本和其他支出	430	430	440	417.5	417.5	385	385

表 7-23　某食品厂进行改造未来 8 年数据　单位：万元

费用收益项	年份					
	1	2	3	4	5-7	8
销售收入	650	650	650	650	650	650
资产回收	—	—	—	—	—	250
经营成本和其他支出	447.5	447.5	447.5	452.5	457.5	457.5

解：作为对比，分别用前后法和有无法分析。首先计算增量现金流，如表 7-24 和表 7-25 所示。由表 7-24 算出增量净现金流，再计算净现值，其结果为-8.4，不应改造。由表 7-25 算出增量净现金流后计算出的净现值为 172.7，显然应进行改造。

表 7-24　　用前后法计算的增量现金流　　单位：万元

费用收益项	年份					
	0	1	2	3	4	5-7	8
销售收入	50	50	50	50	50	50	50
资产回收	—	—	—	—	—	—	50
投资	180	—	—	—	—	—	—
经营成本及其他支出	—	17.5	17.5	17.5	22.5	27.5	27.5

注：本表数据由表 7-23 对应年份减表 7-22 第 0 年（改造前）得出。

表 7-25　　用有无法计算的增量现金流　　单位：万元

费用收益项	年份						
	0	1	2	3	4	5-7	8
销售收入	—	50	50	100	100	150	150
资产回收	—	—	—	—	—	—	50
投资	180	—	—	—	—	—	—
经营成本和其他支出	—	17.5	7.5	30	35	72.5	72.5

注：本表由表 7-23 减表 7-22 对应年份数据得出。

产生以上悬殊差别的原因是，如果不改造该厂生产能力下降，从而销售收入呈逐年减少趋势，且成本呈上升趋势，若进行改造则可使销售收入有所增加，同时减缓了成本的上升。因此，实际上该厂技术改造的效果是相当好的，应当进行改造。

由这个例子可以看出，前后法有时会造成严重偏差，导致决策出现失误。

三、 改扩建和技改项目财务分析步骤

改扩建和技改项目财务分析主要步骤如下所述。

（1）考察企业是否存在关停、转让的可能性，并决定是否要进行总量分析。

（2）若要进行总量分析，根据具体情况进行企业现有资产估价。

（3）作有项目和无项目的财务预测，分别列出有项目和无项目的成本、收入（含销售收入和利润等）表及有项目时的投资表，如果无项目时也有资金投入，也宜列出其投资表。

（4）对于增量分析，列出有项目和无项目的增量资金平衡表及贷款偿还表。

（5）分别列出有项目和无项目的现金流量表和有、无项目的增量现金流量表（若无须进行总量分析可仅列出增量现金流量表）。

（6）计算有、无项目的增量效果指标，判断是否通过增量效果评价；若要进行总量分析，则应计算有项目情况下的总量效果指标，判断项目是否通过总量效果评价。只有既通过增量效果评价，又通过总量效果评价的项目在经济上才是可行的。

思考题

1. 年产 3000t 苹果汁厂的项目财务评价。
2. 新建年产 1000t 午餐肉生产线的项目财务评价。
3. 改扩建项目进行技术经济分析时应考虑的因素有哪些？
4. 对项目进行技术经济分析的基本步骤是什么？

CHAPTER 8

第八章 食品储运技术与经济分析

学习目标

1. 熟悉粮食仓储技术及其经济分析。
2. 熟悉果蔬贮藏保鲜技术及其经济分析。
3. 了解我国食品物流技术的现状。
4. 熟悉食品物流新技术及其经济分析。

第一节　粮食仓储技术与经济分析

粮食是人类赖以生存的物质基础，对于拥有14亿人口的中国则更加重要，确保粮食安全是国家和谐稳定的基石。目前，全球每年损失或浪费的粮食占总产量的25%~30%，直接经济成本约为1万亿美元，这还不包括社会和环境成本。据预测2050年全球人口将达到100~110亿人，届时全球面临的问题主要是能否在全球资源可持续的基础上减少粮食损失和浪费，提高利用率。

目前，我国粮食库存构成主要分为政府储备、政策性库存和企业商品库存，主要储存仓型以高大平房仓、浅圆仓和立筒仓为主。近年来，我国粮食仓容已经超过6.8亿t，库存消费比远远高于警戒线水平，仓储能力明显增强。从仓储技术看，各地粮库在广泛采用机械通风、环流熏蒸、谷物冷却和粮情监测“四合一”储量技术的基础上，开展了智能化粮库建设，推广了充氮气调、内环流温控、地源低温冷源利用等绿色储粮新技术，总体技术达到了世界较先进水平，有效地降低了粮食损失、损耗。例如，中央储备粮库存中应用新技术储粮的比率达到98%以上，使粮食宜存率稳定在95%以上、综合损耗率被控制在1%以内。

总体来看，构建绿色储粮技术体系是增进人民健康、建设环境友好型社会、实现经济可持续发展的需要。我国粮食储藏秉承可持续发展理论，以生态储粮为理论基础，以调控储粮生态因子为主要手段，通过自然低温、强制通风及无公害综合防虫、防霉体系达到了储粮品质无劣变、无污染的目的。

（一）低温储粮技术

温度是影响粮食长期储备安全的关键因素。低温不仅可抑制粮食的呼吸作用，减少物质损耗和品质劣变，而且可控制虫霉的生长发育，减少化学药剂的使用，保证粮食卫生安全。同时，低温储粮能有效延缓粮食陈化，以确保粮油食品的食用品质和营养品质。通常情况下，低温或准低温储粮是指能将温度控制在15℃或20℃以下的储藏技术。

1. 不同地区的低温或准低温储粮技术存在差异

低温储粮作为现代储粮技术中最为重要的储粮方法，通常采用低温季节的自然冷源利用或谷物冷却机等对粮堆进行冷却，利用粮仓的保温性和粮食的低热导性保持低温。从经济节能来看，对于我国北方的粮库，广泛利用冬季自然冷源采用通风系统降低粮温，一般选择冬季晴天夜间气温在-7～-2℃、大气湿度在65%～80%时进行机械通风，使平均粮温降到3～5℃，中下层粮温降到0～2℃。为了更好地保持冬季的蓄冷量，粮仓应增设保温吊顶，增加隔热性能，粮仓屋顶、外墙涂刷反光保温涂料，通过光反射降低仓内温度。然而，华南湿热地区常常由于冬季气温较高无法达到低温储粮的冷却要求，通常采用谷冷机冷却粮食，在该地区，春季主动使用谷冷机冷却要比在夏季被动大量使用谷物冷却机经济得多。

2. 平房仓横向通风储粮技术

我国北方地区的低温储粮一般利用粮食通风系统，利用自然冷源冬季蓄冷以实现低温储粮。其中，传统的平房仓地笼是粮仓底部通风系统的重要基础设施，与风机连接可使空气流均匀通过粮堆，有效地对粮食实施降温、降水，药剂熏蒸等多项作业。横向通风打破了原有的通风方向，将地笼上墙，协同负压通风，集成横向谷冷通风、多介质环流防治储粮害虫和储粮温度、湿度、气体多参数监测。

横向负压吸出式通风工艺，实现了风道上墙、腾空地面以满足机械化进出仓作业的需要，同时研究优化通风工艺参数及气流高效组织方法，可提高通风降温均匀性，有效地控制通风水分损耗。其通风路径较竖向延长了3～5倍，冷空气与粮堆接触时间长，热交换充分、降温速度快、冷却粮温均匀、温差小、冷量利用率高、能耗低，单位能耗仅为7.2×10^5J/(t·℃)。该技术具有通风途径比小、单位面积通风量高、通风均匀、湿热交换充分等特点，提高了通风效率，可有效控制通风过程中水分损耗在±0.3%以内，并实现了进出仓设备在仓房地面无障碍行走，机械化进出仓设备产能从原来的50t/h提升到了150～200t/h，作业效率提高3～4倍。

3. 内环流均温与多介质防虫防霉技术

内环流均温系统是通过粮仓内底部通风地笼、仓内（外）通风口、环流风机、仓内（外）保温管、仓内空间与粮堆形成了一个闭合回路，在环流风机的作用下，自粮堆底部从通风地笼抽出冷气，经过保温管注入至仓房上部空间，使仓内上下空气在闭合的循环系统中运行，不与外界空气接触，达到调节仓温和表层粮温的作用，从而实现低温（准低温）储粮的目的。

同时，内环流系统可有效地提升以充氮气调、惰性粉气溶胶防虫等为代表的物理防治害虫新技术的应用效果，通过熏蒸、气调和环流均温等多种介质在粮堆循环均布，可实现多介质害虫防治的目的。氮气发生设备、熏蒸发生器等设备，可使害虫防治气体通过环流系统，在覆膜密闭粮堆内部循环流动，并快速均匀分布，以达到有效杀虫的目的，可有效降低30%～50%磷化铝熏蒸药剂的使用量，使低温或准低温储粮运行成本降低0.6元/t粮。

（二）无公害防虫防霉技术

目前，我国储粮无公害防虫防霉技术体系包括清洁卫生防治、习性防治、气调防治、生物防治、植物杀虫剂和硅藻土等无公害药剂综合性防治技术。清洁卫生能形成有利于粮食安全储藏而不利于虫霉滋生的环境条件，从而控制虫霉的生命活动，并使其逐渐消亡，是整个防治工作的基础。生物习性防治指利用害虫的上爬性、趋光性、负趋光性、趋温性等进行有效防治的工作。气调防治指通过自然气调或人工气调改变粮堆中气体组成的方法，在进行气调防治时要利用塑料薄膜密封粮堆，并随时检测粮堆中的气体成分，及时补充二氧化碳、氮气或臭氧，使其达到气调浓度要求。生物防治指使用生物农药治虫抑菌的方法，该方法不仅具有显著的经济效益，而且还具有明显的社会效益，能减轻储粮和环境的污染，有利于人类身体健康。生物防治将是21世纪的主要防治方法。植物杀虫剂指熏蒸剂、触杀剂、驱避剂等，对储粮和环境无污染，对人畜无毒，对害虫有多个作用靶标，害虫不易对其产生抗性，特别适合农户小批量的粮食防虫治虫工作。硅藻土属于惰性粉保护剂，其杀虫机制是破坏害虫的蜡质层，使害虫快速失水而死亡，现在，美国、加拿大、澳大利亚已开发出硅藻土杀虫剂，我国也有类似产品，有望在粮库大面积推广应用。

（三）温湿水一体化多参数粮情监控系统

温湿水一体化多参数粮情测控系统，是低温储粮智能化的第一步，将单一的温度粮情监测升级到粮堆温度、湿度、水分和露点等多个粮情参数并进行在线监测；采用数值模拟技术，形成可视化的粮食温度、水分动态变化粮情实时云图。更加精准和全面地监测粮堆粮情，使粮情监测和预警更为直观、有效，提升储粮发热霉变预警能力和智能储粮控制技术水平。温湿水一体化多参数粮情测控系统融入了大量先进的检测、控制及粮食储藏技术，构建了科学完善的通风模型，将粮情检测与通风降温、干燥等仓储作业紧密结合，真正做到了“能测能控”。

（四）新型储粮技术

1. 密封存储技术

粮食储藏是指粮食收获后至消费前的储存管理过程。在含水量少（12.5%以下）和环境温度低（15~20℃以下）的情况下，呼吸强度微弱，但能维持最低限度的生命活动，对储藏有利。然而，农户和小规模加工企业很难具备准低温储藏的专用设施设备和专业人员。简化的金属筒仓密封存储往往投资较小，总投资只有温泥土筒仓的一半，其为圆柱形结构，由镀锌铁皮建造，密封良好，可有效防止粮食受潮。在粮食收获后装入金属筒仓后，通过粮食的自我呼吸作用可实现密封空间内的低氧、高二氧化碳的气调环境，可有效减少虫霉生长的概率。金属筒仓技术在非洲、亚洲和拉丁美洲等国家使用，有效地改善了其粮食安全问题、增强小农权能、增加收入机会和创造就业机会，有效地保护了农业生态系统。金属筒仓可以由工匠制作成不同尺寸的、装载能力从100~3000kg不等的，相应价格在35~375美元的规格。可见，使用金属筒仓短期储粮可有效防止储藏损失并可保证发展中国家的粮食安全。

2. 高大平房仓地源热泵控温储粮

研究造价合理、运行成本低的降温储藏技术一直是粮食储藏领域的重要方向，地源热泵降温系统就是一种可再生能源的高效节能、环保型的系统，可满足绿色储粮高质、高效、低能、低污染的生态要求。高大平房仓地源热泵节能控温储粮技术主要利用原办公楼地源热泵系统，对隔热气密优化改造后的高大平房仓进行冬季蓄冷、夏季地源热泵制冷调温，如图8-1、

图 8-2 和图 8-3 所示，可实现高大平房仓低温储粮。对于北方的高大平房仓，下方为储存的粮食，顶部约有 1.5m 高的空间，因储存的粮食是热的不良导体，所以整个库内主要应对仓库顶部进行降温处理，需降温空间约 1869m³，降温幅度为 8～10℃。冷指标为 70～80W/m²，总冷负荷约 90kW。

图 8-1　隔热气密优化改造图

图 8-2　高大平房仓墙隔热保温+吊顶改造的效果图

图 8-3　高大平房仓仓库

从高大平房仓地源热泵节能控温技术对粮食及粮仓温度调控的效应来看，不同季节、不同粮食高度、粮食与门窗的不同距离都会造成粮食温度的不同。采用该协同技术的粮仓其年均粮温波动较小，春季粮温开始上升时，其粮温除上层部分上升至 10～15℃外，中下层粮温较均匀地控制在了 10℃以下，而普通仓即使使用间歇式机械通风系统，其粮温 60%以上也已达到 10～15℃；夏季华北地区气温最高可达 38℃，平均温度为 30℃以上，普通仓粮温上层粮温已达 30℃以上，中下层粮温在 15℃以上，占 50%以上，而地源热泵控温仓的中下层粮温继续控制在 10～15℃，上层粮温控制在 25℃以下；秋季不同粮层粮温波动与温差是造成粮食结露的主要原因，地源热泵控温仓中秋季与夏季不同粮层的粮温温度差较小，特别是中上层粮温没有明显差异，这有效预防了结露现象，而普通仓在秋季，不同粮层温度波动较大，中上层具有明显的上层温度低中层粮温高的区域，且平均粮温 16.72℃较实验仓高出 40.78%；冬季地源热泵控温粮仓降温能力较普通仓快，上层粮温在-5~0℃内，其他粮层温度在0~5℃内，减少了机械通风时间，可有效节约能源，而普通仓粮食在冬季中下层粮温为 10~15℃的占 70%以上，如图 8-4 所示。

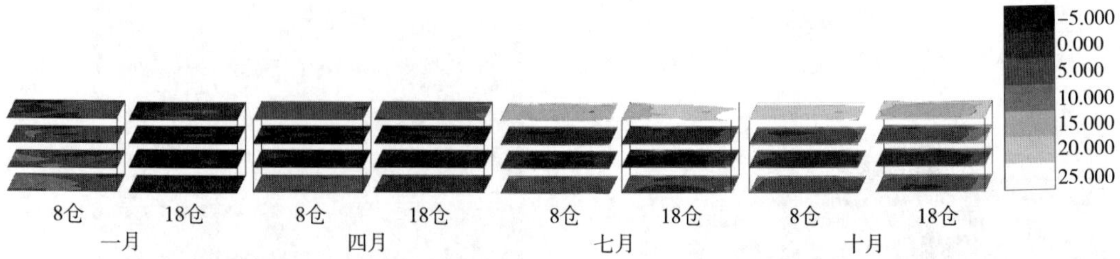

图 8-4　地源热泵控温仓（18 仓）与对照仓（8 仓）全年各个季节粮库的粮温分布

可见，高大平房仓优化改造与热泵节能控温系统能够有效地降低粮温和库内湿度变化波动强度，维持粮食及仓内较低的温度，创造较适宜粮食储藏的温湿度和稳定的储粮环境，实现粮食储藏后的品质保持。

3. 粮食仓储绿色节能技术及设施、装备

粮食仓储绿色节能技术在不断地创新，其中，双控绿色气调保鲜技术在粮食储藏过程中采用前期隧道差压降温除湿、中后期自发气调保湿、防虫、防霉、防陈化的流程，解决了粮堆结露、发热霉变等难题；在粮食高效节能仓储与干燥设施和设备方面，太阳能辅助热泵就仓干燥、强流气-固立体低温、红外保温灭酶一体式温湿度实时监测多效干燥技术与装备，太阳能风补发电制冷与制热、空间热泵、变频通风、对冲除湿、可移动式预冷、简易隧道差压预冷等仓储节能和自技术，自动覆膜、无动力出粮、远程数控等储粮作业技术与装备可解决设施及装备的高效节能难题。防虫防霉材料、技术和装备方面，主要包括多功能大帐防虫防霉气调保鲜材料、物理场防虫（书虱、扁谷盗等）防霉、流相防霉、光解除菌等，可解决防霉、防虫、防雾、透湿、气调绿色节能一体化难题。

【案例8 1】粮食仓储投入与经济社会效益分析

1. 粮食仓储相关投入

在“十一五”期间，农户科学储粮专项工程选取了部分省份作为示范区域，科学储粮初见成效。但其所投入的资金有限，覆盖的储粮农户范围小、数量少，未能形成大规模效应。在《“十二五”农户科学储粮专项建设规划》发布实施之前，国家粮食和物资储备局已经采取了一系列措施，在“十一五”期间即开始启动农户科学储粮工程项目，由国家发展改革委员会投入中央补贴资金 7.06 亿元，帮助近 200 万个农户安装了新型的储粮设施，此批粮仓的投入在粮食减损方面取得了良好的效果，也为农户在科学储粮的技术方面提供了数据支持。技术方面，在农户科学储粮工程落实期间，技术部门根据各地区气候、地理环境以及粮食作物特点，设计了多种储粮仓型，例如东北地区的钢骨架矩形仓、华北地区的圆形彩钢板组合仓等，各地区粮食科学研究院根据原有粮仓的实际使用情况进行了改良，更凸显了粮仓的耐用、方便等特点。在项目组建方面，粮仓项目由各地区粮食局主持并采取公平、公正、公开的招投标采购方式，中央、省级财政投入资金支持并提供国家资金免除税收优惠政策，由粮食科学研究院等专业部门对企业提供的粮仓质量进行监督，实现了粮仓产业化供给。

“十三五”时期，我国粮食储备、流通能力持续增强，自2017年起，优质粮食工程启动，累计投入中央财政资金215亿元，带动地方和社会投资600多亿元，优质粮食工程落地见效，全国标准粮食仓房仓容达到6.8亿t。同时，0.5~2t农户储粮装具和10t农户仓，10~20t中小型农村烘干整理设备都已被推广应用。

2. 粮食仓储带来的经济效益

在“十二五”期间，在农户科学储粮专项工程的基础上，结合各地区财政能力、粮食产量和农户的积极性，按照一户一套的原则，中央投入93.4亿元为800万农户配备标准化彩钢板组合仓等农户储粮装具。按照前期粮食减损程度测算，农户自储粮的损失率能够由10%左右降至2%以下，平均降幅达到8%。单从减损增收方面来看，按照规划覆盖区域的平均水平测算，每年总体因鼠害、虫咬、霉变等问题造成的粮食损失可减少105万t，按照粮仓使用寿命为10年进行测算，规划执行和延续期间能够降低损失约1050万t，实际可视为增产1050万t。粮食价格按照每2元/kg计算，可减少农户损失约210亿元。以吉林省为例，每套粮仓价格为4000元，其中中央投资30%、省级配套30%、市县财政和农户自筹资金比例为40%，按照各市县财政资金能力不同，农户购买粮仓的价格为900~1600元。粮仓可储存粮食10t，干粮每斤可多卖2分钱，因此每年可多卖400元，使用粮仓降耗8%（玉米2元/kg），全年可降低损失1600元，以上两项即可为农户每年增收2000元，农户在粮仓购买当年即可收回成本。与此同时，在国储粮仓中，采用就仓干燥等技术储藏干粮的比例有所增加，为国家节约的烘干用煤电费用、减排二氧化碳的环保费用以及库存管理费用等综合成本每年可达到1200元以上。总体来看，一套使用期限为10年的粮仓，可为国家和农户增加收入3.2万元。

3. 粮食仓储带来的社会效益

（1）科学储粮意识提高　储藏损失大的农户在使用科学储粮仓的过程中了解到了科学储粮为自身带来的益处，这使农户的科学储粮意识逐步提高，粮仓的推广形式逐渐由原先的政府主导宣传转变为了农户主动购置。

（2）保证粮食安全供给　为消费者的粮食食用安全提供了保障，通过推广绿色储粮新技术，改善了粮食的储藏品质，延长了储藏时间，为安全、高质量的粮食供应提供了技术保证。同时，大范围推广和使用农户科学储粮仓等同于再造“无形粮田”。中国是人口大国，粮食储备安全关系着国家的稳定与各行各业的发展，因此，国家粮食安全已上升为各届中央政府所研讨的战略问题，降低粮食损失、提高粮食质量，在无形之中降低了因自然灾害等原因造成的国家粮食安全隐患。

（3）绿色储藏新技术应用，助力乡村振兴　“十三五”期间，通过优产优储、优质优价有效地解决了种粮比较效益偏低的问题，调动了农民发展粮食生产的积极性并提高了收益，实现了稳产与增收的互促共进，助力乡村振兴。

【案例8-2】新冠肺炎疫情下国家粮食应急保障

中国作为农业大国，粮食总产量连续5年在6.5亿t以上，近年来粮食储备机制不断完善，粮食储备充足，小麦、稻谷等口粮品种库存处于历史最高水平。2020年初，新冠肺炎疫情情在全球加速蔓延，多国限制了粮食出口，但我国粮食的应急供应良好。目前，我国已经初步建立起符合我国国情的粮食应急保障体系，共有粮食应急供应网点44601个、应急加工企业5388个、应急配送中心3170个、应急储运企业3454个、国家级粮食市场信息直报点1072个、地方粮食市场信息监测点9206个，具备了应对各类突发应急事件的能力。

在中央储备规模保持稳定的同时，从2014年开始，国家按照“产区保持3个月，销区保持6个月，产销平衡区保持4个半月”的市场供应量要求，重新核定并增加了地方粮食储备规模，且大中城市建立了满足市场供应10~15d的成品粮油储备。同时，在中央和地方政府储备粮食品种结构中，小麦和稻谷等口粮品种比例超过70%。

据国家粮油信息中心监测，2020年3月23日全国加工企业小麦、早籼稻、中晚籼稻、粳稻进厂价格比春节前增长0.1%、下降0.2%、增长0.4%、增长1.3%。面粉、早籼米、中晚籼米、粳米出厂价格比春节前下降0.4%、增长0.6%、增长0.5%、增长1.3%。国家粮油信息中心高级经济师王辽卫表示，我国实现了“谷物基本自给、口粮绝对安全”，粮食供求总体宽松，完全能满足人民群众日常消费需求，也能够有效应对重大自然灾害和突发事件。粮食安天下安，粮价稳百价稳。

2020年夏粮收购期间，湖北、安徽、江苏和河南等小麦主产区相继启动小麦最低收购价收购，在江苏小麦主产区徐州市，中储粮徐州直属库积极收购小麦，截至8月5日收购最低收购价小麦96.5万t，截至7月31日中储粮累计收购小麦565万t，最低收购价收购早籼稻4.3万t。国家粮食和物资储备局安全仓储与科技司司长王宏认为，此次对疫情的积极应对，我国粮食应急保障体系发挥了积极作用，到2020年4月4日通过协调粮食加工企业复工复产，全国应急加工企业5388家复工4750家，复工率88.2%，复工企业的小麦和稻谷的加工能力为每天96.2万t，折合9.6亿t，按照每天一人一斤粮计算，仅这些粮食应急加工企业每天的加工能力，就够全国14亿人吃一天多。可见，我国的粮食应急保障体系完善，经得起实践的考验。

第二节　果蔬贮藏保鲜技术与经济分析

近年来，随着人们生活水平的不断提高，人们对水果及蔬菜等多种农副产品的需求量越来越大。果蔬采后由于其具有旺盛的组织代谢活动、微生物活动及水分流失情况，易出现霉变、腐烂等变质现象。果蔬还具有较强的生产季节性，对贮藏保鲜要求较高，在生产旺季时，大量果蔬因采后处理不当出现腐烂变质的事件经常发生。对果蔬贮藏过程中的生命活动进行研究发现，通过物理、化学和生物方法可以有效减缓果蔬的呼吸作用、抑制微生物的生长以达到保鲜的目的。

（一）物理类储藏保鲜技术

1. 低温冷藏技术

温度作为决定水果保鲜及货架寿命的重要外部条件，对果蔬的物理、生理、生化等一系列活动都会产生巨大的影响。低温冷藏技术的优势是不受自然条件和时间的限制，一年四季均可操作，而且库内的温度、湿度和通风都可以根据贮藏对象的要求而进行调节。缺点是贮藏库和制冷机械设备需要较多的资金投入，运行成本较高，且贮藏库运行要求有良好的管理技术。该技术一次性投入成本相对较大，但整体保鲜效果和经济效益等可接受度较高，也是常用的保鲜技术之一。

2. 速冻保鲜技术

食品速冻加工是指采用现代冻结技术，在尽可能短的时间内将食品温度降低到其冻结点以下的预期的低温，例如，液氮速冻竹笋产品，照片如图 8-5 所示。使其所含的全部或大部分水分随着食品内部热量的外散而形成无数不损伤细胞组织的微小冰晶，最大限度地减少了生命活动和生化变化所必需的液态水分，最大限度地保留食品原有的天然品质。与传统速冻技术相比，随着液氮速冻设备的开发生产和液氮成本的逐步降低，因其性价比更高、制冷速度快、保鲜效果好，液氮速冻技术已经在食品行业中逐步推广应用，技术与经济社会效益前景广阔。

图 8-5　速冻保鲜竹笋产品

3. 气调保鲜技术

气调保鲜储藏技术是通过合理控制贮藏温度和贮藏环境二氧化碳浓度、氧气浓度以及其他气体成分的比例，使果蔬在维持正常生理活动的前提下，最大限度地降低了呼吸作用，使其延缓组织代谢、延长果蔬贮藏保鲜时间的技术，果蔬贮藏保鲜气调库如图 8-6 所示，气调包装蓝莓与李子保鲜产品照片如图 8-7 所示。可实现果蔬的市场反季节销售。与传统的冷藏保鲜方式相比较，气调保鲜具有保鲜品质好、贮藏时间长、工作能耗较低等多方面优点，可以延长果蔬贮藏时间 5~10 倍。虽然一次性投入成本和维护成本较高，但是保鲜效果较好，在果蔬贮藏保鲜方面应用范围较广，是常用的保鲜技术之一。

图 8-6　气调保鲜库

4. 臭氧保鲜技术

臭氧保鲜技术是利用臭氧的强氧化能力与微生物细胞中活性成分及果蔬成熟过程中释放的还原性物质反应，达到杀菌和减缓果蔬成熟速率、延长果蔬贮藏保鲜周期的目的。臭氧可

图 8-7　气调包装保鲜产品

以氧化多种饱和、不饱和的有机物，能够分解果蔬成熟过程中释放的乙烯、乙醛、乙醇等有害气体，缩小果蔬表面气孔，减弱果蔬生理代谢活动，降低营养成分的损耗，以保持果蔬原有口感和风味。此外，臭氧对微生物有强烈的杀菌作用，它能够杀灭细菌、霉菌、原生动物和病毒，尤其是对大肠杆菌等效果明显。臭氧保鲜技术具有高效、安全、无污染、无残留等优点，但是在操作过程中应注意操作安全。臭氧杀菌设备一次性投入成本相对不高，技术成熟，性价比高，是果蔬贮藏保鲜常用的技术之一。

5. 超高压保鲜技术

超高压技术是指将 100~1000 MPa 的静态液体压力施加于食品物料上并保持一定的时间，以起到杀菌、破坏酶及改善物料结构和特性的技术。其机制主要是通过破坏微生物的细胞膜和细胞壁，使蛋白质凝固，抑制酶的活性，即通过压力对微生物产生致死效应。例如，超高压保鲜处理竹笋产品，照片如图 8-8 所示。超高压处理的优点是几乎不会破坏氨基酸、维生素、色素和香气成分等低分子化合物的共价结合，因此，可以最大限度地保持食品的营养价值、色泽和天然风味，超高压还能提高食品的附加值。

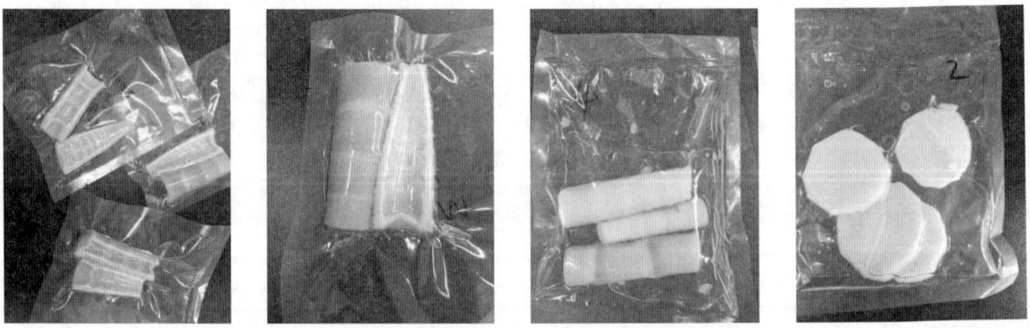

图 8-8　超高压保鲜竹笋产品

6. 减压保鲜技术

减压保鲜又称为减压冷藏、真空储藏，是将需贮藏的物料置于密闭耐压容器内，利用真空泵使密闭耐压容器保持低气压状态，通过压力调节器和加湿器对贮藏容器内部压力和湿度进行调节，减压的同时将贮藏产品的田间热、呼吸热以及二氧化碳、乙烯、乙醛等次级代谢产物带出，并降低原有空气中氧气浓度的技术。减压技术的优点是没有诸如防腐剂等化学试剂的掺入，缺点则是减压技术毕竟是在不同于大气压条件下进行的，对设备要求较高，建造大规模的、能承受不同于外界压力的贮藏库有困难，维护费用也比较高。

7. 辐照保鲜技术

辐照保鲜技术是利用电离辐射或放射性元素（60Co、137Cs）等产生的γ射线、β射线、X射线以及电子加速器产生的高能电子束等辐照处理果蔬，抑制果蔬生理过程，减少果蔬中乙烯的产生，杀灭果蔬中的害虫，消除果蔬中的病原微生物及其他腐败细菌，从而达到果蔬贮藏保鲜目的的技术。辐照技术作为一种物理保鲜技术，与其他物理保鲜技术一样，无须加入添加物，且具有穿透能力强、处理均匀、杀菌效果显著、剂量可调、几乎无热量产生，能最大限度保持果蔬原有特性的特点，且具有方法简单、快捷、无污染、无残留、低耗能、低成本等优点。其优点还有处理速度快，不影响果蔬原味。缺点是辐射处理对果蔬的安全影响有待进一步研究，如是否会致毒、致癌、致畸及致突变等，因此，此方法还有待于进一步研究和观察。

8. 超声波保鲜技术

超声波技术作为一种新型的非热杀菌技术应用于果蔬的保鲜领域，超声波频率在20 kHz以上，超声波在传声介质上产生的机械振动能产生巨大的能量，在很短的时间内杀死微生物。超声波杀菌具有高效和环保的优点，且在处理时对物料的机械损伤小，也不影响果蔬的营养价值。超声波处理保鲜技术的优势是消毒速度较快，因在清洗步骤进行操作，对果蔬无损害。缺点是消毒不彻底。因此，常考虑将其与其他冷杀菌技术联合使用，如超声波-磁化联合杀菌、超声波-紫外线联合杀菌等。

9. 紫外线杀菌保鲜技术

紫外线照射是一种传统且有效的非热杀菌方法，人们一般认为紫外线主要作用于微生物的核酸，导致其破坏，同时对蛋白质、酶也有一定的作用。紫外线波长范围是100~400 nm，其中只有200~280 nm段为杀菌范围，具有杀菌能力，波长为253.7 nm的紫外线杀菌能力最强。当微生物被紫外线照射时，只有在菌体吸收了紫外线后才能显示出其杀菌作用。利用紫外线照射能较好的控制果蔬微生物，从而延长果蔬的保鲜期，该技术操作简单，成本相对较低，应用范围广。

（二）化学类保鲜技术

1. 化学防腐剂保鲜技术

化学防腐剂保鲜技术主要利用化学试剂杀死果蔬中的细菌，并形成保护膜来抑制细菌的二次滋生和侵害，从而延缓果蔬的腐烂速度，达到保鲜的目的。常用的化学合成防腐剂有苯甲酸钠、二氧化硫、山梨酸钾、丙酸盐、亚硫酸盐、硝酸盐和亚硝酸盐等。化学合成防腐剂虽对果蔬有较好的保鲜效果，但超标长期使用可能会存在二次污染残留，对人体有致癌、致畸等影响。

2. 保鲜剂保鲜技术

保鲜剂保鲜法主要是用一些化学药剂对采收之后的果蔬进行处理，消灭自身带有的病菌，防止贮藏过程中病菌对果蔬的侵害，从而延长果蔬贮藏期的技术。因其直接作用于果蔬表面，有较好的保鲜效果，且成本相对较低，在实际生产中得到了广泛的应用。但超标长期使用可能会存在二次污染残留等，因此，应严格按国家标准要求正确规范使用。

3. 天然提取物保鲜技术

天然提取物是从植物体或某一特定部位中提取、制备的具有生物活性的功能成分，可通过抑制或清除自由基、与自由基相关酶发生反应、多组分协同作用或直接破坏微生物细胞膜结构或影响其能量代谢来达到抑制病原菌生长的目的。与其他化学保鲜剂相比，天然提取物的安全性更高，对人们身体健康的影响也最小。目前，我国用于果蔬贮藏保鲜的天然提取物主要包括一些天然香料和中草药提取物。目前，它的使用在实验方面研究较多，在实际生产过程中的应用正逐步推广。

4. 可食用性涂膜保鲜技术

涂膜保鲜是以微气调原理作为理论基础的果蔬保鲜的重要辅助技术，将风干后会形成一种无色透明半透膜的物质通过浸渍、涂刷、喷洒等方法涂敷在果蔬的表面。壳聚糖涂膜蓝莓保鲜照片如图 8-9 所示。目前，它的使用在实验方面研究较多，相对化学保鲜剂，由于其使用成本相对较高，性价比不甚理想，在实际生产过程中的推广应用存在一定的难度。

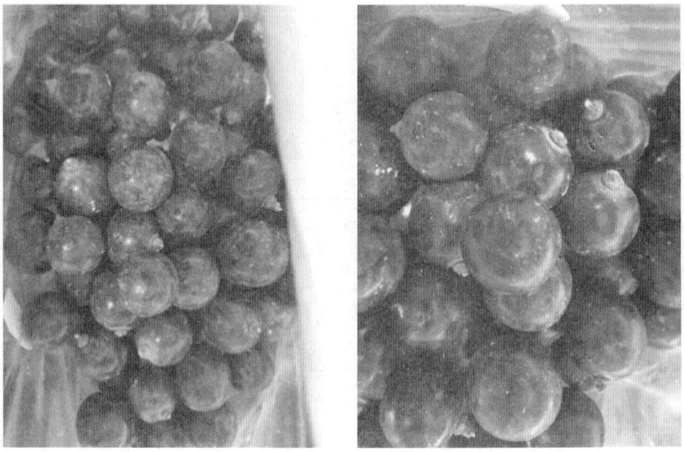

图 8-9　壳聚糖涂膜保鲜产品图

5. 熏蒸保鲜技术

熏蒸是指在密闭空间内利用熏蒸剂以气态形式扩散并与果蔬作用的技术，主要通过抑制有害微生物生长，调节果蔬新陈代谢，控制酶活力等方式来延长果蔬贮藏期。在果蔬保鲜过程中应用的熏蒸剂种类较多，在采后和鲜切果蔬中常用的熏蒸剂有乙醇、二氧化氯、一氧化氮和植物精油等。随着人们生活水平的不断提高以及对食品安全问题的普遍关注，人们对果蔬熏蒸剂提出了更高的要求，即天然、绿色、安全。

（三）生物类保鲜技术

1. 拮抗菌保鲜技术

拮抗菌保鲜是指直接利用其本身与病原菌竞争或寄生的关系来保鲜，或者利用其产生的抗菌肽等次级代谢产物起到保鲜作用的技术。应用拮抗菌进行果蔬保鲜，可以直接利用拮抗菌本身，也可以利用其代谢产物；前者还可以与化学杀菌剂、化学盐类和天然生物保鲜剂等复合使用，以增强保鲜效果。目前，细菌、酵母菌、霉菌中均有一些菌种可以作为拮抗菌应用于果蔬保鲜过程中。微生物次级代谢产物的生产，不受季节、地域和病虫害条件的限制，且微生物发酵生产周期短，易于工业化连续生产，目前，纳他霉素、细菌素等都有所应用。

2. 基因工程保鲜技术

基因工程保鲜技术主要通过相关基因工程手段，增加或减少有关基因的表达，从而控制在果蔬成熟过程中乙烯的合成以及与细胞壁降解相关的酶的活性，以达到延缓果蔬贮藏过程中的软化的目的，最终实现果蔬的保鲜。促使果实软化的最主要的酶是多聚半乳糖醛酸酶，它可降解果实细胞壁中的多聚半乳糖醛酸，从而使果实软化。可以通过基因工程的手段，转入反义多聚半乳糖醛酸酶基因，从而降低多聚半乳糖醛酸酶的活性，延缓果实的软化，该基因的转入同时还可以减弱外源乙烯的作用，这些都有利于果蔬的保鲜。

3. 酶工程保鲜技术

酶制剂可以被应用于果蔬保鲜，主要是一些酶可以通过其自身的催化作用，减少甚至消除果蔬贮藏过程中因外界因素引发的不良影响，从而达到保鲜的目的。果蔬在加工、运输和贮藏过程中，由于受到氧气、微生物、温度等因素的影响从而使果蔬发生质变甚至导致不能食用。酶制剂可为果蔬制造一种有利的环境，选用不同的生物酶，使不利于果蔬保质的酶受到抑制或降低其反应速度，从而达到保鲜的目的。酶制剂安全、便于控制，使用的条件温和容易达到，而且对于底物有很强的专一性，具有很好的应用前景。

综上所述，各种果蔬保鲜技术各有利弊。就物理保鲜方法而言，其优点是整体上不涉及化学物质，污染小，操作简便易学，对大多果蔬可同时使用；缺点则是需要专门的设备设施，一次性操作成本较高。而化学保鲜方法则不用太大的贮藏库以及复杂的配套设施，简便灵活，但涉及一些化学防腐剂、保鲜剂等，可能存在一定的健康危害和环境污染等潜在问题，需严格按照相关标准和操作使用。生物保鲜方法的优点是也不掺进化学试剂，防止果蔬被污染，无须建设贮藏库及复杂的配套设施等，缺点则是需要分别进行研究，同时遗传基因被改性的物种对人体是否有影响还需进行长时间监测，目前该方法处在研究阶段，因为成本和技术等因素，目前尚不能大面积推广应用。在实际操作过程中，因结合贮藏果蔬的特性和保鲜技术的优缺点，综合技术与经济等方面考虑，运用综合保鲜方法，可避免单一技术的缺点，有利于果蔬的安全，提高经济和社会效益。

我国作为果蔬生产大国，目前已经建立了一大批具备短中长期贮藏保鲜功能的仓库。但是，目前我国果蔬贮藏保鲜技术应用最为广泛的便是低温储藏技术，主要存在能耗高、设备投资大、保鲜品种较为单一和仓储能力季节性闲置等问题。低温贮藏保鲜库在建设时需要购置大量的制冷设备并铺设供制冷液传导热量的铜管以及降低仓库制冷效果损耗的保温隔热材料，造价相对较高且需要定期进行维护和更换。另一方面，由于国产制冷设备的产品能耗与热转换率与国外产品有一定差距，所以所需消耗的能耗远远大于国外同类型设备。更为重要的是，目前还有大量的果蔬因无法得到有效的贮藏保鲜而直接损坏在运输、贮藏和销售等各个环节中，反而造成了大量的资源和金钱的浪费。同时，部分年份中出现的果蔬丰产也会因贮藏工作开展不利而导致农户出现“丰产而不丰收”的局面，极大挫伤了农户的生产积极性。为此，积极研发各类符合我国果蔬生产和销售现状并从技术经济角度选择性价比好的贮藏保鲜技术，既能为农户增产增收创造有利条件，又能增加我国国民选择果蔬品种的余地。

【案例 8-3】杏鲍菇精准气调保鲜的经济社会效益分析

近年来，杏鲍菇是成功实现工厂化栽培的珍稀食用菌新品种之一，生产发展迅速，在浙江、福建、广东、河南、山东等省已形成规模化工厂栽培和生产模式，已成为继金针菇后，我国第二大工厂化栽培品种。以杭州为例，近年来杏鲍菇产业也正处于快速发展阶段，目前年产量近 5000t。据统计，有 30%~40%产品会因贮藏方式不对，导致品质劣变，从而失去商品性，造成了极大的浪费，严重影响产业效益。此项目针对杏鲍菇独有的特性，研究开发了专用气调低温保鲜技术及设备，实现了在贮藏过程中智能调节最适保鲜工艺参数的技术，从根本上解决了杏鲍菇在存储物流过程中腐烂损耗严重的问题，而且综合保鲜成本仅比低温保鲜成本高 10%左右。因此，气调保鲜可大幅提高杏鲍菇产业的市场竞争力，市场前景广阔，技术需求巨大。

杭州某公司联合某科学院共同设计了杏鲍菇气调保鲜方案，共建造 100m^3/间的气体库三间，投入成本为 73.50 万元。杏鲍菇气调保鲜的经济效益分析如表 8-1 所示，采用了精准气调保鲜技术，使杏鲍菇精准气调库年保鲜规模达到 500t 以上，年产值达 320 万元，经济效益明显。保鲜技术和设备的应用，与传统低温贮藏相比，使杏鲍菇的贮藏时间延长了 2~5 倍，减少损耗 30%以上，按此计算，项目每年可减少杏鲍菇损耗 150t，减少损失 94 万元。通过精准保鲜技术和保鲜设备的应用示范，不但减少了资源的浪费，还可为居民提供品质新鲜、质量安全的优质杏鲍菇，每年还可使 10 户以上的菇农直接累计增收 30 万元以上，社会效益明显。

表 8-1 保鲜杏鲍菇经济效益分析表

原始价格/（元/kg）	年产量/kg	销售额/元	损耗率	损耗量/kg	损耗金额/元	电费/元	综合经济效益/元
4.6	500000	3200000	30%	150000	960000	660000	300000

【案例 8-4】蓝莓保鲜的经济效益分析

20 世纪 80 年代蓝莓开始在中国引种试栽，自 2000 年规模化栽培以来，我国蓝莓种植面积和产量每年均以 50%左右的速度递增。以杭州为例，杭州从 2005 年开始引进种植蓝莓，并逐渐发展蓝莓种植产业，起步时间虽然短，但发展速度惊人。

根据杭州地产蓝莓的贮藏特性和生理活动规律，采用低温+气调的组合方法对蓝莓进行保鲜，是一种安全、高效的物理保鲜方法，可有效抑制蓝莓采后生理生化活动，降低新陈代谢强度，减少外源微生物侵染，延长蓝莓贮藏期。

目前，杭州蓝莓种植面积已超过 10^{7}m^2，产量 1.2 万 t 以上，而且，随着 4~5 年以上盛产期的蓝莓果园越来越多，产量也会继续增加。但是，种植面积的增加和蓝莓产量的激增，导致了价格的持续下跌。而且，杭州兔眼蓝莓成熟期集中在 6 月下旬~7 月下旬，该季节正是杭州高温高湿多雨季节。与北方的兔眼蓝莓相比，杭州地产蓝莓水分含量高、皮薄、果实硬度偏小，碰到雨水多时，会出现裂果现象，导致杭州地产蓝莓更不耐贮藏。因此，杭州地产蓝莓保鲜技术需求急迫，项目开发蓝莓气调低温精准保鲜技术及其配套设备的市场需求巨大。

项目针对地产兔眼蓝莓的特有属性，开发采后精准贮藏保鲜技术及配套设备，共建造库容110t的气体库两间，投入成本为52.03万元。杭州地产兔眼蓝莓的经济效益分析如表8-2所示，与常规低温贮藏相比，地产兔眼蓝莓采后贮藏时间延长了2~3倍，损耗减少25%以上。项目实施期内，对地产兔眼蓝莓实施采后精准保鲜应用规模达到100t以上，涉及产值400万元，通过保鲜技术的应用，每年可使15户以上的蓝莓种植户直接增收30万元以上，随着推广应用规模的扩大，经济社会效益将更加显著。通过精准保鲜技术和保鲜设备的应用示范，不但减少了蓝莓烂果，而且可为人们提供品质新鲜、质量安全的优质地产兔眼蓝莓。此项目采用的关键技术是地产兔眼蓝莓采后的精准气调低温保鲜技术，气调保鲜不使用任何防腐剂、保鲜剂，其工作运行是纯物理过程，无放射性和电磁辐射产生，可有效保障保鲜蓝莓的质量安全和优良品质。

表8-2　　保鲜蓝莓经济效益分析表

原始价格/（元/kg）	年产值/kg	销售额/元	损耗率	损耗量/kg	损耗金额/元	电费/元	综合经济效益/元
40	100000	4000000	25%	25000	1000000	680000	320000

【案例8-5】杨梅精准气调保鲜库成本与经济效益分析

杨梅含糖类、果酸、蛋白酶、维生素A、维生素B、维生素C及钙、磷、铁等营养成分，还具有止咳生津、帮助消化、养肾利尿、除湿祛寒、解暑去痧等功效。杨梅唯一的缺点是成熟期极短，民谚曰“夏至杨梅满山红，小暑杨梅要出虫”，大量的杨梅很快便会腐败。建设杨梅气调保鲜库，可以对旺季采摘下来的杨梅进行就地贮藏，通过提高贮藏品质，可有效调节杨梅市场供求，可取得丰厚的回报。浙江某合作社在2012年建了一间100m^{3}杨梅气调保鲜库，投资30.94万元，贮藏18t杨梅。以该合作社气调库贮藏保鲜东魁杨梅为例进行经济效益分析。

根据杭州地产杨梅的贮藏特性和生理活动规律，采用低温+气调的组合方法对杨梅进行保鲜，这是一种安全、高效的物理保鲜方法，可有效抑制杨梅采后的生理生化活动，降低新陈代谢强度，减少外源微生物的侵染，可延长杨梅贮藏期。

气调保鲜设备的建造投入如表8-3所示，主要为气密库部分、气调部分、安全系统、控制部分和其他附件等五部分组成，计244600元，另外，安装和调试费用按其15%计为36690元，则直接费用为281290元；税金按其10%计为28129元，总计为309419元。

表8-3　　气调库设备材料投入分析

序号	设备名称	单位	数量/单间	单价/元	金额/元	备注
一	气密库部分	—	—	—	40000	—
1	库体	—	—	—	25000	—
2	制冷系统	—	—	—	15000	—

续表

序号	设备名称	单位	数量/单间	单价/元	金额/元	备注
二	气调部分	—	—	—	110300	—
3	气调集成机	套	1	98000	98000	—
4	O_3发生器	台	1	4800	4800	—
5	加湿系统	台	1	4500	4500	—
6	氧气发生器	台	1	3000	3000	—
三	安全系统	—	—	—	3800	—
7	平衡袋	—	1	2000	2000	—
8	安全阀	—	1	1800	1800	—
四	控制部分	—	—	—	80500	—
9	电磁阀组件	只	若干	—	6000	—
10	中央控制系统	套	1	55000	40000	—
11	巡检系统	套	1	13000	13000	—
12	传感组件	套	1	12000	12000	—
13	远程报警器	套	1	4500	4500	—
14	软件使用费	套	1	5000	5000	—
五	其他附件	—	—	—	10000	—
15	小计				244600	—
16	安装及调试费	元	—	244600（15%）	36690	—
17	直接费合计	—	—	—	281290	—
18	税金			10%	28129	—
	总计				309419	—

注：不含地坪基础及强电电源，水源；整套机组功率为 10kW。

对东魁杨梅的入库时间及入库成熟度进行了记录，观察入库 5~45d，每隔 5d 的保鲜效果，对好果率进行了统计，结果表明，八成熟、九成熟和十成熟的果实，贮藏 15d 时好果率分别为 92%、80% 和 75%，贮藏 25d 时好果率分别为 85%、70% 和 60%，贮藏 35d 时好果率分别为 80%、50% 和 40%，贮藏 45d 时好果率分别为 70%、30% 和 20%。

以此气调库入库的 18000kg 东魁杨梅（80% 成熟度）为例进行效益分析，结果如表 8-4 所示。

通过表 8-4 分析，东魁杨梅在第 45d 的时候，好果率还有 70%，贮藏 40d 和 45d 的新增销售分别 34.65 万元和 19.80 万元，扣除电费与分选成本等，新增综合经济效益分别为 31.65 万元和 16.65 万元，从经济分析数据可以看出，第 45d 销售金额却下降了很多，因为气调库一般都建于基地，离人口密集区有一定的距离，杨梅的保质期短，流通环节在杨梅上市半个月后会逐渐减少，到30d后基本没有经销商来售卖杨梅了，且杨梅消费季节已过。通过新增销售金额和综合经济效益可以判断，杨梅存放天数以25~30d为最佳。根据杨梅气调冷藏保鲜结果分析，通过保鲜，拉长了产品的销售时间。实践表明，凡是高档次的杨梅，再加上高档的保鲜精包装，在市场上十分畅销，经济效益显著。

表 8-4　　100m^{3}气调库东魁杨梅保鲜存储效益分析对比表

保鲜天数	原始价格/（元/kg）	入库数量/kg	销售金额/万元	增加销售/万元	电费/（元/d）	电费/万元	分选成本/（元/kg）	分选成本/万元	综合经济效益/万元
0	10	18000	18.00	0	300	0	0	0	0
5			17.64	-0.36		0.15	0	0	-0.51
10			27.36	9.36		0.30	0	0	9.06
15			33.12	15.12		0.45	0	0	14.67
20			38.88	20.88		0.60	1.0	1.80	18.48
25			45.90	27.90		0.75	1.0	1.80	25.35
30			53.78	35.78		0.90	1.0	1.80	33.08
35			46.08	28.08		1.05	1.0	1.80	25.23
40			52.65	34.65		1.20	1.0	1.80	31.65
45			37.80	19.80		1.35	1.0	1.80	16.65

第三节　食品物流技术与经济分析

食品加工企业的产品有保质期较短、出厂前检验环节较多、品种多且数量巨大、易受存放及运输环境影响而发生质变等特点，因此物流成为了食品加工企业在生产经营管理总体链条中的重要一环。对于食品加工企业来说，其物流成本主要是指食品加工企业在生产经营管理过程中所发生的与物流活动相关的物化劳动和活劳动的货币表现。从物流活动的环节来说，其成本构成主要涉及运输、仓储装卸、搬运、挑选、包装以及质检等多个环节，贯穿食品加工企业的整个过程。与一般企业相比，食品加工企业的物流成本费用支出在总成本支出中的所占比例较高，只有更注重物流成本支出的效率性，才能确保企业的产品质量。据埃森哲咨询公司最新统计数据表明：我国每年有超过七百亿美元的食物在运输过程中腐烂变质，例如海鲜、乳制品等容易腐烂变质的食品，其销售价格的70%被用来补贴物流过程中的货物损失支出，我国食品物流企业链也存在效率低下、信息不流通、管理力度不够、各环节协调不佳的负面形象，优化食品企业物流供应链管理势在必行。

（一）运输技术

运输是物流最重要的职能，运输活动费时长、能耗大、成本高，其他物流活动如装卸搬运、信息管理、包装、配送加工都是围绕着运输活动而展开的，在物流过程的各项业务活动中，运输起着举足轻重的作用。物流的合理化在很大程度上取决于运输的合理化。食品运输要保证在极短时间内把商品送到消费者手中，目前短途运输采用的是专业化的运输车辆，其本身具有对环境的维持能力和对商品货物的保护能力，如采用低温运输货车，在货物装载量达到指标后发车，并且应在规定时间内将货物送达转运点和临时存储站，并派遣专业人员配送。对于长距离运输的商品，目前已经开发出了航空运输以及铁路运输两条线路，这对于被动保护技术提出了极高要求，通常会在运输的生鲜商品外设置保温箱，并且通过加入降温装置以维持保温箱内部温度稳定。同时，冷链生鲜食品运输阶段需要定期或不定期研究该食品当前的质量水平，并通过配置专业减震设施的方法防止出现在运输过程中出现大幅度的震动，要严格确保食品在运输期的品质。

在食品的运输阶段，要解决当前快递业普遍面临的最后 1km 问题，事实上该问题由来已久，尤其是在已经建立了大量快递中转站以及驿站的情况下，虽然运输体系有较高科学性，但是在一些城市和城市中，快递临时存储点和中转站的数量较少，已经不能满足冷链物流发展的要求。因此，在中间运输阶段采用当前的铁路运输和航空运输模式可完成任务，而在城市中的存储阶段和运输阶段，应考虑在各小区内部设立专门性的存放点。

（二）库存管理技术

仓库管理是现代物流中的关键环节，企业通过不断完善仓库运营规范，以保证原材料质量、货源的销售渠道，节省物流运作成本，同时降低仓库存货、实时监控消费需求，从而提高企业经济效益。库存由单纯保管存储发展为了对物流的调节、缓冲。现代化仓库已成为了促进各物流环节平衡运转的物流集散中心。

电子商务的出现使数据信息高速发展。库存管理从传统人工清算逐步发展为了信息化平台，所有租赁仓库的成员企业间可实现库存信息与资源共享，通过库存信息平台可对自身产品库存需求量进行统一预测并合理分配库存区域，在降低商品总库存成本的同时可提高物流配送的灵活性和效率。库存信息平台对仓库内的设施设备、作业流程、人力资源调配、战略发展等方面实施实时监控，可通过增强要素之间的配合协调能力来提高库存的灵活性，提升仓库的租赁需要。库存层次包括运营层、组织层和管理层。运营层以实行库存的功能而获得利润为主要目标，任务是协调作业。组织层是在运营层上进行指导和技术支持的层面，以实现构建平台资源共享机制，达到对仓库货位、库存信息、仓库类型等资源充分共享；合理配置自身资源，通过平台优化方法对仓库盘点策略、订货周期、在库产品安全管理、员工行为准则等各类仓库规章制度进行合理规划，以减少库存成本，增加利润收入。管理层则以追求库存系统的弹性和敏捷性为目标，综合考虑物流仓的选择、管理水平、实施设备配置、行业核心竞争力、合作黏度等多项要素来选择合适的合作伙伴。

（三）集装化技术

集装化是集装单元化的简称，是一种以集装单元为基础的物流活动方式。作用是便于货物交付和搬运，尤其是大型的集装箱，在铁路、水路运输中很重要。将散装的产品变成小集装单元优点：一是方便物流过程作业，提高装/卸货、上架销售工作效率；二是保证产品的品质，降低产品受损的概率。采用集装化技术不仅可以降低产品损失，减少重复作业，缩短在途时间，提高周转率，同时便于对整个物流过程进行管理。将物联网和传感器（或 RFID 感应标签）相结合，可实现对生鲜农产品的全程监控，有利于对产品进行追溯。

（四）物联网技术

物联网以互联网为基础，借助传感技术，可实现物品之间的相互联系。食品安全的监控过程中需要对于物流信息进行监管，利用物联网的技术优势，把物联网技术运用到食品物流过程中，可以大幅度提升食品物流的效价。物联网技术能够连接全球所有物品，主要由电子标签（EPC）、RFID 阅读器、本地服务器、互联网、物联网数据中心、物联网名称解析服务器、物联网信息发布服务器构成。其中，EPC 是物品的唯一“身份”，物联网数据中心存有 EPC 中的所有物品信息（如名称、类别、生产日期、保质期等），RFID 阅读器可识别 EPC 并将信息发送到物联网本地服务器上，本地服务器可查询到相匹配的地址信息，进而访问存储该物品详细信息的物联网数据库，物联网数据库收到查询指令后，将产品信息以网页形式发送到本地服务器，如图 8-10 所示。

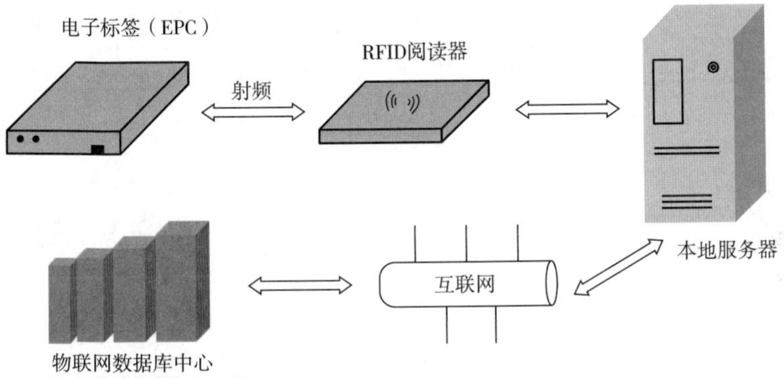

图 8-10 典型物联网结构图

（五）基于物联网技术的食品物流管理

物联网被认为是继计算机、互联网之后信息发展的第三次浪潮，并带动物流业朝向智能物流方向发展。在食品冷链物流系统化管理过程中，物联网主要有以下环节的应用：首先在采购环节中，物联网电子标签和感知读写器能提供食品冷链企业精细化采购，有利于采购方明确判断需要采购的具体数量和采购周期，了解食品原料的实际消耗量情况，提高采购工作效率和资源利用率；其次在生产环节中，运用条码、RFID、电子标签等技术对冷链食品生产信息进行汇集，不仅可以帮助食品企业控制生产和加工进度，把握企业生产情况，还有助于企业对商品快速定位溯源，以保障食品安全；最后在运输环节中，通过 GPS 装置、传感器及无线通信等设备进行全程无温度控制，可实现食品冷链物流信息系统标准化。

（六）冷链物流技术管理

食品冷链物流是指将易腐、生鲜食品在生产、贮藏、运输、销售各个环节中始终保持处于低温环境下，以最大化保持食品质量、降低食品损耗的物流体系，该技术涉及到农产品、肉食、海鲜等诸多领域应用，具有更为严格、复杂的运输流程。目前，我国食品运输大多仍采用普通卡车运输，对于牛乳、豆制品、肉食海鲜而言极易在运输过程中影响食物质量，因此建立并优化食品冷链物流系统显得尤为重要。一方面，食品冷链物流系统化管理有助于降低运营成本，食品冷链物流主要包括投入成本、运营成本和食品损耗成本三部分，设备成本主要是冷藏运输车、冷藏库房，可以通过共建、共用模式提高设备利用率、降低建设成本，运营成本上可以灵活联合航空、铁路、公路等运输方式，扩大运输管理系统、库存监控系统等平台的运用，提高运输效率并降低库存滞留，食品损耗成本主要是冷链运输中因食品腐烂变质而产生的成本损耗，可以通过加大新型设备和冷藏技术的研发、优化运输路线来提高运输过程食品的质量；另一方面，食品冷链物流系统化管理有助于提高设备利用率、促进物流链协同发展，食品冷链物流有供应商、经销商和零售商多方参与，应充分发挥三方优势建立风险共担、利益共享的联盟机制，形成食品冷链物流系统协同效应，减少因信息不对称等因素造成的影响，同时，食品冷链物流系统化管理有多方参与还有助于维护市场秩序和公平竞争环境，特别是为中小食品生产企业可降低运营成本、提高生存空间。

【案例 8-6】盒马鲜生供应链解析

盒马鲜生利用大数据、自动化技术等技术，构造了一整套完整的物流系统，盒马鲜生供应模式如图 8-11 所示，它的供应链、配送和物流系统都是完全数字化的，经销商通过精巧的设备识别和操作，这些工具既简单又有效，并且出错率低。在分拣货物时，使用算法对订单分类，并转换为最接近的分拣因素。

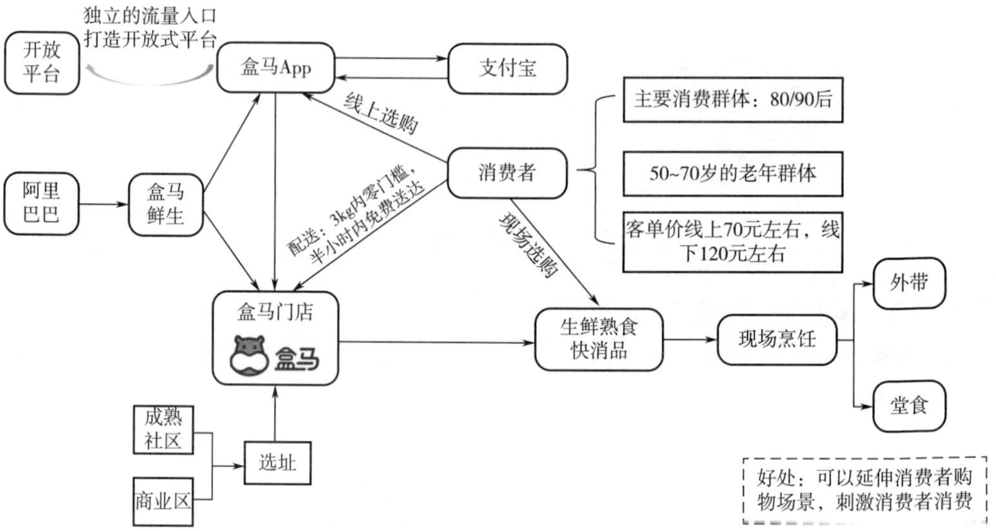

图 8-11　盒马鲜生供应模式图

所有产品都有自己的价格和条形码。每项申请的筛选程序在三分钟内，可精准控制时间。选中的货物会通过商店顶端的自动运输带迅速被运到后面的仓库中打包，再经过快速包装后，包裹会通过垂直升降系统送至后勤中心。这一系列流程会控制在 10min 之内，配送人员都有统一的设备，并有支持保温、保鲜、冷藏功能的保鲜袋，若在 3km 内可在 0.5h 完成配送，在保证了商品新鲜的同时，又提高了用户的好感。

为满足消费者对生鲜产品质量的需求，盒马采用了由供应商直接供货的供货模式。在瓜果蔬菜类商品的选购上，盒马与供应链源头的农场、牧场等合作，保证了生鲜的稳定供应；在供应商收到企业发送来的销售计划后，供应商会根据计划统一进行摘取、封装、冷链运输到店里，减少了库存过剩导致浪费的现象。

这类直接由供应商供货的供应模式与普通供应模式相比，不仅减少了运输的成本，而且减少了商品的损耗。盒马省去了生鲜农产品的各级经销商，从源头进行统一的包装和运输，不仅减少了在运输过程中商品的质损，还保证了商品的新鲜度，同时大幅度减少了商品成本，使购买者可以购买到新鲜的食品，而且价格也比其他生鲜实体店低。

该供应链模式目前仍然存在以下几点问题：①需求量与库存不协调；②物流人才稀缺；③生鲜冷链物流技术不够成熟。

盒马鲜生对果蔬肉禽类商品采取的是“二段式”半程冷链运输，即城市与城市之间采用冷藏或者冻车运输，末端运输仅用保温箱进行配送。不管是线上 App 还是线下实体店，均有水果损坏、肉腐烂以及海鲜肉丢失等现象的出现。虽然有售后服务，但是退货流程较为复杂，要消耗一定的时间，上班族大多没有时间操作导致直接放弃售后服务，这会降低消费者的满意度并给品牌带来负面影响，就算提供额外的增值服务也难以挽回产品质量问题带给消费者的不好印象。相对出货量庞大的生鲜产品来说，冷藏车的数量较少，没有先进的制冷技术，导致在运输过程中环境温度难以控制得当，最终致使产品出现变质和损耗。如果基础设施得不到保障，控制不好温度，产品从原料到消费者手中的过程中发生变质，会与日日鲜品牌的理念不符，从而会影响超市的经营效益。

冷藏物流对制冷技术有很高的要求，如果没有先进的冷藏技术，将会导致产品流通系统没有保障，从而出现安全隐患。同时，冷链物流缺乏一个信息交换的平台，无法进行信息共享，无法了解实时状况并在一定时间内发现存在的问题并予以解决。

【案例 8-7】可移动式气调冷藏箱

某公司开发的可移动气调冷藏箱，设备与全自动控制界面分别如图 8-12 和图 8-13 所示。采用 4m 冷藏箱体，板材面板为白色玻璃钢，芯板为聚氨酯保温板，右侧开 2 扇侧门。板材间采用铝合金型材连接，包括上下围板、连接立柱、包角，地板铺设铝气流导轨。配备气体浓度检测设备、温控机组、气体提取吸附装置，实时采集冷链过程中果蔬环境的温度、湿度、氧气、二氧化碳、乙烯数据，集控温、调湿、气调和乙烯吸附为一体。集数据采集系统、控制单元、触摸屏和执行机构为一体。

可移动气调冷藏箱配备了制冷设备、加湿设备、氧气调节、二氧化碳调节、乙烯去除等装置。果蔬气调保鲜智能控制系统的主要环境参数显示包括箱体温度、箱心温度、蓄冷温度、相对湿度、氧气含量、二氧化碳含量、乙烯浓度等，具有全自动控制和半自动控制两种模式。全自动模式下，箱内温度及气体浓度采用自动控制系统，液晶显示，可随时掌握运行状态。触摸式控制，性能稳定可靠，操作简便安全，可实现全自动无人操作，可以独立自动控制被控环境的温湿度、气体浓度、乙烯浓度。半自动工作模式下，操作人员可根据需求设置箱体参数，

图 8-12　可移动气调冷藏箱

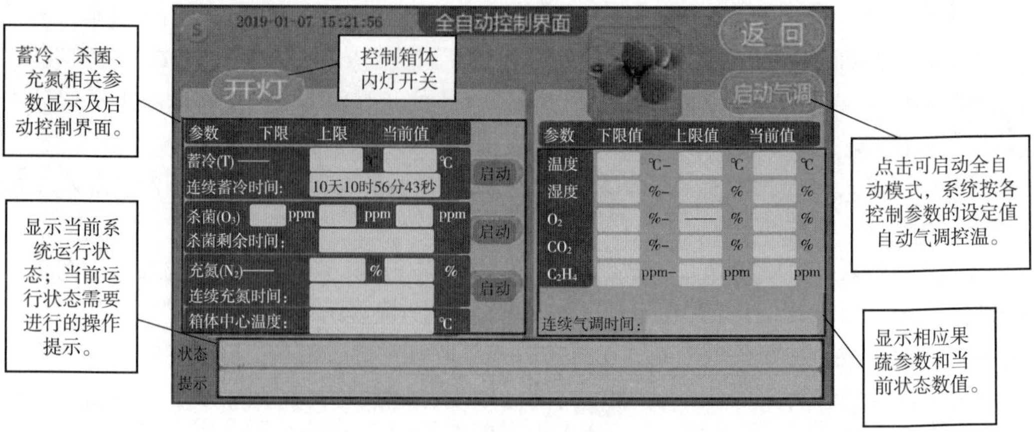

图 8-13　可移动气调冷藏箱全自动控制界面

可实现箱内温度、相对湿度、氧气含量、二氧化碳含量、乙烯含量各个指标的独立控制。

可移动气调冷藏箱建造投入如表 8-5 所示，主要由气密箱体部分、气调部分、安全系统、控制部分和其他附件等五部分组成，共计 303200 元，另外，安装和调试费用按 15%计为 45480 元，则直接费用为 348680 元；税金按其 10%计为 34868 元，总计为 383548 元。

表 8-5　　可移动气调冷藏箱建造投入

序号	设备名称	单位	数量/单间	单价/元	金额/元	备注
一	气密箱体部分	—	—	—	150000	—
1	箱体	—	—	—	100000	—
2	制冷系统	—	—	—	50000	—
二	气调部分	—	—	—	52900	—
3	液氮罐及管路	套	1	38000	38000	—
4	O_3发生器	台	1	4800	4800	—
5	加湿系统	台	1	4500	4500	
6	吸附式乙烯脱除机	台	1	5600	5600	—
三	安全系统	—	—	—	1800	—
7	安全阀	—	1	1800	1800	—
四	控制部分	—	—	—	88500	—
8	电磁阀组件	只	若干	—	2000	—
9	中央控制系统	套	1	55000	55000	—
10	传感组件	套	1	22000	22000	—
11	远程报警器	套	1	4500	4500	—
12	软件使用费	套	1	5000	5000	—

续表

序号	设备名称	单位	数量/单间	单价/元	金额/元	备注
五	其他附件	—	—	—	10000	—
	小计				303200	—
	安装及调试费	元	—	303200（15%）	45480	—
	直接费合计	—	—	—	348680	—
	税金			10%	34868	—
	总计				383548	—

以该气调箱运送荔枝为例，可装载3t荔枝，若进行经济效益分析，结果如表8-6所示。

表8-6　　气调箱运送荔枝经济效益分析

运输天数/d	原始价格/（元/kg）	装载质量/kg	销售额/元	普通冷藏损耗率/%	普通冷藏损耗量/500g	普通冷藏销售额/元	新增路程/（元/kg·d）	气调运输好果率/%	气调运输销售额/元	液氮费/元	新增收益/元
1	20	3000	60000	10	600	54000	22	99%	65340	1500	9840
2		3000	60000	30	1800	42000	24	95%	68400	1500	24900
3		3000	60000	60	3600	24000	26	90%	70200	1500	44700
4		3000	60000	90	5400	6000	28	90%	75600	1500	68100
5		3000	60000	90	5400	6000	30	88%	79200	1500	71700
6		3000	60000	90	5400	6000	32	85%	81600	1500	74100
7		3000	60000	90	5400	6000	34	80%	81600	1500	74100
8		3000	60000	90	5400	6000	36	80%	86400	1500	78900
9		3000	60000	90	5400	6000	38	80%	91200	1500	83700
10		3000	60000	90	5400	6000	40	80%	96000	1500	88500

注：路程增加1d，荔枝的价格现按增加1元计算，实际单价增加得更高，综合效益会更高。

通过表8-6分析，按运输1d、5d和10d分析，荔枝好果率分别在99%、88%和80%。扣除液氮等，原始价格为20元/kg，运输3000kg荔枝，可实现气调运输销售额分别为6.53万元、7.82万元和9.60万元。与普通冷藏相比，扣除相应的成本，综合气调运输新增收益分别为0.98万元、7.17万元和8.85万元。经过分析比较，流通环节采后气调箱运输，在一定运输时间内，具有较好的经济效益。

（七）基于区块链技术的农产品物流管理

导致农产品物流过程中出现安全问题的最重要原因是信息的不全面、不透明、不对称。目前，有效的解决方法是建立合理可靠的溯源追溯系统，还要保证每个环节的信息都符合要求。以区块链技术为基础的新型追溯系统与过去的以传统技术为基础的溯源体系相比，前端差别不大，主要区别在后端，即存储数据层存在差别。前端对于各类数据的采集工作是利用各种网络传感器、各种信息采集终端、识别装置等物联网设备，再通过网络完成的。通过“区块链技术+农产品供应链”融合的组织方式、基础条件、深化路径等，可促进区块链技术与农产品供应链的深度融合，推动农产品供应链的不断优化。区块链加农产品的供应链有如下优势。

1. 提高农产品供应链的稳定性

农产品供应链上下游高度分散且主体众多、链条长，易导致其主体间的信息传递不畅通、不及时。区块链的去中心化技术可使农产品供应的相关信息数据通过某一节点上链后无须经过权威认证，通过全网同步认证和广播即可快速获取所需求的信息，以实现供需对接，提高农产品供应链的稳定性。此外，在农产品供应链中，农户、企业等参与主体很难获得契约安排的所有信息，信息不对称加剧了交易的不确定性。区块链技术可以为农产品供应链提供可信的数据化支撑，实现从种养到供应所有环节上的信息公开，使个体之间的单次交易演变成了个体与农产品供应链组织之间的多次交易，这不仅有助于建立供需双方更深层的信任关系，还利于农产品供应链中的各个参与主体建立长期、稳定的合作关系。

2. 提高农产品供应链的协同性

农产品供应链各环节之间由于时间、空间、信任等原因造成的信息阻隔会导致各类主体之间出现衔接不畅问题，从而影响供应链从生产到消费的整合协同运营。依托分布式账本、智能合约、身份认证和隐私保护等区块链技术，可使农产品供应链上各主体之间的传统协作模式通过预设规则、智能合约和信息共享等手段被改进，从而简化合作流程，提高合作效率。另外，分布式账本最基本的技术特点就是数据可由参与各方添加，由参与各方互证、互认以实现信息的不可篡改、不可撤销环节，通过共享上链数据、共同确认数据，以推进各类主体的协同运作。

3. 提高农产品供应链的公平性

区块链技术可为农民提供一个透明、可靠的数字化信息通道，让分散的农户与市场、采购商和消费者等各类主体直接建立联系，以实现流程的透明、公平。在区块链技术环境下，农户可直接获取农产品的最后售价，了解收入是否合理，有利于提高农民在农产品供应链增值分配过程中的地位，以保障中小农户的权益。通过点对点信息传输技术可使各主体间的交易从基于中介服务变为实时点对点交易，剔除了中间交易平台，降低了交易成本，增加了农民的收入。

4. 提高农产品供应链的安全性

目前，化肥农药使用量过大、重金属超标和农药残留等问题尚未解决，农产品安全是消费者关注的焦点。而根据区块链技术信息不可篡改的特点，可将农产品的产地、种养环节、种养人员等信息数据上链，使农产品各环节的信息数据都留存在链上，再以节点开放的方式将这些信息数据和包括加工、包装、仓储等各阶段的信息向消费者公开，从而有效解决农产品的安全诚信问题，向公众确保农产品的安全。生产者也可以利用共享信息为农产品提供可信证明，包括地理标志和绿色标志等；零售商可通过共享信息追溯不安全产品的来源，将问题农产品及时召回。还可由区块链技术上链供应信息数据溯源，为后续定责、追责提供闭环证据链条。

思考题

1. 常见的粮食仓储技术有哪些，举例进行经济社会效益分析。
2. 列举出常见的果蔬贮藏保鲜技术，并进行案例分析。
3. 食品物流新技术有哪些，举例说明其成本构成。
4. 说明区块链在食品产业上的应用市场前景。

CHAPTER 9

第九章

食品工业技术经济可持续发展

学习目标

1. 了解企业管理创新的方式。
2. 掌握技术与技术管理的特点，理解技术创新路径与评价。
3. 掌握技术自主创新、技术改造、技术合作创新。
4. 熟悉食品清洁生产的经济价值与社会意义。
5. 熟悉中国食品产业发展存在的突出问题、挑战与发展战略。

第一节　食品企业现代化管理创新

一、　企业管理创新实践的准则

1. 以人为本的准则

坚持以人为本的准则是现代化企业管理创新的重要路径。这也是现代与传统管理方式最为重要的差别，使现代化企业管理从物象化管理逐渐演变为人性化管理，现代化企业管理只有满足了工作人员物质与精神需求，才能为企业发展创造出更多的价值。现代化企业要制定完善的“人才强企”战略目标，加快企业人事制度变革，实现人才选用体系的创新与发展，提高企业工作人员的责任感、归属感，从而大力发展与培养高素养专业型人才。

2. 整体系统的准则

现代化企业管理是系统化、复杂化的内部管理工程，特别是在市场竞争压力大的前提下，复杂化、系统化的企业管理创新是企业提升核心竞争力的基础条件，现代化企业管理的创新必须要以整体系统为准则。全面化与系统化地实现企业管理的变革与创新，才能使企业的核心竞争力水平有所提升。

3. 目标方向的准则

在现代化企业经营管理中，目标方向的准则是保障企业活动与实际发展有关的准则基础。目标方向是企业绩效考核的重要参考数据。在现代化企业经营管理中，要坚持以最大化效益作为企业发展目标，而这种效益是企业长期且可持续发展的目标，是实现企业经济、社会、环境、资源等发展效益的向导。

4. 权利平等的准则

现代化企业管理要将权利平等贯穿于管理过程中，实现权力与责任的协调发展，并要求企业管理工作人员要承担一定的责任。通常而言，企业管理人员授予工作人员一定的权利，其根本目的是为了管理的高效落实，这也是确保工作人员履行责任与义务的前提。只有全面落实权利平等准则，才能保障履行职责有效落实，使企业管理工作有序地开展。

二、 企业管理创新方式

1. 管理观念的创新

在新时代社会背景下，现代化企业应该摒弃传统的管理观念与管理方式，将与时俱进的管理观念根植于企业管理建设中，才能促进企业良性发展。因此，这就需要企业通过现代化互联网技术与信息技术手段，在全国范围内展开招聘、教育、培训、交易、服务等，结合当今市场经济发展的需求扩大企业经营规模。

【案例 9-1】某食品公司企业管理观念创新

某食品公司提出了“创新为核”的指导思想，在这一思想指导下，在创新道路上不断绽放夺目光彩。亚洲人喝牛乳后肠胃不适（乳糖不耐受）的现象一直有，为了能够让所有的人都能够享受到牛乳的营养与健康，该公司成立了专门的研发团队，历时四年多，终于拿出了水解乳糖的解决方案，为乳糖不耐人群解决了喝牛乳问题。

2. 管理体系的创新

企业进行管理创新的根本目的，是为产品的发展、服务的优化、技术的实践以及市场的创新提供必要的基础保证。随着我国市场经济水平不断提升，现代化企业在管理建设中，要注重管理的标准与制度体系的发展，从企业的实际情况出发，明确企业的发展定位、划分职能体系、管理体系，从而建立健全系统化管理制度机制，完善企业内部结构，将企业各个部门的管理职责进行明确划分。

【案例 9-2】某食品公司企业管理体系创新

某经过多年的实践形成了具有特色的“4Q”（Quality Plan 质量策划、Quality Control 质量控制、Quality Support 质量支持、Quality Assurance 质量保证）特色质量管理体系，以质量策划体系为导向，以质量保证体系为基础规范，以质量控制体系为系统方法，以质量支持体系为管理资源支撑，为公司运营质量管理体系奠定了理论基础。

3. 管理模式的创新

现代化企业为了加快实现管理创新，应该秉承民主化、公平化的管理理念，从而建立起完善的企业决策体系与管理体系。企业在管理模式创新建设中，可以通过建立民主公平议事细则、组织工作人员参加职工代表会议、创建意见箱等方式，维护企业工作人员的切身利益，实现企业管理主体与个体的有机结合，并鼓励企业工作人员参与到管理决策、管理事项中，为企业管理创新建言献策。

【案例 9-3】某食品公司企业管理模式创新

为了实施发展新战略，某管理层决定从信息化入手，引入 ERP（企业资源规划，Enterprise Resource Planning）系统，以现代技术为纲，全面对公司业务进行流程再造。2001 年，集团决策层开始接受“以 EVA（经济增加值，Economic Value Added）为中心的目标管理体系”，进而基于 EVA 价值平台的业务流程重组与组织结构扁平化，彻底改变了该公司现有的管理体系和模式。

4. 管理技术的创新

随着现代信息技术、互联网技术的深入发展，企业管理有了变革的契机，同时现代信息技术、互联网技术也是企业发展的重要路径。企业在建设发展中借助信息技术、互联网技术等手段，可扩展企业的经营范围，并使用数据库、计算机、手机、微信等现代化工具，可实现企业无纸化办公、自动化管理的新局面，从而将传统的管理方式演变成信息化管理方式，这样可为企业的节约经济成本，提高企业内部的管理效率。与此同时，企业通过提高自身的现代信息技术的利用率，借助互联网技术手段等，创建企业商务销售网站，从而使现代化企业管理系统更加精准、高效、快捷。

【案例 9-4】某企业管理模式创新

为全面推动肉类行业销售数字化转型升级与发展创新，某公司与玄讯 CRM（客户关系管理，Customer Relationship Management）达成战略合作，2018 年正式启动“精益销售系统”项目，加快了市场信息化建设进程，实施产品精准销售，通过市场精益管理，实现精准开发，精准营销，精准销售，精准服务，成为全国消费者的贴心肉食管家。

5. 管理文化的创新

企业管理文化的创新主要以物质、精神、制度等形式为主，管理文化在潜移默化中逐渐形成，这也是企业价值观的核心展现，在企业发展、工作人员凝聚力、企业风气等多个方面发挥着积极作用。

第二节　食品工业技术管理与进步

一、技术管理

1. 技术管理的概念

技术管理是指企业部门，运用各种管理手段，有效管理各项技术，进而探究各种技术对社会经济体系的影响，创造组织强大生命力的管理活动的过程。技术管理的内容是探讨与技术有关的管理问题，是一个跨学科的领域。

2. 技术管理的特点

（1）有形与无形管理的结合　技术管理既涉及有形技术的管理，如新产品、新工艺等的管理，又涉及无形技术的管理，如技术诀窍、无形知识、经验等的管理。

（2）柔性与刚性管理的结合 企业技术管理总是涉及一定未知或不确定性的内容，具有很强的探索性。并且，研发人员的创造活动也对工作的灵活性与自由度提出了更高的要求。另一方面，企业技术管理还包括一些常规的、确定性的管理工作。

（3）技术管理以综合价值为导向 技术作为介于科学研究和生产经营活动之间的桥梁，既有科学研究活动的某些属性，又有物质生产经营活动的内容，既包括科学研究活动的认识价值导向，又包括生产经营活动的经济价值、社会价值、生态价值导向等，是以综合价值为导向的。

3. 技术管理的范围

（1）从技术管理宏观层面上看，主要包括技术发展战略的制定；技术预测与评估的方法；技术开发与创新的途径；技术咨询与技术服务的形式以及技术转让与保护等。

（2）从技术管理的微观层面上看，主要侧重点是对企业相关技术活动的管理，特别是对高新技术企业技术活动的管理。

（3）从技术管理的社会层面上看，研究技术发展与人文社会及环境保护相互协调的可持续性发展政策，成为当前技术管理的重要课题。

二、 技术进步与测度

（一）技术进步

1. 技术进步的含义

技术进步的含义可以按狭义和广义两个层次来理解。

狭义的技术进步是指自然科学的发展完善及其硬件技术应用在直接目的方面所取得的进步。主要包括采用新技术、新设备、新工艺对旧设备和工艺进行改造；采用新材料、新能源制成新产品替代老产品，或使用新材料、新能源改造老产品，使其性能和质量得以提高；运用新原理、新观念、新技术以提高人的劳动技能；运用新技术合理开发资源等。

广义的技术进步不仅包括了狭义技术进步的全部内容，而且还包括与经济管理、组织协调方面有关的观念、方法、手段的更新与进步。其内容主要有改善生产要素的配置，合理利用社会资源；制度创新和技术创新；采用新的组织与管理方法；改善和利用新的决策方法；在制定方针、政策和推行新经济制度中创新观念和方法等。

2. 技术进步的影响因素

技术进步的影响因素主要有自主研发、技术引进、技术外溢和政策支持四个方面。

（1）自主研发（Research and Development，R&D） 技术进步的一个重要途径就是自主研发。特别是经济转型下中国企业突破技术瓶颈、掌握核心技术、促进知识积累、谋求进一步发展的关键。

（2）技术引进 技术引进是指一个国家或地区的企业或行业通过一定的渠道，从国外获取先进技术、设备和经营管理方法的活动过程。技术引进常采用国际技术贸易的方式进行，即按照一定的条件，把技术由卖方转移给买方的一种经济行为。

（3）技术外溢 技术外溢是指外国 R&D 资本通过国外培训、资本流动、跨国贸易、劳务输出、人口迁移等渠道进行的非自愿性扩散，这种扩散能促进东道国的技术进步和经济增长，而母国却无法从本国支付中获得全部的补偿，是经济外部性的一种表现形式。

（4）政策支持 这种 R&D 外部性的存在阻碍了市场机制对 R&D 资源的配置达到 Pareto 效率，削弱了各类主体 R&D 的动力。通过专利保护、政府补贴、合作研究开发及特许使用权等内部机制可以部分消除 R&D 的外部性，从而激励各类主体加大 R&D 投入，使 R&D 回报接近社会有效水平。此外，建立科技信息服务体系、金融风险支撑体系和产权交易服务体系，形成“政府引导、企业为主、社会参与、市场运作”的科技创新平台也是促进技术进步的重要举措。

3. 技术进步与经济增长

技术进步能促进设备、工艺、劳动力水平的提高，使产品结构优化，资源消耗降低，产品质量提高，从而带来经济效益的提高，还能使整个生产方式、经营方式和思维方式发生变化，并进一步引起经济结构和组织形式的变化和社会结构的变化。技术进步大大促进了社会事业的发展。近年来，我国食品科技创新成果不断，不仅对世界食品科技先进水平的追赶不断加速，而且一批新标准、创新基地、产业技术创新联盟得以实施和落地，还培育了一批优秀人才，有力地支撑了食品产业持续健康发展。食品工业的优势和特色也更加鲜明，食品产业科技创新迎来了新一轮发展。2015 年，我国“十三五”规模以上食品工业企业主营业务收入达 11.35 万亿元，比 2010 年增长了 87.3%，年均增长 13.4%。食品产业在大量转化大宗农产品的同时，也大幅增加了农民收入和农业效益，带动农村经济的健康发展。

（二）技术进步测度

对技术进步的测度，就是衡量技术进步对经济增长的作用，这涉及技术水平测度及技术进步测度两个比较复杂的问题。技术水平是指某一系统某一时刻所拥有的硬技术与软技术的状况，是一种静态的指标。技术进步则是指技术水平的提高，是一种动态的指标。

1. 技术水平的测度方法

目前对技术水平测度的方法主要采用以下指标。

（1）人均固定资产装备率　这个指标从固定资产投资的角度考察系统技术水平，它通常反映生产过程的机械化或自动化程度，是硬技术的重要体现。公式如式（9-1）所示。

$$人均固定资产装备率=\frac{全社会固定资产投资}{年平均职工数} \tag{9-1}$$

（2）人均产出率　这个指标是从投入产出比的角度反映技术水平提高的效果。公式如式（9-2）所示。

$$人均产出率=\frac{总产值}{年平均职工数} \tag{9-2}$$

（3）资金产出率　这个指标含义与人均产出率相同。公式如式（9-3）所示。

$$资金产出率=\frac{总资产}{资金总额} \tag{9-3}$$

（4）单位能耗产值　这个指标含义与人均产出率相同。公式如式（9-4）所示。

$$单位能耗产值=\frac{总产值}{万吨标煤消耗总量} \tag{9-4}$$

（5）全要素生产率（Total Factor Productivity，*TFP*）　公式如式（9-5）所示。

$$TFP=\frac{Y_t}{K_t^{\alpha}L_t^{\beta}} \tag{9-5}$$

式中　Y_t——t 年的工业生产总值；

K_t——t 年的资金；

L_t——t 年年末职工平均数；

α——资本产出弹性系数，在确定 α 时，可参考全社会平均的资金产出弹性系数，其值一般为 0.3~0.5；

β——劳动产出弹性系数，劳动产出弹性系数 β 一般取值为 0.5~0.7。

2. 技术进步的测度方法

国内外的许多学者对测度技术进步的方法从理论与实证上做了大量的研究，概括起来有以下四类方法。

（1）直接法　直接法是列举技术进步因素，将这些因素对经济增长的作用汇总后得出技术进步份额的方法，这种方法因素多，难以准确度量。

（2）对比法　对比法是通过经济效益在不同时点的差异来测算技术进步的方法。这种方法非常直观，且操作简便，但对技术进步过程做了很强的假设和高度的抽象。但因它把一切都归结为技术进步，往往会产生高估现象，因此不够精确。

（3）指标体系法　即构造从科技人员、劳动力素质、设备工艺、产品、管理各方面来反映经济系统技术进步的指标体系，最后建立加权平均模型来评价总体技术进步的方法，如评分法、层次分析法、聚类分析法、模糊综合评价等。这一类方法的缺点是综合评价的加权平均模型的构建往往带有很大的主观性，且在测算技术进步贡献份额时显得无能为力。

（4）生产函数法　这是目前国内外理论界所广泛采用的一类方法，在技术进步测度中一直占主流地位。该方法包括两个指标：年技术进步速度和技术进步对产值增长的贡献。下面分别对这两个指标进行介绍。

①年技术进步速度（a）：进步速度是反映一定时期内技术进步快慢的综合指标，其计算公式如式（9-6）所示。

$$a = y - \alpha k - \beta l \tag{9-6}$$

式中　a——技术进步的年平均增长速度；

y——产出的年平均增长速度；

k——资金的年平均增长速度；

l——劳动力的年平均增长速度；

α——资金产出弹性系数（指在其他条件不变的情况下，资金增加 1%时，产出增加 $\alpha\%$）；

β——劳动产出弹性系数（指在其他条件不变的情况下，劳动增加 1%时，产出增加 $\beta\%$）。

产出、资金和劳动的年平均增长速度均按水平法计算，以产出为例，计算公式如式（9-7）所示。

$$y = \left[\sqrt[n]{\frac{y_t}{y_0}} - 1\right] \times 100\% \tag{9-7}$$

式中　y——产出年平均增长速度；

y_t——计算期 t 年的产出；

y_0——基期的产出。

② 技术进步对产值增长速度的贡献（E_A）：企业技术进步对产值增长速度的贡献，即在企业产值增长中，技术进步因素所占的比例，它是反映技术进步对经济增长作用大小的一项综合指标。其计算公式如式（9-8）所示。

$$E_A = \left(\frac{a}{y}\right) \times 100\% \tag{9-8}$$

式中 E_A——技术进步对产值增长速度的贡献；

a——技术进步的年平均增长速度；

y——产出的年平均增长速度。

同时，也可分别计算资金和劳动投入的增加对产值增长速度的贡献。资金对产出增长速度的贡献为 $E_K=（\alpha k/y）\times 100\%$；劳动对产值增长速度的贡献 $E_l=（\beta l/y）\times 100\%$；公式符号含义同式（9-6）。

三、 技术创新路径与评价

（一）技术创新路径

1. 技术创新的含义及特点

技术创新可定义为：创新者（企业家）抓住潜在的盈利机会，重新组合生产要素，以获得商业利润的过程。技术创新具体包括以下几个方面的内容：引入新产品或提供某种产品的新质量；引用某种新技术，即新的生产方法；开发新市场；控制原材料的新供应来源；实现企业的新组织。

技术创新的基本特点有以下几个方面。

（1）新颖性 表现在技术创新过程中的构思、工艺、产品或服务的新颖性和创造性。

（2）风险性 技术创新过程是一个受多种复杂因素作用的社会经济系统的随机过程；在这一过程中存在着许多难以预知的不可控因素。

（3）目的性 技术创新的关键，不是研究与发展技术本身，而是研究与发展成果的商品化和产业化。因为技术创新是在商品的生产和流通过程中实现的。

（4）主体性 技术创新的主体是企业家。企业家能抓住战略机会，辨别市场的盈利前景，敢冒风险，善于创新。

（5）非连续性 首先技术创新是一种间断出现的现象，同时其结果导致了经济发展的非稳定性，即旧的均衡点被破坏和新的均衡点的产生。

2. 技术创新路径的特点

技术创新路径（Technological Trajectory）由 Dosi 在 20 世纪 80 年代提出，是指技术在创新过程中遵循的发展方向和主要动力。技术创新路径具有连续性、有限性、系统性、排他性和多样性等基本特点。

（1）连续性 技术具有不断进步和演化的内生特性，因此，技术创新路径表现出连续性和轨道依赖性的特点，并且顺着路径前行的方向具有很强的不可逆性。

（2）有限性 技术创新路径的发展存在“技术前沿”或“技术极限”。“技术前沿”是指某条技术创新路径可能达到的最高水平。“技术极限”是指因其他条件制约而难以突破的瓶颈，当技术达到技术极限后，需要更加重大的原始性、基础性创新来突破瓶颈。

（3）系统性 技术创新路径是在某些技术领域围绕一个大问题或大目标的解决和实现过程中而形成的，由一系列相关技术组成的技术体系。

（4）排他性 在某一地区，不同的技术创新路径存在一定的“排他性”，一旦出现主导技术，最初多种技术的选择性和非确定性会消失，主导技术会对其他技术产生排斥性，减弱了其他路径的影响力和发展动力。

（5）多样性 在同一时间而言，技术创新路径表现出多样性和可选择的特征。例如，发电技术有水力发电、燃油发电、天然气发电、火力发电、核能发电，不同的国家或企业可根据自身的实际情况进行选择，这反映出了技术轨道本身的多样性。

3. 技术创新路径形成的关键因素

（1）创新人才因素　技术创新领军人才是技术创新路径形成中最活跃、最先进的要素，这些领军人才的心态和行为，往往有别于常人，甚至有悖于常理。例如，全聚德创办人杨全仁，原本是逃荒到北京的农民，在1864年盘下一家位于前门大街卖鲜果品叫“德聚全”的店铺，后经人指点更名为“全聚德”，一开始，店铺经营规模极小，主要经营烤鸭和烤炉肉，杨全仁为了寻找烤鸭的秘密，时常到各类烤鸭铺子里转，寻找烤鸭子的高手，最后重金礼聘到金华宫里的孙老师傅，从而将宫廷御膳中的“挂炉烤鸭”引入民间，正因为有了他的不同凡“想”，才有了老字号“全聚德”的诞生。

（2）科学技术因素　科学的根本性进展对技术轨道的形成具有引导性和外生性的助推作用。技术本身的累积更是确立技术创新路径的决策性因素。此外，本企业或其他相关产业的重大技术突破，很可能导致新技术轨道的出现。

（3）市场需求因素　与价格、成本等因素相关的市场需求等经济因素会影响技术创新路径的演化速率和方向。

（4）制度环境因素　技术创新路径的演化受到社会环境因素的综合影响，制度背景（政策、法规、文化等）的变迁影响着技术的动态更新。

（5）企业战略因素　企业技术创新路径的形成受企业本身因素的影响。例如，光明乳业创造“品牌+市场”的轻资产战略模式，在很多人不理解的情况下卖掉了部分牧场，实际上是为了更好地管理牧场，养更多的牛，运用轻资产，从20万t乳源一下子扩展到60万t。

（二）技术创新评价

1. 产业集群技术创新能力评价

（1）产业集群及技术创新能力影响因素　产业集群是由相互依赖性很强的企业、知识生产机构、中介组织和政府通过价值链相互联系形成的网络。在科技高速发展的知识经济时代，技术创新很难仅仅依靠单个企业的力量来实现，更趋向于依靠网络化的力量来共同完成。

在产业集群内的企业一方面通过自主研发，另一方面通过自身与外部之间的知识转移来吸收其他企业的技术、知识等来提高企业自身的知识储备和技术创新能力。因此，评价产业集群的技术创新能力不仅要考虑硬技术的创新，还要考虑从获取知识、吸收知识、运用知识到创造新技术这一创新过程。产业集群技术创新能力评价指标体系如表9-1所示。

表9-1　产业集群技术创新能力评价指标体系

产业集群技术创新能力	含义
创新文化	集群内企业管理层的创新欲望和鼓励创新的内部氛围
	集群内企业领导者对新技术前景的预测和决策能力
	集群内企业对取得技术创新成果的研发人员给予的奖励与同行的对比
	集群内企业之间进行知识、技术交流愿望的强烈程度

续表

产业集群技术创新能力	含义
新技术知识的获取	集群内企业购买新技术、新设备转化为自有新技术、新知识的能力
	集群内企业引入的新员工能带来新技术、新知识
	集群内企业从科研机构、高校、中介服务机构等获取新知识的能力
	集群内供应链上下游伙伴能分享知识、技术能力
技术知识的流动性	集群内新信息、新知识在企业内部和企业间快速流动
	集群内企业与中介服务机构、非正式组织之间的知识信息交流强度
	集群内部同行企业之间的知识信息交流强度
	集群内企业获得的新技术与原有技术的匹配度及企业新产品销售收入
新技术知识对企业的影响	集群内企业及成员运用新技术和新知识解决生产问题的能力
	集群内部知识流动加强供应链内伙伴关系的程度
	集群内企业创新产品成功商业化的程度

（2）产业集群技术创新能力评价方法　产业集群技术创新能力评价方法有线性加权法、模糊综合评价法、数据包络分析法（DEA）、层次分析法、灰色关联度法和综合评价法。

2. 企业技术创新能力评价

“企业强则国家强”，企业是经济活动的基本单元，是技术创新的主体，在推进产学研合作、促进科技与经济结合中处于关键环节和核心地位。从某种意义上讲，一个国家或地区的经济能否持续、快速和健康地发展，在很大程度上取决于企业能否卓有成效地开展技术创新活动。

（1）企业技术创新能力评价指标体系　企业技术创新能力评价指标体系有很多种，表 9-2是针对创新型企业建立的企业创新能力评价指标体系。

表 9-2　企业创新能力评价指标体系

一级指标	二级指标	二级指标含义
创新投入	R&D 投入强度	企业 R&D 经费占产品消费收入的比例
	产学研比率	（R&D 总经费-用于企业内部 R&D 经费）/R&D 总经费
	科研人员比例	企业科技活动人数/企业员工总人数
创新过程	人员培训强度	培训总学时数/企业技术和管理人员总数
	企业治理结构	企业股权结构合理
	企业创新激励机制	创新激励政策科学合理（灵活使用技术股份、普通股份、期权激励方式、培训、提升等方式）
	企业创新文化	有独特的创新文化

续表

一级指标	二级指标	二级指标含义
创新产出	专利拥有数	发明专利、实用新型、外观设计
	核心技术与新产品市场占有率	一定时期内产品市场规模/该产品市场总规模
	总产值增长率	（企业本年度实现的总产值-企业上年度实现的总产值）/企业上年度实现的总产值
	利税增长率	（企业本年度实现的利税-企业上年度实现的利税）/企业上年度实现的利税
	全员劳动生产率	工业增加值/全部职工平均人数
	新产品销售增长率	（本年度新产品销售收入-上年度新产品销售收入）/上年度新产品销售收入

（2）企业技术创新能力评价　企业技术创新能力评价方法有专业评分法、模糊综合法、层次分析法和主成分分析法等。

第三节　食品企业技术创新与引进

一、 企业技术自主创新发展

技术创新是企业发展的灵魂，是企业兴旺发达的源泉和不竭动力。在激烈的市场竞争中，企业不创新就等于慢性自杀。企业应当贯彻落实国家有关推进技术创新的政策法规，结合企业实际推进技术自主创新。

选择符合企业实际的技术创新战略技术，创新战略是关于企业技术开发的目标、方向和路线的选择。制定企业技术创新战略的目的是使企业建立技术竞争优势，从而获得高于平均水平的投资回报。自主创新战略主要有三个优点：一是可以大大增强企业的竞争力。二是自主创新为企业积累了非常丰富的技术信息和科技研发能力，为企业进步进行改进性、渐进创新打下基础。三是自主创新企业一般是新市场的开拓者，在产品投入之初，创新企业可以首先建立起原料供应和产品销售网，率先占领产品生产所需的稀缺资源。

自主创新的缺点是对企业的科研开发能力、资金投入、承担风险能力有较高的要求。

二、 传统技术现代化升级改造

1. 技术改造的含义

技术改造主要是指在坚持科学技术进步的前提下，把科学技术成果应用于企业生产的各个环节（如产品、设备、工艺、原材料等），用先进的技术改造落后的技术，用先进的工艺和设备代替落后的工艺和设备，实现内涵扩大再生产，达到增加品种、提高质量、节约能源、降低原材料消耗、提高劳动生产率、提高经济效益的目的。西华大学联合企业开展的

“郫县豆瓣现代化改造关键技术研究”通过了2项省级科技成果鉴定，申报了6项国家发明专利，转化实施优质安全郫县豆瓣生产技术，实现了豆瓣产业链全程信息化与智能化控制，成本降低了35%~45%，经济效益提高了30%~40%，社会效益提高了50%~60%，节能30%以上。适于现代农业生产方式，创建了郫县豆瓣“优质+安全+标准化”的生产与产业化示范模式，实现郫县豆瓣的现代化、标准化、产业化。

2. 技术改造的内容

（1）产品改造　产品改造即改进产品设计，促进产品更新换代，不断开发新产品和改造老产品，以适应市场的需要。

（2）设备、工具的更新改造　对那些性能和精度已不能满足工艺要求、质量差、能源消耗高、技术经济效果差的设备，应优先予以更新改造。

（3）生产工艺和操作方法的改造　工艺先进与否，往往是影响产品质量、生产效率、能源和原材料消耗、成本高的重要原因，因此，其应成为技术改造的重要内容。

（4）节约和综合利用原材料、能源。

（5）劳动条件和生产环境的改造。

三、企业技术合作创新

1. 合作创新的概念

合作创新通常以合作伙伴的共同利益为基础，以资源共享或优势互补为前提。有明确的合作目标、合作期限和合作规则，合作各方在技术创新的全过程或某些环节共同投入。共同参与，共享成果，共担风险。

合作创新既包括具有战略意图的长期合作，如战略技术联盟、网络组织，也包括针对特定项目的短期合作，如研究开发契约和许可证协议。近年来，合作创新已经成为国际上一种重要的技术创新方式，由于企业合作创新的动机不同，合作的组织模式也多种多样。狭义的合作创新是企业、大学、研究机构为了共同的研发目标而投入各自的优势资源所形成的合作，一般特指以合作研究开发为主的基于创新的技术合作，即技术创新。

广义的合作创新是指企业、研究机构、大学之间的联合创新行为，包括新构思形成、新产品开发以及商业化等任何一个阶段的合作都可以被视为企业合作创新。所以，企业合作创新的概念是上文中所指的广义上的合作创新概念。

2. 合作创新模式

合作创新具有多种多样的模式，各有其适用的条件，没有绝对意义上的最佳模式，在我国合作创新的模式主要有以下几种。

（1）合同创新模式　指以合同形式确定的合作创新模式。通常由企业委托大专院校或科研机构从事技术或产品研究开发，企业提供资金并规定创新目标，大专院校或科研机构提供技术专家、必要的技术设备并具体实施创新过程，实现创新目标。

（2）项目合伙创新模式　指企业为了完成某一特定技术项目的研究开发，通过合伙投入形成合作组织，共同从事研究开发活动，共享研发成果的一种合作创新模式。

（3）基地合作创新模式　指企业与高等院校或科研院所共同建立技术创新基地的一种合作创新模式，一般由企业提供资金和场地，大学或研究机构提供研发条件（设备）和研发人员。

3. 合作创新的必要性

（1）合作创新能节约企业在创新过程中获取研发成果的费用　合作创新同时发生研发费用和交易费用，但能实现合作者对研发资源的整合和信息的有效沟通，保证获取研发成果的总体费用降低。

（2）合作创新能实现创新资源的互补和共享　通过实施合作创新可实现企业自身与其他组织的技术创新资源互补和共享，能使新开发的技术成果超越企业依靠自身力量能够达到的水平，将企业的技术水平推向一个新的高度。

（3）合作创新是企业获得技术能力的重要途径　企业的技术能力主要包括三个方面：即技术吸收能力、应用能力和创新能力。研究表明，企业的技术能力只能在研发中形成。我国企业因为研发资源不足，限制了企业开展研发活动，而通过建立合作创新组织，企业可以利用大学或科研机构的研发设备和人员，并通过研发活动实现对技术能力的获取、传递和整合，使企业能够得到能力发展和组织学习的机会，特别是合作创新组织成员间的互动学习，是企业提高自身技术能力的重要途径。

（4）合作创新可以提高企业新技术进入市场的速度　知识的快速普及、技术的迅速发展以及现代技术的高度复杂性和整合性使产品的生命周期不断缩短，技术创新具有高成本、高风险的特点，企业一般很难胜任独立开发的使命，只有开展合作创新，才能加快技术研究与产品的市场化进程。

【案例9-5】某大学与某六家食品公司合作实现技术创新

我国“三高”人群已达3.5亿人，成为世界之最，达到我国总人口的25%左右。而饮食是引起这一问题的最大根源之一。杂粮、杂豆等系列谷物资源其生物活性成分含量高，但其口感差，因此，推行色、香、味俱全营养均衡搭配合理的功能性主食势在必行。然而，营养强化米、面等的营养配伍的生物利用度及食味质构特性调控是限制我国当前复合米类产品生产企业发展的巨大障碍。

某大学与某六家食品公司合作技术创新，抓住了以谷物为主要原料的营养复配的刚性需求及色泽、质构与生物有效性调控的关键性难题，通过产学研联合，以特色粮食资源及其活性分子的适口性差为出发点，以淀粉、蛋白质、脂肪和活性因子分子评价体系为基础，以复配重组配方、工艺参数优化与产品营养、品质多重关联分析为保障，阐明了重组谷物食品主要生理活性组分加工特性及食味质构调控规律，开发出了一系列集功能性、营养性、便携性于一体的功能化谷物食品12种及精深加工产品50余种，并进行有效推广应用，实现了系列色泽、营养、口感的有效调控。

此举获得国家发明专利17项、发表高水平论文多篇、鉴定成果3项（水平均为国际领先），技术在“中华老字号、国家级非物质文化遗产、全国食品工业优秀龙头食品企业、食品安全与质量优秀企业、A股上市食品企业”某麻花公司等6家单位应用推广，总计加工粮食11253t。项目经济效益与社会效益显著，已创直接经济效益2812.08万元，获社会效益8400余万元。

我国传统粮食产品由于有产品技术含量低，生产工艺陈旧，营养物质匮乏及营养比例不均衡等问题，出口数量少，出口质量缺乏竞争力，价格低，创汇难。而产学研合作解决了这一难题，为提高我国食品竞争力提供了有效的技术保障。推广应用的范围广、产品产量大，不但促进了重组复配主食产业和相关设施设备、包装材料产业的发展，更为重要的是促进了特色复配产业和原料生产产业的不断发展，解除了各级政府和老百姓的后顾之忧。研发出的产品提升了主食的品质、营养等，有利于培育粮食深加工类科技型企业和相关杂粮作物种植业的发展，促进了农业和加工生产企业的全面快速发展。

四、 技术引进

1. 技术引进的含义

技术引进是指国际的技术转移活动。买进技术的一方，通过各种途径从国外获得先进设备、先进工艺技术以及先进的经营管理技术和手段等，来推进现有的技术水平。

2. 技术引进的内容

技术引进主要是引进先进设备和引进先进技术。

引进的先进设备包括进口单机、关键设备、成套设备和包建整个项目，也称引进“硬件”。

引进先进技术包括引进生产工艺技术、设备制造技术和经营管理技术。这类引进也称引进“软件”。其具体形式有购买设计流程、配方、设备制造图纸和工艺技术资料等。

3. 技术引进的方式

技术引进的方式可以是许可证贸易、信汇支付、来料加工和外商投资、补偿贸易、合资经营、技贸结合、合作生产和进口成套技术设备等。

（1）许可证贸易　是指技术供方通过一定方式将生产、销售等技术及其权利转让给生产企业，转让方式可以是合作、援助、技术服务等形式。基本内容包括专利、技术诀窍、商标的转让。

（2）信汇支付　在国际上进行技术贸易时，常出现需方现汇不足，卖方经济危机，产品过剩的情况。这时可采用出口信贷的方法。由公司向本国银行贷款，本利一起算入物价。然后，由需方通过供方偿还，这为卖方信贷；或者由需方向供方国家银行贷款，并以需方国家银行担保，然后由需方逐年付款偿还，这为买方信贷。

（3）来料加工和外商投资　是指技术供方向需方提供生产某一产品的技术、原料、辅料、包装或设备等，需方负责加工，产品由供方包销，需方在一定时期内以加工费收入的形式，逐年偿还供方设备投资费等。

（4）补偿贸易　是按双方签订的合同规定，进口技术或设备，用商品向供方偿还贷款，这种偿还贷款方法可以是回购也可以是互购。回购也称产品返销，用引进的技术或设备生产的产品偿还引进技术、设备的费用。

（5）合资经营　是由两个（或更多）企业共同投资、经营、共享利润、共担风险。近年来，我国不少企业与外商建立了多个合资企业，这有利于解决资金，引进先进技术、设备、现代化管理方法，扩大商品出口，增加企业利润。

（6）技贸结合　是为减少引进的费用，在引进某项先进技术的同时，适当引进该技术生产的外国产品。实际上，这种进口方式会出现几家外商竞争的局面，这样所支付的费用比单纯购买费用还少。这是一种引进技术与商品贸易相结合的方式。合作生产是采取供需双方使用制造的方式，需方将技术逐步引进。

（7）进口成套技术设备　是指从设计、设备供应、施工、安装合格到开业的技术指导和人员培训均由外商承包的引进方式。食品企业应从中选择有利弥补资金不足的方式，尽量做到少花钱办大事，发展食品工业，提高经济效益。

五、 技术转让与知识产权保护

（一）技术转让

1. 技术转让的含义及标的

（1）技术转让的含义　技术转让就是指自然人、法人及其他组织之间转移技术的行为和活动。具体地说，就是拥有技术的权利人，包括其他有权对外转让技术的人，通过法定形式（合同形式），将现有特定的专利、专利申请、技术秘密的相关权利转让与他人，或许可他人使用的形式。它不仅是技术知识及随同技术一起转让的机器设备在空间上的移动，而且包括技术在新环境中被获得、吸收和被掌握的有机统一的完整过程，即技术转让不但包括技术的传递，还包括对技术的消化、吸收、扩散及创新。

（2）技术转让的标的　技术转让的标的多种多样，但归纳起来基本上可以分为三类：一是具有知识产权的技术，即专利、版权和商标；二是不具有传统意义上的知识产权的技术秘密及专有技术；三是不具有或不再具有知识产权的公开技术，如计算机软件。

2. 技术转让的内容

根据我国相关法律的规定，技术转让的内容主要包括以下几方面：

（1）专利权转让　是指专利权人（转让方）通过签订专利技术转让协议，将专利所有权转让给技术受让方，由受让方支付转让费用的转让形式。

（2）专利申请权转让　是指具有专利申请权的一方（转让方），通过签订专利申请权转让协议，将专利申请权转让给受让方，由受让方支付转让费用并得以申请专利的转让方式。有分析显示，大学-企业技术转移不是一种简单的技术转让交易，而是一种复杂的协同创新过程，必须能够将研究人员的收益与技术商业化的收入相关联。例如，某大学的政策规定，技术转让收入的分配，大学应与发明者分享技术商业化的净收入，其中33%或1/3归发明者；25%分配给支持此技术研发的系或研究中心；8%分配给支持此技术研发的院级单位；33%或1/3分配给负责研究的副校长办公室，用来支持大学技术商业化活动，并资助大学的研究和学术活动，将许可收入的大部分重新投入到科研和教学中去，保证大学创新能力的提升和技术转移的可持续发展。

【案例9-6】某科研单位技术入股促进企业上市

2019年7月，科创板鸣锣开市。作为专为科技型和创新型中小企业服务的板块，科创板不仅补齐了我国资本市场服务科技创新的短板，也引导了价值投资、培育了优质科创企业。不久前，某生物公司正式登陆科创板，这家公司的“花生四烯酸”源头菌种和发酵技术来源于国内某科研单位。花生四烯酸是一种主要存在于母乳中的多不饱和脂肪酸。目前，由微生物发酵法生产的花生四烯酸，被广泛应用于婴幼儿配方食品、膳食营养补充剂和健康食品中。科技成果产业化是时代赋予科技人员的职责，也是国内科学研究机构的中的重要工作之一。截至目前，该科研单位科技成果作价入股直接成立的企业有81家。2019年该单位参股企业预计实现销售收入超80亿元，实现净利润超5亿元，就业人数超过5000人。

【案例 9-7】某科研单位技术入股促进企业上市

根据某科研单位科技成果转化管理办法，对无形资产作价入股成立公司进行科技成果转化，并给予有关重要贡献人员股权奖励。国内某科研单位以“一种维生素 K_2 及其制备方法”等 10 项技术成果作价入股设立公司，经第三方评估，此批专利无形资产价值约 5420 万元，本次执行股权奖励比例为 70%，总奖励金额 3794 万元。

（3）技术秘密转让　是指技术秘密的拥有方（转让方），通过签订技术秘密转让协议，将技术秘密转让给技术受让方，由受让方支付转让费用并获得技术秘密拥有权的转让方式。

（4）专利实施许可　是指专利权人（转让方），通过签订专利实施许可协议，将专利技术的使用权转让给受让方，由受让方支付使用费用并在专利有效期内使用该专利的转让方式。专利实施许可包括独占实施许可、排他实施许可和普通实施许可三种形式。

（二）知识产权的保护

1. 知识产权的概念与特征

（1）知识产权的概念　知识产权是指“对科学、技术、文化、艺术等领域从事智力活动创造的精神财富所享有的权利”。该概念最早由法国学者卡普佐夫于 17 世纪 50 年代提出，后来由比利时法学家皮卡第继承和发展。

（2）知识产权的特征

①知识产权的无形性：知识产权的客体是智力成果或具有财产价值的标记，是一种没有形体的财富。知识产权客体的非物质性是知识产权的本质属性。

②知识产权的法定性：知识产权的范围由法律规定，必须通过法律加以确认。

③知识产权的专有性，也称排他性：知识产权为权利人所独占并受到法律的严格保护，没有法律规定或未经权利人许可，任何人不得使用权利人的知识产权。同时，同一知识产权，不允许有两个或两个以上的主体同时对同一属性的知识产品享有权利。

④知识产权的地域性：知识产权作为专有权利，在空间效力上受地域限制。按照一国法律获得承认和保护的知识产权，只能在该国具有法律效力。

⑤知识产权的时间性：知识产权作为一种民事权利，只有在法律规定的期限内才受到保护，超过法律规定的有效期，这一权利就自行消灭，其客体就会成为整个社会的共同财富，为全人类所共同使用。

2. 知识产权的范围及法律保护

根据我国《民法典》规定，知识产权主要包括著作权、专利权、商标权、发现权、发明权和其他科技成果权。

（1）著作权及法律保护　著作权又称版权，是指作者及其他著作权人对其创作的文学、艺术和科学作品依法享有的权利。

①著作权的保护期限：著作权的保护期限是指著作权人依法取得的著作权的有效期，在保护期内，著作权人的著作受法律保护，超过保护期，该作品进入公有领域，作者或其他著作权人不再享有专有使用权。著作权的保护期限在《著作权法》中有明确的规定。

②著作权的许可使用：著作权的许可使用是指著作权人许可作品使用人在一定期间、一定范围内以一定方式使用其作品的行为。根据《著作权法》的规定，使用他人作品应当同著作权人订立许可使用合同。

③著作权的转让：著作权的转让是指著作权人将其作品著作权中的财产权全部或部分转让他人的行为。《著作权法》的规定，转让著作权中的财产权，应当订立书面合同。

（2）专利权及其法律保护　专利权是指专利权人在法定期限内对其发明创造成果享有的专有权利。它是国家专利行政部门授予发明人或申请人生产经营其发明创造并禁止他人生产经营其发明创造的某种特权，是对发明创造的独占排他权。

①专利权的保护期限：根据我国《专利法》的规定，发明专利权的保护期为 20 年，实用新型及外观专利权的保护期为 10 年，均自申请日起计算。

②专利权的保护范围：根据我国《专利法》的规定，发明或实用新型专利权的保护范围以其权利要求的内容为准，说明书及附图可以用于解释权利要求。外观设计专利权保护范围以表示在图片或者照片中的该外观设计专利产品为准。

（3）商标权及其法律保护　商标是指由文字、图形、字母、数字、三维标志和颜色组合，以及上述要素组合，使用于一定的商品或服务项目，用以区别商标使用者与同类商品经营者或同类服务业经营者的显著标记。商标分为注册商标和普通商标。由于我国商标权取得实行注册原则，因此，只有注册商标所有人才对其商标拥有独占、排他的权利，即商标权。

根据我国《商标法》的规定，注册商标专用权，以核准注册的商标和核定使用的商品为限。商标因注册而取得专用权，从而得到法律保护，未注册的商标一般情况下不受法律保护。在核定使用的商品或服务上使用注册商标是法律保护的基本条件，他人未经许可不得在相同或者类似商品或服务上使用相同或近似的商标。注册商标的有效期为 10 年，可以无限续展。注册商标超过有效期没有续展的，不再受法律保护。

第四节　食品企业可持续发展

一、 食品清洁化生产管理

清洁生产是人类在实现生态环境和经济增长协调发展实践中创造的全新型生态经济战略目标，是具有开拓性的新观念、新概念和新技术。

1. 清洁生产的概念

清洁生产是指将综合预防的环境保护策略持续应用于生产过程和产品中，以期减少对人类和环境风险的一种生产方法。清洁生产从本质上来说，就是对生产过程与产品采取整体预防的环境策略，减少或者消除它们对人类及环境的可能危害，同时充分满足人类需要，使社会经济效益最大化的一种生产模式。

2. 清洁生产的意义

清洁生产是一种新的创造性理念，这种理念将整体预防的环境战略持续应用于生产过程、产品和服务中，以增加生态效率和减少人类及环境的风险。清洁生产是环境保护战略由被动反应向主动行动的一种转变。

首先，清洁生产体现的是预防为主的环境战略。传统的末端治理与生产过程相脱节，先污染，再去治理，这是发达国家曾经走过的道路；清洁生产要求从产品设计开始，到选择原料、工艺路线和设备以及废物利用、运行管理的各个环节，通过不断地加强管理和技术进步，提高资源利用率，减少乃至消除污染物的产生，体现的是预防为主的思想。

其次，清洁生产体现的是集约型的增长方式。清洁生产要求改变以牺牲环境为代价的、传统的粗放型的经济发展模式，走内涵发展道路。要实现这一目标，企业须大力调整产品结构，革新生产工艺，优化生产过程，提高技术设备水平，加强科学管理，提高人员素质，实现节能、降耗、减污、增效，合理、高效配置资源，最大限度地提高利用率。

第三，清洁生产体现了环境效益与经济效益的统一。传统的末端治理，投入多、运行成本高、治理难度大，只有环境效益，没有经济效益；清洁生产的最终结果是企业管理水平、生产工艺技术水平得到提高，资源得到充分利用，环境从根本上得到改善。清洁生产与传统的末端治理的最大不同是找到了环境效益与经济效益相统一的结合点，能够调动企业防治工业污染的积极性。

3. 清洁生产实施路径与影响因素

清洁生产是一种新的环境和经济战略，它强调从源头抓起，着眼于全过程控制。不仅尽可能地提高资源能源利用率和原材料转化率，减少对资源的消耗和浪费，从而保障资源的永续利用，而且通过清洁生产，把污染消除在生产过程中，减少污染物的产生量和排放量，大大减少对人类的危害和对环境的污染，改善环境质量。国内外许多成功的实践表明，清洁生产可以在大幅减少污染的同时降低成本提高竞争力，实现企业经济效益和环境效益的统一。

影响食品清洁化生产的主要因素包括以下几个方面。

（1）资源和能源方面　例如，物料不纯或/和未净化，物料储存、发放、运输的流失，物料及能源的超定额消耗，有毒、有害物料的使用，未利用清洁能源和二次资源等。

（2）工艺技术方面　例如，工艺技术相对落后，原料转化率较低，无效传输线路过长，连续生产能力差，生产稳定性差，使用对环境有害的物料等。

（3）过程控制方面　例如，计量检测、分析仪表不齐全或检测精度达不到要求，某些工艺参数未能得到有效控制，过程控制水平不能满足技术工艺要求等。

（4）产品方面　例如，产品储存和搬运过程中的破损、漏失，产品的成品率低于国内外先进水平，不利于环境的产品规格和包装等。

（5）废物方面　例如，对可利用废物未进行再利用和再循环，废物的物理化学性状不利于后续的处理和处置，单位产品废物产生量与国内或国外同行业先进水平存在较大差距。

（6）管理方面　例如，有利于清洁生产的管理条例、岗位操作规程等未能得到有效执行，现行的管理制度不能满足清洁生产的需要，信息交换不畅，缺乏有效的奖惩办法。

（7）人员方面　例如，员工意识不足，员工的技能不能满足本岗位的要求，员工缺乏责任心，员工缺乏敬业和团队合作精神。

4. 清洁化生产规范

我国政府已于 1994 年出台了专门的《清洁生产促进法》及相关的政策，其目的是通过清洁技术的实施尽快改良产品与生产过程。国家相继出台了清洁生产技术标准制定技术导则和部分食品制造业的国家、行业和地方等清洁生产标准，如中华人民共和国国家环境保护标准：HJ/T 425—2008《清洁生产标准　制订技术导则》，HJ 452—2008《清洁生产标准 葡萄酒制造业》，HJ 444—2008《清洁生产标准　味精工业》；HJ/T 402—2007《清洁生产标准　白酒制造业》，HJ/T 183—2006《清洁生产标准　啤酒制造业》，HJ/T 184—2006《清洁生产

标准　食用植物油工业（豆油和豆粕）》，HJ/T 186—2006《清洁生产标准　甘蔗制糖业》；北京市地方标准 DB 11/T 674—2009《清洁生产标准　果蔬汁及果蔬汁饮料制造》，河南省地方标准 DB 41/T 715—2012《信阳毛尖茶清洁化生产技术规程》，新疆维吾尔自治区地方标准 DB 65/T 4129—2018《清洁生产标准　番茄制品工业（番茄酱）》。期间，国家 2012 年对《中华人民共和国清洁生产促进法》进行了修订并施行。建立特定行业的污染控制与循环利用计划，使环境问题成为了影响投资决策的重要因素，促使并协助企业建立了独立的环境管理体系。我国的清洁生产推行尽管取得了一定的成绩，积累了一些经验，但相对于我国的资源环境状况和我国对清洁生产的要求仍远远不够。政府是推行清洁生产的主导者，政府的扶持是推进清洁生产取得成功的关键。企业是清洁生产运行的主体，既是投资者又是受益者，公众是实施清洁生产的重要推动力。公众舆论是促使企业选择清洁生产方案的重要外在压力。市场对清洁生产运行的基础调节作用通过市场约束企业的污染行为。这些清洁化生产标准应与中华人民共和国国家标准 GB 14881—2013《食品安全国家标准　食品生产通用卫生规范》、GMP、HACCP、SSOP、ISO9000、ISO14000 和 ISO22000 等质量管理体系相辅相成，紧密结合推广使用，缺一不可。

【案例 9-8】某碳酸饮料公司采用清洁化技术

以碳酸饮料厂为例进行清洁生产实施方法及路径分析。企业开始引入清洁生产理论来作为企业的“开源节流”战略思想的理论依据，企业的主要领导亲自挂帅全员参与，制定了“三步走战略”即第一步管理措施；第二步技术更新和技术改造；第三步清洁能源的使用（主要是风能和太阳能）。在清洁生产的实施之初，企业特别重视员工的思想认同和全员参与的情况，在全厂范围内进行清洁生产以及实施意义的广泛宣传，分期分批对员工进行清洁生产知识培训教育，充分调动员工进行清洁生产的积极性，针对全厂存在的问题，提出了 36 条清洁生产方案，如表 9-3 所示，逐条落实，并及时改进。在此基础上，利用公司局域网、宣传栏、生产协调会等各种方式提高全体员工对清洁生产的认识和参与的积极性，并适时推出了节能减排目标责任评价考核制度，使这项工作在制度层面得以强化。企业从实施清洁生产活动以来获得了很好的环境效益和经济效益，主要体现为水的单耗年均降低 10%，蒸汽单耗年均降低 15%，电的单耗年均降低 12%，尽管每年产量增幅在 15%以上，但废水排放总量依旧维持较低水平，且废水中的 COD 浓度仅为开展清洁生产前的 50%左右，还获得了很好的经济效益，8 年的累计收益超过 5000 万元。

表 9-3　　清洁生产实施方案及效益分析

项目大类	编号	方案名称	费用类型	效益分析
加强内部管理	1	大力宣传清洁生产，做到人人皆知其意义，全员投入参与实施	低费	—
	2	设立储蓄箱，针对浪费者实施处罚	无费	—
	3	设立曝光台对各种不合理现象曝光	无费	—
	4	对生产线全部设备明示注意事项	低费	—
	5	实施生产线区域负责人制，全员参与	无费	—

续表

项目大类	编号	方案名称	费用类型	效益分析
节约用水	6	水线、桶线调水质水回收进入地池再利用	中费	6个月回收投资
	7	二级反渗透浓水回收进入清水池再利用	中费	6个月回收投资
	8	水处理冲洗水回收进入地池再利用	中费	6个月回收投资
	9	一级反渗透浓水回收，替代公司中水	中费	3个月回收投资
	10	生产线，糖浆间清洗消毒最后一步冲水回收进入地池再利用	中费	8个月回收投资
	11	PET冲瓶水回收作为玻璃瓶洗瓶机预冲洗水	中费	12个月回收投资
	12	强化冲洗用水为自制高压水枪和人工拖地	低费	—
	13	杜绝长流水，严格车间用水	无费	—
	14	管路消毒最后一步冲水回地池	中费	3个月回收投资
降低排水COD指标	15	控制半瓶，保证灌装后的每一瓶都合格	中费	6个月回收投资
	16	检验产品所产生的不合格品，供公司其他部门人员使用，以减少排放量	无费	—
节约白砂糖、CO_2	17	单糖配置过程中产生的低糖度糖液用作溶糖	低费	—
	18	空糖袋残余糖的充分利用	无费	—
	19	单糖配置过程中产生的低糖度糖液用作溶糖	低费	—
	20	改造管路，杜绝管路漏气，合理使用CO_2	中费	12个月回收投资
	21	保证每一瓶饮料的糖度、含气量、净容量等指标在合理范围	中费	12个月回收投资
	22	热缩炉开启与混比时间配合，针对供瓶情况减少热缩炉开启台数	无费	—
	23	提高混比注入温度，趋向常温灌装	无费	—
节约电、气、蒸汽	24	严格控制办公用照明、冷气的开放时间和供应区域	无费	—
	25	风幕的合理使用	无费	—
	26	停工生产线照明的合理控制	无费	—
	27	根据实际需要，合理选用变频器等动力装置	高费	18个月回收投资
	28	制冷系统采用格林柯尔制冷剂	高费	18个月回收投资
	29	杜绝蒸汽、空压气跑冒现象，实施工程师负责制	无费	—
节约皂液、药剂、胶带等辅料	30	严格控制胶带领用，杜绝乱用胶带现象	无费	—
	31	合理使用水处理各种药剂	无费	—
	32	严格控制生产线使用皂液，合理降低各种辅料用量	无费	—
	33	专人保管投加润滑剂，控制最小用量	无费	—

续表

项目大类	编号	方案名称	费用类型	效益分析
清洁能源项目（风能和太阳能的使用）	34	浴室热水加热由蒸汽加热改为太阳能	高费	18 个月回收投资
	35	暖瓶机用水先进入太阳能系统预热到 42℃	高费	24 个月回收投资
	36	CO_2汽化器采用风浴器来替代蒸汽汽化	高费	18 个月回收投资

【案例 9-9】啤酒工业清洁化生产可行性分析与思路

啤酒是以粮食为原料酿造的营养性饮料，在其酿造过程中除了要消耗大量的粮食，还要排出相当数量的固形废物如麦糟、废酵母、硅藻土等，同时还有大量的废水产生，这部分废水排入水体会造成严重的污染。啤酒工业污染的特点如下所述。

（1）产污部位多且分散　啤酒厂的废弃物包括废水、废气、废渣、噪声、异味。其中，废水有生产工艺废水、洗涤水、冷却水等。啤酒厂各工序排放的污水不均匀，负荷浓度分配也不均匀，啤酒厂污水负荷主要集中在酿造和包装工序。废气有锅炉废气及发酵产生的二氧化碳。废渣有酒糟、废酵母、废硅藻土、废包装材料、炉渣。噪声有运输车辆噪声、设备噪声（压缩机、冷却塔等）。异味有干燥过程和废水处理产生的气味。

（2）排放的污染物绝大部分可回收利用。

（3）废水量大　啤酒生产耗水量大、水的循环利用率低、平均生产 1t 啤酒耗水 7~40t。

（一）啤酒工业清洁化生产的实施方向和思路

1. 工艺技术的改进和革新

产品和工艺设计是清洁化生产系统的主要内容，是实现清洁化生产的关键，它在很大程度上决定着产品的功能和寿命周期特性。一方面，在工艺流程设计中，要综合考虑辅助物流（水、碱、酸等）的循环和净化综合利用；另一方面，要积极研究应用新技术、新工艺、新设备，淘汰落后工艺及高耗能设备，通过工艺技术改革，提高原材料的转化系数，从而降低污染物的排放总量和排放浓度。例如酿造车间的 CIP 清洗程序，应该针对自身系统所使用的清洁剂效能，洗罐器和洗涤泵能力，具体管路及流体湍流效果，根据实际 COD、BOD 数量指标确定本系统科学的清洗程序，减少无用的损耗和浪费，使程序设计的性价比达到最优化。

2. 切实加强对生产全过程的控制

清洁生产强调的是从生产过程开始就实施有效的控制，原材料的合理购进、储藏、产品的合理储藏、运输、销售，均对生产过程控制、提高原材料利用率和减少污染有十分重要的作用。

（1）MRP 或 ERP 系统的建立和推行是对生产全过程控制的一个较好的基础平台，可以最大限度地减少随机性管理对清洁化生产的影响，全面提升物流管理的综合水平。

（2）本着资源与能源优化的原则进行科学合理的生产调度，对提高生产效率和减少各种原材料消耗，降低能耗起至关重要的作用。例如，夏季生产运作时电力避峰就谷，企业不仅能取得社会效益，还能获得良好的经济效益。

3. 改变管理方式

提升内部管理水平改变传统的生产管理思维和粗放式管理模式。

（1）在清洁化生产思想基础上，融合现代相关的科学管理思想，如目标管理、成本管理、质量管理等，建立一套适合自身企业发展的系统、科学、规范的内部管理体系。

（2）走精细化生产的管理模式，注重生产车间系统的完善和内部潜力的挖掘。例如，通过对洗瓶添加剂等实施自动平稳补给控制，减少浓度不均匀添加而造成的物资浪费。

（3）加强对数据的统计分析，通过对生产全过程的分析和与同行业先进企业的比较，正确评价企业清洁化生产水平状况，找出薄弱环节并加以解决。

4. 废弃物的分级排放和综合利用

（1）废弃物的分级排放可以减少污染物末端治理的强度，避免不必要的治理费用。

（2）加大对工业副产品、废弃物的综合利用，研究开发提高附加值的再利用可行途径，努力实现 100% 再资源化。

（二）啤酒工业企业清洁生产方案

当在对某啤酒生产企业进行环评时，要想提出切实可行的清洁生产方案，就必须先对该啤酒企业生产过程进行全面分析评估，以便找出该企业的清洁生产潜力。任何一个生产和服务过程都可抽象成八个方面，即原辅材料和能源、技术工艺、设备、过程控制、管理、加工等六个方面的输入，得出产品和废弃物的两个方面的输出，如图 9-1 所示。

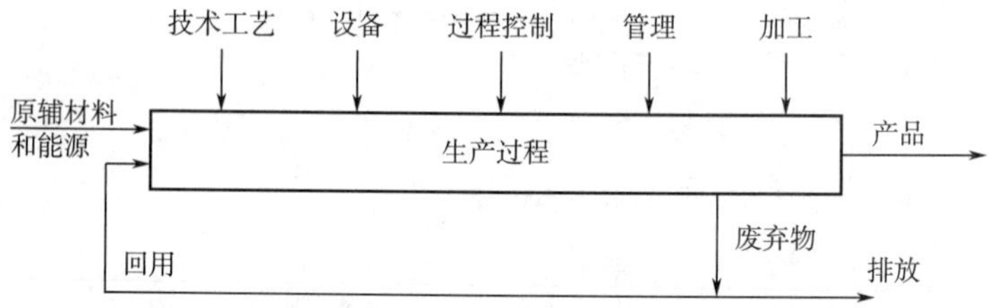

图 9-1 生产过程

本着预防和减少污染物产生的原则，从啤酒生产的这八个方面进行分析，找出可以进一步改进的地方，有针对性地提出清洁生产方案。

对于啤酒企业而言，清洁生产是一个连续不断改进企业管理、生产工艺、降低生产成本、提高产品质量和减少环境污染的长期过程。通过对啤酒行业先进技术的研究和引进，结合本企业生产的实际，通过清洁生产水平的不断提高，尽可能地减少原材料用量，减少污染物的产生和排放，给企业带来更大的社会、环境和经济效益。

【案例 9-10】家庭农场清洁生产成本控制与措施

在我国，家庭农场仍使用并依赖化肥，由于化肥使用量大和利用率低，不仅提高了家庭农场的种植成本，也污染了当地的水、土壤等。但由于清洁生产本身需要付出高昂的代价，所以加大了农场的成本支出。

（一）家庭农场清洁生产成本构成

家庭农场为保证清洁生产而支付的运行成本主要包括清洁生产成本、清洁预防成本和清洁治理成本。

1. 清洁生产成本

清洁生产成本主要是指为了防止生产原料本身对环境和产品产生污染的清洁投入，以及在生产过程中采用先进农业技术降低或者尽可能避免投入物污染环境及农产品，同时采用正确的废弃物处理方法，以实现生态环境和农产品的清洁而发生的成本。通过原料的精选、先进的农业技术改革和设备的更新将带来生产效益的提高，并减少环境污染。

2. 清洁预防成本

清洁预防成本主要是指为了保证产品环保效能达标而发生的成本，以及为了防止企业现行生产对未来环境构成潜在威胁而发生的成本。通过积极采取预防措施使环保效能达标或由于环境标准的排放将带来排污费、罚款、赔偿等的节约或减负，以及末端治理成本的减少，降低成本，提高市场竞争力。

3. 清洁治理成本

清洁治理成本主要是指由于生产过程中原料对环境的污染以及技术问题所造成的投入物对环境的污染所投入的以减少对环境的损害而发生的成本，如赔偿、清理、废弃等末端治理成本。由于企业环境成本控制符合 1-10-100 法则，即环境问题若在开发设计阶段着手解决只需付出 1 份代价，若在生产阶段加以解决需要付出 10 份代价，若在企业外部解决，则可能需付出 100 份的代价，因此“末端治理”的方式是行不通的，其不仅会损害环境，还会大大增加企业成本的支出，损害农场利益，降低农场价值。

清洁生产成本和预防成本随着家庭农场用于清洁生产的投资增加而增加，而治理污染发生的赔偿、清理、废弃等末端治理成本随之减少，两者呈现此消彼长的关系。因此，总会存在一个最优的清洁生产投资水平使家庭农场的清洁生产成本最低。

（二）家庭农场清洁生产成本控制措施

1. 以价值为基础注重全生命周期系统性分析

家庭农场环境成本控制应实施全生命周期成本控制，将环境成本分为预防成本、治理成本、损失成本，在不同的成本发生阶段采取相应的控制措施。基于清洁生产的成本控制采用生命周期成本法必须要有利于计量与控制农场产生的清洁生产成本，将农场所产生的清洁生产成本直接或间接地分配到相应产品的各个生命周期阶段中，使其负担相应的清洁生产成本，改善对环境的负面影响。

2. 进行成本效益分析

在了解生命周期分析的清洁生产替代技术的成本资料之后，再进行成本效益分析，用以选取最适合农场的清洁生产替代技术。首先，要注意坚持完全成本最小化，即在假设产出不变的情况下，计算各种清洁生产技术的全生命周期环境成本再加上该清洁生产技术的会计成本得到总成本，使其最低；其次，注重坚持收益成本比最大化，即比较各种清洁生产技术带来的包括经济效益、社会效益和环境效益在内的总收益与其完全成本的比值，选择效益成本比最大者。

3. 建立全面成本控制体系

基于清洁生产的成本控制是一种全过程、全方位、全员的全面成本控制体系。全过程控制即对包括农场产品的设计过程、生产过程及销售过程在内的整个价值链形成过程都进行成本控制；全方位控制即不仅需对产品的种植成本进行控制，还必须考虑清洁生产投入的预防成本和由于污染而发生的末端治理成本，对其进行分解控制；全员控制即所有农场成员应深刻了解清洁生产的必要性并理解清洁生产战略，积极参与成本控制。全面成本控制要求以清洁生产观作为成本控制的基本原则，即将成本的节约与经济效益、生态效益、社会效益结合起来，追求企业、环境、消费者三赢局面。

家庭农场实行清洁生产是对传统污染防治方式的突破，是从源头预防抓起，处理好清洁生产中的成本控制问题，不仅会给企业带来很大的环保效益和经济效益，也有助于实现其价值。但是，在实务中的运用明显不足，清洁生产在未来发展中的道路还很漫长。

二、 食品质量安全管理

（一）食品安全问题

食品安全问题不仅影响人体健康，对企业生存会产生严重的冲击。但是，由于实施质控标准的成本过高，企业内部未必能完全贯彻执行。将以乳制品的抽样方法为例，说明食品检测成本之高。巴氏杀菌乳、灭菌乳、酸牛乳抽样数量不少于 20 个最小包装（总量不少于 3500mL）；乳粉、炼乳、奶油、干酪、抽样数量不少于 10 个最小包装（总量不少于 3000g）。样品分成 2 份，1 份检验，1 份备查。由于酸牛乳、巴氏杀菌乳产品保质期较短，保存温度较低，还需注意样品的保存温度，且必须在产品的保质期内完成检验和结果的反馈工作。按照标准进行抽样检测，产品成本极大提高。

（二）食品安全问题质量成本分析

食品质量安全作为一种产品属性，与消费者健康息息相关。现代生产函数（质量生产函数）模型将产品质量安全水平作为与企业收益相关联的变量加以考虑，即将质量作为类似于传统生产函数中产量的变量进行研究，并且基于满足质量差异化产品的需求，与价格相联系。

1. 食品企业产量成本、质量成本与总成本

产品成本按照是否随产量变化而变化分为固定成本和可变成本，而根据质量产品的生产经济分析，一般认为企业生产质量产品在许多情况下都可以假设为质量是可以分离的。食品企业产品的总成本（C）由产量成本（C_p）和质量成本（C_q）组成。产量成本是指为获得某固定单位产量而必须投入的成本，即在固定生产规模情况下，生产单位产量产品，不论产品的质量如何，其投入成本都固定不变。质量成本是指在保证固定单位产量产品时为确保食品质量安全而投入的成本，包括一切为了保证食品安全而付出的成本。食品企业总成本和产量成本、质量成本的函数形式如式（9-9）所示。

$$C = C_p + C_q \tag{9-9}$$

式中 C——总成本；

C_p——产量成本；

C_q——质量成本。

当式中产量成本 C_p 固定不变，质量成本 C_q 可变，质量成本随着产品质量的变化而变化，如式（9-10）所示。

$$C = C_p + f(Q) \tag{9-10}$$

式中 $f(Q)$——质量成本函数，即质量成本随着质量的变动而变动。

企业要想确保食品安全，提高食品质量，就必须投入更多的质量成本，因此，产量成本与质量成本的变化规律类似于固定成本与可变成本。此规律符合边际效应递减规律，在产品

的质量刚开始提高的时候，质量成本的增加率大于质量提高的增长率，以后随着质量的逐渐提高，质量成本的增加率小于产品质量提高的增长率。

产量成本、质量成本与总成本的关系如图9-2所示，横轴与纵轴的相交于点O，即为理论质量零点，此时的产品质量水平在理论上为0。由于产品产量成本固定不变，因此产量成本曲线与横轴平行，表示产量成本不随质量水平的变动而变动，是固定函数。质量成本曲线从零点出发，即企业投入的质量成本为0。由于质量技术等的应用未能充分发挥效益，因此最初比较陡峭，此时质量成本的增加率大于质量的提高率。之后随着质量技术的效率得到充分发挥，质量成本趋于平坦，质量成本的增加率小于质量水平的提高率。最后由于边际效应递减规律，质量成本曲线又变得陡峭，质量成本的增加率又大于质量提高率。总成本曲线的最低点为产量成本，即当产品质量为理论质量零点水平时，质量成本为0，总成本等于产量成本。总成本曲线与质量成本曲线之间即为产量成本。

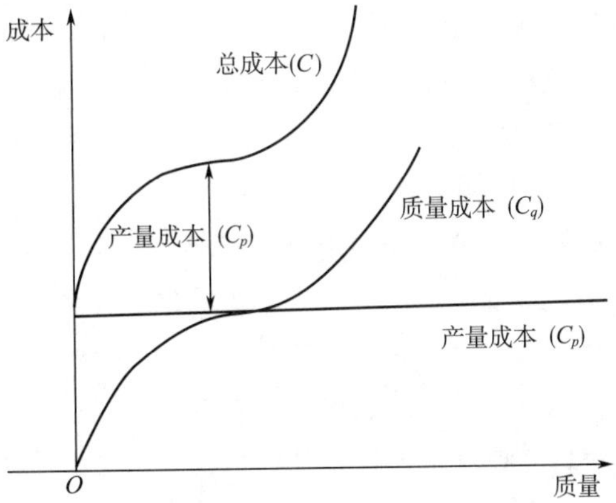

图9-2　产量成本、质量成本与总成本的关系

2. 食品安全管理成本收益分析

成本收益模型如图9-3所示，C_m为边际质量成本曲线，OMN为价格曲线，L为极限价格。在信息充分的完全竞争市场上，产品的价格随着产品质量的提高而增加，厂商按照既定的市场价格卖出产品，价格与平均收益相等。图中的价格曲线也即边际收益曲线，当边际收益小于边际成本，厂商无法实现利润，肯定不会进行生产。换言之，如果仅靠市场调节，则能够保证的质量安全水平在Q_1Q_2的范围内，一旦超出这个范围，边际收益则小于边际成本。在OQ_1内，厂商的产品质量安全水平比较低，边际收益小于边际成本，但随着产品质量水平的提高，收益在增加，边际成本在减少，需要政府帮助企业提高质量，实现边际收益大于边际成本。在这个阶段，企业需要有效的激励才能生产安全的食品。在Q_1Q_2质量安全水平阶段，企业基于获得经济效益的考虑，会主动地提高产品质量水平。因此，完全可以通过市场调节。在Q_2质量安全水平后，边际收益又小于边际成本，企业失去了提高产品质量的动力。

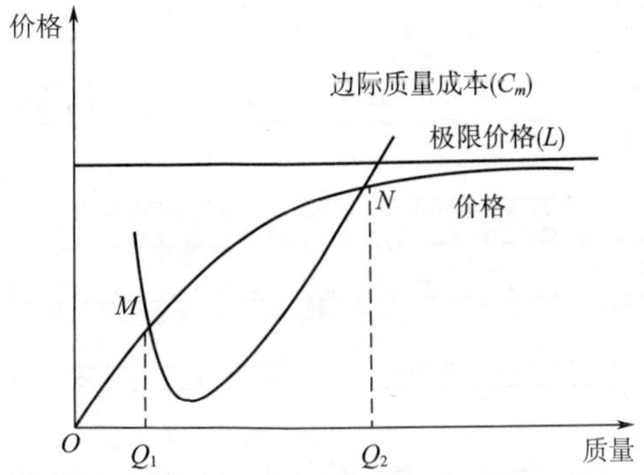

图9-3　成本收益模型

基于以上成本收益模型，对于以盈利为目的的企业而言，为了实现收益，食品生产企业有足够的动力将食品质量水平控制在Q_lQ_2范围内，即这一阶段依靠市场调节作用。取质量水平Q_0为食品安全水平，即当食品质量水平等于或高于这一水平时，

可保证食品安全。

如果 Q_0 处于 Q_1Q_2 范围内，则食品生产企业只有将质量控制在 Q_0Q_2 范围内，才能使产品基本满足消费者最低需求，即安全的食品。而在 Q_1Q_0 范围内，企业能够实现收益，但是食品安全得不到保障。对于一些中小食品企业、个体经营户以及食品加工作坊而言，其生产规模小，单位经营成本相对较高，资金不足，但是，其转型成本非常低。因此，这类食品企业更倾向选择将质量水平控制在 Q_1Q_0 范围内，即只考虑短期获利而忽视食品安全所带来的不良影响。而大型食品企业具有明显的规模效益，并且拥有充足的资金，为了谋求企业长远稳定持续发展，通常考虑在 Q_0Q_2 范围内，也就是在企业盈利的前提下加强食品质量安全监控，加大食品质量检验技术、检验设施等的投入，严格把控食品质量安全，树立良好的品牌形象以增强企业的综合竞争实力。如果 Q_0 超出 Q_1Q_2 范围，则企业边际质量成本再一次大于边际收益，企业失去食品质量安全控制的动力，此时，政府需要采取食品安全管制措施，制定相应的食品质量监管制度以促使企业保证食品质量安全。

（三）食品企业实施质量管理体系的成本分析

为了提高食品安全水平，众多食品企业纷纷建立诸如 GMP、HACCP、ISO9000、ISO14000 和 ISO22000 等各种质量安全管理体系，很多企业因此受益匪浅，但也有部分企业并没有因此而实现既定的盈利目标。食品安全管理体系在给企业带来利益的同时，需要成本的付出，这些成本对于中小食品企业尤其是处于资金短缺状态下的企业而言比较重要。

1. 食品安全管理体系实施成本构成分析

将企业实施食品安全管理体系的成本分为固定成本和可变成本，固定成本包含固定设施成本和认证成本；可变成本包含人力成本、原材料改善成本、检测记录成本和纠偏成本。如上所述，企业建立食品安全管理体系的成本 T_C 如式（9-11）所示。

$$T_C = C + V \tag{9-11}$$

式中　C——固定成本；

V——可变成本。

（1）固定成本构成　固定成本中的固定设施成本是指企业为达标而对相关设施进行的升级改造、添加新设备等付出的费用；认证成本包含企业获取食品安全管理体系证书时付出的一次性费用跟每年的复审费用。如式（9-12）所示。

$$C = \sum_{I=1}^{n} C_i T_i + \frac{C_t}{Y} + C_a \tag{9-12}$$

式中　C_i——各项固定设施投入总额；

T_i——各项固定设施的折旧率（按平均年限法计算），由于每个企业的基础不一样，因此其固定设施的投入额各不相同；

C_t——企业通过食品安全管理体系认证时的一次性费用；

Y——递延资产摊销年限；

C_a——每年的复审费用。

（2）可变成本构成　可变成本由人力成本、原材料改善成本、检测记录成本、纠偏成本、协调成本构成。如式（9-13）所示。

$$V = C_r + C_m + C_c + C_x + C_v \tag{9-13}$$

式中　C_r——人力成本，包含因实施食品安全管理体系而增添的相关人员每年的工资福利、培训费用；

C_m——原材料改善成本，是指企业为生产符合标准的产品，改善原材料每年新增的费用；

C_c——检测记录成本，是企业在食品安全管理体系认证和实施阶段对各种资料、数据进行记录、保存时产生的成本；

C_x——纠偏成本，是指企业每年停工纠正偏差时产生的成本，主要包括三方面内容：一是不合格产品无法经过再加工而出售的损失；二是因停工而给企业带来的生产时间的损失；三是设备维修费用，此项费用只在设备故障导致的纠偏行为时产生；

C_v——企业与上下游企业进行沟通协调时候所付出的成本，由于企业与上下游企业之间的关系紧密程度各不相同，其协调成本也各不相同。食品加工企业与上下游企业之间的协作关系可以分为现货交易式、合同订购式、战略联盟式和垂直一体化式。

综上所述，企业实施食品安全管理体系的成本可以表示为式（9-14）。

$$T_C = \sum_{I=1}^{n} C_i T_i + \frac{C_t}{Y} + C_a + C_r + C_m + C_c + C_x + C_v \tag{9-14}$$

2. 食品质量与管理体系成本关系分析

食品质量水平与质量管理标准存在密切的关系，质量管理标准存在的主要目的是为了提高食品质量。而食品企业为了实施质量管理标准，势必会付出实施成本，这些成本从原材料质量、生产控制、运输存储控制等方面加强对食品质量的管理，从而大大降低了劣质产品产生的可能性，也避免了生产环节以外不确定因素导致的食品质量问题。企业付出的实施成本在一定程度上与食品质量存在正比的关系，但这是在正确理解并执行食品质量管理标准的基础上而言的。

对于企业来说，如何以最低成本实现一定的食品质量是最关键的。为此，需从食品企业实施安全管理体系的成本构成各要素展开，分析其对食品质量的影响。首先是固定设施成本，这些成本是因改善生产设备而花费的，生产设备是生产食品的主体部件，它们质量的好坏将直接影响产品的质量好坏，为此，改善这些设备的成本对食品质量会造成质的影响；认证成本是食品企业为了取得相关认证机构而花费的成本，基本上对食品质量没有多大影响，因为这个成本是食品生产之外的成本，它的使用并没有改变原材料质量、生产质量，所以对食品质量没有影响；人力成本是指为了实施安全管理体系而用在人力资本上的费用，包括培训、招聘合适的人才等方面，人力成本的花费将在一定程度上影响食品质量，因此企业员工对生产技术的掌握情况、对经验的积累和对生产的控制都将影响食品质量，这些影响是主观上的；原材料改善成本也会直接影响食品质量，原材料质量好，势必会提高食品质量水平，因为用好的材料生产出来的产品肯定不会因为原料问题而产生问题。检测记录成本不直接影响食品质量水平，它是食品企业实施安全管理体系的辅助行为，与生产并无直接联系，因此并不影响食品质量；纠偏成本是为了纠正偏差而产生的成本，这些偏差包括人力资源、生产设备、场地、次品返修等造成的成本，纠偏成本能够避免偏差的进一步扩大，因此，它的产生能够帮助食品企业避免不必要的质量问题，从而能够提高食品质量水平。

3. 食品安全管理体系实施成本影响因素分析

食品企业为了提高食品质量，而在企业范围实施安全管理体系，必须投入一定的成本，这些成本的大小可以从纵向和横向两个层面进行分析。

（1）食品企业实施安全管理体系纵向影响因素分析　在纵向上，食品安全管理体系的实施成本受到质量水平的影响。企业生产的食品质量越高，需要付出的成本就越大，反之则越少。食品质量跟企业实施的安全管理体系之间的关系在一定程度上是成正相关的。两者之间的关系如图 9–4 所示。

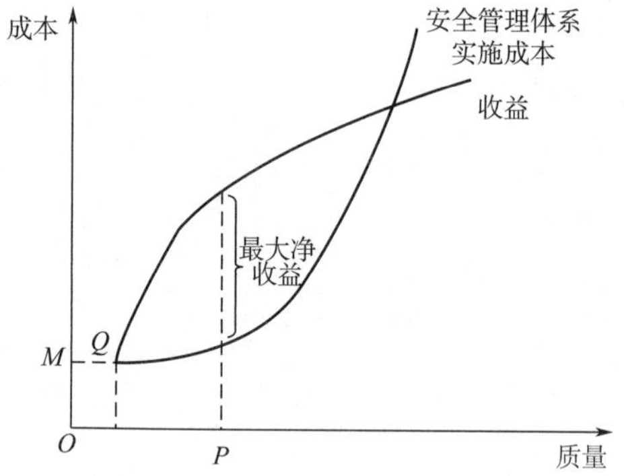

图 9–4　安全管理体系实施成本与质量

由上图可以看出，质量跟安全管理体系实施成本存在着直接的关系，安全管理体系实施成本越高，企业所生产的食品质量水平也越高，反之，安全管理体系实施成本越低，其生产的质量水平也越低。图中 *O* 点表示的是企业没有采用食品安全管理体系时候生产的质量水平；*M* 点表示企业没有采用食品安全管理体系时候所付出的成本；*Q* 点则表示食品安全管理体系实施起点，即在企业原有正常生产状况下实施安全管理体系。*P* 点表示食品安全管理体系实施成本跟它的实施带来的收益之间的最大值状态的质量水平，这一点就是企业实施质量管理标准最佳点，它能够使得企业以最小成本生产出符合质量标准的食品，获取最大价值的利润。随着质量水平的不断提高，食品企业需要付出的成本也越大，但是其收益却没有因此成比例上升，因此，当企业实现一定程度的质量即可，并非要实现 100% 的质量水平，这从经济效益角度上来说是不合算的。

（2）食品安全管理体系实施成本横向影响因素分析　在横向上，食品安全管理体系的实施成本受到企业内部各要素影响。当企业确定食品质量标准以后（即上图 *P* 点所示），企业实施安全管理体系成本受到企业内部的其他诸如企业规模、与上下游合作商直接的协作关系、企业性质等诸多要素的影响。这些因素主要是从食品管理体系实施的时候，内部各流程改造以及同外部发生活动时所产生的成本。

（四）政府与企业协同保障食品安全

政府方面应该实行结构性减税政策和帮扶政策。通过降低税率，减少税种，缩小征收范围，增加税收减免优惠等来直接降低企业税负，以激励企业加强食品质量的管控力度上。但是，对于一些不符合国家规定开展食品质量控制检查的企业，实行结构性减税下的增税政策，使用强制手段严格监督企业按规范办事。国家相关部门应全力配合，多管齐下，加大对食品企业的监管和检查力度。对违规违法的食品企业从重处罚，依法严厉打击食品安全犯罪分子，并动员全社会广泛参与。

企业树立正确的价值观，重视可持续发展。企业管理者应该着眼于企业的长远利益，加强自身的品牌建设，创造深入人心的品牌，依靠产品的高质量和品牌的良好信誉来构建长久的客户消费群体，维护企业的品牌形象。还需要强化企业社会责任，严格监控食品生产流程，必须建立切实可行的安全卫生质量管理体系，提高全员的素质，加强管理和培训力度，使企业的实验室真正起到指导生产，把好产品质量第一关的作用。

三、食品工业可持续发展战略

《国家发展改革委、工业和信息化部关于促进食品工业健康发展的指导意见》（发改产业［2017］19号）文件中指出，坚持“创新、协调、绿色、开放、共享”的发展理念，围绕提升食品质量和安全水平，以满足人民群众日益增长和不断升级的安全、多样、健康、营养、方便食品消费需求为目标，以供给侧结构性改革为主线，以创新驱动为引领，着力提高供给质量和效率，推动食品工业转型升级、膳食消费结构改善，满足小康社会城乡居民更高层次的食品需求。探索资源节约和环境友好的食品工业可持续发展模式，支持食品加工园区的循环化改造，引导企业建设绿色工厂，加快应用节水、节能、节粮等高效节能环保技术设备。强化资源循环利用，鼓励企业加强副产物二次开发利用，提高资源综合利用水平。严格落实国家“去产能”有关政策，依法加快淘汰污染严重、能耗水耗超标的落后产能。着力化解过剩产能，加快培育先进产能。大力发展循环经济，提高精深加工和副产物综合利用水平，推进清洁生产和节能减排，促进食品制造绿色化，提高能源利用效率，实现食品工业与生态环境和谐发展。

【案例9-11】某酿酒公司技术经济社会协同发展

位于贵州省北部的某酿酒公司，经过几十年的发展成为了全球知名的白酒品牌，近年来，实现了营业收入上千亿、股票超千元、市值过万亿的历史性突破。正因为如此，自然资源与环境的保护在该公司看来，与自己传承数百年的酿酒工艺具有同样重要的地位，都需要长期不懈地进行保护。为了保护赤水河这条“美酒河”，这些年来，当地政府与公司一起采取了一系列措施，保证排污得到治理和防治，让赤水河回到过去的清澈。公司从自身做起，以身作则在当地建造并投入使用了五个工业废水处理中心；厂区内的煤炭锅炉全部更换为更加环保的天然气锅炉；酒糟、窖泥运至集团下属的循环经济产投公司用于复糟酒、天然气、有机肥生产，工业固废综合利用率达到100%，公司会将有机肥无偿送给农户作为有机高粱的肥料，进一步帮助农户降低种植成本和确保生态农业的有序进行。

此外，为了保护水质以及环境质量，该公司从2014年开始，每年投入5000万元用于赤水河流域生态保护，并在未来十年内坚持下去。尽管这些措施的落实与该公司自身的发展有着紧密的关联，但是它们同样会改善市民生活质量和居住环境。

【案例9-12】某肉类加工公司污水处理案例分析

某肉类加工公司污水处理工程建设规模为6000m^3/d。污水站出水6000m^3/d，由市政管网排入污水处理厂。污水采用“粗细格栅+隔油沉淀池+调节池+气浮设备+水解酸化池+A/O池+二沉池+消毒池”的污水处理工艺。

1. 经济效益分析

（1）投资估算　工程总概算投资为639.4781万元，其中土建工程投资概算261.51万元，包括格栅池、隔油池、初沉池、调节池、UASB（上流式厌氧污泥床反应器）池、接触氧化池、二沉池、污泥浓缩池、值班室、事故池、零星砌体；设备及安装工程投资319.8337

万元，包括机械格栅、电磁流量计、气浮装置、三相分离器、潜水搅拌器、弹性填料、曝气装置、罗茨鼓风机、沉淀池填料、带式压滤机、水泵类、加药装置、管道阀门、电气设备、过滤塔、安装费；工程勘测设计费 29.07 万元、联合试车技术费 29.07 万元。

（2）运行估算　该公司污水处理设施日常运行中产生的费用主要包括污水处理原料、化验、折旧、工资、采暖等。此项目按每日处理 6000t 水计，运行总费用为 16791.63 元/d，折合污水处理运行费用为 2.79 元/t。污水处理工艺流程如图 9-5 所示。

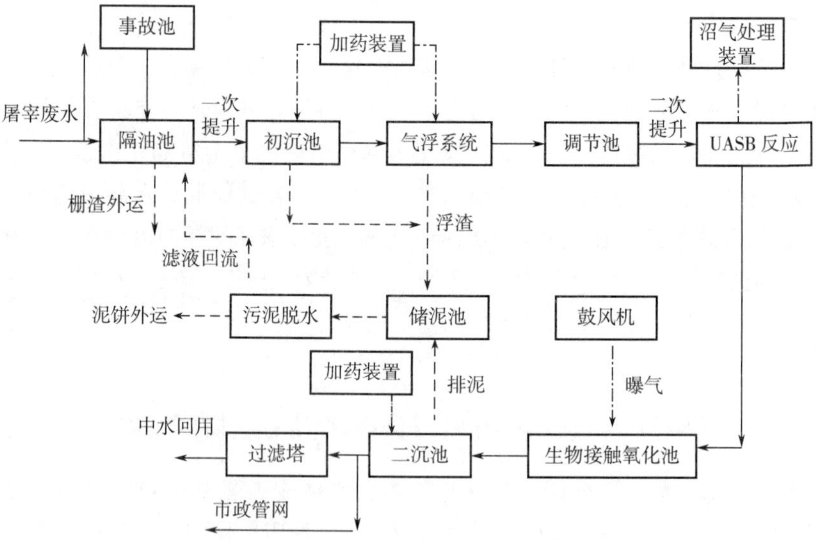

图 9-5　污水处理工艺流程图

2. 环境效益分析

通过环境效益分析，对此污水处理方案进行可持续发展影响评价。COD（化学需氧量）日削减量为 16.92t，BOD_5（五日生化需氧量）日削减量为 8.45t，SS（固体悬浮物浓度）日减量为 9.13t，NH_3-N（氨氮含量）日削减量为 0.65t，动植物油日削减量为 1.23t。根据吨水处理费用推算处理 COD 费用为 986.9 元/t，处理 BOD_5 费用为 1980.5 元/t，处理 SS 费用为 1833.6 元/t，处理 NH_3-N 费用为 25833.3 元/t，处理动植物油费用为 13623.1 元/t。

此项目总体投资 3188.345 万元，污水站折合吨水投资 5313 元/t 水；此项目按每日处理 6000t 水计，运行总费用为 16791.63 元/d，折合处理每吨污水为 2.79 元。处理后的水完全可以用于原料前处理或车间生产用水，可极大地改善周边环境，提高企业形象，实现企业的经济效益、社会效益、环境效益三方协调发展。

第五节　食品产业面临的挑战与发展战略

一、全球食品产业发展战略背景和趋势

1. 全球经济增长为食品产业发展提供了机遇

2017年中国对全球经济增长的贡献约占1/3。在适度通货膨胀压力、低利率和健康劳动力市场条件的支持下，个人消费仍是经济增长的主要推动因素。改善的全球经济状况为食品产业发展提供了机遇。

2. 国家级顶层合作倡议为食品产业发展开辟道路

“一带一路”是我国食品产业“走出去”发展的客观需求，“一带一路”是我国产业输出的重大机遇，同时也为食品产业的扩大发展提供了广阔的市场空间。“一带一路”沿线国家有丰富的农产品资源，中国可以以此为契机将自己的技术优势和当地的资源优势结合起来，力求取得卓有成效的发展。“一带一路”无疑为中国食品产业升级提供了一个在世界食品产业链升级过程中占据话语权的机会。

3. 科技创新成为食品产业快速发展的助推器

食品产业发展是食品科学与技术持续革新的结果，科学技术的不断发展加快了食品产业科技创新的步伐。前沿新技术的新突破，为食品生物加工和制造提供了新途径，有力推进了新型食品的创制和食品产业的跨越发展。设备制造业是各国实力的核心竞争，食品设备的信息化、智能化已成为食品设备制造业实现产业升级的重要途径。食品科学与生物学、信息学、控制学、材料学等多学科的交叉融合，不断转化为食品产业新的技术创新源，成为食品产业快速发展的助推器。

4. 环境变化、能源资源短缺使食品产业的可持续发展受到严峻挑战

21世纪以来，全球气候变化已经引起国际社会前所未有的关注。发展低耗能、低污染、低排放的“低碳经济”，一时间成为国际社会普遍推崇的新型发展方式。低碳技术已成为21世纪世界营养与食品产业发展的主导模式。

5. 人们对营养健康的日益重视对食品产业提出了更高要求

经济的快速发展以及人民生活水平的提高对食品的营养健康提出了更高的要求。由于膳食结构不合理而引起的超重、肥胖以及心脑血管疾病、糖尿病、癌症等慢性非传染性疾病人数剧增。

二、中国食品产业发展存在的突出问题与挑战

经济社会的快速发展极大地影响了居民的食品消费结构，为食品产业发展提供了巨大的空间。连续多年高速发展的食品制造业位居中国产业首位。食品产业在总体发展成效显著的同时，还存在一些突出问题。食品产业核心技术与发达国家相比还存在明显差距，食品企业普遍规模偏小，工业化程度低，能源消耗和环境污染严重，食品产业仍属于资源高耗型产业，节能减排任务艰巨。高端食品设备仍依赖进口。“健康、美味、方便、实惠、个性化、

多样性”的产品新需求，以及“智能、节能、低碳、环保、绿色、可持续”的产业新要求，对食品产业发展提出了新挑战。

1. 全球粮食供求偏紧，我国粮食消费呈刚性增长，粮食安全面临新的挑战

目前，全球谷物库存消费比已接近30年来最低水平。未来20年，受全球人口增长、耕地和水资源约束以及气候异常等因素影响，特别是在能源紧缺、粮价高位运行的背景下，能源与粮食的矛盾日益突出，将进一步加剧全球粮食供求紧张的情况，国际粮价居高不下的形势将长期存在。

我国粮食安全面临诸多不利因素的制约，形势不容乐观。从中长期发展趋势看，这些不利因素主要有耕地、水资源和人口等。近10年来，我国耕地面积逐年减少，水资源短缺矛盾日益加剧，供需区域性矛盾突出，品种结构性矛盾加剧，种粮比较效益偏低，消费需求刚性增长，使我国粮食和食物安全面临严峻挑战。

2. 农产品有效供给与资源约束的矛盾日益加剧，迫切需要提高农产品资源利用率

我国是农产品生产大国，经过30年的发展农产品已经由长期短缺到总量基本平衡，粮食、水果、蔬菜、畜产品等多种农产品总量保持连续增长的趋势，居世界第1位。然而，总体看来，我国人口基数大，人均主要农产品占有量（粮食、油料、水果、肉类、水产）增长缓慢，和发达国家相比仍有差距。我国部分农产品原料严重过剩，由初级加工向精深加工的转变迫在眉睫。如以蔬菜为例，我国蔬菜以鲜食为主，保鲜和加工能力严重不足，且加工品种单一，多为腌制、干制、速冻等低附加值加工产品，急需开展采用高新技术开发高附加值精深加工产品的研究。迫切需要依靠食品产业科技创新提高农产品资源利用率。

3. 环境可持续发展的要求给食品产业发展提出新要求

在全球人口不断增长，水土资源日益紧张，能源安全形势严峻的情况下，食品的环境、能源问题已经成为全球普遍关注的重大问题。近年来，食品行业快速增长，伴随而来的环境污染、能源与资源高消耗问题日益严重。作为发展形势最为快速的食品产业，加强节能、节水，提高资源利用率，强化污染物减排和治理，是实现我国资源利用和节能减排发展目标的重要组成部分。

4. 食品消费需求的刚性增长持续推动食品产业快速发展

我国食品消费将保持积极态势，消费需求将呈刚性增长。未来10年，中国的食品消费将增长50%，价值超过1万亿美元。食品消费由生存性消费向健康性、享受型消费转变。

5. 人民日益增长的美好饮食需求和行业发展不平衡、不充分之间的矛盾为食品产业的发展提供新动力

高品质、健康食品不足而导致供给缺位，人们对高质量健康食品的需求随着收入的增加而增加。健康食品具有一般食品的共性，含有更多有益人体健康的物质，含有更少对人体健康有害的物质，能更好地调节人体机能，更有益人体健康。随着消费者健康消费意识的增长，低品质、常规食品的供给与消费者高品质、健康食品的需求不匹配，供需错位的矛盾导致了产能严重过剩。食品产业必须顺应发展趋势，破解人民日益增长的美好饮食需求和行业发展不平衡、不充分之间的矛盾，加快实现产业由低端向中高端迈进，使我国由食品大国向食品强国不断迈进。

6. 公众健康意识的不断增强为食品产业发展提出新方向

我国正处于膳食与疾病发展的转折阶段，经济发展虽为改善营养缺乏状况提供了经济基

础，但同时也使膳食模式及疾病谱发生了转变。公众营养健康是决定全民健康水平和人口素质，影响国家经济社会发展的重要因素之一。提高食品的营养与健康功能，是保障中国居民健康的重要物质基础。营养失衡造成的我国居民肥胖、心血管疾病、糖尿病、癌症等慢性非传染性疾病成为城乡居民主要死因的疾病后，公众的健康意识逐渐增加。人均收入的不断增加，健康消费需求的增长，以及对口感以外的食品健康期望的日益提高，公众对健康食品的需求量越发强烈和巨大。

7. 人口老龄化与生活便捷化正日益影响食品生产方式与产品结构调整

目前全球人口老龄化日趋明显，正深刻地影响着食品的生产方式和产品结构。我国人口老龄化进入快速发展期。受制于科技水平相对落后的现状，我国食品产业属于典型的劳动密集型产业，较低的人力成本是核心竞争力的关键因素。人口的老龄化标志着原有的发展模式将面临巨大挑战。由此对食品产业生产方式的现代化、自动化、智能化提出了迫切需求。实现劳动密集型向技术、资金密集型的转变，显得尤其重要。

人口老龄化对食品消费市场的产品结构也产生重大的影响。目前，我国尚未建立系统的老年人专用食品生产体系，难以满足人口数量日益增加的老年群体需要。由此，我国食品产业中的特殊膳食及保健品等将迎来发展契机。开发营养健康的老年人食品，实施老年营养健康促进战略，不仅是提高老年人的生活质量，减少老年病的发生，提高老年人的健康寿命，也是保持国家经济社会发展活力的重要措施。

8. 食品加工副产物综合利用率低造成资源严重浪费

食品加工业产生的副产物品种多，产量大，呈正增长态势。每年我国农作物中秸秆约有8亿t，占农业生物质总产量的50%；粮油、果蔬、畜禽、水产品加工副产物5.8亿t，其中60%（远高于发达国家的10%）作为废物被丢掉或简单堆放，形成秸秆、稻壳、酒糟、果渣、菜帮、骨血等农产品副产物的几座“大山”。相当于4700万hm^2土地的投入产出和6000亿元的收入被损失掉。发达国家农产品综合利用率高达90%，而中国只有40%左右。目前，每年粮食加工副产物约有1.8亿t，综合利用率稻壳不足5%，碎米为16%，米糠不足10%；油料加工副产物约9000万t，综合利用率在20%以上；果蔬加工副产物约2.4亿t，综合利用率不到5%。畜禽屠宰加工副产物产量总计5620万t，水产品加工副产物总计1569万t，综合利用率畜类为29.9%，禽类为59.4%，水产为50%以上。由于综合利用程度低，大部分食品加工副产物都仅经过简单的粗加工或者直接作为饲料和肥料，这是资源的严重浪费。

三、 中国食品产业发展战略

1. 食品绿色制造升级战略

人口增加、能源危机、环境恶化、全球化及城市化等给全球食品产业的未来发展提出新的要求。针对我国食品加工制造业在资源利用、高效转化、清洁生产、技术标准、系统化工程等方面存在的问题，特别是食品加工制造过程中过度加工，能耗、水耗、物耗、排放及环境污染、食品设备系统化不足、集成度不高、智能化程度较低等问题突出，开展食品绿色加工、低碳制造和品质控制等核心技术，攻克连续化、自动化、智能化和工程化成套加工设备，解决涉及我国食品绿色优质加工制造、资源高效利用、提质减损、节能减排降耗以及食品产业升级的深层次问题，提升传统食品产业的标准化、连续化和工程化技术水平。

2. 食品营养与健康战略

食品与营养健康密不可分。未来 20 年，我国由食品大国跨越到食品强国的关键，是为国民提供营养与健康的食品。针对国民营养健康需求与慢病预防控制诉求，开展食品营养健康基础理论、功能食品制造、传统食品功能化以及新食品原料开发等关键技术集成与产业化示范，创制营养健康高附加值食品，实现精准营养供给及智能健康管理，引领并支撑中国食品产业向营养与健康化方向发展。

3. 价值链高端化延伸战略

针对我国目前食品加工副产物的综合利用率低，综合利用产品的科技含量不高，高纯度、功能性、专用型等高附加值产品缺乏等问题，我国采用生物技术及加工新技术实现了资源梯度增值，提高食品资源的综合利用率和对食品资源的全利用技术，可实现资源的可持续利用。

4. 从农田到餐桌的全产业链条一体化发展战略

现代食品产业涵盖了原料控制、食品加工、质量安全控制、设备制造、物流配送和消费等多个环节。针对我国目前食品领域因缺乏全产业链系统化布局及各链条之间的有效衔接，而导致的食品原料浪费严重，产后加工环节可控性差，产品质量难以保证，可追溯性和解决问题能力较弱等问题，我国推行了从餐桌到田间的全产业链条一体化建设，打通了生产、流通、销售等环节间的隔阂，避免了食品原料到食品产品间的产业链条脱节，形成了从食品原料生产、食品加工、储存与运输过程中的主动控制技术体系。

5. 中国共产党第十九届五中全会关于食品产业发展战略

中国共产党第十九届五中全会通过的“国民经济和社会发展第十四个五年规划和二〇三五年远景目标”中提出：坚持绿水青山就是金山银山理念，坚持尊重自然、顺应自然、保护自然，坚持节约优先、保护优先、自然恢复为主，守住自然生态安全边界。深入实施可持续发展战略，完善生态文明领域统筹协调机制，构建生态文明体系，促进经济社会发展全面绿色转型，建设人与自然和谐共生的现代化。加强粮食生产功能区、重要农产品生产保护区和特色农产品优势区建设，以推进优质粮食工程。完善粮食主产区利益补偿机制。保障粮、棉、油、糖、肉等重要农产品供给安全，提升收储调控能力。提高食品等关系人民健康产品和服务的安全保障水平。

思考题

1. 企业管理创新路径有哪些？
2. 简述技术管理的特点？
3. 企业的技术如何创新发展？
4. 食品工业经济、社会和生态怎样协调发展？
5. 分析全球食品产业发展战略背景和趋势？
6. 分析中国食品产业发展存在的突出问题与挑战？

APPENDIX

附　录

附录一　复利系数表

附表 1-1　　1%的复利系数表

年份	一次支付		等额系列			
	终值系数	现值系数	年金终值系数	年金现值系数	资本回收系数	偿债基金系数
n	$F/P, i, n$	$P/F, i, n$	$F/A, i, n$	$P/A, i, n$	$A/P, i, n$	$A/F, i, n$
1	1. 010	0. 9901	1. 000	0. 9910	1. 0100	1. 0000
2	1. 020	0. 9803	2. 010	1. 9704	0. 5075	0. 4975
3	1. 030	0. 9706	3. 030	2. 9401	0. 4300	0. 3300
4	1. 041	0. 9610	4. 060	3. 9020	0. 2563	0. 2463
5	1. 051	0. 9515	5. 101	4. 8534	0. 2060	0. 1960
6	1. 062	0. 9421	6. 152	5. 7955	0. 1726	0. 1626
7	1. 702	0. 9327	7. 214	6. 7282	0. 1486	0. 1386
8	1. 083	0. 9235	8. 286	7. 6517	0. 1307	0. 1207
9	1. 094	0. 9143	9. 369	8. 5660	0. 1168	0. 1068
10	1. 105	0. 9053	10. 426	9. 4713	0. 1056	0. 0956
11	1. 116	0. 8963	11. 567	10. 3676	0. 0965	0. 0865
12	1. 127	0. 8875	12. 683	11. 2551	0. 0889	0. 0789
13	1. 138	0. 8787	13. 809	12. 1338	0. 0824	0. 0724
14	1. 149	0. 8700	14. 974	13. 0037	0. 0769	0. 0669
15	1. 161	0. 8614	16. 097	13. 8651	0. 0721	0. 0621
16	1. 173	0. 8528	17. 258	14. 7191	0. 0680	0. 0580
17	1. 184	0. 8444	18. 430	15. 5623	0. 0634	0. 0543
18	1. 196	0. 8360	19. 615	16. 3983	0. 0610	0. 0510

续表

年份	一次支付		等额系列			
	终值系数	现值系数	年金终值系数	年金现值系数	资本回收系数	偿债基金系数
n	F/P, i, n	P/F, i, n	F/A, i, n	P/A, i, n	A/P, i, n	A/F, i, n
19	1.208	0.8277	20.811	17.2260	0.0581	0.0481
20	1.220	0.8196	22.019	18.0456	0.0554	0.0454
21	1.232	0.8114	23.239	18.8570	0.0530	0.0430
22	1.245	0.8034	24.472	19.6604	0.0509	0.0409
23	1.257	0.7955	25.716	20.4558	0.0489	0.0389
24	1.270	0.7876	26.973	21.2434	0.0471	0.0371
25	1.282	0.7798	28.243	22.0232	0.0454	0.0354
26	1.295	0.7721	29.526	22.7952	0.0439	0.0339
27	1.308	0.7644	30.821	23.5596	0.0425	0.0325
28	1.321	0.7568	32.129	24.3165	0.0411	0.0311
29	1.335	0.7494	33.450	25.0658	0.0399	0.0299
30	1.348	0.7419	34.785	25.8077	0.0388	0.0288
31	1.361	0.7346	36.133	26.5423	0.0377	0.0277
32	1.375	0.7273	37.494	27.2696	0.0367	0.0267
33	1.389	0.7201	38.869	27.9897	0.0357	0.0257
34	1.403	0.7130	40.258	28.7027	0.0348	0.0248
35	1.417	0.7050	41.660	29.4086	0.0340	0.0240

附表 1-2　　　　3%的复利系数表

年份	一次支付		等额系列			
	终值系数	现值系数	年金终值系数	年金现值系数	资本回收系数	偿债基金系数
n	F/P, i, n	P/F, i, n	F/A, i, n	P/A, i, n	A/P, i, n	A/F, i, n
1	1.030	0.9709	1.000	0.9709	1.0300	1.0000
2	1.061	0.9426	2.030	1.9135	0.5226	0.4926
3	1.093	0.9152	3.091	2.8286	0.3535	0.3235
4	1.126	0.8885	4.184	3.7171	0.2690	0.2390
5	1.159	0.8626	5.309	4.5797	0.2184	0.1884
6	1.194	0.8375	6.468	5.4172	0.1846	0.1546
7	1.230	0.8131	7.662	6.2303	0.1605	0.1305

续表

年份	一次支付		等额系列			
	终值系数	现值系数	年金终值系数	年金现值系数	资本回收系数	偿债基金系数
n	*F/P*, *i*, *n*	*P/F*, *i*, *n*	*F/A*, *i*, *n*	*P/A*, *i*, *n*	*A/P*, *i*, *n*	*A/F*, *i*, *n*
8	1.267	0.7894	8.892	7.0197	0.1425	0.1125
9	1.305	0.7664	10.159	7.7861	0.1284	0.0984
10	1.344	0.7441	11.464	8.5302	0.1172	0.0872
11	1.384	0.7224	12.808	9.2526	0.1081	0.0781
12	1.426	0.7014	14.192	9.9540	0.1005	0.0705
13	1.469	0.6810	15.618	10.6450	0.0940	0.0640
14	1.513	0.6611	17.086	11.2961	0.0885	0.0585
15	1.558	0.6419	18.599	11.9379	0.0838	0.0538
16	1.605	0.6232	20.157	12.5611	0.0796	0.0496
17	1.653	0.6050	21.762	13.1661	0.0760	0.0460
18	1.702	0.5874	23.414	13.7535	0.0727	0.0427
19	1.754	0.5703	25.117	14.3238	0.0698	0.0398
20	1.806	0.5537	26.870	14.8775	0.0672	0.0372
21	1.860	0.5376	28.676	15.4150	0.0649	0.0349
22	1.916	0.5219	30.537	15.9369	0.0628	0.0328
23	1.974	0.5067	32.453	16.4436	0.0608	0.0308
24	2.033	0.4919	34.426	16.9356	0.0591	0.0291
25	2.094	0.4776	36.495	17.4132	0.0574	0.0274
26	2.157	0.4637	38.553	17.8769	0.0559	0.0259
27	2.221	0.4502	40.710	18.3270	0.0546	0.0246
28	2.288	0.4371	42.931	18.7641	0.0533	0.0233
29	2.357	0.4244	45.219	19.1885	0.0521	0.0221
30	2.427	0.4120	47.575	19.6005	0.0510	0.0210
31	2.500	0.4000	50.003	20.0004	0.0500	0.0200
32	2.575	0.3883	52.503	20.3888	0.0491	0.0191
33	2.652	0.3770	55.078	20.7658	0.0482	0.0182
34	2.732	0.3661	57.730	21.1318	0.0473	0.0173
35	2.814	0.3554	60.462	21.4872	0.0465	0.0165

附表 1-3　　4%的复利系数表

年份	一次支付		等额系列			
	终值系数	现值系数	年金终值系数	年金现值系数	资本回收系数	偿债基金系数
n	$F/P, i, n$	$P/F, i, n$	$F/A, i, n$	$P/A, i, n$	$A/P, i, n$	$A/F, i, n$
1	1. 040	0. 9615	1. 000	0. 9615	1. 0400	1. 000
2	1. 082	0. 9246	2. 040	1. 8861	0. 5302	0. 4902
3	1. 125	0. 8890	3. 122	2. 7751	0. 3604	0. 3204
4	1. 170	0. 8548	4. 246	3. 6199	0. 2755	0. 2355
5	1. 217	0. 8219	5. 416	4. 4518	0. 2246	0. 1846
6	1. 265	0. 7903	6. 633	5. 2421	0. 1908	0. 1508
7	1. 316	0. 7599	7. 898	6. 0021	0. 1666	0. 1266
8	1. 396	0. 7307	9. 214	6. 7382	0. 1485	0. 1085
9	1. 423	0. 7026	10. 583	7. 4351	0. 1345	0. 0945
10	1. 480	0. 6756	12. 006	8. 1109	0. 1233	0. 0833
11	1. 539	0. 6496	13. 486	8. 7605	0. 1142	0. 0742
12	1. 601	0. 6246	15. 036	9. 3851	0. 1066	0. 0666
13	1. 665	0. 6006	16. 627	9. 9857	0. 1002	0. 0602
14	1. 732	0. 5775	18. 292	10. 5631	0. 0947	0. 0547
15	1. 801	0. 5553	20. 024	11. 1184	0. 0900	0. 0500
16	1. 873	0. 5339	21. 825	11. 6523	0. 0858	0. 0458
17	1. 948	0. 5134	23. 698	12. 1657	0. 0822	0. 0422
18	2. 026	0. 4936	25. 645	12. 6593	0. 0790	0. 0390
19	2. 107	0. 4747	27. 671	13. 1339	0. 0761	0. 0361
20	2. 191	0. 4564	29. 778	13. 5093	0. 0736	0. 0336
21	2. 279	0. 4388	31. 969	14. 0292	0. 0713	0. 0313
22	2. 370	0. 4220	34. 248	14. 4511	0. 0692	0. 0292
23	2. 465	0. 4057	36. 618	14. 8569	0. 0673	0. 0273
24	2. 563	0. 3901	39. 083	15. 2470	0. 0656	0. 0256
25	2. 666	0. 3751	41. 646	15. 6221	0. 0640	0. 0240
26	2. 772	0. 3067	44. 312	15. 9828	0. 0626	0. 0226
27	2. 883	0. 3468	47. 084	16. 3296	0. 0612	0. 0212
28	2. 999	0. 3335	49. 968	16. 6631	0. 0600	0. 0200
29	3. 119	0. 3207	52. 966	16. 9873	0. 0589	0. 0189
30	3. 243	0. 3083	56. 085	17. 2920	0. 0578	0. 0178
31	3. 373	0. 2965	59. 328	17. 5885	0. 0569	0. 0169
32	3. 508	0. 2851	62. 701	17. 8736	0. 0560	0. 0160
33	3. 648	0. 2741	66. 210	18. 1477	0. 0551	0. 0151
34	3. 794	0. 2636	69. 858	18. 4112	0. 0543	0. 0143
35	3. 946	0. 2534	73. 652	18. 6646	0. 0360	0. 0136

附表 1-4　　5%的复利系数表

年份	一次支付		等额系列			
	终值系数	现值系数	年金终值系数	年金现值系数	资本回收系数	偿债基金系数
n	$F/P, i, n$	$P/F, i, n$	$F/A, i, n$	$P/A, i, n$	$A/P, i, n$	$A/F, i, n$
1	1. 050	0. 9524	1. 000	0. 9524	1. 0500	1. 000
2	1. 103	0. 9070	2. 050	1. 8594	0. 5378	0. 4878
3	1. 158	0. 8638	3. 153	2. 7233	0. 3672	0. 3172
4	1. 216	0. 8227	4. 310	3. 5460	0. 2820	0. 2320
5	1. 276	0. 7835	5. 526	4. 3295	0. 2310	0. 1810
6	1. 340	0. 7462	6. 802	5. 0757	0. 1970	0. 1470
7	1. 407	0. 7107	8. 142	5. 7864	0. 1728	0. 1228
8	1. 477	0. 6768	9. 549	6. 4632	0. 1547	0. 1047
9	1. 551	0. 6446	11. 027	7. 1078	0. 1407	0. 0907
10	1. 629	0. 6139	12. 587	7. 7217	0. 1295	0. 0795
11	1. 710	0. 5847	14. 207	8. 3064	0. 1204	0. 0704
12	1. 796	0. 5568	15. 917	8. 8633	0. 1128	0. 0628
13	1. 886	0. 5303	17. 713	9. 3936	0. 1065	0. 0565
14	1. 980	0. 5051	19. 599	9. 8987	0. 1010	0. 0510
15	2. 079	0. 4810	21. 597	10. 3797	0. 0964	0. 0464
16	2. 183	0. 4581	23. 658	10. 8373	0. 0932	0. 0432
17	2. 292	0. 4363	25. 840	11. 2741	0. 0887	0. 0387
18	2. 407	0. 4155	28. 132	11. 6896	0. 0856	0. 0356
19	2. 527	0. 3957	30. 539	12. 0853	0. 0828	0. 0328
20	2. 653	0. 3769	33. 066	12. 4622	0. 0803	0. 0303
21	2. 786	0. 3590	35. 719	12. 8212	0. 0780	0. 0280
22	2. 925	0. 3419	38. 505	13. 1630	0. 0760	0. 0260
23	3. 072	0. 3256	41. 430	13. 4886	0. 0741	0. 0241
24	3. 225	0. 3101	44. 502	13. 7987	0. 0725	0. 0225
25	3. 386	0. 2953	47. 727	14. 0940	0. 0710	0. 0210
26	3. 556	0. 2813	51. 113	14. 3753	0. 0696	0. 0196
27	3. 733	0. 2679	54. 669	14. 6340	0. 0683	0. 0183
28	3. 920	0. 2551	58. 403	14. 8981	0. 0671	0. 0171
29	4. 116	0. 2430	62. 323	15. 1411	0. 0661	0. 0161
30	4. 322	0. 2314	66. 439	15. 3725	0. 0651	0. 0151
31	4. 538	0. 2204	70. 761	15. 5928	0. 0641	0. 0141
32	4. 765	0. 2099	75. 299	15. 8027	0. 0633	0. 0133
33	5. 003	0. 1999	80. 064	16. 0026	0. 0625	0. 0125
34	5. 253	0. 1904	85. 067	16. 1929	0. 0618	0. 0118
35	5. 516	0. 1813	90. 320	16. 3742	0. 0611	0. 0111

附表 1-5 6%的复利系数表

年份	一次支付		等额系列			
	终值系数	现值系数	年金终值系数	年金现值系数	资本回收系数	偿债基金系数
n	*F/P*, *i*, *n*	*P/F*, *i*, *n*	*F/A*, *i*, *n*	*P/A*, *i*, *n*	*A/P*, *i*, *n*	*A/F*, *i*, *n*
1	1.060	0.9434	1.000	0.9434	1.0600	1.000
2	1.124	0.8900	2.060	1.8334	0.5454	0.4854
3	1.191	0.8396	3.184	2.6704	0.3741	0.3141
4	1.262	0.7291	4.375	3.4561	0.2886	0.2286
5	1.338	0.7473	5.637	4.2124	0.2374	0.1774
6	1.419	0.7050	6.975	4.9173	0.2034	0.1434
7	1.504	0.6651	8.394	5.5824	0.1791	0.1191
8	1.594	0.6274	9.897	6.2098	0.1610	0.1010
9	1.689	0.5919	11.491	6.8071	0.1470	0.0870
10	1.791	0.5584	13.181	7.3601	0.1359	0.0759
11	1.898	0.5268	14.972	7.8869	0.1268	0.0668
12	2.012	0.4970	16.870	8.3839	0.1193	0.0593
13	2.133	0.4688	18.882	8.8527	0.1130	0.0530
14	2.261	0.4423	21.015	9.2956	0.1076	0.0476
15	2.397	0.4173	23.276	9.7123	0.1030	0.0430
16	2.540	0.3937	25.673	10.1059	0.0990	0.0390
17	2.693	0.3714	28.213	10.4773	0.0955	0.0355
18	2.854	0.3504	30.906	10.8276	0.0924	0.0324
19	3.026	0.3305	33.760	11.1581	0.0896	0.0296
20	3.207	0.3118	36.786	11.4699	0.0872	0.0272
21	3.400	0.2942	39.993	11.7641	0.0850	0.0250
22	3.604	0.2775	43.329	12.0461	0.0831	0.0231
23	3.820	0.2618	46.996	12.3034	0.0813	0.0213
24	4.049	0.2470	50.816	12.5504	0.0797	0.0197
25	4.292	0.2330	54.865	12.7834	0.0782	0.0182
26	4.549	0.2198	59.156	13.0032	0.0769	0.0169
27	4.822	0.2074	63.706	13.2105	0.0757	0.0157
28	5.112	0.1956	68.528	13.4062	0.0746	0.0146
29	5.418	0.1846	73.640	13.5907	0.0736	0.0136
30	5.744	0.1741	79.058	13.7648	0.0727	0.0127
31	6.088	0.1643	84.802	13.9291	0.0718	0.0118
32	6.453	0.1550	90.890	14.0841	0.0710	0.0110
33	6.841	0.1462	97.343	14.2302	0.0703	0.0103
34	7.251	0.1379	104.184	14.3682	0.0696	0.0096
35	7.686	0.1301	111.435	14.4983	0.0690	0.0090

附表 1-6 7%的复利系数表

年份	一次支付		等额系列			
	终值系数	现值系数	年金终值系数	年金现值系数	资本回收系数	偿债基金系数
n	*F/P*, *i*, *n*	*P/F*, *i*, *n*	*F/A*, *i*, *n*	*P/A*, *i*, *n*	*A/P*, *i*, *n*	*A/F*, *i*, *n*
1	1. 070	0. 9346	1. 000	0. 9346	1. 0700	1. 000
2	1. 145	0. 8734	2. 070	1. 8080	0. 5531	0. 4831
3	1. 225	0. 8163	3. 215	2. 6234	0. 3811	0. 3111
4	1. 311	0. 7629	4. 440	3. 3872	0. 2952	0. 2252
5	1. 403	0. 7130	5. 751	4. 1002	0. 2439	0. 1739
6	1. 501	0. 6664	7. 153	4. 7665	0. 2098	0. 1398
7	1. 606	0. 6228	8. 645	5. 3893	0. 1856	0. 1156
8	1. 718	0. 5280	10. 260	5. 9713	0. 1675	0. 0975
9	1. 838	0. 5439	11. 978	6. 5152	0. 1535	0. 0835
10	1. 967	0. 5084	13. 816	7. 0236	0. 1424	0. 0724
11	2. 105	0. 4751	15. 784	7. 4987	0. 1334	0. 0634
12	2. 252	0. 4440	17. 888	7. 9427	0. 1259	0. 0559
13	2. 410	0. 4150	20. 141	8. 3577	0. 1197	0. 0497
14	2. 597	0. 3878	22. 550	8. 7455	0. 1144	0. 0444
15	2. 759	0. 3625	25. 129	9. 1079	0. 1098	0. 0398
16	2. 952	0. 3387	27. 888	9. 4467	0. 1059	0. 0359
17	3. 159	0. 3166	30. 840	9. 7632	0. 1024	0. 0324
18	3. 380	0. 2959	33. 999	10. 0591	0. 0994	0. 0294
19	3. 617	0. 2765	37. 379	10. 3356	0. 0968	0. 0268
20	3. 870	0. 2584	40. 996	10. 5940	0. 0944	0. 0244
21	4. 141	0. 2415	44. 865	10. 8355	0. 0923	0. 0223
22	4. 430	0. 2257	49. 006	11. 0613	0. 0904	0. 0204
23	4. 741	0. 2110	53. 436	11. 2722	0. 0887	0. 0187
24	5. 072	0. 1972	58. 177	11. 4693	0. 0872	0. 0172
25	5. 427	0. 1843	63. 249	11. 6536	0. 0858	0. 0158
26	5. 807	0. 1722	68. 676	11. 8258	0. 0846	0. 0146
27	6. 214	0. 1609	74. 484	11. 9867	0. 0834	0. 0134
28	6. 649	0. 1504	80. 698	12. 1371	0. 0824	0. 0124
29	7. 114	0. 1406	87. 347	12. 2777	0. 0815	0. 0115
30	7. 612	0. 1314	94. 461	12. 4091	0. 0806	0. 0106
31	8. 145	0. 1228	102. 073	12. 5318	0. 0798	0. 0098
32	8. 715	0. 1148	110. 218	12. 6466	0. 0791	0. 0091
33	9. 325	0. 1072	118. 933	12. 7538	0. 0784	0. 0084
34	9. 978	0. 1002	128. 259	12. 8540	0. 0778	0. 0078
35	10. 677	0. 0937	138. 237	12. 9477	0. 0772	0. 0072

附表 1-7　　8%的复利系数表

年份	一次支付		等额系列			
	终值系数	现值系数	年金终值系数	年金现值系数	资本回收系数	偿债基金系数
n	$F/P, i, n$	$P/F, i, n$	$F/A, i, n$	$P/A, i, n$	$A/P, i, n$	$A/F, i, n$
1	1. 080	0. 9259	1. 000	0. 9259	1. 0800	1. 0000
2	1. 166	0. 8573	2. 080	1. 7833	0. 5608	0. 4080
3	1. 260	0. 7938	3. 246	2. 5771	0. 3880	0. 3080
4	1. 360	0. 7350	4. 506	3. 3121	0. 3019	0. 2219
5	1. 496	0. 6806	5. 867	3. 9927	0. 2505	0. 1705
6	1. 587	0. 6302	7. 336	4. 6229	0. 2163	0. 1363
7	1. 714	0. 5835	8. 923	5. 2064	0. 1921	0. 1121
8	1. 851	0. 5403	10. 637	5. 7466	0. 1740	0. 0940
9	1. 999	0. 5003	12. 488	6. 2469	0. 1601	0. 0801
10	2. 159	0. 4632	14. 487	6. 7101	0. 1490	0. 0690
11	2. 332	0. 4289	16. 645	7. 1390	0. 1401	0. 0601
12	2. 518	0. 3971	18. 977	7. 5361	0. 1327	0. 0527
13	2. 720	0. 3677	21. 459	7. 8038	0. 1265	0. 0465
14	2. 937	0. 3405	24. 215	8. 2442	0. 1213	0. 0413
15	3. 172	0. 3153	27. 152	8. 5595	0. 1168	0. 0368
16	3. 426	0. 2919	30. 324	8. 8514	0. 1130	0. 0330
17	3. 700	0. 2703	33. 750	9. 1216	0. 1096	0. 0296
18	3. 996	0. 2503	37. 450	9. 3719	0. 1067	0. 0267
19	4. 316	0. 2317	41. 446	9. 6036	0. 1041	0. 0214
20	4. 661	0. 2146	45. 762	9. 8182	0. 1019	0. 0219
21	5. 034	0. 1987	50. 423	10. 0168	0. 0998	0. 0198
22	5. 437	0. 1840	55. 457	10. 2008	0. 0980	0. 0180
23	5. 871	0. 1703	60. 893	10. 3711	0. 0964	0. 0164
24	6. 341	0. 1577	66. 765	10. 5288	0. 0950	0. 0150
25	6. 848	0. 1460	73. 106	10. 6748	0. 937	0. 0137
26	7. 396	0. 1352	79. 954	10. 8100	0. 0925	0. 0125
27	7. 988	0. 1252	87. 351	10. 9352	0. 0915	0. 0115
28	8. 627	0. 1159	95. 339	11. 0511	0. 0905	0. 0105
29	9. 317	0. 1073	103. 966	11. 1584	0. 0896	0. 0096
30	10. 063	0. 0994	113. 283	11. 2578	0. 0888	0. 0088
31	10. 868	0. 0920	123. 346	11. 3498	0. 0881	0. 0081
32	11. 737	0. 0852	134. 214	11. 4350	0. 0875	0. 0075
33	12. 676	0. 0789	145. 951	11. 5139	0. 0869	0. 0069
34	13. 690	0. 0731	158. 627	11. 5869	0. 0863	0. 0063
35	14. 785	0. 0676	172. 317	11. 6546	0. 0858	0. 0058

附表 1-8 9%的复利系数表

年份	一次支付		等额系列			
	终值系数	现值系数	年金终值系数	年金现值系数	资本回收系数	偿债基金系数
n	$F/P, i, n$	$P/F, i, n$	$F/A, i, n$	$P/A, i, n$	$A/P, i, n$	$A/F, i, n$
1	1. 090	0. 9174	1. 000	0. 9174	1. 0900	1. 0000
2	1. 188	0. 8417	2. 090	1. 7591	0. 5685	0. 4785
3	1. 295	0. 7722	3. 278	2. 5313	0. 3951	0. 3051
4	1. 412	0. 7084	4. 573	3. 2397	0. 3087	0. 2187
5	1. 539	0. 6499	5. 985	3. 8897	0. 2571	0. 1671
6	1. 677	0. 5963	7. 523	4. 4859	0. 2229	0. 1329
7	1. 828	0. 5470	9. 200	5. 0330	0. 1987	0. 1087
8	1. 993	0. 5019	11. 028	5. 5348	0. 1807	0. 0907
9	2. 172	0. 4604	13. 021	5. 9953	0. 1668	0. 0768
10	2. 367	0. 4224	15. 193	6. 4177	0. 1558	0. 0658
11	2. 580	0. 3875	17. 560	6. 8052	0. 1470	0. 0570
12	2. 813	0. 3555	20. 141	7. 1607	0. 1397	0. 0497
13	3. 066	0. 3262	22. 953	7. 4869	0. 1336	0. 0436
14	3. 342	0. 2993	26. 019	7. 7862	0. 1284	0. 0384
15	3. 642	0. 2745	29. 361	8. 0607	0. 1241	0. 0341
16	3. 970	0. 2519	33. 003	8. 3126	0. 1203	0. 0303
17	4. 328	0. 2311	36. 974	8. 5436	0. 1171	0. 0271
18	4. 717	0. 2120	41. 301	8. 7556	0. 1142	0. 0242
19	5. 142	0. 1945	46. 018	8. 9501	0. 1117	0. 0217
20	5. 604	0. 1784	51. 160	9. 1286	0. 1096	0. 0196
21	6. 109	0. 1637	56. 765	9. 2023	0. 1076	0. 0176
22	6. 659	0. 1502	62. 873	9. 4424	0. 1059	0. 0159
23	7. 258	0. 1378	69. 532	9. 5802	0. 1044	0. 0144
24	7. 911	0. 1264	76. 790	9. 7066	0. 1030	0. 0130
25	8. 623	0. 1160	84. 701	9. 8226	0. 1018	0. 0118
26	9. 399	0. 1064	93. 324	9. 9290	0. 1007	0. 0107
27	10. 245	0. 0976	102. 723	10. 0266	0. 0997	0. 0097
28	11. 167	0. 0896	112. 968	10. 1161	0. 0989	0. 0089
29	12. 172	0. 0822	124. 135	10. 1983	0. 0981	0. 0081
30	13. 268	0. 0754	136. 308	10. 2737	0. 0973	0. 0073
31	14. 462	0. 0692	149. 575	10. 3428	0. 0967	0. 0067
32	15. 763	0. 0634	164. 037	10. 4063	0. 0961	0. 0061
33	17. 182	0. 0582	179. 800	10. 4645	0. 0956	0. 0056
34	18. 728	0. 0534	196. 982	10. 5178	0. 0951	0. 0051
35	20. 414	0. 0490	215. 711	10. 568	0. 0946	0. 0046

附表 1-9 10%的复利系数表

年份	一次支付		等额系列			
	终值系数	现值系数	年金终值系数	年金现值系数	资本回收系数	偿债基金系数
n	$F/P,\ i,\ n$	$P/F,\ i,\ n$	$F/A,\ i,\ n$	$P/A,\ i,\ n$	$A/P,\ i,\ n$	$A/F,\ i,\ n$
1	1. 100	0. 9091	1. 000	0. 9091	1. 1000	1. 0000
2	1. 210	0. 8265	2. 100	1. 7355	0. 5762	0. 4762
3	1. 331	0. 7513	3. 310	2. 4869	0. 4021	0. 3021
4	1. 464	0. 6830	4. 641	3. 1699	0. 3155	0. 2155
5	1. 611	0. 6209	6. 105	3. 7908	0. 2638	0. 1638
6	1. 772	0. 5645	7. 716	4. 3553	0. 2296	0. 1296
7	1. 949	0. 5132	9. 487	4. 8684	0. 2054	0. 1054
8	2. 144	0. 4665	11. 436	5. 3349	0. 1875	0. 0875
9	2. 358	0. 4241	13. 579	5. 7590	0. 1737	0. 0737
10	2. 594	0. 3856	15. 937	6. 1446	0. 1628	0. 0628
11	2. 853	0. 3505	18. 531	6. 4951	0. 1540	0. 0540
12	3. 138	0. 3186	21. 384	6. 8137	0. 1468	0. 0468
13	3. 452	0. 2897	24. 523	7. 1034	0. 1408	0. 0408
14	3. 798	0. 2633	27. 975	7. 3667	0. 1358	0. 0358
15	4. 177	0. 2394	31. 772	7. 6061	0. 1315	0. 0315
16	4. 595	0. 2176	35. 950	7. 8237	0. 1278	0. 0278
17	5. 054	0. 1979	40. 545	8. 0216	0. 1247	0. 0247
18	5. 560	0. 1799	45. 599	8. 2014	0. 1219	0. 0219
19	6. 116	0. 1635	51. 159	8. 3649	0. 1196	0. 0196
20	6. 728	0. 1487	57. 275	8. 5136	0. 1175	0. 0175
21	7. 400	0. 1351	64. 003	8. 6487	0. 1156	0. 0156
22	8. 140	0. 1229	71. 403	8. 7716	0. 1140	0. 0140
23	8. 954	0. 1117	79. 543	8. 8832	0. 1126	0. 0126
24	9. 850	0. 1015	88. 497	8. 9848	0. 1113	0. 0113
25	10. 835	0. 0923	98. 347	9. 0771	0. 1102	0. 0102
26	11. 918	0. 0839	109. 182	9. 1610	0. 1092	0. 0092
27	13. 110	0. 0763	121. 100	9. 2372	0. 1083	0. 0083
28	14. 421	0. 0694	134. 210	9. 3066	0. 1075	0. 0075
29	15. 863	0. 0630	148. 631	9. 3696	0. 1067	0. 0067
30	17. 449	0. 0573	164. 494	9. 4269	0. 1061	0. 0061
31	19. 194	0. 0521	181. 943	9. 4790	0. 1055	0. 0055
32	21. 114	0. 0474	201. 138	9. 5264	0. 1050	0. 0050
33	23. 225	0. 0431	222. 252	9. 5694	0. 1045	0. 0045
34	25. 548	0. 0392	245. 477	9. 6086	0. 1041	0. 0041
35	28. 102	0. 0356	271. 024	9. 6442	0. 1037	0. 0037

附表 1-10　　12%的复利系数表

年份	一次支付		等额系列			
	终值系数	现值系数	年金终值系数	年金现值系数	资本回收系数	偿债基金系数
n	$F/P, i, n$	$P/F, i, n$	$F/A, i, n$	$P/A, i, n$	$A/P, i, n$	$A/F, i, n$
1	1. 120	0. 8929	1. 000	0. 8929	1. 1200	1. 0000
2	1. 254	0. 7972	2. 120	1. 6901	0. 5917	0. 4717
3	1. 405	0. 7118	3. 374	2. 4018	0. 4164	0. 2964
4	1. 574	0. 6355	4. 779	3. 0374	0. 3292	0. 2092
5	1. 762	0. 5674	6. 353	3. 6048	0. 2774	0. 1574
6	1. 974	0. 5066	8. 115	4. 1114	0. 2432	0. 1232
7	2. 211	0. 4524	10. 089	4. 5638	0. 2191	0. 0991
8	2. 476	0. 4039	12. 300	4. 9676	0. 2013	0. 0813
9	2. 773	0. 3606	14. 776	5. 3283	0. 1877	0. 0677
10	3. 106	0. 3220	17. 549	5. 6502	0. 1770	0. 0570
11	3. 479	0. 2875	20. 655	5. 9377	0. 1684	0. 0484
12	3. 896	0. 2567	24. 133	6. 1944	0. 1614	0. 0414
13	4. 364	0. 2292	28. 029	6. 4236	0. 1557	0. 0357
14	4. 887	0. 2046	32. 393	6. 6282	0. 1509	0. 0309
15	5. 474	0. 1827	37. 280	6. 8109	0. 1468	0. 0268
16	6. 130	0. 1631	42. 752	6. 9740	0. 1434	0. 0234
17	6. 866	0. 1457	48. 884	7. 1196	0. 1405	0. 0205
18	7. 690	0. 1300	55. 750	7. 2497	0. 1379	0. 0179
19	8. 613	0. 1161	63. 440	7. 3658	0. 1358	0. 0158
20	9. 646	0. 1037	72. 052	7. 4695	0. 1339	0. 0139
21	10. 804	0. 0926	81. 699	7. 5620	0. 1323	0. 0123
22	12. 100	0. 0827	92. 503	7. 6447	0. 1308	0. 0108
23	13. 552	0. 0738	104. 603	7. 7184	0. 1296	0. 0096
24	15. 179	0. 0659	118. 155	7. 7843	0. 1285	0. 0085
25	17. 000	0. 0588	133. 334	7. 8431	0. 1275	0. 0075
26	19. 040	0. 0525	150. 334	7. 8957	0. 1267	0. 0067
27	21. 325	0. 0469	169. 374	7. 9426	0. 1259	0. 0059
28	23. 884	0. 0419	190. 699	7. 9844	0. 1253	0. 0053
29	26. 750	0. 0374	214. 583	8. 0218	0. 1247	0. 0047
30	29. 960	0. 0334	421. 333	8. 0552	0. 1242	0. 0042
31	33. 555	0. 0298	271. 293	8. 0850	0. 1237	0. 0037
32	37. 582	0. 0266	304. 848	8. 1116	0. 1233	0. 0033
33	42. 092	0. 0238	342. 429	8. 1354	0. 1229	0. 0029
34	47. 143	0. 0212	384. 521	8. 1566	0. 1226	0. 0026
35	52. 800	0. 0189	431. 664	8. 1755	0. 1223	0. 0023

附表 1-11 15%的复利系数表

年份	一次支付		等额系列			
	终值系数	现值系数	年金终值系数	年金现值系数	资本回收系数	偿债基金系数
n	$F/P, i, n$	$P/F, i, n$	$F/A, i, n$	$P/A, i, n$	$A/P, i, n$	$A/F, i, n$
1	1. 150	0. 8696	1. 000	0. 8696	1. 1500	1. 0000
2	1. 323	0. 7562	2. 150	1. 6257	0. 6151	0. 4651
3	1. 521	0. 6575	3. 473	2. 2832	0. 4380	0. 2880
4	1. 749	0. 5718	4. 993	2. 8550	0. 3503	0. 2003
5	2. 011	0. 4972	6. 742	3. 3522	0. 2983	0. 1483
6	2. 313	0. 4323	8. 754	3. 7845	0. 2642	0. 1142
7	2. 660	0. 3759	11. 067	4. 1604	0. 2404	0. 0904
8	3. 059	0. 3269	13. 727	4. 4873	0. 2229	0. 0729
9	3. 518	0. 2843	16. 786	4. 7716	0. 2096	0. 0596
10	4. 046	0. 2472	20. 304	5. 0188	0. 1993	0. 0493
11	4. 652	0. 2150	24. 349	5. 2337	0. 1911	0. 0411
12	5. 350	0. 1869	29. 002	5. 4206	0. 1845	0. 0345
13	6. 153	0. 1652	34. 352	5. 5832	0. 1791	0. 0291
14	7. 076	0. 1413	40. 505	5. 7245	0. 1747	0. 0247
15	8. 137	0. 1229	47. 580	5. 8474	0. 1710	0. 0210
16	9. 358	0. 1069	55. 717	5. 9542	0. 1680	0. 0180
17	10. 761	0. 0929	65. 075	6. 0472	0. 1654	0. 0154
18	12. 375	0. 0808	75. 836	6. 1280	0. 1632	0. 0123
19	14. 232	0. 0703	88. 212	6. 1982	0. 1613	0. 0113
20	16. 367	0. 0611	102. 444	6. 2593	0. 1598	0. 0098
21	18. 822	0. 0531	118. 810	6. 3125	0. 1584	0. 0084
22	21. 645	0. 0462	137. 632	6. 3587	0. 1573	0. 0073
23	24. 891	0. 0402	159. 276	6. 3988	0. 1563	0. 0063
24	28. 625	0. 0349	184. 168	6. 4338	0. 1554	0. 0054
25	32. 919	0. 0304	212. 793	6. 4642	0. 1547	0. 0047
26	37. 857	0. 0264	245. 712	6. 4906	0. 1541	0. 0041
27	43. 535	0. 0230	283. 569	6. 5135	0. 1535	0. 0035
28	50. 066	0. 0200	327. 104	6. 5335	0. 1531	0. 0031
29	57. 575	0. 0174	377. 170	6. 5509	0. 1527	0. 0027
30	66. 212	0. 0151	434. 745	6. 5660	0. 1523	0. 0023
31	76. 144	0. 0131	500. 957	6. 5791	0. 1520	0. 0020
32	87. 565	0. 0114	577. 100	6. 5905	0. 1517	0. 0017
33	100. 700	0. 0099	664. 666	6. 6005	0. 1515	0. 0015
34	115. 805	0. 0086	765. 365	6. 6091	0. 1513	0. 0013
35	133. 176	0. 0075	881. 170	6. 6166	0. 1511	0. 0011

附表 1-12 20%的复利系数表

年份	一次支付		等额系列			
	终值系数	现值系数	年金终值系数	年金现值系数	资本回收系数	偿债基金系数
n	F/P, i, n	P/F, i, n	F/A, i, n	P/A, i, n	A/P, i, n	A/F, i, n
1	1. 200	0. 8333	1. 000	0. 8333	1. 2000	1. 0000
2	1. 440	0. 6845	2. 200	1. 5278	0. 6546	0. 4546
3	1. 728	0. 5787	3. 640	2. 1065	0. 4747	0. 2747
4	2. 074	0. 4823	5. 368	2. 5887	0. 3863	0. 1963
5	2. 488	0. 4019	7. 442	2. 9906	0. 3344	0. 1344
6	2. 986	0. 3349	9. 930	3. 3255	0. 3007	0. 1007
7	3. 583	0. 2791	12. 916	3. 6046	0. 2774	0. 0774
8	4. 300	0. 2326	16. 499	3. 8372	0. 2606	0. 0606
9	5. 160	0. 1938	20. 799	4. 0310	0. 2481	0. 0481
10	6. 192	0. 1615	25. 959	4. 1925	0. 2385	0. 0385
11	7. 430	0. 1346	32. 150	4. 3271	0. 2311	0. 0311
12	8. 916	0. 1122	39. 581	4. 4392	0. 2253	0. 0253
13	10. 699	0. 0935	48. 497	4. 5327	0. 2206	0. 0206
14	12. 839	0. 0779	59. 196	4. 6106	0. 2169	0. 0169
15	15. 407	0. 0649	72. 035	4. 7655	0. 2139	0. 0139
16	18. 488	0. 0541	87. 442	4. 7296	0. 2114	0. 0114
17	22. 186	0. 0451	105. 931	4. 7746	0. 2095	0. 0095
18	26. 623	0. 0376	128. 117	4. 8122	0. 2078	0. 0078
19	31. 948	0. 0313	154. 740	4. 8435	0. 2065	0. 0065
20	38. 338	0. 0261	186. 688	4. 8696	0. 2054	0. 0054
21	46. 005	0. 0217	225. 026	4. 8913	0. 2045	0. 0045
22	55. 206	0. 0181	271. 031	4. 9094	0. 2037	0. 0037
23	66. 247	0. 0151	326. 237	4. 9245	0. 2031	0. 0031
24	79. 497	0. 0126	392. 484	4. 9371	0. 2026	0. 0026
25	95. 396	0. 0105	471. 981	4. 9476	0. 2021	0. 0021
26	114. 475	0. 0087	567. 377	4. 9563	0. 2018	0. 0018
27	137. 371	0. 0073	681. 853	4. 9636	0. 2015	0. 0015
28	164. 845	0. 0061	819. 223	4. 9697	0. 2012	0. 0012
29	197. 814	0. 0051	984. 068	4. 9747	0. 2010	0. 0010
30	237. 376	0. 0042	1181. 882	4. 9789	0. 2009	0. 0009
31	284. 852	0. 0035	1419. 258	4. 9825	0. 2007	0. 0007
32	341. 822	0. 0029	1704. 109	4. 9854	0. 2006	0. 0006
33	410. 186	0. 0024	2045. 931	4. 9878	0. 2005	0. 0005
34	492. 224	0. 0020	2456. 118	4. 9899	0. 2004	0. 0004
35	590. 668	0. 0017	2948. 341	4. 9915	0. 2003	0. 0003

附表 1-13　　25%的复利系数表

年份	一次支付		等额系列			
	终值系数	现值系数	年金终值系数	年金现值系数	资本回收系数	偿债基金系数
n	$F/P, i, n$	$P/F, i, n$	$F/A, i, n$	$P/A, i, n$	$A/P, i, n$	$A/F, i, n$
1	1.250	0.8000	1.000	0.8000	1.2500	1.0000
2	1.156	0.6400	2.250	1.4400	0.6945	0.4445
3	1.953	0.5120	3.813	1.9520	0.5123	0.2623
4	2.441	0.4096	5.766	2.3616	0.4235	0.1735
5	3.052	0.3277	8.207	2.6893	0.3719	0.1219
6	3.815	0.2622	11.259	2.9514	0.3388	0.0888
7	4.678	0.2097	15.073	3.1611	0.3164	0.0664
8	5.960	0.1678	19.842	3.3289	0.3004	0.0504
9	7.451	0.1342	25.802	3.4631	0.2888	0.0388
10	9.313	0.1074	33.253	3.5705	0.2801	0.0301
11	11.642	0.0859	42.566	3.6564	0.2735	0.0235
12	14.552	0.0687	54.208	3.7251	0.2685	0.0185
13	18.190	0.0550	68.760	3.7801	0.2646	0.0146
14	22.737	0.0440	86.949	3.8241	0.2615	0.0115
15	28.422	0.0352	109.687	3.8593	0.2591	0.0091
16	35.527	0.0282	138.109	3.8874	0.2573	0.0073
17	44.409	0.0225	173.636	3.9099	0.2558	0.0058
18	55.511	0.0180	218.045	3.9280	0.2546	0.0046
19	69.389	0.0144	273.556	3.9424	0.2537	0.0037
20	86.736	0.0115	342.945	3.9539	0.2529	0.0029
21	108.420	0.0092	429.681	3.9631	0.2523	0.0023
22	135.525	0.0074	538.101	3.9705	0.2519	0.0019
23	169.407	0.0059	673.626	3.9764	0.2515	0.0015
24	211.758	0.0047	843.033	3.9811	0.2511	0.0012
25	264.698	0.0038	1054.791	3.9849	0.2510	0.0010
26	330.872	0.0030	1319.489	3.9879	0.2508	0.0008
27	413.590	0.0024	1650.361	3.9903	0.2506	0.0006
28	516.988	0.0019	2063.952	3.9923	0.2505	0.0005
29	646.235	0.0016	2580.939	3.9938	0.2504	0.0004
30	807.794	0.0012	3227.174	3.9951	0.2503	0.0003
31	1009.742	0.0010	4034.968	3.9960	0.2503	0.0003
32	1262.177	0.0008	5044.710	3.9968	0.2502	0.0002
33	1577.722	0.0006	6306.887	3.9975	0.2502	0.0002
34	1972.152	0.0005	788.609	3.9980	0.2501	0.0001
35	2465.190	0.0004	9856.761	3.9984	0.2501	0.0001

附表 1-14　　30%的复利系数表

年份	一次支付		等额系列			
	终值系数	现值系数	年金终值系数	年金现值系数	资本回收系数	偿债基金系数
n	$F/P, i, n$	$P/F, i, n$	$F/A, i, n$	$P/A, i, n$	$A/P, i, n$	$A/F, i, n$
1	1. 300	0. 7692	1. 000	0. 7692	1. 3000	1. 0000
2	1. 690	0. 5917	2. 300	1. 3610	0. 7348	0. 4348
3	2. 197	0. 4552	3. 990	1. 8161	0. 5506	0. 2506
4	2. 856	0. 3501	6. 187	2. 1663	0. 4616	0. 1616
5	3. 713	0. 2693	9. 043	2. 4356	0. 4106	0. 1106
6	4. 827	0. 2072	12. 756	2. 6428	0. 3784	0. 0784
7	6. 275	0. 1594	17. 583	2. 8021	0. 3569	0. 0569
8	8. 157	0. 1226	23. 858	2. 9247	0. 3419	0. 0419
9	10. 605	0. 0943	32. 015	3. 0190	0. 3321	0. 0312
10	13. 786	0. 0725	42. 620	3. 0915	0. 3235	0. 0235
11	17. 922	0. 0558	65. 405	3. 1473	0. 3177	0. 0177
12	23. 298	0. 0429	74. 327	3. 1903	0. 3135	0. 0135
13	30. 288	0. 0330	97. 625	3. 2233	0. 3103	0. 0103
14	39. 374	0. 0254	127. 913	3. 2487	0. 3078	0. 0078
15	51. 186	0. 0195	167. 286	3. 2682	0. 3060	0. 0060
16	66. 542	0. 0150	218. 472	3. 2832	0. 3046	0. 0046
17	86. 504	0. 0116	285. 014	3. 2948	0. 3035	0. 0035
18	112. 455	0. 0089	371. 518	3. 3037	0. 3027	0. 0027
19	146. 192	0. 0069	483. 973	3. 3105	0. 3021	0. 0021
20	190. 050	0. 0053	630. 165	3. 3158	0. 3016	0. 0016
21	247. 065	0. 0041	820. 215	3. 3199	0. 3012	0. 0012
22	321. 184	0. 0031	1067. 280	3. 3230	0. 3009	0. 0009
23	417. 539	0. 0024	1388. 464	3. 3254	0. 3007	0. 0007
24	542. 801	0. 0019	1806. 003	3. 3272	0. 3006	0. 0006
25	705. 641	0. 0014	2348. 803	3. 3286	0. 3004	0. 0004
26	917. 333	0. 0011	3054. 444	3. 3297	0. 3003	0. 0003
27	1192. 533	0. 0008	3971. 778	3. 3305	0. 3003	0. 0003
28	1550. 293	0. 0007	5164. 311	3. 3312	0. 3002	0. 0002
29	2015. 381	0. 0005	6714. 604	3. 3317	0. 3002	0. 0002
30	2619. 996	0. 0004	8729. 985	3. 3321	0. 3001	0. 0001
31	3405. 994	0. 0003	11349. 981	3. 3324	0. 3001	0. 0001
32	4427. 793	0. 0002	14755. 975	3. 3326	0. 3001	0. 0001
33	5756. 130	0. 0002	19183. 768	3. 3328	0. 3001	0. 0001
34	7482. 970	0. 0001	24939. 899	3. 3329	0. 3001	0. 0001
35	9727. 860	0. 0001	32422. 868	3. 3330	0. 3000	0. 0000

附表 1-15　　35%的复利系数表

年份	一次支付		等额系列			
	终值系数	现值系数	年金终值系数	年金现值系数	资本回收系数	偿债基金系数
n	$F/P, i, n$	$P/F, i, n$	$F/A, i, n$	$P/A, i, n$	$A/P, i, n$	$A/F, i, n$
1	1. 3500	0. 7407	1. 0000	0. 7404	1. 3500	1. 0000
2	1. 8225	0. 5487	2. 3500	1. 2894	0. 7755	0. 4255
3	2. 4604	0. 4064	4. 1725	1. 6959	0. 5897	0. 2397
4	3. 3215	0. 3011	6. 6329	1. 9969	0. 5008	0. 1508
5	4. 4840	0. 2230	9. 9544	2. 2200	0. 4505	0. 1005
6	6. 0534	0. 1652	14. 4384	2. 3852	0. 4193	0. 0693
7	8. 1722	0. 1224	20. 4919	2. 5075	0. 3988	0. 0488
8	11. 0324	0. 0906	28. 6640	2. 5982	0. 3849	0. 0349
9	14. 8937	0. 0671	39. 6964	2. 6653	0. 3752	0. 0252
10	20. 1066	0. 0497	54. 5902	2. 7150	0. 3683	0. 0183
11	27. 1493	0. 0368	74. 6976	2. 7519	0. 3634	0. 0134
12	36. 6442	0. 0273	101. 8406	2. 7792	0. 3598	0. 0098
13	49. 4697	0. 0202	138. 4848	2. 7994	0. 3572	0. 0072
14	66. 7841	0. 0150	187. 9544	2. 8144	0. 3553	0. 0053
15	90. 1585	0. 0111	254. 7385	2. 8255	0. 3539	0. 0039
16	121. 7139	0. 0082	344. 8970	2. 8337	0. 3529	0. 0029
17	164. 3138	0. 0061	466. 6109	2. 8398	0. 3521	0. 0021
18	221. 8236	0. 0045	630. 9247	2. 8443	0. 3516	0. 0016
19	299. 4619	0. 0033	852. 7483	2. 8476	0. 3512	0. 0012
20	404. 2736	0. 0025	1152. 2103	2. 8501	0. 3509	0. 0009
21	545. 7693	0. 0018	1556. 4838	2. 8519	0. 3506	0. 0006
22	736. 7886	0. 0014	2102. 2532	2. 8533	0. 3505	0. 0005
23	994. 6646	0. 0010	2839. 0418	2. 8543	0. 3504	0. 0004
24	1342. 797	0. 0007	3833. 7064	2. 8550	0. 3503	0. 0003
25	1812. 776	0. 0006	5176. 5037	2. 8556	0. 3502	0. 0002
26	2447. 248	0. 0004	6989. 2800	2. 8560	0. 3501	0. 0001
27	3303. 785	0. 0003	9436. 5280	2. 8563	0. 3501	0. 0001
28	4460. 110	0. 0002	12740. 313	2. 8565	0. 3501	0. 0001
29	6021. 148	0. 0002	17200. 422	2. 8567	0. 3501	0. 0001
30	8128. 550	0. 0001	23221. 570	2. 8568	0. 3500	0. 0000
31	10973. 54	0. 0001	31350. 120	2. 8569	0. 3500	0. 0000
32	14814. 28	0. 0001	42323. 661	2. 8569	0. 3500	0. 0000
33	19999. 28	0. 0001	57137. 943	2. 8570	0. 3500	0. 0000
34	26999. 03	0. 0000	77137. 223	2. 8570	0. 3500	0. 0000
35	36448. 69	0. 0000	104136. 25	2. 8571	0. 3500	0. 0000

附表 1-16　　40%的复利系数表

年份	一次支付		等额系列			
	终值系数	现值系数	年金终值系数	年金现值系数	资本回收系数	偿债基金系数
n	F/P, i, n	P/F, i, n	F/A, i, n	P/A, i, n	A/P, i, n	A/F, i, n
1	1. 400	0. 7143	1. 000	0. 7143	1. 4001	1. 0001
2	1. 960	0. 5103	2. 400	1. 2245	0. 8167	0. 4167
3	2. 744	0. 3654	4. 360	1. 5890	0. 6294	0. 2294
4	3. 842	0. 2604	7. 104	1. 8493	0. 5408	0. 1408
5	5. 378	0. 1860	10. 946	2. 0352	0. 4914	0. 0914
6	7. 530	0. 1329	16. 324	2. 1680	0. 4613	0. 0613
7	10. 541	0. 0949	23. 853	2. 2629	0. 4420	0. 0420
8	14. 758	0. 0678	34. 395	2. 3306	0. 4291	0. 0291
9	20. 661	0. 0485	49. 153	2. 3790	0. 4204	0. 0204
10	28. 925	0. 0346	69. 814	2. 4136	0. 4144	0. 0144
11	40. 496	0. 0247	98. 739	2. 4383	0. 4102	0. 0102
12	56. 694	0. 0177	139. 234	2. 4560	0. 4072	0. 0072
13	79. 371	0. 0126	195. 928	2. 4686	0. 4052	0. 0052
14	111. 120	0. 0090	275. 299	2. 4775	0. 4037	0. 0037
15	155. 568	0. 0065	386. 419	2. 4840	0. 4026	0. 0026
16	217. 794	0. 0046	541. 986	2. 4886	0. 4019	0. 0019
17	304. 912	0. 0033	759. 780	2. 4918	0. 4014	0. 0014
18	426. 877	0. 0024	104. 691	2. 4942	0. 4010	0. 0010
19	597. 627	0. 0017	1491. 567	2. 4959	0. 4007	0. 0007
20	836. 678	0. 0012	2089. 195	2. 4971	0. 4005	0. 0005
21	1171. 348	0. 0009	2925. 871	2. 4979	0. 4004	0. 0004
22	1639. 887	0. 0007	4097. 218	2. 4985	0. 4003	0. 0003
23	2295. 842	0. 0005	5373. 105	2. 4990	0. 4002	0. 0002
24	3214. 178	0. 0004	8032. 945	2. 4993	0. 4002	0. 0002
25	4499. 847	0. 0003	11247. 110	2. 4995	0. 4001	0. 0001
26	6299. 785	0. 0002	15746. 960	2. 4997	0. 4001	0. 0001
27	8819. 695	0. 0002	22046. 730	2. 4998	0. 4001	0. 0001
28	12347. 570	0. 0001	30866. 430	2. 4998	0. 4001	0. 0001
29	17286. 590	0. 0001	43213. 990	2. 4999	0. 4001	0. 0001
30	24201. 230	0. 0001	60500. 580	2. 4999	0. 4001	0. 0001

附表 1-17　　45%的复利系数表

年份	一次支付		等额系列			
	终值系数	现值系数	年金终值系数	年金现值系数	资本回收系数	偿债基金系数
n	*F/P, i, n*	*P/F, i, n*	*F/A, i, n*	*P/A, i, n*	*A/P, i, n*	*A/F, i, n*
1	1.4500	0.6897	1.0000	0.690	1.45000	1.00000
2	2.1025	0.4756	2.450	1.165	0.85816	0.40816
3	3.0486	0.3280	4.552	1.493	0.66966	0.21966
4	4.4205	0.2262	7.601	1.720	0.58156	0.13156
5	6.4097	0.1560	12.022	1.867	0.53318	0.08318
6	9.2941	0.1076	18.431	1.983	0.50426	0.05426
7	13.4765	0.0742	27.725	2.057	0.48607	0.03607
8	19.5409	0.0512	41.202	2.109	0.47427	0.02427
9	28.3343	0.0353	60.743	2.144	0.46646	0.01646
10	41.0847	0.0243	89.077	2.168	0.46123	0.01123
11	59.5728	0.0168	130.162	2.158	0.45768	0.00768
12	86.3806	0.0116	189.735	2.196	0.45527	0.00527
13	125.2518	0.0080	267.115	2.024	0.45326	0.00362
14	181.6151	0.0055	401.367	2.210	0.45249	0.00249
15	263.3419	0.0038	582.982	2.214	0.45172	0.00172
16	381.8458	0.0026	846.324	2.216	0.45118	0.00118
17	553.6764	0.0018	1228.170	2.218	0.45081	0.00081
18	802.8308	0.0012	1781.846	2.219	0.45056	0.00056
19	1164.1047	0.0009	2584.677	2.220	0.45039	0.00039
20	1687.9518	0.0006	3748.782	2.221	0.45027	0.00027
21	2447.5301	0.0004	5436.743	2.221	0.45018	0.00018
22	3548.9187	0.0003	7884.246	2.222	0.45013	0.00013
23	5145.9321	0.0002	11433.182	2.222	0.45009	0.00009
24	7461.6015	0.0001	16579.115	2.222	0.45006	0.00006
25	10819.322	0.0001	24040.716	2.222	0.45004	0.00004
26	15688.017	0.0001	34860.038	2.222	0.45003	0.00003
27	22747.625	0.0000	50548.056	2.222	0.45002	0.00002
28	32984.056	0.0000	73295.681	2.222	0.45001	0.00001
29	47826.882	0.0000	106279.74	2.222	0.45001	0.00001
30	69348.978	0.0000	154106.62	2.222	0.45001	0.00001

附表 1-18 50%的复利系数表

年份	一次支付		等额系列			
	终值系数	现值系数	年金终值系数	年金现值系数	资本回收系数	偿债基金系数
n	$F/P, i, n$	$P/F, i, n$	$F/A, i, n$	$P/A, i, n$	$A/P, i, n$	$A/F, i, n$
1	1. 5000	0. 6667	1. 000	0. 667	1. 50000	1. 00000
2	2. 2500	0. 4444	2. 500	1. 111	0. 90000	0. 40000
3	3. 3750	0. 2963	4. 750	1. 407	0. 71053	0. 21053
4	5. 0625	0. 1975	8. 125	1. 605	0. 62303	0. 12308
5	7. 5938	0. 1317	13. 188	1. 737	0. 57583	0. 07583
6	11. 3906	0. 0878	20. 781	1. 824	0. 54812	0. 04812
7	17. 0859	0. 0585	32. 172	1. 883	0. 53108	0. 03108
8	25. 6289	0. 0390	49. 258	1. 922	0. 52030	0. 02030
9	38. 4434	0. 0260	74. 887	1. 948	0. 51335	0. 01335
10	57. 6650	0. 0173	113. 330	1. 965	0. 50882	0. 00882
11	86. 4976	0. 0116	170. 995	1. 977	0. 50585	0. 00585
12	129. 7463	0. 0077	257. 493	1. 985	0. 50388	0. 00388
13	194. 6195	0. 0051	387. 239	1. 990	0. 50258	0. 00258
14	291. 9293	0. 0034	581. 859	1. 993	0. 50172	0. 00172
15	437. 8939	0. 0023	873. 788	1. 995	0. 50114	0. 00114
16	656. 8408	0. 0015	1311. 682	1. 997	0. 50076	0. 00076
17	985. 2613	0. 0010	1968. 523	1. 998	0. 50051	0. 00051
18	1477. 8919	0. 0007	2953. 784	1. 999	0. 50034	0. 00034
19	2216. 8378	0. 0005	4431. 676	1. 999	0. 50023	0. 00023
20	3325. 2567	0. 0003	6648. 513	1. 999	0. 50015	0. 00015
21	4987. 8851	0. 0002	9973. 770	2. 000	0. 50010	0. 00010
22	7481. 8276	0. 0001	14961. 655	2. 000	0. 50007	0. 00007
23	11222. 742	0. 0001	22443. 483	2. 000	0. 50004	0. 00004
24	16834. 112	0. 0001	33666. 224	2. 000	0. 50003	0. 00003
25	25251. 168	0. 0000	50500. 337	2. 000	0. 50002	0. 00002

附录二　某食品公司10000t/年豆瓣加工工程可行性报告

1. 总论

1.1　项目提出背景
1.2　项目概况
1.3　综合评价

2. 市场预测

2.1　市场现状调查分析
2.2　市场预测
2.3　产品竞争优势
2.4　营销措施

3. 资源条件评价

3.1　资源概况
3.2　经济情况
3.3　项目资源开发实施的有利条件

4. 建设规模及产品方案

4.1　建设规模
4.2　拟建规模的合理性论述
4.3　产品方案
4.4　技术改造项目与原有设施利用情况

5. 场址选择

5.1　地理位置及行政区划
5.2　地形、地貌、地震情况
5.3　水资源
5.4　项目建设地点选择
5.5　技术改造项目现有场址利用情况

6. 技术方案、设备方案与工程方案

6.1　技术方案
6.2　设备方案
6.3　工程方案
6.4　技术改造后与技术改造前的比较

7. 原材料燃料供应

7.1　主要原辅料、包材、水电气动力消耗和要求

7.2 原料可供量的可靠性分析
7.3 燃料供应
7.4 供水
7.5 供电
7.6 供气

8. 总图运输与公用辅助工程

8.1 总图与运输
8.2 辅助生产设施

9. 节能、节水措施

9.1 节水
9.2 节能

10. 环境影响评价

10.1 设计采用的环保标准
10.2 环境影响
10.3 环境保护与治理措施
10.4 绿化
10.5 环保部门意见

11. 劳动安全卫生与消防

11.1 安全生产与劳动保护
11.2 工业卫生
11.3 消防

12. 组织机构与人力资源配置

12.1 组织机构与职能划分
12.2 经营管理模式
12.3 经营管理措施
12.4 技术培训

13. 项目实施进度

13.1 项目建设工期
13.2 进度初步安排

14. 投资估算与资金筹措

14.1 固定资产投资估算
14.2 流动资金估算

14.3 项目总投资及资金分年度投资计划
14.4 融资方案

15. 财务评价

15.1 财务评价依据
15.2 营业收入、营业税金及附加和增值税估算
15.3 成本估算
15.4 项目收益预测
15.5 项目清偿能力分析
15.6 资金来源与运用分析
15.7 不确定性分析
15.8 主要经济评价指标
15.9 评价结论

16. 社会评价

16.1 项目的社会效益分析
16.2 项目与相关产业关联度分析

17. 风险分析

17.1 项目在技术、产品、市场、人员的分析
17.2 风险防范措施

18. 研究结论与建议

18.1 可行性研究结论
18.2 问题及建议

附件

1. 总论

1.1 项目提出背景

1.1.1 项目名称、建设单位和项目负责人

①项目名称：10000t/年豆瓣加工及技术改造项目
②建设性质：技术改造
③项目建设单位概况：
所有制形式：国有企业
单位名称：###食品有限责任公司
单位地址：###工业园区
邮政编码：###
④法人代表：###

项目负责人：###

⑤建设单位简介：

注册资本：###元整

实收资本：####元整从事生产、销售：味精、鸡精、酱油、醋、调味品；铁制包装桶加工（按许可证核定事项从事经营）。

银行信用：企业发展建设资金来源于自有资金，无银行贷款，无欠贷的不良行为。

人力资源的相关信息：现有工人 227 人，人均年收入为 41000 元。

本公司坐落在某工业园区，主要生产味精、鸡精及豆瓣酱、酱油、食醋、复合调味料等产品。企业已获得 ISO9001 国际质量体系认证，产品通过国家质监总局 QS 认证，获得《全国工业产品生产许可证》。所产系列产品多次荣获某市知名产品、优质产品等荣誉称号。

在上述背景下，公司提出酱油、食醋、豆瓣酱产品扩产技术改造项目建设，将原来的 2000t 酱油及 1000t 醋车间进行工艺改造，并新增 10000t 豆瓣酱生产线。公司也将通过项目的实施，进行全面的优化整合，打造了区域具有极强市场竞争力和代表性的优秀食品企业。

1.1.2 项目建设背景

随着我国改革开放的进一步深入，农业结构和产业结构有了较大调整，国家明确指出："积极发展农业产业化经营，形成生产、加工、销售有机结合、相互促进的机制，促进农业向商品化、专业化、现代化转变"。与此同时，农产品加工业发展滞后的问题日益突出，成为当前制约农业结构调整继续深入的重要因素，对加快发展农产品加工业提出迫切要求。

当地政府十分重视调味品生产，提出把调味品生产作为今后经济工作的重点工程，以市场为导向，立足于发挥项目规划区优势，打造调味品生产王国，培育具有发展前景特色经济优势产业，把潜在资源优势转化为产业优势和经济优势，具有十分重要的意义。

项目的各类产品，其基础原料均为农副产品，经生物技术和科学配方生产的调味品。可带动相关的农副业，运输、包装等行业，提高它们的附加值，增加农业人口的人均 GDP，将资源优势转化为经济优势，促进地方经济的发展。

1.1.3 项目提出的主要依据

按照既发展现代加工业和现代加工企业，又发展具有地方风味和特色产品的传统产业与加工作坊的原则，按照产业带布局和发展的要求，在产业带上选择规模比较大、科研基础和技术水平比较高、辐射带动企业和农户能力比较强的加工企业作为重点，合理规划其市场定位、产品层次和发展规模，形成产加销一体化经营。逐步使这些企业发展成为能够辐射和带动农户种植和中小加工企业发展、引导促进优质产业带形成和大型企业的发展的领军企业。

1.1.3.1 市场需求

近年来，中国的调味品工业获得了迅猛发展，成为食品行业中新的经济增长点，市场潜力很大。企业规模逐步扩大，涌现出了一大批农产品加工的骨干龙头企业和专业乡、专业村，逐步形成了特色块状群。随着人们物质文化生活水平的提高和餐饮业的发展（川菜、渝菜等所用的调味品占餐饮业的 15%～20%）及行业内复合调料的发展，且市场缺口在 5 万 t 以上，因此，该公司 10000t 豆瓣技术改造项目的建成，将缓解当地调味品市场豆瓣供应紧张的局面。

1.1.3.2 企业发展需要

随着社会经济的不断发展，人们生活水平的不断提高，在调味品需求量日益增长的同时，人们对调味品的卫生、安全等也提出了更高的要求。因此，认清机遇、珍惜机遇、抢抓机遇，并且应通过自身的努力把这些商机变成实实在在的机会来推动企业的发展。

随着人们生活节奏的加快、生活质量的提高，广大消费者对调味品品质和数量上都提出了更高的需求。一个老牌企业近年来受各种客观因素的影响，已落后于同行业许多企业。因此，公司急需投入资金进行技术改造，完成产业结构调整，以提高产品的质量、保障产品安全，从而满足市场多元化需要。项目建成后，公司将成为当地最大豆瓣酱生产企业，此次项目的建成可将公司打造成西南地区调味品领军企业。

1.2 项目概况

1.2.1 建设地点

本项目在该公司厂区内实施。

1.2.2 建设规模

建成一个年产量10000t生产规模的豆瓣酱生产线。对现酱油食醋车间、调味品车间及设备进行改造。

项目将利用现酱油食醋车间和原厂房预留地，公司目前预留地为2.67hm^2，项目实施共需用地1.49hm^2，其中传统豆瓣发酵1.27hm^2，鲜椒加工储存0.19hm^2，食醋酿造发酵0.03hm^2。其余1.18hm^2用作预留和绿化。

1.2.3 产品方案

各类豆瓣酱10000t，其中各花色豆瓣3500t，烹饪型豆瓣（郫县豆瓣）6000t，元红豆瓣500t。

1.2.4 项目工程技术方案

1.2.4.1 项目范围

本项目投资新建的车间、设施及设备主要有原料库房（包括蚕豆脱壳）、椒胚盐渍池、豆瓣晒制发酵池区、食醋车间、新增酱油全自动包装生产线、调味酱袋装、瓶装全自动生产线。投资改造的车间主要有豆瓣制曲及豆瓣曲保温发酵车间为利用原有酱油食醋车间进行改造，调味品车间。原有公用、辅助工程除需增加建设原料库外完全能够满足新增成品生产和技术改造后原有产品生产的需要，全部利旧。

1.2.4.2 采用的生产方法、工艺技术

豆瓣酱工艺为传统酿造工艺，所用菌种为中科3.951米曲霉。

工艺技术路线如附图2-1所示。

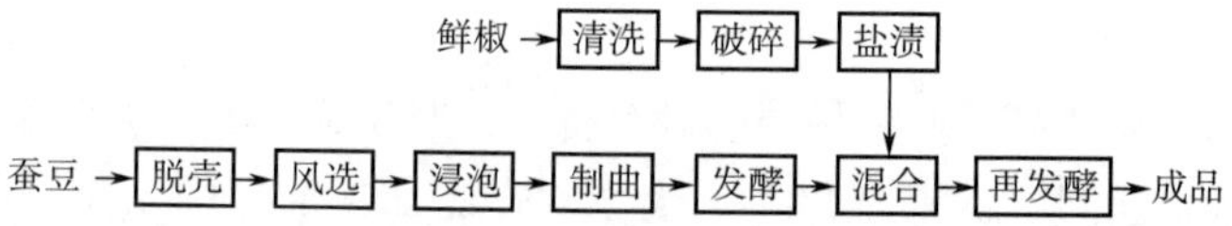

附图2-1 工艺技术路线图

1.2.4.3 主要设备情况

本项目采用传统生产工艺，但采用现代酿造生产手段，引进现代生产设备，主要生产设备完全国产化。椒胚生产、酱油和豆瓣酱瓣子的制曲发酵工艺流程尽可能机械化、自动化（例如物料输送尽可能采用螺旋输送、皮带输送和行车抓斗输送）；酱油灌装、复合调味酱的

瓶装和袋装增加全自动包装生产线。

1.2.4.4 环境保护

本项目将产生废水39900t/年，废渣180t/年，项目采用清洁能源，烟尘气可直接高空排放，项目污染治理主要是利用原有生产区的基础设施。经估算，现在的污染物处理设施足以满足改扩建后的处理要求。

1.2.4.5 人力资源配置

本项目需新增劳动定员50人。

由于本项目在生产过程中采用机械设备代替人工操作，因此大大减少了工人数量，为此，要求有一批高层次的管理人员、技术人员及技术工人并建立多层次的人才结构。

1.2.4.6 建设进度建议

本项目建设期12个月。

1.2.4.7 规模总投资

本项目规模总投资1997万元；其中固定资产投资1803万元；铺底流动资金194万元。

1.2.4.8 效益

本项目年利润总额801万元，年利税总额1001万元，年所得税200万元。

项目财务内部收益43.06%；静态投资回收期（含建设期）3.56年。

1.2.4.9 主要技术经济指标

主要技术经济指标如附表2-1所示。

附表2-1 主要技术经济指标汇总表

序号	项目	单位	数据	说明
I	经济数据			
1	项目总投资	万元	2451	—
	其中：规模总投资	万元	1998	—
2	建设投资	万元	1771	—
3	建设期利息	万元	32	—
4	流动资金	万元	648	—
	其中：铺底流动资金	万元	194	—
5	资金筹措	万元	2451	—
	其中：债务资金	万元	1556	—
	项目资本金	万元	896	—
	资本金比例	%	45	—
6	年平均营业收入	万元	6995	—
7	年平均营业税金及附加	万元	30	—
8	年平均总成本费用	万元	6164	—
9	年平均利润总额	万元	801	—

续表

序号	项目	单位	数据	说明
10	年平均所得税	万元	200	—
11	年平均净利润	万元	601	—
12	年平均息税前利润	万元	844	—
13	年平均增值税	万元	303	—
Ⅱ	财务评价指标			—
1	总投资收益率	%	34. 45	—
2	项目资本金净利润率	%	67. 03	—
3	项目投资财务内部收益率（所得税前）	%	43. 06	—
4	项目投资财务净现值（所得税前）	万元	3731	$i_c=10\%$
5	项目投资回收期（所得税前）	年	3. 56	—
6	项目投资财务内部收益率（所得税后）	%	33. 30	—
7	项目投资财务净现值（所得税后）	万元	2563	$i_c=10\%$
8	项目投资回收期（所得税后）	年	4. 16	—
9	项目资本金财务内部收益率	%	61. 20	—
10	盈亏平衡点（生产能力利用率）	%	55. 37	—

1.3 综合评价

综上所述，项目符合国家产业政策，既能引导和带动农民增收致富，又能提高龙头企业的经济效益和市场竞争能力。产品市场广阔，原材料及燃动力供应充足稳定，资金来源可靠，设备工艺技术管理先进，符合环保要求，社会效益和经济效益良好，清偿能力有保证，有较强的抗风险能力。

2. 市场预测

2.1 市场现状调查分析

2.1.1 概述

中国是全球最大的调味品消费国。传统调味品如酱油、食醋的产量保持稳定并略有增长，其中酱油每年以5%的速度递增，食醋每年以10%的速度递增，形成产销两旺的局面。豆瓣以15%~25%的速度递增，产销量逐年上升，具有广阔的市场空间和发展前景。

豆瓣酱在我国有着悠久的历史，以蚕豆、辣椒为主要原料，采用生料制曲的特殊工艺，并经传统发酵工艺酿制而成。豆瓣酱是许多川菜菜品制作的必需调味品，川菜是中国八大菜系中覆盖面最大、传播速度最快、传播区域最广的菜系，川菜普及速度以每年20%~25%的速度递增。川菜的发展和延伸为豆瓣酱生产企业提供了巨大的商机。

2.1.2 国内豆瓣酱生产现状

豆瓣酱也称豆瓣辣酱或蚕豆酱，原产于四川资中、资阳和绵阳一带。它同泡腌菜一样，起始于民间，20世纪初才作为商品流入长江中下游，当时人们称为“资川酱”，也叫“川酱”。目前大部分产品均为川渝两地生产，在长江下游仅有安徽省安庆市仍有少量生产。

国内比较知名的产品有郫县豆瓣、四川资阳生产的豆瓣，重庆生产的豆瓣等，前者为典型的烹饪型豆瓣，后者为佐餐型豆瓣，现分述如下：

①郫县豆瓣：郫县豆瓣是国内历史悠久的名牌调味品之一，创建于1873年，已有130多年的历史，它以辣味重、瓣子酥软、色泽油润、红亮、味道香醇等特点著称。郫县豆瓣是典型的烹饪型豆瓣，是川菜烹饪不可缺少的调味品，用以烹调、分外增色、提味。因此，郫县豆瓣不仅受川菜烹饪餐馆欢迎，作为家常菜的佐料也深受广大消费者喜爱。据粗略统计，目前四川郫都区生产郫县豆瓣的主要厂家有30多家，其产品遍布全国，产量为10多万t，终端客户主要为全国各地的川菜馆。郫县豆瓣为生配豆瓣，其产品出厂未消毒灭菌。因此，在对外销售过程中往往受保质期短的影响而制约销售，特别是在炎热夏季，这种情况更为突出。

②四川资阳某豆瓣：豆瓣产于四川资阳市，始创于乾隆年间，有200多年历史。它具有鲜、香、咸、甜、辣等多种口味，色鲜味美、油润飘香、豆瓣成型、入口化渣，不但易于代菜佐餐，而且也是川菜的一种调料，历来畅销全国，在国际上享有盛誉。该豆瓣生产工艺独特、原料不经蒸煮，以生料蚕豆浸泡直接制曲，发酵10~12个月即可制成原汁豆瓣，再加入各种辅料可制成各种类型的豆瓣，主要品种有香油豆瓣、金钩豆瓣、火腿豆瓣、鱼松豆瓣、红油豆瓣等。该豆瓣为熟配豆瓣，产品出厂前已经过消毒灭菌，多以瓶、罐装包装，主要用于佐餐，由于产品微辣，特别适宜省外消费者，也可用于烹饪。

③重庆某豆瓣酱系列：该豆瓣酱系列产品主要为元红豆瓣。瓶装产品除销往全国各地外，还远销日本、东南亚、美国等地。该豆瓣年销湖北武汉地区仅一个品种就达500t。

从以上几个豆瓣酱产区情况分析，郫县豆瓣在郫都区生产企业众多，除几家品牌企业外，其余的企业鱼龙混杂，产品品质良莠不齐。其他两种豆瓣酱系列的多数产品均为原国有企业生产，已淡出了市场。这两类产品在市场上的销售份额在逐年下降，其优势正逐渐丧失。

2.1.3 本地豆瓣酱现状

豆瓣酱系发酵调味品中的一大类产品，是川菜、渝菜系列和复合调料的主要半成品。随着人们物质文化生活水平的提高和餐饮业的发展（川菜、渝菜等所用的调味品占餐饮业的15%~20%）及行业内复合调料的发展，每年耗用豆瓣酱产品和半成品的数量均以两位数的速度上升。很多企业要求协会给予协调，市火锅、餐饮协会等单位对豆瓣酱生产、需求、消费情况进行了专题调研，现将初步调查情况报告如下。

2.1.3.1 需求情况

①佐餐类：以黄花园为例，南泉豆瓣、金钩豆瓣等的需求量有几百到1000t不等，其他的如：永川、忠县、丰都等企业生产的佐餐豆瓣预计有500t。但半成品（盐白瓣）比例根据配方调制，按元红豆瓣50%计也不过750t。

②复合调料类用豆瓣情况：火锅底料、鱼调料、回锅肉调料、川菜、渝菜调料等复合调料均需豆瓣酱，预测火锅底料中，红九九3万t；三五2万t；胖子1万t；秦妈1万t；秋霞1万t；苏大姐5000t等，合计15万t。按20%的配料需豆瓣酱3万t，其他复合调料配制的豆瓣酱，预计整个重庆调味品行业所需豆瓣半成品为5万t。

2.1.3.2 生产情况

目前当地豆瓣半成品生产约4300t，生产豆瓣酱为1.5万t左右，远达不到当地调味品行业的需求。

2.1.3.3 进货情况

目前本地产豆瓣量远不能满足本市的市场需求，主要靠四川郫都区及其他四川区县的供应。

2.2 市场预测

调味品工业是食品工业的重要组成部分，随着世界经济的发展，调味品的复合多元化得以体现，所涉及的范围也越来越广，跨度也越来越大。与此同时，调味品工业又是一个完全独立的产业。人们生活水平的提高、生活节奏的加快，促使了调味品向更专、味道更广的方向发展，因此调味品行业正面临产品升级换代的考验和严峻的市场挑战，这也要求调味品企业要有新品开发，新建项目要不断满足不同群体、不同地域的需要，我国的各种复合调味品如火锅底料、鱼底料等产品要走出国门。这给调味品企业提供了较好机遇。

豆瓣酱是川菜烹饪的必需原料并伴随着川菜的发展而发展，随着重庆火锅的推广，如今川菜餐馆在全国随处可见，有的地区甚至把吃川菜看成一种时尚，更有市民直接将川菜调料买回家，自己在家里学做川菜。

近年来，由于川味调味品市场不断扩大，因此推动了豆瓣酱生产技术的改进速度，豆瓣酱的品种得到不断创新。这些创新品种特点突出，适宜南北口味，除可炒制菜肴外，还可用于佐餐消费，据粗略统计，全国佐餐型豆瓣年产大约几十万 t，但遗憾的是目前这类产品品种单一，口味单调，而传统的郫县豆瓣又是典型的烹饪型豆瓣，产品未经消毒，具有销售货架期短的缺陷。豆瓣的扩产项目，在产品品种方面辅以菇、芝麻、花生、海产品从而制成各种花色的豆瓣酱，以满足不同地域不同消费群体的需要。

随着产品在省外市场的拓展，及产品扩产项目的实施，同时借助本市及全国销售网络，豆瓣酱销售一定会上一个新的台阶。由于川渝两地民间都有做豆瓣酱的习惯，因此，豆瓣酱半成品（霉瓣子）的市场需求量很大，据粗略统计，当地市场每年销售霉瓣子在 10000t 以上。近年来，我国调味品工业得到了长足的发展，产品逐步改变了过去老标准、老面孔、老包装的落后状况，应用国际标准，采用国际先进工艺和原料制作的新一代调味品正崭露头角。同时，跨国食品公司大举收购了国内调味品企业，国内企业间的并购量也在增加，新的资本正纷纷进入调味品行业。调味品市场需求也发生着重大的变化。我国的调味品正向着生产工业化、味型复合化、品牌多样化、食用方便化的方向发展，今后还将有更大的发展空间。

2.3 产品竞争优势

本项目完成后，该公司将成为当地较大的调味品生产企业之一，具有以下竞争优势。

在工艺技术和设备方面：公司有多年调味品生产实践经验，也培养了一批技术骨干。现在又与科研单位和高校联合，共同研究利用现代生物技术提高传统调味品品质的关键技术等项目，使本项目实现系列化、标准化、机械化和自动化。公司拥有一批具有几十年工作经历，谙熟豆瓣酱产品深度开发方面的专业知识的高级技师、工程师等技术骨干，采用先进的设备和生产工艺，提高产品质量，降低能耗，在产品拓展和质量上具有独特的优势。

地域优势：本地调味品企业还大多停留在手工作坊生产的水平，短期内无法升级换代，本项目的建成将在新的发展空间尤其是使企业在西南地区占据有利地位。依托现有的资金和技术力量以及地方政府的支持，公司将得到更长足的发展。

商标、品牌、商誉的优势：经过多年的经营与发展，本项目业主具有一定的企业商誉和商标知名度，尤其是区域性市场，具有较强的品牌优势。公司产品具有历史悠久，品种齐全的优点。具有很高的知名度，在当地具有良好的品牌优势。

市场营销优势：公司已形成了连锁经营管理服务平台，拥有近百家二级销售公司，有320家直属连锁店、会员店及专柜，总共近3000个销售网点。除传统的重庆、四川主销市场外，远销北京、上海等40多个大中城市，部分已远销美国、加拿大、欧盟等国家。

2.4 营销措施

主要利用现有的销售网络和渠道，不断加强售前、售中、售后服务。立足于国内西部大中城市，辐射中小城市。

2.4.1 销售和经销机构的建立

销售网点规划：西南地区除传统的批发渠道以外，还可与当地经销商联合，采用重点城市重点突破的办法。主要完成对地级以上市的商场、超市网点的覆盖；一般市场主要进攻地级以上市的商超网点；设立片区经理的地区，提供及时快捷的服务，提高市场覆盖率。

2.4.2 广告及宣传计划

有效利用电视、报刊、网络等现代传媒手段，建立品牌的知名度和美誉度。让消费者在销售网点能够注意到公司的产品，并搞好售后服务，以扩大市场占有份额。

2.4.3 构造精干的营销队伍

根据营销战略的规划，配置各级管理人员，实行层级管理，制定最大限度调动营销人员积极性的激励与约束机制，并加强人员培训。

2.4.4 销售网络建设

公司有多年销售调味品的经验，建立了3000多个完善的销售网点，遍布全国各地，加上公司先进的营销理念，为豆瓣及复合调味品的销售和本项目的成功提供了最重要的保证之一。

3. 资源条件评价

3.1 资源概况

本项目在现公司厂区内实施。位置地处成渝经济带与渝西经济走廊上，是连接川中、川北、川南的枢纽，是渝西经济走廊上的一个区域经济中心。

3.1.1 气象条件

工业园区属亚热带季风性湿润气候，具有四季分明、气候温和、雨量充沛、雨热同期、冬暖夏热、风小湿大、光照充足的特点。园区多年平均气温17.9℃，年终极最高气温39.8℃，多年平均降雨量为1056mm，年均日照1224h，无霜期为325d，年平均风速为1.4m/s，除发生阵性大风和旱季干热风外，多为微风，出现静风的频率可达58%，年平均相对湿度82%，极适宜豆瓣酱生产。长期以来，全国豆瓣酱生产多集中在川渝两地，这和川渝两地的气候条件有很大关系。

3.1.2 自然资源状况

当地地貌多姿，物产丰富。铜梁县（已改为区）盛产稻谷、玉米、红苕、高粱、小麦、蚕豆、豌豆、油菜籽、土豆、大豆等。1998年完成农林牧渔业总产值145481万元（现价）。粮食产量382026t，油料产量2461t，糖料产量308t，烟叶产量1t，茶叶产量147t，水果产量16500t。主要特色是发展农业产业化。

3.1.3 河流水系

水系主要有涪江、琼江（又名大安溪）、小安溪、平滩河、久远河和淮远河六条主要河流，简称“一江两溪三河”，以及大小支流245条，属嘉陵江流域，总属长江流域。全县多年平均地表水资源量为4.88亿m^3，地下水资源量为5925万m^3，过境水资源量为197.12亿m^3。县境内地表水贫乏、过境水资源丰富。

地下水主要为上层滞水基岩风化裂隙水，以大气降水及地表水渗透补给。基岩风化带富水条件好，表现为地下水位埋深浅，水力坡度平缓，地下水矿化度低，水质为重碳酸钙型。

3.1.4 地形地貌

该地地处渝西丘陵与渝东平行岭谷交接地带。低山、丘陵、浅丘、平坝、中丘、中谷、阶地河坝分明，地形以丘陵为主。地势总的趋势是东南高，西南次之，东北部较低。从东南向西北逐步演变为开阔的方山丘陵。境内海拔最高点886m，最低185m。

该规划区为风化剥蚀浅丘宽谷地形地貌，区内地貌发育受构造及岩性控制。海拔高程255~306m，相对高差10~20m。平均海拔高270m，浅丘呈东向稀疏串珠状分布。

3.1.5 地质构造

当地地质构造属新华夏系沉降带，是介于盆中旋转构造带与盆东弧形构造带之间的过渡带，华蓥山断裂带纵向穿越县境中部，将地质构造分为两部分，东部为川东平行褶皱带，西部为川中台向斜褶皱带。全县出露地层除白垩系、第三系外，从三叠系下统飞仙关组到第四系新、老冲积物均有分布，以侏罗系砂页岩分布广泛，占全县幅员面积的87.1%，三叠系地层占12%，其余为零星分布的第四系。

据1990年版1∶400万《中国地震烈度区划图》，本地区地震基本烈度为6度，该区历史上未有过大的地震。园区主要为Ⅰ和Ⅱ场地。

3.1.6 矿产资源

当地曾在不同的成矿期均有矿产产出，因此，境内矿产资源较为丰富，矿产种类较多，主要有锶、煤、石灰岩、建筑用砂岩、页岩、石英砂岩、陶瓷土、耐火黏土、天然气、矿泉水和地热等十余种。大多矿产皆属外生作用形成的沉积矿床；锶矿是低温热液条件下形成的层控型矿床。地质信息较详细的矿产绝大部分都分布于沥鼻峡和巴岳山两大背斜。

3.2 经济情况

工业：2005年实现工业总产值79.9亿元，同比增长28.1%，工业增加值26.7亿元，同比增长27%；工业固定资产投入达到15.6亿元，同比增长30%；工业综合经济效益指数达到153.8%，同比上升8.3个百分点。全县规模以上工业企业达到77户，比去年年底净增7户，规模以上工业企业亏损面为15.6%。

农业：2005年，全县实现农业总产值24.76亿元，比去年同期增长18%。其中，种植业94224万元，同比增长5.6%；畜牧业实现产值11.01万元，同比增长11%；蚕业收入实现6855万元，同比增长33.4%；林业产值达到2.00亿元，同比增长50%；渔业产值1.22万元，同比增长5.8%；农林牧渔服务业收入4313万元，同比增长8%。农村劳务收入达到8.14万元，同比增长10%。培育市级农业产业化龙头企业4个，全年实现销售收入3.78亿元，同比增长80%。农民人均纯收入3500元以上，同比增长7%以上。

3.3 项目资源开发实施的有利条件

3.3.1 政策环境

按照产业带布局和发展的要求，在产业带上选择规模比较大、科研基础和技术水平比较高、辐射带动企业和农户能力比较强的加工企业作为重点，合理规划其市场定位、产品层次和发展规模，可形成产加销一体化经营，提高农户生产的组织化程度。同时，国家扶持企业的技术创新和改造，促进中小加工企业发展、引导促进优质产业带的形成和大型企业的发展。

当地发展战略目标：实现工业新跨越，增创服务业新优，开拓现代农业新局面。加快城市化进程，增强城市综合竞争力，促进物质文明、政治文明和精神文明协调发展，努力建设中国西部创业环境最优、人居环境最佳、综合实力最强的现代特大中心城市。

随着人们生活水平的不断提高，消费结构也在不断更新，人们对吃、穿、住、行提出了更高的要求，餐饮娱乐成为城市经济增长的一大亮点。与此同时，由于城市基础设施的不断完善，规模化的城市建设也促进了对各种餐饮业需求的增加，这为餐饮业提供了极为广阔的市场。公司正是在这样的区域环境和背景下着手进行规划的，完全符合产业政策。

3.3.2　区位优势

当地基础设施完善，发展环境优越。交通便利，以公路为主，境内 270 公里国道、省道全部硬化成水泥路，县乡公路实现柏油化，建成了“50 分钟”交通圈；与渝合、成渝高速公路相邻，穿境而过的渝遂高速公路建成后，区位优势将进一步提升。通信网络健全，建成了以县城为中心的本地数字电话网，33 个乡镇均开通了光纤通信电话，程控交换机总容量达到 10 万门，固定电话放号累计达到 9 万门，建有数字微波站、无线寻呼系统和移动电话机站。电力资源充足，有中、小型水电站 28 个，装机容量 4.6 万 kW，年发电量 2.2 亿度（1 度 $=1kW \cdot h=3.6\times10^6J$）。

3.3.3　品牌和市场优势

本项目业主具有很高的知名度，在当地具有良好的品牌优势。公司已形成了连锁经营管理服务平台，拥有近百家二级销售公司，320 家直属连锁店、会员店及专柜，总共近 3000 个销售网点。加上公司先进的营销理念，为项目实施提供了最重要的保证之一。

4. 建设规模及产品方案

4.1　建设规模

由于目前该公司生产技术仍沿袭传统的生产技术，存在生产车间和厂房偏小，设备陈旧落后，产出率低，食品卫生条件差等问题。为寻求合适的建设规模，根据市场需求预测的市场容量、目标市场及可能占有的市场份额及项目业主的资金状况、工艺技术要求等，通过比较选择，推荐本项目技改设计方案为：建设年产 10000t 豆瓣酱生产线，酱油、食醋车间及设备的改造。

4.2　拟建规模的合理性论述

近年来，我国调味品工业正向着生产工业化、味型复合化、品牌多样化、食用方便化方向发展。近年来，公司采用现代企业管理模式，形成了企业自身独特的管理体系，在技术、质量、管理、形象策划、战略研究等方面储备人才，为企业规模化发展奠定了坚实的基础。建设 10000t/年豆瓣酱项目，实施后产品质量将得到良好控制，成本大幅降低，产品市场竞争力有较大提高。

4.3　产品方案

（1）6000t 郫县豆瓣；

（2）3500t 花色豆瓣；

（3）500t 元红豆瓣。

4.4 技术改造项目与原有设施利用情况

本项目将原有的 2000t 酱油车间和 1000t 醋车间进行了改造，将原车间二楼的食醋车间改造为了豆瓣通风制曲车间，保留了原酱油制曲池和调配间，并将一楼原酱油地缸发酵，将移池淋油工艺改造为了原池淋油工艺，并将醋阴醅池改造为豆瓣保温发酵池，采用新增自动行车抓斗进行酱渣输送和酱瓣子输送，酱油包装新增了全自动灌装生产线，调味品车间新增袋装和瓶装自动包装生产线。另建有 1000t 食醋酿造车间。现有水电气及污水处理、机修、检验等公用设施完全能够满足技术改造后新增产能的需要，无须新增。

5. 场址选择

5.1 地理位置及行政区划

5.1.1 厂址的地理位置

本项目位于某工业园区，地处成渝经济带与渝西经济走廊上，是连接川中、川北、川南的枢纽，是渝西经济走廊上的一个区域经济中心。

5.1.2 区位与交通

当地高速公路已经全线开工建设，公司所在地到主城区和机场只需 30min 左右的车程；距车站 15km，距码头 60km，加上国道 319 线穿境而过，其余出境公路都是高标准水泥路，交通方便快捷，四通八达。按照现代区域经济理论，大城市经济有效运行半径为 80km，在这个范围内，各种要素资源呈加速流转，中心城市对周边地区的集聚、辐射效应突出。

5.1.3 气象条件

工业园区属亚热带季风性湿润气候，具有四季分明、气候温和、雨量充沛、雨热同期、冬暖夏热、风小湿大、光照充足的特点。园区多年平均气温 17.9℃，年终极最高气温 39.8℃，多年平均降雨量为 1056mm，年均日照 1224h，无霜期为 325d，年平均风速为 1.4m/s，除发生阵性大风和旱季干热风外，多属微风，出现静风的频率可达 58%。年平均相对湿度 82%。该气象条件极适宜豆瓣酱的生产。

5.2 地形、地貌、地震情况

选地地处渝西丘陵区，区域地质构造简单，褶皱平缓。本项目建设地点地势平坦，地形条件比较适合工业用地的开发和建设。地质情况良好，无不良地质灾害，为可建设用地。

国家地震局颁布的《中国地震烈度区划图》以及该地域已有工程地质勘察资料。本项目所在场地地震设防烈度为 6 度地，本项目所有新建建筑、构筑物均按 6 度设防设计。

5.3 水资源

水系主要有涪江、琼江（又名大安溪）、小安溪、平滩河、久远河和淮远河六条主要河流，简称“一江两溪三河”，以及大小支流 245 条，属嘉陵江流域，总属长江流域。全县多年平均地表水资源量为 4.88 亿 m^3，地下水资源量为 5925 万 m^3，过境水资源量为 197.12 亿 m^3。本项目地处嘉陵江流域，水量充足，可满足所需工艺用水。

5.4 项目建设地点选择

项目建设地点为某工业园区内，园区对入驻的企业在土地、规费、税收及财政扶持等方面实行优惠政策。园区内的建厂条件优越，交通便利，外部设施配套齐全，水、电、气、通信设施全部到位，为项目的顺利实施奠定了良好的基础条件。

5.5 技术改造项目现有场址利用情况

本项目在原有2000t/年酱油、1000t食醋生产线的基础上进行了改扩建，利用现酱油车间将食醋生产分离出来后的空余场地，部分使用原厂区预留地，我公司目前预留地为2.67hm²，项目实施共需用地1.49hm²，空余1.18hm²用作预留地和绿化地。

6. 技术方案、设备方案与工程方案

6.1 技术方案

6.1.1 设计标准及规范

本工程为新增万吨豆瓣并结合新增豆瓣而对酱油、食醋和其他调味品进行技术改造，其设计要求、生产工艺规范、卫生要求按以下国家有关规定执行。

（1）《中华人民共和国食品安全法》；

（2）GB 14881—2013《食品安全国家标准　食品生产通用卫生规范》；

（3）GBZ 1—2010《工业企业设计卫生标准》；

（4）GB 50016—2014《建筑设计防火规范》。

6.1.2 项目组成

项目组成如附表2-2所示。

附表2-2　　项目组成表

工程类别	项目名称	生产规模
生产工程	盐渍车间（新增）	储备椒胚3500m³
	制曲发酵车间（技术改造）	酱瓣子3100t/年；酱油2000t/年
	酱油后处理及灌装生产线（技术改造）	2000t/年
	酱状调味品自动包装线（技术改造）	7000t/年
	食醋生产	1000t/年
辅助工程	化验室	利旧
	原辅料仓库	新增1710m²
	包材库和堆场	利旧
	成品仓库	利旧
	机修车间	利旧
公用工程	配电	利旧
	供水	利旧
	污水处理车间	利旧
	锅炉房	利旧
办公、生活设施	办公室	利旧
	食堂	利旧
	倒班宿舍厕所	利旧

6.1.3 产品采用的质量标准

本工程各产品加工项目在产品质量卫生方面执行国家现行有关卫生标准。在质量标准（理化、卫生、感官）方面，有国家标准和行业标准的，按国家标准和行业标准执行，没有国家标准和行业标准的，自定企业产品标准，上报当地技术监督局和卫生防疫站认可审查备案。

本项目新增产品为烹饪豆瓣、花色豆瓣和元红豆瓣。烹饪豆瓣可等效采用 GB/T 20560—2006《地理标志产品　郫县豆瓣》的质量标准，花色豆瓣和元红豆瓣需制定企业标准。

6.1.4 技术方案选择

采用纯种培养制曲，选用优良的曲霉菌种，该菌种具有多种酶系，能显著提高产品风味、改变传统自然接种的生产方式，减少豆瓣杂菌感染的概率。

采用机械化接粉接种、机械自动输送、通风制曲，是传统人工帘子制曲方式，豆瓣曲质量不稳定，杂菌多，而且劳动强度大产量低，新工艺的采用将提高产品质量安全、出品率、劳动生产率和劳动环境。

将酱瓣子发酵池建造为夹套水浴保温回淋发酵，霉瓣子通过漏料孔被输送到池，成熟酱瓣子同样用行车抓斗出料，不仅提高蛋白转化率，提高产品质量，缩短发酵周期，还大大提高了劳动生产率，改善了劳动环境，保护了职工身心健康；原料储存池内壁涂环养树脂，使原料胚椒同池壁隔离，以达到卫生标准。豆瓣晒缸改为全封闭式条池，电瓶车移动机械搅拌，极大地提高了劳动生产率；屋面采用平板玻璃房屋，四周采用可开闭的不锈钢丝网封闭，平板玻璃房屋、不锈钢丝网既能防尘，又能防虫、鼠和其他异物，可提高产品的内在质量和卫生质量。

将酱油生产中熟料摊凉地面混合接种人工输送改为风冷机冷却机械接粉接种自动输送，将酱油地缸发酵移池淋油、人工出渣改为不锈钢槽回淋发酵原池淋油、抓斗机械出渣，提高了蛋白利用率和蛋白转化率、提高了产品品质和出品率、提高了劳动生产率、改善了劳动环境。

酱油灭菌采用高温瞬时灭菌、灌装采用现代化自动生产线，彻底解决一直存在的菌落总数大大超标的严重质量问题。

复合调味品车间引进自动化水平较高的瓶装和袋装自动灌装生产线，既可提高生产效率，又可改善车间卫生状况。

将与酱油生产工艺完全不同的食醋的生产完全分离出来，另行建设，搬迁后腾出的车间场地恰好能够满足 10000t 豆瓣的制曲及酱瓣了发酵需要，无须新建，并使生产工艺相同的酱油与酱瓣子合并在了一起，使于新建豆瓣生产工程时同时较低费用地改造酱油生产的工艺技术条件，方便生产及管理。

6.1.5 工程目标

采用传统生产工艺，并结合现代酿造生产手段，建成一个符合现代化食品安全卫生标准，清洁高效，年产量 10000t 规模的豆瓣酱生产线，同时引进现代生产设备，改进原有产品生产工艺和生产条件，全面提高公司产品质量、劳动环境和劳动生产率。并借此调整优化公司产品结构，取得良好的经济效益，使公司重新焕发生机，真正成为重庆市调味品行业受人尊重的骨干企业。

6.1.6 工艺流程

6.1.6.1 烹饪豆瓣生产工艺流程

烹饪豆瓣生产工艺流程如附图 2–2 所示。

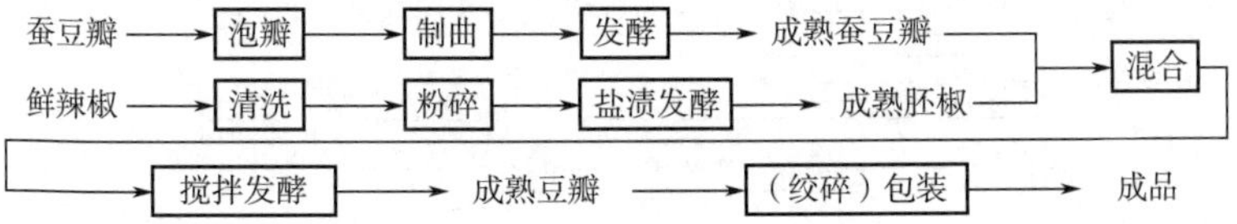

附图 2-2　烹饪豆瓣生产工艺流程图

工艺流程说明如下所示。

酱瓣子的生产：采用脱壳蚕豆瓣放入 40℃以下水中浸泡至刚过心用自动接种接粉机将曲精和面粉与瓣子混合均匀，然后，通过输送线自动送往通风制曲池进行通风制曲，允许曲床物料厚度在 20~30cm；制曲的工艺条件控制与酱油相同，制曲时间 48h。将制曲成熟的蚕豆瓣曲通过曲床底部出料孔转移至发酵池中铺平，按配料标准将食盐溶化成盐水加入到池中，盐水的温度控制在 50℃左右，并且保证加入盐水后的蚕豆瓣温度在 42℃左右。蚕豆瓣发酵的前两天每天对蚕豆瓣进行“浇淋”2 次，等盐分均匀后进行封池发酵，发酵池中心温度控制在 42℃左右，发酵时间 15d，当发酵到第 10d 时间时，应将池面的翻到池中间进行发酵，保证颜色的一致。

椒胚的生产：除去鲜辣椒中的杂质、辣椒把、泥沙、石子和辣椒叶等异物；使用椒坯专用粉碎机粉碎，粉碎机所使用的筛子孔径为 16mm；粉碎的鲜辣椒在下池时必须按 16%~18% 比例添加食盐，下盐为梯梯盐，即下少上多，至鲜椒胚表面距池面 20~30cm。刚下池的椒胚每天至少要让盐水循环一次，在循环时必须用盐水浇淋整个池面，以保证椒胚的盐分均匀；若椒胚发胀、发烫和盐渍池表面出现异常现象等，应加大盐水循环频率和增加循环时间；椒胚水的循环一周后，通知化验员化验，其盐分达到平衡后则进行封池。先将椒胚平整，并压紧椒胚池内四周，在椒胚表面均匀撒入一层盐，压紧的椒胚池四周用盐填平，再盖上塑料膜，塑料膜与池边用盐压实，以避免空气进入。

混合发酵及晒制：将椒胚、酱瓣子和食用盐按比例混合下池，才下池的原料每天搅拌2~3 次，待原料不“翻泡”后，每天搅池至少一次，直到搅拌均匀为止。

未成熟的豆瓣酱醅应加长翻晒时间，将要成熟或已经成熟的酱醅，要严格控制其水分含量，减少或不进行日晒；冬天空气湿度较大时，盖上盖，湿度小时，揭开盖晒制；下雨时立即盖上盖，避免雨水进入。池中酱醅进了雨水时，在条件允许情况（有阳光天气）下应组织人力进行翻晒，避免雨层因盐分不够而长霉；在夜晚没有雨水的情况下应将缸盖揭开进行晾露，让豆瓣中不良气味随雾气挥发走；当豆瓣酱醅翻晒 4~6 个月，豆瓣酱醅基本达到成熟时，应抹平其表面，静置一周左右时间。静置后的豆瓣酱醅应送往化验室化验，若化验其理化指标达到相关等级质量标准，即豆瓣成熟。烹饪豆瓣发酵出品率在 80%~85%。成熟的烹饪豆瓣工厂或餐饮装，均采用大包装在池边进行包装后入成品库，家用小包装烹饪豆瓣应将其斩绞细后再包装。

6.1.6.2　花色豆瓣和元红豆瓣的生产工艺流程

花色豆瓣和元红豆瓣的生产工艺流程如附图 2-3 所示。

花色豆瓣工艺技术改变了传统的生产加工方法，选用先进的调味增香技术，现代生产设备，自动化炒制、自动包装、流水线自动杀菌工艺，将传统的作坊式生产工艺改为现代化自动生产工艺。

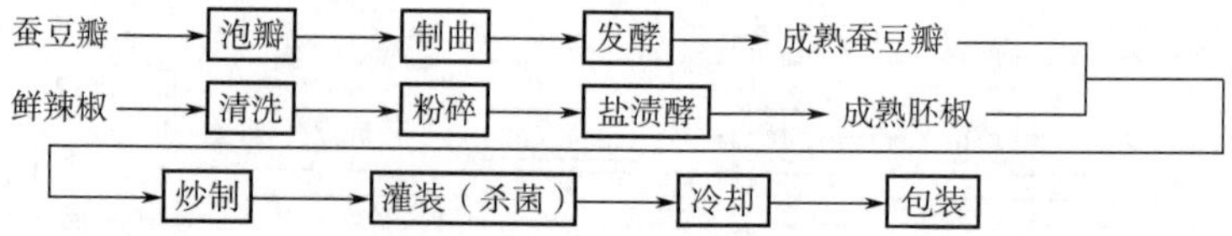

附图 2-3　花色豆瓣和元红豆瓣的生产工艺流程图

6.1.7　技术可行性

豆瓣酱工艺为传统酿造工艺，从工艺技术到设备我国都比较成熟，所用菌种为中科3.951米曲霉，为较安全菌种。

该公司对豆瓣酱专业生产比较熟悉，拥有一批具有几十年工作经历，谙熟豆瓣酱产品深度开发方面的专业知识的高级技师、工程师等技术骨干，近年来与相关科研院所开展了广泛、深入的合作，在食品加工最新技术的应用方面有坚实的支撑和充分的保障。

6.2　设备方案

6.2.1　设备选型所依据的原则

（1）与建设规模、产品方案、工艺技术方案相适应，满足项目的要求，符合工艺要求，能保证产品的产量和质量。

（2）技术上先进、可靠，经济上合理；提高连续化、大型化程度，提高劳动生产率。

（3）强调设备的可靠性、成熟性，在保证生产和质量稳定的前提下，设备应尽可能降低原材料、水、电、气的单耗，满足环保要求。

（4）符合食品卫生要求，便于清洗，与原料接触材料不易被腐蚀，对食品及环境无污染。

（5）满足以上各项条件的情况下，尽量选用国产设备。

6.2.2　本项目新增设备设施

本项目新增设备设施如附表 2-3 所示。

6.3　工程方案

6.3.1　建设任务和规模

（1）10000t 豆瓣生产线建设。

（2）2000t 酱油生产线改造。

（3）1000t 醋车间（分离）建设。

（4）复合调味品自动包装线改造。

6.3.2　土建工程

本项目为技术改造项目，投资主要有原料库房（包括蚕豆脱壳）、椒胚盐渍池、豆瓣制曲及豆瓣曲保温发酵车间、豆瓣晒制发酵池区、食醋车间、新增酱油全自动包装生产线、调味酱袋装、瓶装全自动生产线。其中，豆瓣制曲及豆瓣曲保温发酵车间是利用原有酱油食醋车间改造的。

原有公用、辅助工程除需增加建设原料库外，应完全能够满足新增产品生产和技术改造后原有产品生产的需要，全部利旧。

本项目为技术改造工程，按照对外出口食品厂注册卫生标准设计。主要建（构）筑物如附表 2-4 所示。

附表 2-3

本项目新增设备设施一览表

序号	设备名称	型号	规格	材质	功率/kW	数量	单价/万元	小计/万元	备注
1	蚕豆脱皮机	—	1200×500×1700	—	7.5	3 台	2.6	7.8	200~300kg/h
2	浸泡罐	—	Φ2500×1500	—	—	2 台	3.8	7.6	—
3	皮带输送机	—	4000×600	—	1.1	2 条	2	2	酱油新增 1 条
4	菌种混合机	ZF-06	—	—	1.1	2 台	2.93	5.86	酱油新增 1 台
5	接粉机	—	—	—	0.37	2 台	1.0	2.0	酱油新增 1 台
6	接种机	—	—	—	0.37	2 台	1.0	2.0	酱油新增 1 台
7	螺旋混合输送机	—	L=3340	—	1.5	2 台	3.8	7.6	酱油新增 1 台
8	皮带输送机	—	46000×600	—	5.5	1 台	9.2	9.2	—
9	下料导槽	—	—	—	—	2	0.1	0.2	—
10	制曲池	—	7000×18805×600	—	—	9 个	0.8	7.2	—
11	曲池蓖	—	—	—	—	126m^2	0.15	18.9	—
12	曲室暖气片	25 套	18 万	—	—	10	0.72	7.2	—
13	翻曲机	2500-Ⅱ	—	—	6.75	1 台	5.3	5.3	—
14	翻曲机推车	—	—	—	—	1 台	0.45	0.45	—
15	酿造专用风机	4-72-6A	—	—	4.5	9 台	0.55	4.95	—
16	风管弯头	配风机用	—	—	—	9 套	0.45	4.05	—
17	发酵池	—	2730×2125×2000	不锈钢 US316L	—	32 个	6.7	214.4	—
18	发酵池	—	2665×2125×2000	不锈钢 US316L	—	16 个	6.6	105.6	—
19	行车抓斗	—	—	—	5.6	2 个	13.6	27.2	—
20	辛椒机	—	—	—	7.5	4 台	0.9	3.6	—
21	浓浆泵	—	—	—	5.5	4 台	0.3	1.2	—
22	豆瓣翻醅机	—	—	—	—	3 台	5	15	—
23	超高温瞬时灭菌机	—	2T/H	—	3	1 台	5.5	5.5	酱油新增 1 台
24	板框式过滤机	30m^2	—	—	1.1	1 台	6	6	酱油新增 1 台
25	烛式过滤机	5m^2	—	—	—	—	8.5	8.5	酱油新增 1 台

续表

序号	设备名称	型号	规格	材质	功率/kW	数量	单价/万元	小计/万元	备注
26	半成品沉淀罐	$10m^3$	—	—	—	6个	5	30	—
27	酱油全自动灌装线	JR18-18-6F	23680×11000×2430	—	40	1套	136	136	洗灌封机、贴标机、套标机、收缩机、喷码机、纸箱成型机、装箱机、卸箱机、封箱机、输送机
28	真空泵	—	—	—	5.5	2台	0.8	1.6	—
29	不锈钢泵	5t/h	—	—	1.5	6台	0.5	3	—
30	无油空压机	—	—	—	2.2	5台	0.6	3	—
31	全自动炒锅	—	—	—	2.2	4台	20	80	—
32	油料分离单头灌封机	—	1200×1300×1600	—	0.3	2台	3.3	17.6	软袋包装生产线
33	连续封口机	—	900×450×550	—	0.5	2台	0.2	0.4	—
34	封口接袋工作台	—	1200×500×700	—	—	2台	0.2	0.4	—
35	灌装机 200g	—	1200×1050×1600	—	0.5	2台	14.2	28.4	瓶装生产线
36	旋盖机	—	1400×800×1500	—	1.1	2台	13.3	26.6	—
37	输送机	—	10860×150×700	—	2.2	2台	2.2	4.4	—
38	贴标机	—	2500×1050×700	—	1.25	2台	13.6	27.2	—
39	喷码机	—	400×300×520	—	0.2	2台	5.8	11.6	—
40	输送机	—	4800×400×700	—	1.1	2台	0.96	1.92	—
41	电控柜	—	—	—	—	4套	8.0	32.0	—
42	电动叉车	—	—	—	—	4台	5	20	—
43	其他配套设备	—	—	—	—	—	—	12	—
	合计	—	—	—	245.53kW	—	—	915.43	—

附表 2-4　　主要建（构）筑物一览表

序号	建筑物名称	建筑结构	层数/层	建筑面积/m^2	备注
新建	蚕豆原料库	框架	2	1710	椒胚盐渍池上
	椒胚盐渍池	整体现浇	1	3500	地下，挖方 3000m^2
	辣椒清洗场	钢架	1	843	—
	豆瓣发酵区	砖混	1	钢棚	填方 10000m^2建设 4000m^2晒池，场地 10000m^2
	食醋车间	框架	2	552	—
改造	通风制曲间	框架	—	630	—
	保温发酵间	框架	—	1000	—
	保温发酵池	整体现浇	—	1260	岩石挖方 810m^2

6.3.3　项目建设标准

6.3.3.1　项目建设标准：建筑标准按照国家有关建筑标准进行建设。

（1）建设单位的要求及有关部门批文中有关土建设计的内容和要求；

（2）重庆地区自然地理条件；

（3）GB 50016—2014《建筑设计防火规范》；

（4）GB 50007—2011《建筑地基基础设计规范》；

（5）GB 50011—2010《建筑抗震设计规范》。

6.3.3.2　设计要求

（1）城市规划部门对建筑的要求；

（2）工艺的特点对土建的防火、防震、耐腐蚀、洁净要求和使用要求；

（3）工艺流程对建筑平面，剖面设计的要求；

（4）满足其他相关专业的要求；

（5）本工程地处平原，地震基本烈度为 7 度，场地土类别为Ⅳ级；

（6）生产类别：戊类，其余详见一览表。

6.3.3.3　具体建设内容

（1）土建工程　建筑设计包括生产主车间和辅助车间建筑为双层和单层建筑，生产类别为戊类，耐火等级为二级。采用全框架结构。

（2）主要建筑构造　墙体：外墙为 250 厚加气混凝土墙，内墙体为 200 厚加气混凝土墙。室内地坪以上用砖墙。洁净区隔墙用夹矿棉彩钢板。

楼地面：室内地面全部采用水磨石地面，踢脚高 150mm。

屋面：为氯化聚乙烯橡胶共混防水卷材，憎水型保温隔热板上入屋面。

门窗：为塑钢门窗。

外墙：采用外墙涂料。

内墙：白色瓷砖到顶。

（3）结构设计

生产车间的建筑设计应符合食品生产车间的要求。窗为一层玻璃窗一层纱窗，窗台也应制成有坡度的；门采用严密、不变形、耐腐蚀的材料，门及进出料口应设有防尘防昆虫设施；地面为水磨石地坪，并设有坡度、排水沟，应易于清扫；顶部采用无毒、浅色、防水、防毒、不脱落、易清洗材料，车间高度不低于 3.5m，内墙上顶贴白色、耐腐蚀瓷砖，墙角、顶角，地角具有弧度。

6.4 技术改造后与技术改造前的比较

技术改造丰富了产品种类，使产品结构得到了优化；新增行车抓斗、全自动灌装生产线等设备，使生产的机械化、自动化水平得到极大提高，提高了劳动生产率；通过对制曲、发酵、晾晒等关键工艺的改造，不仅缩短了发酵周期，而且提高了出品率，降低了生产成本，提高了产品品质。

7. 原材料燃料供应

7.1 主要原辅料、包材、水电气动力消耗和要求

本项目年产豆瓣酱 10000t，其中有 6000t 烹饪豆瓣、3500t 花色豆瓣、500t 元红豆瓣。单位产品成本估算表如附表 2-5、附表 2-6 和附表 2-7 所示。

附表 2-5　　烹饪豆瓣单位产品成本估算表（以一级品计）

序号	项目名称	规格	单位	数量	单价/（元/t）	金额/元
1	鲜椒	—	t	0.87	1700	1479
2	蚕豆瓣	—	t	0.136	2727.27	370.91
3	面粉	—	t	0.034	2600	88.4
4	盐	—	t	0.17	828	141.02
5	水	—	m^3	5	2.65（元/m^3）	13.25
6	电	—	kW·h	15.3	1.08（元/kW·h）	16.52
7	天然气	—	m^3	11.5	1.667（元/m^3）	19.17
8	塑料桶	50kg	—	—	—	重复使用
	合计	—	—	—	—	2128.27

注：$1kW \cdot h=3.6\times10^6J$。

附表 2-6　　花色豆瓣单位产品成本估算表

序号	项目名称	规格	单位	数量	单价/(元/t)	金额/元
1	鲜椒	—	t	0.10	1700	170
2	蚕豆瓣	—	t	0.136	2727.27	370.91
3	盐	—	t	0.055	828	45.54
4	植物油	—	t	0.12	8500	1020
5	辣椒干	—	t	0.025	13000	325

续表

序号	项目名称	规格	单位	数量	单价/(元/t)	金额/元
6	味精	—	t	0.01	12000	120
7	白砂糖	—	t	0.03	4300	129
8	其他物料	—	t	0.055	25000	1375
9	水	—	m^3	6.00	2.65（元/m^3）	15.9
10	电	—	kW · h	26.80	1.08（元/kW · h）	28.94
11	气	—	m^3	106.00	1.667（元/m^3）	176.7
12	玻璃瓶	228g	个（套）/t	4435.00	0.43	1907.05
13	瓶盖	—	—	4370.00	0.28	1223.60
14	标签	—	—	4370.00	0.07	305.90
15	纸箱	—	个/t	366.00	3.7	1354.20
	合计	—	—	—	—	8567.74

注：1kW · h = 3.6×10^6J。

附表 2-7 元红豆瓣单位产品成本估算表

序号	项目名称	规格	单位	数量	单价/（元/t）	金额/元
1	鲜椒	—	t	0.43	1700	731
2	蚕豆瓣	—	t	0.227	2727.27	619.09
3	面粉	—	t	0.057	2600	148.2
4	盐	—	t	0.17	828	140.76
5	水	—	m^3	3.5	2.65（元/m^3）	9.28
6	电	—	kW · h	25.5	1.08（元/kW · h）	27.54
7	天然气	—	m^3	19.2	1.667（元/m^3）	32
8	塑料桶、商标	8kg	套	125	4.3	537.5
	合计	—	—	—	—	2245.37

注：1kW · h = 3.6×10^6J。

7.2 原料可供量的可靠性分析

本项目需要的原料主要是辣椒、胡豆、食盐等，都是大宗商品，一年四季均可随时采购，就像著名的郫县豆瓣产地郫都区，不产任何原料，生产厂家全部外购原料，而铜梁县是传统农业大县（现已由县改区），农副产品种类齐全，资源丰富。铜梁县建有 200hm^2 辣椒生产基地，年产几十万 kg 辣椒。按照市政府关于市级工业园区的优惠政策，这些原料可采用公司加农户的方式进行订单采购，从而享受政府补贴，当地原料主要用汽车运输到厂，由于运距短，费用相对较为低廉。食盐可就近在合川盐矿采购，定点采购且采购量大，可送货到厂。其他辅助材料主要在市外采购。因此原料的供给有保障。

辅料、包装材料有长期的供应商，包装行业生产过剩，易择优选用包装材料。

7.3 燃料供应

本项目的燃料应选用天然气，天然气由当地天然气公司供应，供给方便快捷，天然气主管已接至厂内，本项目日需天然气仅1500m^3，天然气供应有保障。

7.4 供水

项目用水由原生产区给水管网供给，供水管网完好，主管DN100mm由供水公司直接接入，供水压力3MPa，生产和消防用水可就近接入能满足消防用水要求，本项目平均日需水量小于200m^3，最大日需水量小于700m^3，厂区内建有至各建筑物DN50mm的供水支管，管网配套，现有供水设施完全能满足本项目的用水量。

7.5 供电

厂区有500kVA变压器，原有装机总功率为530kW、同时使用系数为0.6；现在增加装机功率245.53kW、同时使用系数为0.6；两者合计装机776kW、同时使用系数为0.6；同时使用功率为466kW，能够满足本项目建成投产后企业用电需求。

7.6 供气

本项目所在厂区已有2t/h锅炉一台，本项目豆瓣是生料制曲，对蒸汽的需求主要是发酵保温，供气需求小于0.8t/h，完全能满足生产要求。

8. 总图运输与公用辅助工程

8.1 总图与运输

8.1.1 总平面布置

8.1.1.1 总平面布置的原则

按国家现行建筑安全规范，在满足生产工艺的前提下应力求做到工艺流程简单，避免迂回，物料流向与人流分离。尽量利用地势，减少运输量，力求做到整体统一协调，外观美观。

8.1.1.2 总平面布置方案及说明

（1）总平面布置原则　总图布置功能分区明确，交通组织通达、顺畅、不交叉，厂区空间序列丰富完美，可保障物料流向的合理性；建（构）筑物单体设计美观大方，突出了现代建筑的特色，满足GB 50016—2014《建筑设计防火规范》对厂房、库房的防火、防爆、卫生、安全等方面的要求。

厂区布置首先保证有径直和短捷的生产作业线，尽量避免交叉和迂回，使各种物料的输送距离为最小，同时将公用系统流量大的车间尽量集中布置，以形成负荷中心且应与供应来源靠近。

（2）总平面布置方案　办公区和生产区相对分开，主大门办公区留有宽敞的停车场和绿地景观。设两个大门，即厂区主大门和货物进出门。人流、物流分道进出，保证畅通。

道路贯穿于整个生产区，直接与物流大门相连，将生产区分为两部分，后部设污水处理区、动力区。各单体建筑间均有道路相连，食醋车间建在酱油车间后面的货物进出门侧，锅炉房旁，因为椒胚池需要向地面下挖4m深，根据地形图可知，在现有原料库东侧35m内，与原料库南端平齐、自南向北50m刚好有填3m深的预留地，加上原有地表土0.8~1m，是修建盐渍池的最佳之地，其附近的其余大块回填预留地恰好可作为豆瓣晒制区，其余之地或为硬质沙岩，或为过深的回填地，挖方或基础处理费用过高，显然不予考虑。另外，可在盐渍池上建造原料库房，并兼作蚕豆脱壳场地。

留有适当的绿化面积，使整个厂区环境优美，格调自然。

(3) 总平面主要设计指标　总平面主要设计指标如附表 2-8 所示。

附表 2-8　　总平面主要设计指标表

序号	项目	指标	备注
1	厂区占地面积/m^2	52840	—
2	建筑物基底面积/m^2	25789	—
3	厂区建筑面积/m^2	40055	—
4	露天设备、构筑物污水处理占地面积/m^2	2996	—
5	厂区建筑密度/%	54.5	—
6	绿化系数/%	30.6	—

8.1.2　厂内外运输

8.1.2.1　厂外运输

经统计，全厂年总运输量为 29427.5t，其中，运入量 14006.5t，运出 15421t，如附表 2-9 所示。

附表 2-9　　全厂年总运输量表

序号	货物名称	来处或去处	运输量/（t/年）	备注
	运入	—	14006.5	—
1	辣椒	外购	3000	—
2	胡豆	外购	1500	—
3	椒胚	外购	2235	—
4	盐	当地采购	918	—
5	面粉	当地采购	352.5	—
6	其他辅料	外购	840	—
7	玻璃瓶	外购	3880	—
8	纸箱	当地采购	1281	—
	运出	—	15421	—
1	豆瓣酱	—	10000	—
2	包装材料	—	5161	—
3	废渣	—	75	—
4	生活垃圾	—	30	—
5	胡豆壳	—	75	—
6	其他	—	80	—
	合计	—	29427.5	—

运入物主要为辣椒、胡豆、面粉和包装材料，采用火车、汽车运输。

运出物主要为产品、废渣，产品运至重庆铁路货站或机场中转，废渣用作饲料，公路运距在12~20km。

运输大部分由社会运力承担，少量部分由公司原有运力承担。

8.1.2.2 厂内运输

生产车间内生产线采用机械化运输。原料采用公司自备4台叉车运输，工段间采用管道运输，成品库采用叉车入库堆码储存。

8.1.2.3 运输设备

本工程年运输总量为29427.5t，短途运输量较大，厂内运输新增4台1t叉车，厂外部分由当地物流业承担。

8.1.3 其他公用、辅助工程

因为本项目是技术改造项目，除增加蚕豆原料库外，原有公用及辅助工程已能满足新增项目的需求，所以不再考虑。

8.1.4 地震设防

8.1.4.1 确定地震烈度的依据

国家地震局颁布的《中国地震烈度区划图》以及该地域勘察资料显示，根据地震波速测试成果，地基土为中硬场地区，地震烈度为6度，基本无产生地震液化现象的工程地质条件。

8.1.4.2 设防标准

设防标准的依据是设防烈度，本项目为一般工业，属Ⅱ类建筑，按《抗震规范》要求，所有新建建筑、构筑物均按6度设防设计。

8.1.5 给排水工程

8.1.5.1 供水方案

项目用水由原生产区给水管网供给，主管道DN100mm，供水公司直接接入供水，水压大于3MPa，供水管网完好，生产和消防用水可就近接入。水质达到GB 5749—2006《生活饮用水卫生标准》，供水能力可完全满足项目企业生产、生活及消防用水的需要。

8.1.5.2 消防给水及应急设施设置说明

工程消防供水由供水管网统一供给，同时厂内设有300m³循环水兼作为消防备用水源，设专用消防水泵二台，可在紧急情况使用。

8.1.5.3 项目用水量

本工程主要用水的种类主要为生产用水、洗涤用水和生活用水，新增年用水量约52750t。项目用水量如附表2-10所示。

附表2-10 项目用水量表

序号	名称	用水量/m³	备注
1	生产用水	6374	—
2	洗涤用水	41576	—
3	生活用水	3000	—
4	锅炉用水	1800	—
	合计	52750	—

8.1.5.4 项目排水量

本工程向厂外排出水的种类主要为生产废水、洗涤用水、清洁用水和部分化验室用水，年排放量约为33900t。排出水的种类、排水量如附表2-11所示。生产废水排放点集中在各车间，雨水经厂区的排水沟汇集，集中排至厂外，生产废水经管道送至污水处理站处理达到三级排放标准后，输送至工业园污水处理站处理至达到一级排放标准后排放。

附表2-11 项目排水量表

序号	名称	排水量/m^3	备注
1	原料清洗水	21300	—
2	设备、场地清洗水	6800	—
3	豆瓣浸渍水	4700	—
4	锅炉水	130	—
5	生活、化验室用水	970	—
	合计	33900	—

8.2 辅助生产设施

8.2.1 供电

8.2.1.1 电源、电源设施及外部条件

项目用电由当地10kV供电主干线供给，负荷容量完全能满足本项目的需求。本项目的电力供应有可靠的保证。本项目的负荷等级为二级，不考虑备用电源。

8.2.1.2 项目用电负荷

厂区有500kVA变压器，原有装机总功率为530kW、同时使用系数为0.6；现在本项目增加装机功率245.53kW、同时使用系数为0.6；两者合计装机776kW、同时使用系数为0.6；同时使用功率为466kW，能够满足本项目建成投产后的企业用电需求。在变压器末端采用集中无功功率自动补偿，使功率因素达0.9以上。

8.2.2 防雷措施

本工程的建筑构筑物大部分采用Ⅱ类工业建筑防雷设防，变配电室设防雷接地网可消除雷电危害。在高、低压侧均设避雷器防雷电及过电压。各车间及建筑物进线处重复接地，接地电阻小于4Ω。

8.2.3 供热

8.2.3.1 热源选择

按本项目工艺要求在生产过程中保温需使用低压饱和蒸汽。选择天然气作为热源。

8.2.3.2 全厂热负荷及供热要求

本项目蒸汽主要在生产过程中用于保温，全厂小时最大耗汽量为1.8t/h，平均为0.8t/h。可利用原有2t/h蒸汽锅炉，最大可供应2t/h蒸汽。现有供热设施可满足项目工艺要求。

8.2.3.3 供热方案

锅炉产生的饱和蒸汽经分汽缸分配后分别输送，以低压蒸汽的状态被输送到车间相应工段。

8.2.3.4 锅炉给水方案

本项目设钠离子自动软水处理装置一套，额定出水量为 2.2t/h 水质达到 GB/T 1576—2018《工业锅炉水质》要求。主要指标如下。

悬浮物：≤5mg/L；

总硬度：0.03mg/L；

pH（20℃）≥7；

溶解氧：≤0.1mg/L；

含油量：≤2mg/L。

8.2.3.5 锅炉使用清洁能源天然气，可直接排放。

8.2.3.6 厂区室外热网敷设说明

厂区室外管道是架空敷设的，保温层用离心玻璃棉制品，保护层用铝薄板（δ=0.5mm）。

8.2.4 维修

本项目生产设备故障主要由本公司机修组自行维修解决，复杂故障可通过外协解决，如附表 2-12 所示。

附表 2-12 机修、电修主要设备表

序号	设备名称	规格型号	单位	数量	备注
1	钻床	Z25	台	1	—
2	切管套丝机	1/2″~2″	台	1	—
3	氩弧焊机	—	台	1	—
4	交流电焊机	10~100A	台	1	—
5	砂轮机	5″	台	1	—
6	钳工工具	—	套	3	—
7	兆欧表	500V	支	1	—
8	万用表	MF-500	只	2	—
9	电工工具	—	套	3	—

8.2.5 科研与检测

本项目利用原有研发与检测中心，做新产品、新工艺的研发工作；并负责对全厂的原料、辅料、半成品、成品的质量进行检测，为生产管理及工艺控制提供准确可靠的数据，根据检测结果可正确地了解生产过程中存在的问题和不足，找出问题所在，指导生产。

8.2.6 计量

本项目计量范围包括原料进厂、辅料及包装材料进厂、各工段半成品和成品的计量等。在生产技术科设专职的统计员和计量员。原材料进厂通过地磅计量、生产辅料通过台秤计量。包装材料、各工段半成品及成品通过点数计量。用水量采用水表计量，用气量采用蒸汽流量表计量，用电量采用电表计量，为方便各工段内部核算，可在各工段安装相应的电表、水表等。

8.2.7 自控测量仪表

本项目在酱油豆瓣制曲发酵车间设有测量仪表。对生产工艺参数进行监测控制。主要测量参数为温度，可采用远程监控。在生产调度室设立生产控制中心，监测和控制全厂生产情况。控制中心配备微机和各种显示设备，主要对生产的全过程进行监测和对工艺控制点进行数据收集和处理，使整个生产智能化和合理化，达到最佳生产状况。

9. 节能、节水措施

本项目耗用的能源有天然气、电，还耗用一定的水。在实施技术改造过程中，运用新技术、新工艺提高节能、节水科技含量。

9.1 节水

9.1.1 水耗指标分析

水耗的主要环节是原材料清洗、设备清洗、地面清洁用水等。本项目单位产品水耗量控制在5t左右，远低于类似企业单位产品水耗量10t左右的水平。

本项目从工艺设计、设备选型等方面已充分考虑到了节水措施，节水量能达到国内先进水平，也考虑到了水资源二次利用（车间内）和三次利用（绿化），水重复利用率达到40%以上。

9.1.2 节水措施

为节省水资源与降低生产成本，拟采取以下节水措施。

（1）制定合理的用水定额，做到合理、节约用水，并严格考核。

（2）引进水网络集成技术，建立循环用水系统，提高重复利用率。

（3）采用先进节水工艺、高效节水设备及节流措施，降低产品的耗水量。

（4）供水系统采取防渗、防漏措施，经常检修用水管线和设备，杜绝跑冒滴漏现象。

9.2 节能

9.2.1 企业能耗种类及环节

本项目主要能耗为电和天然气。①电：主要有原料清洗、原料粉碎、物料输送、制曲、包装、锅炉房、污水处理和水泵房及照明用电。②天然气：主要为锅炉。

9.2.2 节能原则

（1）认真贯彻国家行业节能规范，努力做到合理利用和节约能源。

（2）积极采用先进的节能新工艺、新技术和新设备。

（3）完善设备能源检测仪表，加强企业对能源的计量和管理。

9.2.3 节能措施

（1）制定合理的能耗定额，做到合理用能和节约用能，并进行严格考核。设置专门的能源及材料管理机构，检测各部门的能源消耗及节能措施，制定奖惩制度，并严格兑现。

（2）电动机、风机、电热设备、照明器具等采用符合国家能耗标准的高效节能产品。

（3）加强用电负荷管理，加强电力设备管理，合理安排生产工艺、生产班次。

（4）配套设置节能器，减少燃气消耗，使锅炉热效率达到85%以上。

（5）加强生产管理，减少因操作不当带来的材料及能源损失。

10. 环境影响评价

本项目采用先进的生产工艺，在确定工艺过程和设备选择时，尽可能采用污染负荷低的工艺和设备，使生产过程中产生的污染负荷及污染量尽可能地少。产生的污染经处理后能够达到国家有关排放标准。

10.1 设计采用的环保标准

10.1.1 环境质量标准

GB 3838—2002《地表水环境质量标准》中Ⅲ类水域水质标准；

GB 3095—2012《环境空气质量标准》Ⅱ级；

GB 3096—2008《声环境质量标准》中的2类标准。

10.1.2 污染物排放标准

GB 8978—1996《污水综合排放标准》中的一级、三级标准；

GB 16297—1996《大气污染物综合排放标准》中的二级标准；

GB 12348—2008《工业企业厂界环境噪声排放标准》中的二类标准；

GB 13271—2014《锅炉大气污染物排放标准》中二类区2时段标准；

《中华人民共和国固体废物污染环境防治法》中有关规定。

在生产过程中对环境的污染主要有生产废渣、生产废水、生活污水、机械噪声等。根据国家环境保护法的有关规定在主体工程建设的同时必须与三废治理同时设计、施工和生产。

10.2 环境影响

10.2.1 污染环境因素分析

影响环境的主要因素是“三废”和噪声。

（1）固体废弃物　项目产生的废弃物主要是胡豆壳、废包装材料、生活垃圾等。

（2）废水　主要来源于原料清洗、场地、设备清洗水、豆瓣浸泡水、锅炉排污水和生活污水，含少量有机物和淀粉油污。属低浓度有机废水，其中COD：2000mg/L；SS：1000mg/L；色度：800倍；动植物油：20mg/L；氨氮：80mg/L；pH 5~8。

（3）废气　主要为锅炉烟气。

（4）噪声　生产过程中各种机械运转、振动发出的声音，主要有锅炉鼓风机和引风机、通风设备、粉碎机、振动筛等设备，其声源强度一般在80dB左右。

（5）粉尘　部分原料粉碎或破碎过程中有少量粉尘产生。

（6）油烟　部分辅料要加入食用油，在高温下，少量油脂变成油烟或随蒸汽排放。

10.2.2 环境影响分析

10.2.2.1 地表水环境影响分析

本项目生产废水和生活废水在厂内经处理后，主要污染物浓度低于GB 8978—1996《污水综合排放标准》中的Ⅲ级标准限值，能满足园区污水处理厂的进水要求，进入园区污水处理厂集中处理。因此，项目营运期对该地区水质无不利影响。

10.2.2.2 环境空气影响分析

项目使用燃气锅炉，属清洁能源，燃烧废气中的污染物浓度低，其等标排放量 $pi<2.5\times10^7m^3/h$；工艺废气中的油烟经净化后，应能达标排放；粉尘采用布袋除尘，粉尘不会外逸；项目营运期对所在区域的环境空气质量无明显影响。

10.2.2.3 声环境影响分析

项目选址界外100m内无学校、医院、住宅等Ⅰ类声环境功能区，营运期的噪声经治理后，能达到 GB 12348—2008《工业企业厂界环境噪声排放标准》和该园区的环境噪声标准，对周边的声环境不会带来明显影响。

10.2.2.4　固体废物环境

项目所有固体废物都有妥善的处理措施，不会外排，对周围环境无不良影响。

10.3　环境保护与治理措施

10.3.1　废渣

综合厂房的废渣主要是废包装材料及胡豆壳生产垃圾废渣等，年产生量为 180t，其中废包装材料、废玻璃和废纸箱为 75t/年，可外运废品收购站；胡豆壳 75t/年，外销农户作饲料，生活垃圾 30t/年，作卫生填埋。

10.3.2　废水

废水主要来源于综合厂房及综合楼等处的生产废水及生活污水。废水年排放量为 33900t，本工程需处理的生产废水及生活污水为 $113m^3/d$，进水水质为 COD：2000mg/L；SS：1000mg/L；动植物油：20mg/L；氨氮：80mg/L；色度：800 倍；pH 6~8。

废水分析如附表 2-13 所示，其中原料清洗废水 21300t/年，设备场地清洗废水 6800t/年，胡豆浸泡废水 4700t/年，生活废水 970t/年，锅炉废水 130t/年。

废水处理方案：本项目每年排放约 33900t 的废水，日排放量为 113t，废水属低浓度有机废水，采用二级生物接触氧化法处理。该工艺具有占地面积小，抗冲击负荷能力强，操作管理简便，运行成本低等特点。同时，排水管道、废水产生点及废水治理设施均做防渗处理；废水处理站设置备用电源；废水排放口按有关规定进行规范化建设。

公司已有处理能力为 750t/d 的污水处理设施，完全能满足新增废水的处理，废水经处理达到排放标准后排入园区污水管网，污水站出口安装在线监测装置。

10.3.3　烟、尘、气处理

（1）在车间生产过程中无有毒有害气体产生，生产过程中会产生少量的粉尘及水蒸气产生，采用布袋除尘器除尘。

（2）本工程生产中产生的废气主要来自已有的 2t/h 的燃气锅炉 1 台，锅炉的烟气量为 $550m^3$（标态）/h。本项目的锅炉采用天然气作燃料，属清洁能源，可直接高空排放。

（3）精制豆瓣时产生的油烟，采用现已在使用的油烟处理机处理。

10.3.4　噪声防治

本工程易产生噪声的设备主要是鼓风机、脱壳机、空压机、污水处理站曝气风机、水泵等，其声级值为 86~90dB（A）。噪声治理主要对水泵、风机、空气压缩等采用低噪声型，空气压缩机吸气口设消声装置，在各设备底部设置减振装置以减少设备振动引起的低频噪声。

10.4　绿化

工业园区环境优雅，已有大片绿地与树林，本项目建设完成后，新建厂房及周围路旁种植花草树木，美化环境，使全厂绿化面积达 30%以上。

10.5　环保部门意见

根据 GB 16297—1996《大气污染物综合排放标准》和 GB 8978—1996《污水综合排放标准》对环境影响作出评估，通过环保部门的环境评价，确认本项目所采取的环保治理方案是较为成熟实用的，能实现达标排放。

11. 劳动安全卫生与消防

11.1 安全生产与劳动保护

本项目属食品加工业项目，主要进行食品加工，生产基地位于重庆市铜梁金龙工业园区内，在厂区建设、生产管理和职工保护等方面，严格执行国家有关劳动安全、工业安全、预防各种灾害的有关规范、规定和各级政府有关职业安全卫生的规定，确保项目投产后能符合安全卫生和劳动保护的要求，建设安全、卫生的作业环境和良好的劳动保护条件，能保护职工的安全和健康，本项目设计采用如下的规范、规程和标准。

（1）GBZ 1—2010《工业企业设计卫生标准》

（2）GB 50016—2014《建筑设计防火规范》

（3）GB/T 50087—2013《工业企业噪声控制设计规范》

（4）GB 50057—2010《建筑物防雷设计规范》

（5）GB 50033—2013《建筑采光设计标准》

（6）GB 50034—2013《建筑照明设计标准》

（7）GB 50019—2015《工业建筑供暖通风与空气调节设计规范》

（8）GB 50116—2013《火灾自动报警系统设计规定》

（9）《漏电保护器安全监察规定》

（10）《起重机械安全监察规定》

（11）《工业企业噪声卫生标准（试行草案）》

（12）GB 5749—2006《生活饮用水卫生标准》

11.1.1 生产过程中职业危害因素

本项目在生产过程中无有毒有害物质产生，可能产生的不安全因素有以下几方面。

（1）质检中心在实验过程中配制、使用少量酸碱。

（2）真空、空压、冷冻、空调等动力设备，在运行过程中产生振动和噪声。

（3）质检中心使用少量乙醇。

11.1.2 职业安全卫生设计中采用的主要防范措施

（1）在厂区总平面布置上，各建筑物之间按规范要求留有足够的间距，道路呈环形通道，可满足消防和运输等方面的要求。

（2）生产车间内工艺设备在布置上均按规范要求留有安全通道和规定的操作间距。建筑物的楼梯符合安全要求。

（3）在车间的操作平台或工作台在设计上严格按照工业建筑地面设计及钢平面、防护栏杆规范，做好防腐、防潮、防滑及排水处理，并适当在操作平台和走道上以及无防护罩的旋转体、连续可移动的机械设备等周围包括地井、地沟等处设置安全防护栏、围栏或盖板，否则可能危及工作人员的安全。

（4）在建筑消防方面，厂区总平面布置时应考虑好车间消防安全间距以及消防环行车通道。在设计上，应严格按照建筑设计防火规范确定建筑物的耐火等级、防火间距、疏散措施并设置充足的消防设置和消防器材。

（5）在电器或照明设备选择、线路设计上应严格按照不同的环境选择不同的电器产品，特殊车间采用防爆电器设备。在线路设计上，严格遵循有关变配电、低、高压电器及线路设计规范，如潮湿场所电源采用带漏电保护的空气开关做支路保护，车间内的用电插座选用单相三级带接零保护的设备。所有的电机和电缆根据不同的环境采用不同的绝缘防护等级。重点用电地点设置安全标志及警示牌。

（6）所有机械设备的各种传动装置及易使人卷入的旋转部分，均设置防护罩和安全标志，必须跨越的机械运转部分，有危及人体安全的部分，也应设置防护装置和安全标志。相关设计应符合相关的机械设备装置安全要求。

（7）原料仓库应有良好的通风设施，以防止原料霉变腐烂，除应设计好粉碎车间的自然通风外，还应安装吸尘装置以降低粉尘浓度，接触粉尘的操作人员佩戴防尘面罩。

（8）对发酵车间等的压力容器应按国家规定定期检查并设泄压、防爆、防雷措施，厂区内设置防火、防触电等安全标志。

（9）电器正常不带电的金属外壳全部接零；设备加保护罩；管道设保温隔热层。

（10）厂区安全防火装置内设消火栓等，厂区和车间内显眼位置设立防火防触电安全警示、标志。仓库区根据危险品特性及仓库条件，必须配置相应的消防设备、设施和灭火药剂。

（11）生产操作人员应定期体检，患传染病者不得上岗操作。

11.2 工业卫生

11.2.1 设计依据

《中华人民共和国食品安全法》

GB 14881—2013《食品安全国家标准 食品生产通用卫生规范》

GBZ 1—2010《工业企业设计卫生标准》

《关于生产性建设工程项目职业安全卫生监察的暂行规定》

《工业企业噪声卫生标准（试行草案）》

GB 2760—2014《食品安全国家标准 食品添加剂使用标准》

11.2.2 卫生要求

11.2.2.1 厂址选择

严格按照国际国内标准要求选择厂址。厂址周围没有冶炼厂、垃圾场、化工厂、污水处理厂和染料厂等，不会受到不良气味、烟雾、飞尘的污染。

11.2.2.2 总平面布置

在总平面布置中，按功能要求进行分区建设。本项目厂区分厂前区和生产区。布置好主生产车间、废弃物处理、污水处理、原料进厂及发货等区域，做到清洁区与非清洁区分开，区与区之间用防护绿化带隔离，进厂原料与出厂货物不交叉。

厂区内道路设计合理、不积水，绿化达到规范要求。经常保持厂区内环境卫生，及时清除垃圾，做好进出车辆、污水处理的管理等。做好重点部位的卫生防疫工作。

11.2.2.3 生产车间卫生

（1）车间所用的建筑材料均应满足国家相关部门的规定。地面采用水磨石。内墙贴瓷砖。窗台应倾斜45°，以便冲洗。所有房间的地面和墙面、墙面与墙面的连接处应呈半弧形凹陷，有利于清洗。天花板应选择无渗透、易清洗的材料，必须使用木结构的部位如门窗应采用无毒油漆、涂料等处理。车间内的接缝、门、窗与墙体或天花板之间，应采用有伸缩的非渗透性材料填充。所有苍蝇与昆虫能进入的门窗和其他出入口配置纱窗、纱门或防鼠网。

各主要生产车间按规范设置更衣、淋浴及卫生间等福利设施。

（2）所有生产设备的制造材料均采用规范可接受的材料。设备能便于清洗，无死角，与产品接触表面光滑并防腐，排水能彻底排空。

（3）车间内的清洁水、净化水、水蒸气分别各成系统。车间内的排水口和排水坡度严格按照有关规定设置。车间内的卫生排水管和车间排水管分别设置独立的排水管网。排水沟应设置沟盖，以防止老鼠等动物进入车间。

（4）对车间各机房内粉碎机、鼓风机等设备增设减振设施，风机进出口加装消声器，机房内采用吸声材料，降低噪声，以减轻对操作人员的危害。

（5）对温湿度较大的工序车间安装强制通风装置，以降低室内温度，减轻对操作人员的影响。

11.2.2.4 生产过程卫生

（1）生产过程中的运输，采用周转桶或周转箱用手推车做水平运输。生产车间内采用货运电梯进行垂直运输。酱渣和酱瓣输送采用行车抓斗，其他设备选型尽量采用自动化程度较高的生产设备，以充分降低工人的劳动强度。

（2）生产用具和设备保持清洁，使用前后要清洗消毒，使用认可的包装材料，并合理储存和保管。加强对从业人员的健康检查和职业卫生教育，严格规章制度，减少人为影响产品卫生的因素。

11.2.2.5 环境卫生

（1）厂区内的道路、运输按国家有关规定设计和修建。

（2）厂房主要出入口设置电击杀虫灯，以防飞虫进入。

（3）工厂设置完善的检验、化验机构及医疗机构。

（4）生产车间内设有男女更衣室、厕所、卫生间等辅助用房。

（5）要求保持厂区内环境清洁，路面平坦，防止尘土飞扬，排水畅通等，设立带盖的垃圾箱，厂区布置有绿化地和隔离带。

11.3 消防

11.3.1 设计依据

（1）《中华人民共和国消防法》

（2）GB 50016—2014《建筑设计防火规范》

（3）GB 50140—2010《建筑灭火器配置设计规范》

11.3.2 消防措施

厂区内形成环形消防管网按消防防火规范设置地上式消火栓，管网与供水主管直通，300m^3 消防水池，并设二台（一用一备）专用水泵加压，水泵电源专线供给，消火栓保护半径 60m，车间和库房内设置干粉灭火器和泡沫灭火器，消防电源属三级负荷。

总平面：整个厂区设两个主要出入口——人流出入口及货运出入口，各单体建筑之间满足防火间距要求。

建筑：主厂房及辅助车间均采用框架结构和排架结构，耐火等级为一、二级；主厂房外设疏散走道、安全出入口。

厂内成立 20 余人组成的兼职消防队，定期到消防队接受专业技能培训，平时在厂内定期进行训练，以应对突发的火灾。

厂内每个车间都有直拨电话、厂部有中心控制室、各车间有火灾检测报警装置便于在发生火灾时向外部报警求救。城区有消防队以应对突发火灾。消防设备如附表 2-13 所示。

附表 2-13 消防设备一览表

序号	设备或材料名称	规格或型号	单位	数量	备注
1	地上式消火栓	SS-100	只	8	—
2	消防水泵接合器	地上式 SQ100 型	个	4	—
3	室内消火栓箱	单开门 S116-2	个	18	—
4	水枪	QZ19	支	18	—
5	水龙带	10-25m DN65	条	18	—
6	泡沫灭火器	MF3-5	只	30	—
7	干粉灭火器	MP8	只	15	—
8	汽油机消防机组	QP 型 L=150m^3/h	台	1	—

12. 组织机构与人力资源配置

12.1 组织机构与职能划分

本项目由重庆某公司为业主，按照项目法人制和现代企业制度的要求，实施公司制组建、现代企业管理的企业发展模式。负责技术改造项目的全面管理与开发。在本项目建设过程中公司机构设置不做根本性变动。

12.2 经营管理模式

12.2.1 经营管理模式

本着“精干高效，科学管理”的原则，根据本公司管理力量，设立以公司负责人为首的组织管理机构，对生产安全、产品成本、产品质量等诸多要素进行系统的管理和监控。

12.2.2 劳动定员

12.2.2.1 生产制度

年工作日：300d。

生产班制：白班制。

12.2.2.2 劳动定员

本项目建成后，由于采用机械化与自动化，综合考虑需要增加劳动定员 50 人，其中公司管理、技术人员、供销人员 8 人，生产人员 42 人。管理人员要求大专以上学历，工程技术人员必须具有中级以上技术职称，生产工人应具有高中以上文化程度，如附表 2-14 所示。

12.3 经营管理措施

依照《中华人民共和国公司法》有关规定，全面推行现代化企业管理制度，建立简捷、实用、高效的管理体系，做到管理人性化、科学化、制度化、规范化。

附表 2-14 新增劳动定员表

序号	部门	工人/人	技术人员/人	管理人员/人	合计/人	备注
一	**管理机构**				6	—
1	采购部	—	—	2	2	—
2	营销部	—	—	2	2	—
3	财务部	—	—	2	2	—
二	**生产车间**				35	—
1	加工车间	13	1	1	15	—
2	制曲车间	10	—	—	10	—
3	发酵车间	10	—	—	10	—
三	**辅助车间**				9	—
1	配电房	1	—	—	1	—
2	机修	4	—	—	4	—
3	库管、门卫	1	—	—	1	—
4	检测中心	3	—	—	3	—
	合计				50	—

项目管理实施评审制度，提高立项科学性；全面实行“项目法人制”“招投标监理制”，确保工程进度，努力提高建设质量。加强中期检查和验收工作，全面完成项目任务。

从全面质量管理、人事管理、财务管理、销售管理、企业文化建设等方面着手，建立健全各项规章制度，力求机构精简、工作高效。制定各种质量管理体系文件，建立质量保障体系以及产品开发方针；把竞争机制引入人事管理制度，通过一系列现代化管理措施，保证项目的正常运转，提高经济效益，在企业发展壮大的同时，进一步提高农民的收入，最大限度发挥项目效益。

12.4 技术培训

本项目属食品加工项目，为技术型产业，对管理人员、经营人员、技术人员要求较高，必须对全体职工进行上岗技术、技能培训。对管理人员和技术人员除了进行进一步岗位培训外，本项目将强化人才引进，吸纳各种高级管理和专业技术人员，提高全厂技术和管理素质。在设备安装调试过程中，保证企业相关员工的技术水平达标才能验收。在生产过程中，对关键技术人员进行岗前培训，坚持“培训不合格不准上岗”原则，以确保人身和生产设备的安全，保证生产的正常进行。为提高对全体员工的培训质量，建议在项目确立后选派部分基本素质好的人员到有关单位或机构学习。

特种设备作业人员及相关管理人员如锅炉工、水处理人员等工种人员，要经过国家特种设施安全监管部门的考核且考核合格，获得国家统一格式的特种作业人员证书，方可从事相应的作业或管理工作。

13. 项目实施进度

13.1　项目建设工期

项目工期：12 个月。

13.2　进度初步安排

可根据实际参考制定，此处省略。

14. 投资估算与资金筹措

14.1　固定资产投资估

14.1.1　固定资产投资估算依据

根据国家对项目可行性研究报告编制的要求，按照项目的建设内容，采用近似工程扩大指标法和有关定额、相关价格并结合建设地点的实际情况和价格进行估算。

（1）四川省现行计价定额及配套文件。

（2）QBJS 10—2005《轻工业工程设计概算编制办法》。

（3）《工程勘查设计收费标准》（2002 年修订本）。

（4）工程设备市场询价资料。

（5）本单位内部资料及当地预结算资料。

（6）建设单位提供的有关资料。

（7）定型设备价格采用近期的询价或报价加运输费、保险费、包装费，即到厂价估算。

（8）非标设备参照类似工程项目近期询价或报价。

（9）工程建设其他费用　按有关部门规定并结合实际情况估算。

（10）预备费　基本预备费按 3%计取。涨价预备费为 0。

（11）固定资产投资方向调节税　税率为 0。

14.1.2　固定资产投资编制范围

固定资产投资编制范围主要包括生产工程、辅助生产工程、公用工程、生活服务工程、环境保护工程、总图及运输、其他工程费用等。

14.1.3　建筑工程费用估算

该工程固定资产投资为 1803 万元，见以下计算说明、过程和结果，投资构成分析表如附表 2-15 所示。

14.1.3.1　建筑工程费用估算

采用投资指标估算法。投资指标按当地同类项目建筑工程造价，参照四川省建筑工程工程量清单计价定额和四川省施工企业工程规费计取标准，结合该项目建筑结构、装饰标准、当地三材价格综合测算确定。

建筑工程 681.9 万元，占固定资产投资的 37.8%。

14.1.3.2　设备及工器具购置费估算

设备购置费为设备出厂价加运杂费（设备预算价格）。工器具购置费根据不同设备，按设备预算费用的一定比例计算。

设备及工器具购置费 915.43 万元，占固定资产投资 50.7%。

14.1.3.3　安装工程费用估算

项目对需要安装的设备计算安装费用。包括以下几方面。

（1）各种机电设备装配和安装工程费用，与设备相连的工作台、梯子及其装设工程费用，附属于被安装设备的管线敷设工程费用；

（2）安装设备的绝缘、保温、防腐等工程费用；

（3）单体试运转、联动无负荷试运转费用；

（4）管道、管线安装费用。

本项目安装工程费结合当地安装定额按安装费率计算。安装工程 36.6 万元，占固定资产总投资的 2.1%。

14.1.4 建设工程其他费用估算

按中华人民共和国行业标准 QBJS 10—2005《轻工业工程设计概算编制办法》。

建设工程其他费用 169.5 万元，占固定资产总投资的 9.4%，分为以下 6 个部分。

（1）建设单位管理费按第一分部工程费用的 2.4%计取；

建设单位管理费 39.2 万元，占固定资产总投资的 2.2%；

（2）勘察设计费及可行性研究费包括工程地质勘探、可行性研究报告编制、初步设计和施工图设计等费用，设计费按《工程勘查设计收费标准（2002 年修订本）》计。

勘察设计费及可行性研究费 30 万元，占固定资产总投资的 1.7%；

（3）环境影响咨询费 5 万元，占固定资产总投资的 0.3%；

（4）安全评价费 3 万元，占固定资产总投资的 0.1%；

（5）基本预备费　主要包括设计变更及施工过程中可能增加工程量的费用。按第一分部和第二分部工程费用之和的 3%计取，基本预备费 60.3 万元，占固定资产总投资的 3.3%；

（6）建设期利息 32 万元，占固定资产总投资的 1.8%。

附表 2-15　　投资构成分析表

序号	工程费用名称	投资额	占固定资产总投资/%	备注
1	第一分部工程费用	1633.93	90.6	—
1.1	建筑工程	681.9	37.8	—
1.2	设备购置	915.43	50.7	—
1.3	安装工程	36.6	2.1	
2	第二分部其他工程费用	77.2	4.3	—
2.1	建设管理费	39.2	2.2	—
2.2	勘察设计费、可行性研究费	30	1.7	—
2.3	环境影响咨询费	5	0.3	—
2.4	安全评价费	3	0.1	—
3	基本预备费	60.3	3.3	—
4	建设期利息	32	1.8	—
5	建设投资合计	1803	100	—

14.2 流动资金估算

流动资金按分项详细估算法计算，本项目达到设计生产能力时，年需流动资金648万元，铺底流动资金194万元（流动资金的30%），流动资金根据生产负荷逐年投入使用。

14.3 项目总投资及资金分年度投资计划

14.3.1 规模总投资

该项目规模总投资1997万元，其中固定资产投资1803万元，铺底流动资金194万元。

14.3.2 总投资

该项目总投资2451万元，其中固定资产投资1803万元，全额流动资金648万元。

14.3.3 资金分年使用计划

按照建设进度安排，该项目建设期1年、达产期2年，资金分年投入计划如下所述。

（1）固定资产投资　第一年投入1803万元。

（2）流动资金　项目投产后根据生产负荷逐年投入。按投产计划，投产第一年达产80%，投入528万元；投产第二年达产100%，增加投入121万元。

14.3.4 投资指标

百元产值占总投资34元；

百元产值占固定资产投资25元；

百元产值占流动资金9.1元。

14.4 融资方案

14.4.1 资金筹措

本项目总投资2451万元，其资金来源组成如下。

（1）企业自筹801万元。

（2）申请国家资金94万元。

（3）银行贷款1556万元（含建设期利息借款32万元）。

14.4.2 项目资本金筹措

本项目资本金896万元，其中用于建设投资701万元，用于流动资金194万元。项目资本金占总资金比例45%。项目资本金全部由本项目业主筹措。

14.4.3 债务资金筹措

本项目债务资金1556万元，其中建设投资申请银行贷款1070万元（贷款利率5.94%），建设期利息借款32万元。流动资金申请银行贷款454万元（贷款利率6.57%）。

债务结构：目前银行是唯一项目债务资金提供者，提供方式为贷款。故债务结构形式为银行贷款资金。

15. 财务评价

15.1 财务评价依据

该项目为改建工程项目，依据《建设项目经济评价方法与参数》（第三版）中的有关规定和国家现行财税制度以及行业特点，在确定基础数据与参数选取的基础上，该项目的财务评价范围包括项目的盈利能力、清偿能力和抗风险能力（不确定性分析）。

（1）按照国家现行财务制度的规定计列各项费用。

（2）税收政策　根据国家有关规定，本项目增值税率17%，城市维护建设税7%、教育费附加3%。所得税税率为25%。

（3）生产期各年盈余公积金按税后利润的10%计取。

（4）本项目贴现率10%，建设期1年，生产期10年，计算期11年。

（5）本项目投产计划　投产第一年达产80%，投产第二年达产100%。

15.2 营业收入、营业税金及附加和增值税估算

15.2.1 营业收入收入估算

该项目财务评价按不含税价计算。

（1）产品生产量　烹饪豆瓣6000t/年；花色豆瓣3500t/年；元红豆瓣500t/年。

（2）产品价格　烹饪豆瓣4500元/t；花色豆瓣12000元/t；元红豆瓣4750元/t。

年平均营业收入6995万元，年平均营业税金及附加30万元，年平均增值税303万元。

15.3 成本估算

成本估算按照国家现行财务制度的规定计列各项费用。

（1）原辅材料消耗根据同类企业一般消耗水平计算　生产所需原辅材料、包装材料费，正常年用为4278万元；正常年外购燃料及动力费1042万元。

（2）工资及福利费　本项目新增生产定员50人，正常年工资总额75万元。

（3）固定资产折旧及摊销估算　该项目固定资产原值1803万元，采用综合折旧估算，残值率均为5%。固定资产折旧、无形资产摊销费172万元；期末残值86万元。

（4）修理费　修理费按固定资产投资额的3%计提，年修理费53万元。

（5）其他费用　总成本费用计算中，其他管理费按年工资及福利费总额的40%计取，制造费按固定资产的1%计取，销售费用按收入的8%计取，其他费用共计619万元。

年平均总成本费用6164万元。

15.4 项目收益预测

15.4.1 利润分析

经测算，该项目静态投资指标为：年平均利润总额801万元，年平均所得税200万元，年平均净利润601万元，总投资收益率34.45%，项目资本金净利润率67.03%。

15.4.2 财务现金流量分析

（1）项目财务内部收益率（所得税前）43.06%；

项目财务净现值（所得税前）（i_c=10%）3731万元；

项目投资回收期（含建设期）3.56年。

（2）项目财务内部收益率（所得税后）33.30%；

项目财务净现值（所得税后）（i_c=10%）2563万元；

项目投资回收期（含建设期）4.16年。

（3）项目资本金内部收益率61.2%；

财务净现值（i_c=10%）2749万元。

以上指标表明：项目内部收益率（税前、税后）高于基准收益率10%，该项目具有较强的盈利能力。

15.5 项目清偿能力分析

借款偿还资金来源：用利润、折旧及摊销费偿还借款。还款方式：采用等额还款方式。本项目固定资产投资借款偿还期5.0年（从建设期算），满足贷款机构要求的期限，项目具

有较强的偿债能力。

15.6 资金来源与运用分析

本项目建设期内资金来源与资金运用是平衡的。在正常生产条件下，生产期内各年资金来源均大于资金运用，不会发生资金短缺现象。

15.7 不确定性分析

15.7.1 盈亏平衡性分析

盈亏平衡性分析如附图 2-4 所示。经测算，本项目以生产能力利润率表示的盈亏平衡点为 55.37%，说明生产能力达到 55.37%时，企业即可保本。

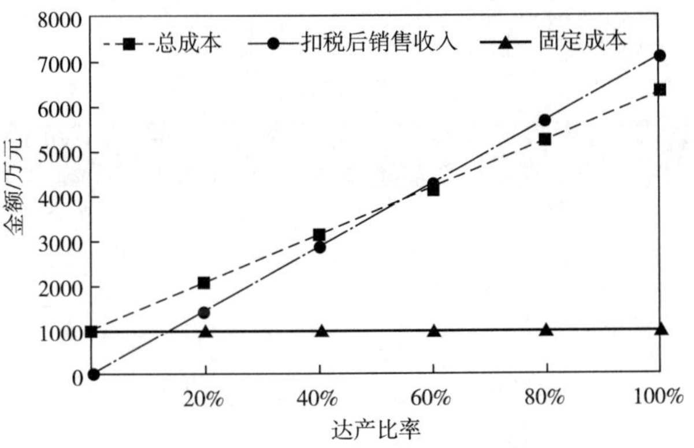

附图 2-4 盈亏平衡性分析图

15.7.2 敏感性分析

敏感性分析如附图 2-5 所示。选择固定资产投资、销售价格、原材料价格、负荷变化等因素，在±20%的幅度内进行单因素变化测算，结果表明影响最大的是销售价格，其次是原材料价格，固定资产投资和负荷变化因素影响相对较小。当销售价格降低 15%时，项目的内部收益率（税前）降至 12.37%，仍大于基准收益率，说明项目抗风险能力较强。

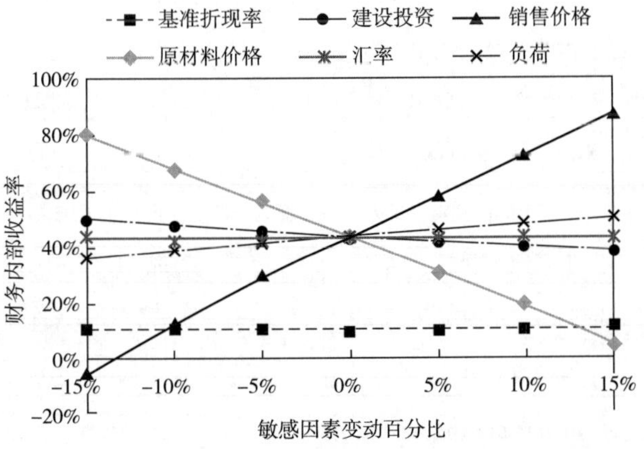

附图 2-5 敏感性分析图

15.8 主要经济评价指标

主要经济数据与评价指标如附表 2-16 所示，建设投资估算如附表 2-17 所示，主要建（构）筑物估算如附表 2-18 所示，新增设备估算如附表 2-19 所示，流动资金估算如附表 2-20 所示，项目总投资使用计划与资金筹措如附表 2-21 所示，营业收入、营业税金及附加和增值税估算如附表 2-22 所示，总成本费用估算（按要素分）如附表 2-23 所示，主要原辅料、燃料及动力消耗指标（烹饪豆瓣）如附表 2-24 所示，主要原辅料、燃料及动力消耗指标（花色豆瓣）如附表 2-25 所示，主要原辅料、燃料及动力消耗指标（元红豆瓣）如附表 2-26所示，损益与利润分配如附表 2-27 所示，项目现金流量如附表 2-28 所示，项目资本金现金流量如附表 2-29 所示，借款还本付息如附表 2-30 所示，财务计划现金流量如附表 2-31 所示，资产负债如附表 2-32 所示，敏感性分析汇总如附表 2-33 所示。

附表 2-16　　主要经济数据与评价指标

序号	项目	单位	数据	说明
一	**经济数据**	—	—	—
1	项目总投资	万元	2451	—
	其中：规模总投资	万元	1997	—
2	建设投资	万元	1771	—
3	建设期利息	万元	32	—
4	流动资金	万元	648	—
	其中：铺底流动资金	万元	194	—
5	资金筹措	万元	2451	—
	其中：债务资金	万元	1555	—
	项目资本金	万元	896	—
	资本金比例	%	45%	—
6	年平均营业收入	万元	6995	—
7	年平均营业税金及附加	万元	30	—
8	年平均总成本费用	万元	6164	—
9	年平均利润总额	万元	801	—
10	年平均所得税	万元	200	—
11	年平均净利润	万元	601	—
12	年平均息税前利润	万元	844	—
13	年平均增值税	万元	303	—
二	**财务评价指标**	—	—	—
1	总投资收益率	%	34.45	—

续表

序号	项目	单位	数据	说明
2	项目资本金净利润率	%	67.03	—
3	项目投资财务内部收益率（所得税前）	%	43.06	—
4	项目投资财务净现值（所得税前）	万元	3731	$i_c=10\%$
5	项目投资回收期（所得税前）	年	3.56	—
6	项目投资财务内部收益率（所得税后）	%	33.30	—
7	项目投资财务净现值（所得税后）	万元	2563	$i_c=10\%$
8	项目投资回收期（所得税后）	年	4.16	—
9	项目资本金财务内部收益率	%	61.2	—
10	盈亏平衡点（生产能力利用率）	%	55.37	—

附表 2-17 建设投资估算表 单位：万元

序号	工程或费用名称	建筑工程	设备购置	安装工程	其他费用	总计	备注
一	**工程费用**	—	—	—	—	—	—
1	主要生产工程项目	681.9	915.43	36.6	—	1633.93	—
1.1	蚕豆原料库	188.1	—	—	—	188.1	—
1.2	椒胚盐渍池	105	—	—	—	105	—
1.3	辣椒清洗场	25.3	—	—	—	25.3	新建
1.4	豆瓣发酵区	200	—	—	—	200	—
1.5	食醋车间	60.7	—	—	—	60.7	—
1.6	通风制曲间	12.6	—	—	—	12.6	—
1.7	保温发酵间	20				20	改造
1.8	保温发酵池	25.2	—	—	—	25.2	—
1.9	厂区道路	45				45	
二	**工程建设其他费用**	—	—	—	—	0	—
2	建设管理费	—	—	—	39.2	39.2	—
3	勘察设计费、可行性研究费	—	—	—	30	30	—
4	环境影响咨询费	—	—	—	5	5	—
5	安全评价费	—	—	—	3	3	—
	第一、第二部分合计	681.9	915.43	36.6	0	0	—
三	**基本预备费**	—	—	—	60.3	60.3	—
四	**建设期利息**	—	—	—	32	32	—
五	**建设投资合计**	681.9	915.43	36.6	169.5	1803	—
	占建设投资合计	37.8	50.7	2.1	9.4	100	—

附表 2-18　　主要建（构）筑物估算表　　单位：万元

序号	建筑物名称	建筑结构	层数	建筑面积或容积	单价/元	金额	备注	
1	蚕豆原料库	框架	2	$1710m^3$	1100	188.1	椒胚盐渍池上	—
2	辣椒清洗场	砖混	1	钢棚	300	25.3	建筑面积 $843m^2$	—
3	椒胚盐渍池	整体现浇	1	$3500m^3$	300	105	地下，挖方 $3000m^3$	新建
4	豆瓣发酵区	砖混	1	钢棚	200	200	填方 $10000m^3$ 建设 $4000m^3$ 晒池，场地 $10000m^2$	—
5	食醋车间	框架	2	$552m^3$	1100	60.7	—	—
6	通风制曲间	框架	—	$630m^3$	200	12.6	—	—
7	保温发酵间	框架	—	$1000m^3$	200	20	—	改造
8	保温发酵池	整体现浇	—	$1260m^3$	200	25.2	含岩石挖方 $810m^3$	—
9	厂区道路	—	—	$3000m^2$	150	45	—	—
	合计	—	—	—	—	681.9	—	—

附表 2-19　　新增设备估算表　　单位：万元

序号	设备名称	型号	规格	材质	功率	数量	单价	小计	备注
1	蚕豆脱皮机	—	1200×500×1700	—	7.5	3 台	2.6	7.8	200~300kg/h
2	浸泡罐	—	Φ2500×1500	—	—	2 台	3.8	7.6	—
3	皮带输送机	—	4000×600	—	1.1	2 条	2	2	酱油新增 1 条
4	菌种混合机	ZF-06	—	—	1.1	2 台	2.93	5.86	酱油新增 1 台
5	接粉机	—	—	—	0.37	2 台	1.0	2.0	酱油新增 1 台
6	接种机	—	—	—	0.37	2 台	1.0	2.0	酱油新增 1 台
7	螺旋混合输送机	—	L=3340	—	1.5	2 台	3.8	7.6	酱油新增 1 台

8	皮带输送机	—	46000×600	—	5.5	1台	9.2	9.2	—
9	下料导槽	—	—	—	—	2个	0.1	0.2	—
10	制曲池	—	7000×18805×600	—	—	9个	0.8	7.2	—
11	曲池蓖	—	—	—	—	$126m^2$	0.15	18.9	—
12	曲室暖气片	25套	18W	—	—	10个	0.72	7.2	—
13	翻曲机	2500-Ⅱ	—	—	6.75	1台	5.3	5.3	—
14	翻曲机推车	—	—	—	—	1台	0.45	0.45	—
15	酿造专用风机	4-72-6A	—	—	4.5	9台	0.55	4.95	—
16	风管弯头	配风机用	—	—	—	9套	0.45	4.05	—
17	发酵池	—	2730×2125×2000	不锈钢 US316L	—	32个	6.7	214.4	—
18	发酵池	—	2665×2125×2000	不锈钢 US316L	—	16个	6.6	105.6	—
19	行车抓斗	—	—	—	5.6	2个	13.6	27.2	—
20	辛椒机	—	—	—	7.5	4台	0.9	3.6	—
21	浓浆泵	—	—	—	5.5	4台	0.3	1.2	—
22	豆瓣翻醅机	—	—	—	—	3台	5	15	—
23	超高温瞬时灭菌机	—	2T/H	—	3	1台	5.5	5.5	酱油新增1台
24	板框式过滤机	$30m^2$	—	—	1.1	1台	6	6	酱油新增1台
25	烛式过滤机	$5m^2$	—	—	—	—	8.5	8.5	酱油新增1台
26	半成品沉淀罐	$10m^3$	—	—	—	6个	5	30	—

续表

序号	设备名称	型号	规格	材质	功率	数量	单价	小计	备注
27	酱油全自动灌装线	JR18-18-6F	23680×11000×2430	—	40	1套	136	136	洗灌封机、贴标机、套标机、收缩机、喷码机、纸箱成型机、装箱机、卸箱机、封箱机、输送机
28	真空泵	—	—	—	5.5	2台	0.8	1.6	—
29	不锈钢泵	5t/h	—	—	1.5	6台	0.5	3	—
30	无油空压机	—	—	—	2.2	5台	0.6	3	—
31	全自动炒锅	—	—	—	2.2	4台	20	80	—
32	油料分离单头灌封机	—	1200×1300×1600	—	0.3	2台	3.3	17.6	软袋包装生产线
33	连续封口机	—	900×450×550	—	0.5	2台	0.2	0.4	—
34	封口接袋工作台	—	1200×500×700	—	—	2台	0.2	0.4	—
35	灌装机	—	1200×1050×1600	—	0.5	2台	14.2	28.4	瓶装生产线
36	旋盖机	—	1400×800×1500	—	1.1	2台	13.3	26.6	—
37	输送机	—	10860×150×700	—	2.2	2台	2.2	4.4	—
38	贴标机	—	2500×1050×700	—	1.25	2台	13.6	27.2	—
39	喷码机	—	400×300×520	—	0.2	2台	5.8	11.6	—
40	输送机	—	4800×400×700	—	1.1	2台	0.96	1.92	—
41	电控柜	—	—	—	—	4套	8.0	32.0	—
42	电动叉车	—	—	—	—	4台	5	20	—
43	其他配套设备	—	—	—	—	—	—	11	—
44	塑料桶	—	—	—	—	—	—	1.0	—
	合计	—	—	—	245.53	—	—	915.43	—

附表 2-20　　流动资金估算表　　单位：万元

序号	项目	最低周转天数/d	周转次数/次	生产期									
				第 2 年	第 3 年	第 4 年	第 5 年	第 6 年	第 7 年	第 8 年	第 9 年	第 10 年	第 11 年
1	流动资产	—	—	1357	1686	1686	1686	1686	1686	1686	1686	1686	1686
1.1	应收账款	45	8	701	871	871	871	871	871	871	871	871	871
1.2	存货	—	—	608	756	756	756	756	756	756	756	756	756
1.2.1	原材料（含外购件等）	15	24	167	209	209	209	209	209	209	209	209	209
1.2.2	燃料	—	—	41	51	51	51	51	51	51	51	51	51
	天然气	15	24	41	51	51	51	51	51	51	51	51	51
1.2.3	在产品	8	45	114	142	142	142	142	142	142	142	142	142
1.2.4	产成品	20	18	286	356	356	356	356	356	356	356	356	356
1.3	现金	30	12	48	58	58	58	58	58	58	58	58	58
2	流动负债	—	—	830	1037	1037	1037	1037	1037	1037	1037	1037	1037
2.1	应付账款	60	6	830	1037	1037	1037	1037	1037	1037	1037	1037	1037
3	流动资金	—	—	528	648	648	648	648	648	648	648	648	648
4	流动资金当期增加额	—	—	528	121	—	—	—	—	—	—	—	—
5	流动资金借款额	—	—	369	454	454	454	454	363	272	181	91	—
6	流动资金借款利息	—	—	24	30	30	30	30	30	24	18	12	6
7	自有流动资金	—	—	158	194	194	194	194	285	376	467	557	648

附表 2-21　　项目总投资使用计划与资金筹措表　　单位：万元

序号	项目	合计	建设期	生产期	
			第 1 年	第 2 年	第 3 年
1	总投资	2451	1803	528	121
1. 1	建设投资	1771	1771	—	—
1. 2	建设期利息（含其他融资费用）	32	32	—	—
1. 3	流动资金	648	—	528	121
2	资金筹措	2451	1803	528	121
2. 1	项目资本金	896	701	158	36
	用于建设投资	701	701	—	—
	用于流动资金	194	—	158	36
	用于建设期利息（含其他融资费用）	0	0	0	0
	其中：注册资金	0	—	0	0
	资本金占总投资的比例	45%	—	—	—
2. 2	长期借款	1555	1102	369	84
2. 2. 1	建设投资借款	1070	1070	—	—
2. 2. 2	流动资金借款	453	—	369	84
2. 2. 3	建设期利息借款	32	32	—	—

附表 2-22　　营业收入、营业税金及附加和增值税估算表　　单位：万元

序号	名称	单位	单价/元	生产负荷 100%		备注
				年产量/t	金额	
一	**营业收入**	—	—	—	7137. 5	—
1	烹饪豆瓣	t	4500	6000	2700	
2	花色豆瓣	t	12000	3500	4200	—
3	元红豆瓣	t	4750	500	237. 5	—
二	**销售税金及附加**	—	—	—	31	—
1	城市建设维护税	—	—	—	22	—
2	教育费附加税	—	—	—	9	—
三	**增值税**	—	—	—	309	—
1	销项税	—	—	—	1213	—
2	进项税	—	—	—	904	—

附表 2-23

总成本费用估算表（按要素分）

单位：万元

序号	项目	合计	生产期									
			第 2 年	第 3 年	第 4 年	第 5 年	第 6 年	第 7 年	第 8 年	第 9 年	第 10 年	第 11 年
	经营负荷/%	—	80	100	100	100	100	100	100	100	100	100
1	外购原材料费	41920	3422	4278	4278	4278	4278	4278	4278	4278	4278	4278
2	外购燃料及动力费	10213	834	1042	1042	1042	1042	1042	1042	1042	1042	1042
3	工资及福利费	750	75	75	75	75	75	75	75	75	75	75
4	修理费	529	53	53	53	53	53	53	53	53	53	53
5	其他费用	6072	504	619	619	619	619	619	619	619	619	619
6	经营成本	59484	4888	6066	6066	6066	6066	6066	6066	6066	6066	6066
7	折旧费	1640	164	164	164	164	164	164	164	164	164	164
8	摊销费	77	8	8	8	8	8	8	8	8	8	8
9	利息支出	437	90	84	71	58	44	30	24	18	12	6
	其中：流动资金借款利息	233	24	30	30	30	30	30	24	18	12	6
	长期借款利息	204	65	54	42	28	15	—	—	—	—	—
10	总成本费用	61637	5149	6322	6309	6296	6282	6268	6262	6256	6250	6244
	其中：可变成本	52133	4256	5320	5320	5320	5320	5320	5320	5320	5320	5320
	固定成本	9504	894	1002	989	976	963	948	942	936	930	924

附表 2-24 主要原辅料、燃料及动力消耗指标表（烹饪豆瓣 6000t/年） 单位：元

序号	项目名称	规格	单位	消耗定额	单价	单位成本	备注
一	**主要原辅料**	—	—	—	—	2079.33	—
1	鲜椒	—	t	0.87	1700	1479	以一级品计
2	蚕豆瓣	—	t	0.136	2727.27	370.91	—
3	面粉	—	t	0.034	2600	88.4	—
4	盐	—	t	0.17	828	141.02	—
5	塑料桶	50kg	—	—	—	—	重复使用
二	**燃料及动力**	—	—	—	—	48.94	—
1	水	—	m^3	5	2.65	13.25	—
2	电	—	kW·h	15.3	1.08	16.52	—
3	天然气	—	m^3	11.5	1.667	19.17	—
	合计	—	—	—	—	2128.27	—

注：$1kW\cdot h=3.6\times10^6J$。

附表 2-25 主要原辅料、燃料及动力消耗指标表（花色豆瓣 3500t/年） 单位：元

序号	项目名称	规格	单位	消耗定额	单价	单位成本	备注
一	**主要原辅料**	—	—	—	—	8346.2	—
1	鲜椒	—	t	0.10	1700	170	—
2	蚕豆瓣	—	t	0.136	2727.27	370.91	—
3	盐	—	t	0.055	828	45.54	—
4	植物油	—	t	0.12	8500	1020	—
5	辣椒干	—	t	0.025	13000	325	—
6	味精	—	t	0.01	12000	120	—
7	白砂糖	—	t	0.03	4300	129	—
8	其他物料	—	t	0.055	25000	1375	—
9	玻璃瓶	228g	个	4435.00	0.43	1907.05	—

续表

序号	项目名称	规格	单位	消耗定额	单价	单位成本	备注
10	瓶盖	—	—	4370.00	0.28	1223.60	
11	标签	—	—	4370.00	0.07	305.90	
12	纸箱	—	个	366.00	3.7	1354.20	
二	**燃料及动力**	—	—	—	—	2883.7	
1	水	—	m^3	6.00	2.65	15.9	
2	电	—	kW·h	26.80	1.08	28.94	
3	气	—	m^3	106.00	1.667	176.7	
	合计	—	—	—	—	8567.74	

注：1kW·h = 3.6×10^6J。

附表 2-26　主要原辅料、燃料及动力消耗指标表（元红豆瓣 500t/年）　单位：元

序号	项目名称	规格	单位	消耗定额	单价	单位成本	备注
一	**主要原辅料**	—	—	—	—	2176.55	—
1	鲜椒	—	t	0.43	1700	731	—
2	蚕豆瓣	—	t	0.227	2727.27	619.09	—
3	面粉	—	t	0.057	2600	148.2	—
4	盐	—	t	0.17	828	140.76	—
5	塑料桶、商标	8 公斤	套	125	4.3	537.5	—
二	**燃料及动力**	—	—	—	—	68.82	—
1	水	—	m^3	3.5	2.65	9.28	—
2	电	—	kW·h	25.5	1.08	27.54	—
3	天然气	—	m^3	19.2	1.667	32	—
	合计	—	—	—	—	2245.37	—

注：1kW·h = 3.6×10^6J。

附表 2-27　　损益与利润分配表　　单位：万元

序号	项目	合计	生产期									
			第 2 年	第 3 年	第 4 年	第 5 年	第 6 年	第 7 年	第 8 年	第 9 年	第 10 年	第 11 年
	生产负荷/%	—	80	100	100	100	100	100	100	100	100	100
1	营业收入	69948	5710	7138	7138	7138	7138	7138	7138	7138	7138	7138
2	营业税金及附加	303	25	31	31	31	31	31	31	31	31	31
3	总成本费用	61637	5149	6322	6309	6296	6282	6268	6262	6256	6250	6244
4	营业利润	8007	536	785	797	810	824	839	845	851	857	863
5	利润总额	8007	536	785	797	810	824	839	845	851	857	863
6	弥补以前年度亏损	0	0	0	0	0	0	0	0	0	0	0
7	应纳税所得额	8007	536	785	797	810	824	839	845	851	857	863
8	所得税	2002	134	196	199	203	206	210	211	213	214	216
9	净利润	6005	402	589	598	608	618	629	634	638	643	647
10	期初未分配利润	—	0	0	0	0	0	0	0	0	0	0
11	可供分配的利润	6005	402	589	598	608	618	629	634	638	643	647
12	提取法定盈余公积金	472	40	59	60	61	62	63	63	64	—	—
13	可供投资者分配的利润	5534	362	530	538	547	556	566	570	574	643	647
14	未分配利润	—	0	0	0	0	0	0	0	0	0	0
15	息税前利润	8444	626	869	869	869	869	869	869	869	869	869
16	息税折旧摊销前利润	—	797	1040	1040	1040	1040	1040	1040	1040	1040	1040

附表 2-28

项目现金流量表

单位：万元

序号	项目	合计	建设期	生产期									
			第 1 年	第 2 年	第 3 年	第 4 年	第 5 年	第 6 年	第 7 年	第 8 年	第 9 年	第 10 年	第 11 年
1	现金流入	70682	—	5710	7138	7138	7138	7138	7138	7138	7138	7138	7872
1. 1	营业收入	69948	—	5710	7138	7138	7138	7138	7138	7138	7138	7138	7138
1. 2	回收固定资产余值	86	—	—	—	—	—	—	—	—	—	—	86
1. 3	回收流动资金	648	—	—	—	—	—	—	—	—	—	—	648
2	现金流出	62206	1771	5440	6218	6097	6097	6097	6097	6097	6097	6097	6097
2. 1	建设投资	1771	1771	—	—	—	—	—	—	—	—	—	—
2. 2	流动资金	648	—	528	121	—	—	—	—	—	—	—	—
2. 3	经营成本	59484	—	4888	6066	6066	6066	6066	6066	6066	6066	6066	6066
2. 4	营业税金及附加	303	—	25	31	31	31	31	31	31	31	31	31
3	所得税前净现金流量（第 1 项–第 2 项）	8474	−1771	270	920	1040	1040	1040	1040	1040	1040	1040	1773
4	所得税前累计净现金流量	—	−1771	−1502	−582	458	1499	2539	3580	4620	5661	6701	8474
5	调整所得税	2119	—	157	218	218	218	218	218	218	218	218	218
6	所得税后净现金流量（第 3 项–第 5 项）	6356	−1771	113	702	822	822	822	822	822	822	822	1555
7	所得税后累计净现金流量	—	−1771	−1659	−957	−135	688	1510	2333	3155	3978	4800	6356

注：1. 所得税前。财务内部收益率=43. 06%，财务净现值=3731 万元（基准收益率取 10%），投资回收期=3. 56 年（静态）；

2. 所得税后。财务内部收益率=33. 30%，财务净现值=2563 万元（基准收益率取 10%），投资回收期=4. 16 年（静态）。

附表 2-29　　项目资本金现金流量表　　单位：万元

序号	项目	合计	建设期	生产期									
			第 1 年	第 2 年	第 3 年	第 4 年	第 5 年	第 6 年	第 7 年	第 8 年	第 9 年	第 10 年	第 11 年
1	现金流入	70682	—	5710	7138	7138	7138	7138	7138	7138	7138	7138	7872
1. 1	营业收入	69948	—	5710	7138	7138	7138	7138	7138	7138	7138	7138	7138
1. 2	回收固定资产余值	86	—	—	—	—	—	—	—	—	—	—	86
1. 3	回收流动资金	648	—	—	—	—	—	—	—	—	—	—	648
2	现金流出	64677	701	5490	6620	6587	6591	6594	6427	6423	6418	6414	6409
2. 1	项目资本金	896	701	158	36	—	—	—	—	—	—	—	—
2. 2	长期借款本金偿还	1102	—	196	207	220	233	246	—	—	—	—	—
2. 3	流动资金借款偿还	454	—	—	—	—	—	—	91	91	91	91	91
2. 4	借款利息支付	437	—	90	84	71	58	44	30	24	18	12	6
2. 5	经营成本	59484	—	4888	6066	6066	6066	6066	6066	6066	6066	6066	6066
2. 6	营业税金及附加	303	—	25	31	31	31	31	31	31	31	31	31
2. 7	所得税	2002	—	134	196	199	203	206	210	211	213	214	216
3	净现金流量	6005	-701	220	517	550	547	543	710	715	719	724	1463

注：计算指标为财务内部收益率=61.2%，财务净现值=2749 万元（基准收益率取 10%）。

附表 2-30　　借款还本付息表　　单位：万元

序号	项目	合计	建设期	生产期				
			第 1 年	第 2 年	第 3 年	第 4 年	第 5 年	第 6 年
1	借款偿还	—	—	—	—	—	—	—
1. 1	年初借款本息累计	—	—	1102	906	699	479	246
	本金	—	—	1070	906	699	479	246
	建设期利息	—	—	32	—	—	—	—
1. 2	本年借款	1070	1070	—	—	—	—	—
1. 3	本年应计利息	236	32	65	54	42	28	15
	计入建设期利息	32	32	—	—	—	—	—
	计入生产期利息	204	—	65	54	42	28	15
1. 4	本年还本付息	—	—	261	261	261	261	261
	还本	1102	—	196	207	220	233	246
	付息	204	—	65	54	42	28	15
1. 5	年末借款本息累计	—	1102	906	699	479	246	0
2	人民币长期借款	—	—	—	—	—	—	—
2. 1	年初借款本息累计	年利率	—	1102	906	699	479	246
	本金	5. 94%	—	1070	906	699	479	246
	建设期利息	—	—	32	—	—	—	—
2. 2	本年借款	1070	1070	—	—	—	—	—
2. 3	本年应计利息	236	32	65	54	42	28	15
	计入建设期利息	32	32	—	—	—	—	—
	计入生产期利息	—	—	65	54	42	28	15
2. 4	本年还本付息	—	—	261	261	261	261	261
	还本	1102	—	196	207	220	233	246
	付息	204	—	65	54	42	28	15
2. 5	年末借款本息累计	—	1102	906	699	479	246	—
计算指标	利息备付率/%	—	—	6. 97	10. 39	12. 18	14. 91	19. 54
	偿债备付率/%	—	—	2. 32	2. 90	2. 89	2. 88	2. 87

附表 2-31　　　　财务计划现金流量表　　　　单位：万元

序号	项目	合计	建设期	生产期									
			第 1 年	第 2 年	第 3 年	第 4 年	第 5 年	第 6 年	第 7 年	第 8 年	第 9 年	第 10 年	第 11 年
1	经营活动净现金流量	8159	—	663	844	841	838	834	831	829	828	826	825
1.1	现金流入	81339	—	6681	8351	8351	8351	8351	8351	8351	8351	8351	8351
1.1.1	营业收入	69948	—	5710	7138	7138	7138	7138	7138	7138	7138	7138	7138
1.1.2	增值税销项税额	11391	—	971	1213	1213	1213	1213	1213	1213	1213	1213	1213
1.2	现金流出	73679	—	6017	7507	7510	7513	7517	7520	7522	7523	7525	7526
1.2.1	经营成本	59484	—	4888	6066	6066	6066	6066	6066	6066	6066	6066	6066
1.2.2	增值税进项税额	8863	—	723	904	904	904	904	904	904	904	904	904
1.2.3	营业税金及附加	303	—	25	31	31	31	31	31	31	31	31	31
1.2.4	增值税	3028	—	247	309	309	309	309	309	309	309	309	309
1.2.5	所得税	2002	—	134	196	199	203	206	210	211	213	214	216
2	投资活动净现金流量	−2420	−1771	−528	−121	—	—	—	—	—	—	—	—
2.1	现金流入	0	—	—	—	—	—	—	—	—	—	—	—
2.2	现金流出	2420	1771	528	121	—	—	—	—	—	—	—	—
2.2.1	建设投资	1771	1771	—	—	—	—	—	—	—	—	—	—
2.2.2	流动资金	648	—	528	121	—	—	—	—	—	—	—	—
3	筹资活动净现金流量	427	1771	242	−170	−291	−291	−291	−121	−115	−109	−103	−97

3.1	现金流入	2451	1803	528	121	—	—	—	—	—	—	—	—
3.1.1	项目资本金投入	896	701	158	36	—	—	—	—	—	—	—	—
3.1.2	建设投资借款	1102	1102	—	—	—	—	—	—	—	—	—	—
3.1.3	流动资金借款	454	—	369	84	—	—	—	—	—	—	—	—
3.2	现金流出	2024	32	285	291	291	291	291	121	115	109	103	97
3.2.1	各种利息支出	469	32	90	84	71	58	44	30	24	18	12	6
3.2.2	偿还长期债务本金	1102	—	196	207	220	233	246	—	—	—	—	—
3.2.3	偿还流动资金借款本金	454	—	—	—	—	—	—	91	91	91	91	91
4	净现金流量	6167	—	378	553	550	547	543	710	715	719	724	728
5	累计盈余资金	—	—	378	931	1481	2028	2571	3282	3996	4715	5439	6167

附表 2-32

资产负债表

单位：万元

序号	项目	建设期	生产期									
		第 1 年	第 2 年	第 3 年	第 4 年	第 5 年	第 6 年	第 7 年	第 8 年	第 9 年	第 10 年	第 11 年
1	资产	1803	3367	4076	4455	4830	5202	5740	6283	6830	7382	7939
1.1	流动资产总额	—	1735	2617	3167	3714	4257	4967	5682	6401	7124	7852
1.1.1	货币资金	—	426	989	1539	2086	2629	3339	4054	4773	5497	6225
	现金	—	48	58	58	58	58	58	58	58	58	58
	累计盈余资金	—	378	931	1481	2028	2571	3282	3996	4715	5439	6167

续表

序号	项目	建设期	生产期									
		第1年	第2年	第3年	第4年	第5年	第6年	第7年	第8年	第9年	第10年	第11年
1.1.2	应收账款	—	701	871	871	871	871	871	871	871	871	871
1.1.3	存货	—	608	756	756	756	756	756	756	756	756	756
1.2	在建工程	1803	—	—	—	—	—	—	—	—	—	—
1.3	固定资产净值	—	1562	1398	1234	1070	906	742	578	414	250	86
1.4	无形及其他资产净值	—	69	62	54	46	39	31	23	15	8	—
2	负债及所有者权益	1803	3005	3185	3025	2853	2668	2641	2613	2586	2496	2405
2.1	流动负债总额	—	830	1037	1037	1037	1037	1037	1037	1037	1037	1037
	应付账款	—	830	1037	1037	1037	1037	1037	1037	1037	1037	1037
2.2	长期负债总额	1102	1275	1153	933	700	454	363	272	181	91	—
2.2.1	建设投资借款	1102	906	699	479	246	—	—	—	—	—	—
2.2.2	流动资金借款	—	369	454	454	454	454	363	272	181	91	—
2.3	负债小计	1102	2105	2190	1970	1738	1491	1400	1310	1219	1128	1037
2.4	所有者权益	701	900	995	1055	1116	1177	1240	1304	1367	1367	1367
2.4.1	资本金	—	0	0	0	0	0	0	0	0	0	0
2.4.2	资本公积	701	860	896	896	896	896	896	896	896	896	896
2.4.3	累计盈余公积金	—	40	99	159	220	281	344	408	472	472	472
2.4.4	累计未分配利润	—	0	0	0	0	0	0	0	0	0	0
	计算指标											
	资产负债率/%	61	63	54	44	36	29	24	21	18	15	13

附表 2-33　　敏感性分析汇总表

序号	敏感因素	变化幅度	项目财务分析指标		
			财务内部收益率	财务净现值/万元	净态投资回收期/年
		基本方案	43.06%	3731	3.56
1	建设投资	10%	39.66%	3631	3.73
		5%	41.29%	3679	3.64
		-5%	45.00%	3785	3.47
		-10%	47.12%	3841	3.39
2	产出价格	10%	71.70%	7219	2.64
		5%	57.46%	5475	3.01
		-5%	28.25%	1987	4.61
		-10%	12.37%	242	7.37
3	原材料价格	10%	18.14%	874	6.04
		5%	30.79%	2302	4.38
		-5%	55.22%	5159	3.07
		-10%	67.38%	6588	2.72

15.9　评价结论

该项目完成后，以全国同行业基准内部收益率10%作为折现率计算财务净现值，所得税前、税后财务净现值分别为3731万元和2563万元，均远大于0，说明效益较好。所得税前、税后投资回收期分别为3.56年和4.16年，均低于基准回收期，能在较短时期内收回投资。以生产能力利润率表示的盈亏平衡点为55.37%，说明项目具有较强的抗风险能力。

项目财务分析结果表明，项目具有较强的盈利能力，具备较强的偿债能力和抗风险能力。项目财务评价基本可行。

16. 社会评价

16.1　项目的社会效益分析

（1）促进传统食品加工技术升级换代，带动行业整体技术水平提高　本项目从工艺技术、设备及设施等方面改变原来传统工艺技术落后的状况，生产的机械化、自动化水平得到极大提高，缩短了发酵周期，降低生产成本，提高了产品质量，起到示范带动作用。

（2）促进农业产业结构调整，推动农产品转化，促进农民增收　本项目的建成将对调整农村产业结构，促进公司加农户等产业模式的发展，增加农民收入，减轻农民负担，解决农村剩余劳动力作出积极贡献。将当地资源优势转化为经济优势。

（3）有利于解决关系国家长治久安的“三农”问题　本项目产品是以当地农民种植的辣椒、蚕豆为主要原料，经现代生物技术和科学配方生产的调味品。本项目实施后可带动相关的其他农副业，提高其附加值，增加农民收入，并转移大量的农村剩余劳动力。

16.2 项目与相关产业关联度分析

项目建成后，将创造更多的就业岗位，更大地带动其他行业，促进地方经济的发展。

17. 风险分析

17.1 项目在技术、产品、市场、人员的分析

17.1.1 原料的价格变化

产品成本中，辣椒成本占到一半以上，因此辣椒的价格变化对产品成本影响最大，从近两年的市场价格看，原料辣椒的价格基本稳定。

17.1.2 技术风险

本改造分别采用全封闭式条池、蚕豆发酵过程的独立式生产组合成全套生产线组合式生产。技术改造后的规模化生产与原工艺相比，既有紧密的关联，但也存在很大的不同，机械化、自动化水平及技术含量高。工程上涉及到设备差异性增加、投放原辅料量增大、控制因素变化等将带来一定的所谓“放大效应”的技术风险。

17.1.3 资金风险

本项目的主要原料是鲜辣椒，由于收购期短，资金需求量较大，本项目实施后，豆瓣酱年产量将达到10000t，产品销售面大，资金回笼缓慢，容易出现呆账、死账，这些可能影响的公司的正常运转。

17.1.4 人员风险

从旧生产工艺到新生产工艺的转变，需要对企业员进行培训，从培训到生产存在着人员技术应用方面的风险。在食品生产加工领域的高素质人才的争夺也将十分激烈。

17.2 风险防范措施

17.2.1 原材料风险防范

公司已建立种植基地，使原材料供应均衡和稳定，使企业在今后正常生产情况下，价格变化不大。

17.2.2 技术风险防范

重视自主知识产权的保护，加强产品的质量检测和质量控制。加强企业自身综合实力建设，加强与科研院所的合作，提供企业的可持续创新能力，不断适应市场竞争需要，保持企业综合竞争优势。

17.2.3 市场风险防范

加快项目进度，尽快实现规模化生产和占领市场，扩大市场占有份额和市场占有率；同时加强市场信息反馈和技术开发，加快产品的升级换代，不断推出系列化产品，在包装和产品外观上适应市场需求拓展市场。

17.2.4 人员风险防范

引入人才竞争机制，加强人才培训，合理规划人才发展，给人才发展创造良好空间。

17.2.5 竞争风险的防范

分析企业外部、内部因素，加强自身综合实力，制定强有力的市场营销策略，提高企业可持续创新能力，不断适应市场对产品质量和数量的要求，保持企业的综合竞争优势。

综上所述，要加强项目的抗风险能力，必须建立现代化企业的管理，吸引更多的高科技人才，尽快形成生产规模，努力拓宽市场范围，形成稳定的客户群，树立品牌，为社会贡献

出质优价廉的产品。

18. 研究结论与建议

18.1 可行性研究结论

（1）从前期市场调研分析来看，项目产品在重庆市场上有较大缺口，市场前景好。

（2）从生产技术上看，本项目为成熟的工艺技术，已具备生产方面的技术条件。

（3）本项目的生产规模和设计方案合理可行，公用辅助工程完善，厂区总平面布置规范，车间布置合理。

（4）项目承担单位，有完成项目的经济实力；项目建设得到各级政府部门的大力支持，为项目顺利实施奠定了良好的基础条件，有完成10000t豆瓣酱及技术改造的能力。

（5）本项目对环境造成的污染较小，项目承担单位现已建成的环保处理设施已包括本次技术改造的污染排放容量，完全能满足技术改造后的环保要求。

（6）本项目财务内部收益率高于基准收益率，为43.06%，项目投资回收期为3.56年(所得税前、含建设期)。本项目具有较强的盈利能力、清偿能力和抗风险能力。

综上所述，项目符合国家产业政策，既能引导和带动农民增收致富，又能提高龙头企业的经济效益和市场竞争能力。产品市场前景广阔，原材料及燃动力供应充足稳定，资金来源可靠，设备工艺先进，环保符合要求，社会效益和经济效益良好，清偿能力有保证，有较强的抗风险能力。项目建设可行。

18.2 问题及建议

（1）本项目为花色豆瓣调味品领域的高技术项目，对人员素质要求较高，建议在招聘人员时要选用在调味品领域有较丰富的生产、研发和管理经验的各类专业人员。

（2）建议在项目建设过程中加强技术研发及后续产品的开发，获取更大的经济效益。

（3）建设项目业主应积极进行市场调研，了解国内外调味品行业发展的技术动态，生产适销产品。同时加强现有人员知识的更新和专业技术人员的引进工作，提高公司管理人员和技术人员的水平。

（4）营销网络的建设是项目成功的关键因素，因此还要继续加强市场开拓，建立科学的营销体系，实施名牌发展战略，增强产品市场竞争力，使产品能够迅速占领国内市场，逐步开拓国际市场。

在编制食品项目可行性研究报告时，会根据相关编制要求、政府部门要求和实际需要等，提供相应的支撑材料，以下列出上述项目可行性报告的主要附件材料目录以供参考。

附件

附件一　某公司批复文件

附件二　委托书

附件三　任务书

附件四　企业法人营业执照

附件五　税务登记证

附件六　企业法人身份证

附件七　技术改造后总平面图
附件八　技术改造后酱油车间布置图
附件九　技术改造后调味品车间设备布置图
附件十　新建盐渍池布置图

参考文献

［1］傅家骥，仝允桓．工业技术经济学［M］．3 版．北京：清华大学出版社，1996.

［2］李新建．食品企业管理［M］．北京：对外经济贸易大学出版社，2013.

［3］张冬平．农业技术经济学［M］．北京：中国农业大学出版社，2009.

［4］刘晓杰，张一．食品工厂设计综合实训［M］．北京：化学工业出版社，2008.

［5］何东平．食品工厂设计［M］．北京：中国轻工业出版社，2009.

［6］张国农．食品工厂设计与环境保护［M］．北京：中国轻工业出版社，2005.

［7］郑明贵．矿业技术经济学［M］．北京：冶金工业出版社，2017.

［8］胡跃红，李世聪，夏飞．新产品开发经济效益分析理论与方法［M］．湖南：中南工业大学出版社，1999.

［9］张洁，武戈．我国食品行业的投入产出初步分析［J］．经济纵横，2006（8）：78-80.

［10］夏飞，赵朝智．新产品开发经济效益的评价［J］．系统工程，2006（11）：98-101.

［11］王磊．新产品开发经济效益的建立与评价［J］．中国科技投资，2013（16）：240-241.

［12］尹子民，余佳群，罗丽兮．企业经济效益的综合分析与评价［J］．技术经济与管理研究，2000（6）：52-53.

［13］刘利，何先平．企业经济效益的因子分析综合评价法研究［J］．太原师范学院学报（自然科学版），2005（3）：22-24，59.

［14］温国栋．可行性研究报告在食品工厂建设项目中的作用［J］．食品工程，2006（2）：27-28.

［15］何于飞．食品项目可行性研究报告编制常见问题及建议［J］．中国工程咨询，2013（9）：36-37.

［16］弋理．可行性研究报告编制中存在的问题及解决途径［J］．四川建筑，2003（S1）：281-283.

［17］盖广仓．企业信息化中 SAP 系统的应用［J］．数字通信世界，2019（5）：190-191.

［18］应卫琴．探讨 SAP 系统与用友对财务管理的不同影响［J］．商情，2019（36）：4，60.

［19］姚振，李挺，郭骏，等．SAP 系统高级性能分析及调优［J］．无线互联科技，2018（19）：46-47.

［20］狄颖跃，陈浩，黄西利．基于 SAP 系统的生产报工系统的设计与实现［J］．中国科技投资，2019（11）：209-210.

［21］戴小枫，张德权，武桐，等．中国食品工业发展回顾与展望［J］．农学学报，2018（1）：125-134.

［22］孙宝国，王静．中国食品产业现状与发展战略［J］．中国食品学报，2018（8）：1-7.

［23］马岩．现代化企业管理模式创新研究［J］．企业论坛，2020（1）：100，102.

［24］毕文慧，姚健，刘学俊，等．微生物在果蔬贮藏保鲜中的应用研究进展［J］．食品工业科技，2017，38（20）：347-351.

［25］陈玥婧，周爱莲，谢能付，等．基于区块链和物联网的农产品质量安全追溯系统［J］．农业大数据学报，2020（3）：61-67.

［26］程志伟．粮食低温储藏技术分析［J］．现代食品，2015（24）：79-80.

［27］方庆．果蔬贮藏保鲜技术现状与展望［J］．农业工程，2019（8）：69-71.

［28］葛佳慧，胡文忠，赵蕾，等．三种熏蒸剂在果蔬保鲜中应用的研究进展［J］．食品工业科技，2020（4）：322-327，332.

［29］贾曦．食品冷链物流系统化管理研究［J］．肉类研究，2020（7）：100.

［30］李安宁．浅谈酶工程在食品领域的应用及发展［J］．山东工业技术，2017（17）：98.

［31］李园园．生鲜食品处理和冷链物流技术研究［J］．科技视界，2020（8）：219-221.

［32］李之悦，张志祥，尚海涛，等．超高压技术在果蔬贮藏与加工中的应用研究进展［J］．黑龙江农业科学，2018（9）：144-148.

［33］刘泽松，史君彦，王清，等．辐照技术在果蔬贮藏保鲜中的应用研究进展［J］．保鲜与加工，2020（4）：236-242.

［34］吕成军．浅谈化学保鲜剂在果蔬贮藏保鲜中的应用［J］．南方农机，2020（9）：86-87.

［35］马修钰，王建清，王玉峰，等．果蔬保鲜方法概述［J］．中国果菜，2016（6）：4-9.

［36］曲劲亮．宁夏清真食品行业物流技术应用研究［J］．中国市场，2014（49）：46-47.

［37］施和平．基于物联网技术的食品物流管理［J］．食品工业，2020（9）：421.

［38］孙晖．供应链模式下的食品企业物流发展［J］．肉类研究，2020（6）：108.

［39］孙维峰．食品企业物流供应链管理路径研究［J］．肉类研究，2020（9）：1023.

［40］孙秀荣，王成林．生鲜农产品品控物流与技术发展研究［J］．物流技术，2017（9）：12-15.

［41］汤石生，刘军，龚丽，等．果蔬保鲜贮藏技术研究进展［J］．现代农业装备，2018（4）：67-73.

［42］王雯．浅谈食品加工企业物流成本控制问题及对策［J］．纳税，2020（14）：185-186.

［43］王小丹．RFID 技术在冷链物流全过程的应用［J］．物流科技，2017（10）：48-49，71.

［44］汪垚．物联网和区块链技术在农产品安全领域应用探析［J］．农村经济与科技，

2019（23）：75-76.

［45］曾庆雯．现代化物流业仓库管理的趋势［J］．中国储运，2020（10）：110-111.

［46］张磊，张吉恒．果蔬保鲜贮藏条件及其原理［J］．北方经贸，2016（5）：33，38.

［47］张慜，冯彦君．果蔬生物保鲜新技术及其研究进展［J］．食品与生物技术学报，2017（5）：449-455.

［48］张亚波，郭志军，权伍荣．果蔬贮藏保鲜技术的研究现状和发展趋势［J］．延边大学农学学报，2009（1）：71-76.

［49］赵超．区块链技术与农产品供应链融合发展研究［J］．新疆财经，2020（5）：48-55.

［50］张仁江，边俊民．饮料制造企业实施清洁生产实例［J］．环境保护与循环经济，2010（11）：42-44.

［51］王丽娟，黄思毅，王海燕，等．食品企业质量管理与控制成本收益分析［J］．现代商贸工业，2012（19）：118-120.

［52］赵芳．各种果蔬保鲜技术对比［J］．中国食品，2019（7）：128-129.

［53］方庆．果蔬贮藏保鲜技术现状与展望［J］．农业工程，2019（8）：69-81.

［54］邓英，李洁琳．价值视角下的家庭农场清洁生产成本控制探讨［J］．商业会计，2014（5）：35-36.

［55］李延，徐济勤，曹昌洋．浅谈啤酒工业中的清洁生产［J］．现代商业，2007（17），12-13.

［56］林益华．食品企业实施安全管理体系的成本研究［D］．武汉：武汉理工大学，2010.